SAINT-JEAN D'ANGÉLY

D'APRÈS

LES ARCHIVES DE L'ÉCHEVINAGE

ET

LES SOURCES DIRECTES DE SON HISTOIRE

PAR

L.

Ancien Greffier de la Justice de Paix,
Chargé du classement des Archives communales et hospitalières
de Saint-Jean d'Angély antérieures à 1790.
Membre fondateur de la Société des Archives historiques
de la Saintonge et de l'Aunis.

SAINT-JEAN D'ANGÉLY

LIBRAIRIE

RUES DES JACOBINS ET DE LA GROSSE HORLOGE.

1886

SAINT-JEAN D'ANGÉLY

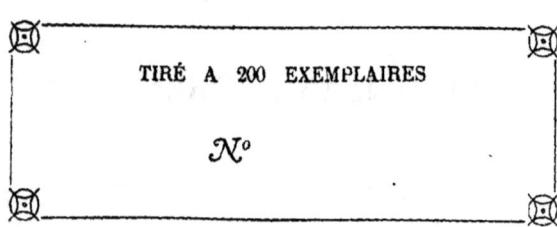

PONS, IMPRIMERIE DE NOEL TEXIER.

SAINT-JEAN D'ANGÉLY

D'APRÈS

LES ARCHIVES DE L'ÉCHEVINAGE

ET

LES SOURCES DIRECTES DE SON HISTOIRE

PAR

Louis-Claude SAUDAU

Ancien Greffier de la Justice de Paix,
Chargé du classement des Archives communales et hospitalières
de Saint-Jean d'Angély antérieures à 1790.
Membre fondateur de la Société des Archives historiques
de la Saintonge et de l'Aunis.

SAINT-JEAN D'ANGÉLY
LIBRAIRIE DE J.-B. OLLIVIER
Rues des Jacobins et de la Grosse Horloge

—

1886

L'histoire complète de Saint-Jean d'Angély n'a pas encore été publiée. On ne peut donner ce nom aux quelques pages qu'ARMAND MAICHIN a consacrées à cette ville, en 1671, dans son « *Histoire de Saintonge, Poitou, Aunis et Angoumois.* » Les *Recherches topographiques et historiques sur Saint-Jean d'Angély*, de GUILLONNET - MERVILLE, publiées en 1830, sont loin d'embrasser toutes les phases remarquables de ses annales. Seuls, MASSIOU et DELAYANT ont donné à cette ville la place que son importance lui assigne dans la province : le premier dans son « *Histoire politique, civile et religieuse de la Saintonge et de l'Aunis* (1836-1840), le second dans l'*Histoire du département de la Charente-Inférieure* (1872).

Mais les ouvrages de ces auteurs laissent encore de nombreuses lacunes, révélées par les documents mis au jour, depuis leur publication, par l'inventaire des archives communales et hospitalières de Saint-Jean d'Angély, ainsi que par les travaux des diverses sociétés savantes.

Sans se dissimuler que son érudition est loin d'être en rapport avec les difficultés de la tâche qu'il s'est imposée, l'auteur a essayé de compléter ses devanciers et de vulgariser l'histoire d'une cité, qui a été, pendant plusieurs siècles, la capitale de la Saintonge du nord restée française, et, à ce titre, mêlée à tous les événements remarquables de la contrée. Il a espéré que ses concitoyens lui pardonneront les défauts de son œuvre, en raison du but qu'il s'est proposé : mettre en relief l'antique illustration de leur cité et les titres en vertu desquels leurs ancêtres ont droit à une belle page dans l'histoire nationale.

L.-C. S.

SOURCES PRINCIPALES

Archives historiques de la Saintonge et de l'Aunis. Saintes, 1872-1885, 14 vol. in-8°.

Aubigné (A. d'). *Histoire universelle.* Maillé, 1816, 3 vol. en un in-f°.

Briand. *Histoire de l'église Santone et Aunisienne.* La Rochelle, 1843, 3 vol. in-8°.

Brillouin, *Histoire de l'abbaye royale et de la ville de Saint-Jean d'Angély,* 2 vol. in-4°, manuscrit inédit.

Bulletin de la société des archives historiques de la Saintonge et de l'Aunis, 1879-86, 6 vol. in-8°.

Cartulaire (inédit) de l'abbaye royale de Saint-Jean d'Angély. A la bibliothèque nationale de Paris. Manuscrit.

D'Aussy. *Chroniques Saintongeaises et Aunisiennes.* Saintes, 1857, in-8°.

Delayant. *Histoire du département de la Charente-Inférieure.* La Rochelle, 1872, in-12.

Eschasseriaux. *Etudes, documents et extraits relatifs à la ville de Saintes.* Saintes, 1876, gr. in-8°.

Feuilleret et de Richemond. *Biographie des hommes illustres de la Charente-Inférieure.* La Rochelle, 1877, 2 vol. in-16.

Gautier (A.). *Statistique de la Charente-Inférieure.* La Rochelle, 1839, in-4°.

Guillonnet-Merville. *Recherches topographiques et historiques sur Saint-Jean d'Angély.* Saint-Jean d'Angély, 1830, in-8.

Itinerary of the king John. Antiquarian society. Londres, vol. 24, p. 125.

Jourdan. *Ephémérides historiques de La Rochelle.* La Rochelle, 1861-1871, 2 vol. in-8°.

Lacurie (A.-F.) *Précis historique et statistique sur le département de la Charente-Inférieure.* Saint-Jean d'Angély, 1834, in-8°.

La Morinerie. *La noblesse de Saintonge et d'Aunis convoquée pour les États-Généraux de 1789.* Paris, 1861, in-8°.

— VIII —

La Popellinière (Lancelot du Voisin de). *Histoire de France de 1551 à 1577*. 1581. 2 vol. in-f°.

Maichin. *Commentaires sur la coutume de Saint-Jean d'Angély*. Saintes, 1708, petit in-4°.

Maichin (Armand). *Histoire de Saintonge, Poitou, Aunis et Angoumois*. Saint-Jean d'Angély, 1671, 1 vol. petit in-4°.

Manceau (Daniel). *Journal de 1619-24*, publié avec notes de MM. Audiat et de Th. Bremond d'Ars, par M. L.-C. Saudau, Paris, 1875, in-8°.

Marchegay (P.). *Documents originaux et inédits sur l'Aunis et la Saintonge*. Saint-Jean d'Angély, 1877, in-8°.

Martin (H.) *Histoire de France*. Paris, in-8°.

Massiou. *Histoire politique, civile et religieuse de la Saintonge et de l'Aunis*. Saintes, 1836-40, 6 vol. in-8°.

Michelet (J.) *Histoire de France*. Paris, 9 vol. in-8°.

Rainguet (P.-D.). *Biographie Saintongeaise*. Saintes, 1851, in-8°.

Notice sur L. M. E. Regnaud de Saint-Jean d'Angély. Rochefort, 1863, in-8°.

Richemond (L. de). *Documents historiques inédits sur le département de la Charente-Inférieure*. Paris, 1874, in-8°.

Richemond (L. de). *Inventaires des archives départementales de la Charente-Inférieure antérieures à 1790. Séries A. C. à H.* Paris, in-4°.

Saudau (L.-C.). *Inventaire des archives hospitalières de Saint-Jean d'Angély*, imprimé à la suite de l'inventaire des archives départementales de la Charente-Inférieure, par M. L. de Richemond, in-4°.

Saudau (L.-C.). *Inventaire des archives municipales de Saint-Jean d'Angély antérieures à 1790*, manuscrit.

Saudau (Louis-Claude). *Mémoire sur la sénéchaussée de Saint-Jean d'Angély*, Saint-Jean d'Angély, broch. in-8°.

Saudau (L.-C.) *Saint-Jean d'Angély en 1612*. Tours, 1877, broch. in-8°.

Société scientifique et historique de Saint-Jean d'Angély (Travaux de la).

Thierry (A.). *Essai sur l'histoire du Tiers-État*. Paris, in-8°.

Vialart (Louis). *Histoire généalogique de la maison de Surgères*. Paris, 1817, in-f°.

PREMIÈRE PARTIE

SAINT-JEAN D'ANGÉLY

DEPUIS SON ORIGINE JUSQU'A L'ÉTABLISSEMENT DE SA COMMUNE

817-1204

Saint-Jean d'Angély doit son origine à l'abbaye des bénédictins fondée par Pépin, roi d'Aquitaine, près du château qu'il possédait dans la forêt d'Angéri, sur le bord de la rivière la Boutonne. Des découvertes, faites il y a quelques années seulement, lors du percement de la rue de la fontaine du Coi, permettent d'affirmer que, antérieurement au château de Pépin, il existait, sur le même emplacement, une villa romaine dont l'origine et la splendeur sont attestées par les fragments d'une riche mosaïque découverte pendant les fouilles, ainsi que par les nombreux morceaux de marbre taillés en losange recueillis dans les environs. La construction toute romaine de l'aqueduc de la fontaine du Coi, qui amenait d'une distance de trois kilomètres les eaux de la source du Rousseau au palais, et plus tard à l'abbaye, est une autre preuve irrécusable de l'établissement des Romains en ce lieu. Quoiqu'il en soit, l'histoire de Saint-Jean d'Angély ne commence qu'au IXe siècle, avec la fondation de l'abbaye.

Les vieux auteurs ont appelé Saint-Jean d'Angély de bien des manières différentes : *Angeriacum, Fanum sancti Joannis Angeriaci, Sanctus Johannes de Angeliaca, Sanctum Angelium, Sant Angeliaca, Angeria*, dont on a fait *Angeri, Angeli*, puis *Saint-Jean d'Angéli* à partir de la découverte du chef de saint Jean-Baptiste jusqu'au XVe siècle, et, enfin, *Saint-Jean d'Angély*, orthographe usitée depuis, sauf durant la période révolutionnaire, pendant laquelle la ville a pris le nom d'*Angély-Boutonne*. Après le siège de 1621, Louis XIII supprima les privilèges de la ville et la réduisit ainsi à l'état de simple bourg ; il voulut même, pour rendre sa vengeance plus retentissante, lui imposer le nom de *Bourg-Louis*, mais toute l'autorité royale ne put suffire à maintenir ce nom, qui ne figure que dans de rares titres.

Pour se conformer aux désirs de son père, Pépin, roi d'Aquitaine, fils de Louis-le-Débonnaire et petit-fils de l'empereur Charlemagne, fit construire en 817, près de son château d'Angéri, un monastère sous le patronage de saint Jean-Baptiste. Le caractère du lieu, peut-être aussi l'espoir de tirer quelque profit des pèlerins qui y venaient en foule, engagèrent quelques familles à s'y établir, au commencement du IXe siècle. Elles y construisirent des habitations sur des terrains concédés par les moines, moyennant le paiement d'une redevance annuelle appelée *la maille d'or*, et jetèrent ainsi, avec les serfs affranchis de l'abbaye qui obtinrent les mêmes concessions, les premiers fondements de la ville.

Cette origine royale du monastère d'Angéri n'aurait pas suffi à lui attirer si promptement la renommée qu'il acquit, si la légende miraculeuse de la relique de saint Jean-Baptiste n'était venue exciter la piété des fidèles. Voici cette légende, telle qu'elle a été écrite par un moine inconnu, et imprimée à la suite des œuvres de saint Cyprien ; les auteurs ecclésiastiques les plus autorisés nient son authenticité ; de notre côté, c'est à titre de curiosité que nous la rapportons :

« Après avoir essuyé bien des vicissitudes, depuis le jour où saint Jean-Baptiste fut décollé à Samarie par l'ordre du cruel Hérode, les reliques du précurseur de Dieu reposaient à Alexandrie, dans la basilique élevée en son honneur par l'empereur Théodose. Un moine d'Occident, appelé Félix, ayant entrepris le voyage de Jérusalem, eut une vision dans la nuit. — Lève-toi, lui dit une voix, et marche jusqu'à Alexandrie. Là, tu trouveras la chapelle où est déposé le chef de saint Jean-Baptiste; tu t'en empareras, et, reprenant le chemin de la Gaule, tu le porteras en Aquitaine, dans un lieu que je t'indiquerai.

» Le moine exécuta sans rencontrer d'obstacles l'ordre qu'il avait reçu, et, renfermant dans un reliquaire le trésor qui lui était confié, regagna promptement le rivage de la mer, où il trouva une barque préparée par les anges pour le recevoir. Il s'embarqua avec un autre religieux, qui avait fait avec lui le même pèlerinage, et prit la mer en louant le seigneur.

» Pendant que la barque voguait sur les ondes soulevées, Félix dirigea un regard vers le ciel, et, les bras levés, s'écria : Mon Dieu, vous qui avez marché pieds nus sur les flots, qui avez tendu une main secourable à saint Pierre en danger de se noyer, et préservé trois fois saint Paul du naufrage, protégez-nous contre cette mer en fureur et conduisez-nous promptement au terme de notre voyage pour y déposer le précieux trésor que nous portons.

» A peine avait-il achevé sa prière, qu'une colombe blanche comme la neige, sortie d'un nuage lumineux, vint se poser sur la poupe du navire et s'y tint jusqu'à ce que les pieux navigateurs eussent atteint le rivage d'Aquitaine. Aussitôt que la terre fut en vue, ils dirigèrent la barque vers le port d'Angoulins, sur la côte de l'Aunis.

» Après être débarqués sur le rivage et s'être reposés un

peu, ils se mirent en marche sans savoir où le ciel les conduirait.

» C'était le temps où, fuyant leurs climats sauvages et poussés par la soif du butin, les pirates scandinaves commençaient à venir sur les côtes de l'Occident chercher de l'air et du soleil. Lorsque les religieux débarquèrent sur le rivage d'Angoulins, une sanglante bataille venait d'avoir lieu entre les pirates du Nord et le roi d'Aquitaine.

» Tel avait été le succès de l'armée de Pépin, que pas un pirate n'était échappé au carnage, et que le monarque n'avait perdu que vingt de ses gens. Après cette victoire signalée, Pépin, ayant assemblé ses guerriers et fait asseoir son camp non loin du champ de bataille, s'était endormi profondément sous sa tente.

» Au plus fort de son sommeil, une voix se fit entendre à son oreille : — Paresseux, lui cria-t-elle, pourquoi dors-tu ? Apprends que le chef du grand saint Jean-Baptiste, apporté du fond de l'Orient, vient d'arriver en ces lieux, et que c'est par son mérite que Dieu t'a donné la victoire sur tes ennemis. — Seigneur, que faut-il faire, demanda le roi endormi, et où trouverai-je ce grand saint ?... La voix reprit : — Derrière ton camp s'avancent des religieux en habits de pèlerins ; marche à leur rencontre en grande humilité, reçois de leurs mains la sainte relique, et tu connaîtras bientôt la puissance de Dieu.

» Cependant, les moines étaient arrivés à deux milles du rivage de la mer, lorsqu'ils virent la terre jonchée de cadavres. Félix fut d'abord saisi de frayeur ; mais, se remettant bientôt, il encouragea son compagnon et poursuivit sa route par des sentiers détournés. Sur le soir ils construisirent une cabane de feuillage et y passèrent la nuit.

» Le lendemain, au matin, lorsque le roi d'Aquitaine fut réveillé, il se rappela les paroles qu'il avait entendues pendant son sommeil, et consulta un vieillard sur ce qu'il convenait de faire. Il fut décidé que le prince déposerait ses ornements royaux, revêtirait un cilice, et irait, suivi de ses officiers, comme lui les pieds nus et couverts de cendre, au devant des serviteurs de Dieu.

» Lorsque Félix vit arriver le roi dans son humble appareil, il marcha à sa rencontre, le salua, lui donna le baiser de paix, et lui fit connaître l'objet de sa mission. Alors tous deux se mirent dévotement en prière ; et le moine, élevant sur ses bras la glorieuse relique, entonna un hymne auquel d'autres religieux répondirent en chœur.

» Au bruit de ce pieux concert, l'armée entière accourut, au nombre de trente mille hommes. Les soldats, portant sur des litières les cadavres de leurs vingt compagnons d'armes tués dans le combat de la veille, se mirent à prier Dieu de rendre la vie à ces corps inanimés, par l'intervention du saint précurseur. En même temps, ils les approchèrent l'un après l'autre de la châsse où était renfermé le chef du martyr. A peine les cadavres eurent-ils effleuré le précieux reliquaire, qu'ils se dressèrent soudain, comme s'ils se fussent éveillés d'un profond sommeil.

» A la vue d'un miracle aussi éclatant, toute l'armée jeta un cri de joie et d'admiration. Les moines portant les saintes reliques se mirent en marche, suivis du roi et de ses guerriers. Ils arrivèrent ainsi à un lieu nommé Voutron, d'où ils atteignirent, à travers les marais de Mathevault, le château d'Angéri. Le chef sacré fut déposé dans la chapelle du château dédiée à la Vierge.

» Bientôt après s'éleva au bord de la Boutonne une église où la relique du bienheureux fut enfermée, avec des parfums, dans un ciboire décoré de six colonnes en marbre et scellé avec de la poix. Auprès de cette basilique fut institué un nombreux couvent de religieux chargés de desservir à perpétuité l'autel du précurseur de Dieu. »

Quelques années après sa fondation, en 860, le monastère d'Angéri fut détruit de fond en comble, ses moines furent égorgés, ses ornements et ses vases sacrés pillés, dans une des incursions des Normands, ces pilleurs du Nord, qui, remontant la Charente, ravagèrent aussi Saintes et Angoulême, ainsi que les châteaux et les monastères d'alentour. Angéri resta pendant un siècle enseveli sous ses ruines et n'en sortit qu'en 962, année pendant laquelle les comtes Roger et Eble sollicitèrent et obtinrent de Louis d'Outremer l'autorisation de relever le monastère, dont ils confièrent la direction à Martin, abbé de Saint-Cyprien de Poitiers, qui l'administra jusqu'à sa mort.

Ce fut pendant l'administration de l'abbé Martin que le monastère reçut en don d'Arilandus et de son épouse Guiburgis, la maison qui leur appartenait à Piniacus, dans le vicariat d'Angéri, au pays d'Aunis, avec toutes les terres en dépendant, ainsi que la forêt d'Essouvert.

Cependant, d'après les annales de l'ordre de Saint-Benoît, Guillaume, surnommé *Tête d'Etoupe*, comte de Poitiers, est considéré comme le véritable restaurateur de l'abbaye, qu'il combla de libéralités, dans l'espoir de se faire pardonner la spoliation qu'il avait commise en s'emparant de la couronne ducale à la mort de Louis d'Outremer. Au nombre des largesses que ce prince fit aux moines pour s'attirer la protection de saint Jean-Baptiste et de saint Révérend (ce dernier était alors considéré comme le second patron de l'abbaye, dans laquelle son corps reposait dans une chapelle qui lui était dédiée), on voit figurer Saint-Savinien sur la Charente, avec son église ; Fontenet et son église ; Muron ; Benon et ses deux chapelles, l'une dédiée à saint Pierre, l'autre à saint Révérend ; la rivière la Trésence jusqu'à la Boutonne ; la forêt d'Essouvert, confrontant d'une part à Mallevault, d'autre part à la rivière la Boutonne, du troisième côté à la Trésence ; plus les serfs dont les noms suivent, attachés à la culture des terres comprises dans la donation : Marcardus, sa femme, ses enfants, et tout ce qui lui appartenait ; Aimericus, sa femme et tout ce qu'il possédait, soit trois cents aires de marais salants et des droits de pêche ;

un autre Marcardus, sa femme, ses fils et toute sa postérité ; un autre Aimericus, surnommé *Mauvaise Tête*, sa femme, sa postérité et tout ce qui lui appartenait sur terre, sur mer et dans les abîmes ; Bonetus, sa femme et ses salines ; Dolvertus sa femme et sa fille. A l'abbé Martin succéda Aymon comme lui abbé de Saint-Cyprien, et à ce dernier succéda Alduin.

Ce fut l'abbé Alduin qui, en faisant faire des fouilles dans les ruines de l'ancienne église abbatiale détruite par les Normands pour en utiliser les matériaux, trouva une tête d'homme enchâssée dans une pierre taillée en forme de pyramide, qu'il crut être la précieuse relique à laquelle le monastère devait sa fondation. Il s'empressa de faire connaître cette découverte importante à Guillaume-le-Grand, duc d'Aquitaine, alors en pèlerinage à Rome, qui, de même que ses prédécesseurs, avait protégé et comblé de richesses les moines d'Angéri. Le duc s'empressa de revenir et fit enfermer cette tête célèbre dans un reliquaire en argent massif sur lequel on lisait cette inscription : *Hic jacet caput præcursocis Domini.* (Ci-gît la tête du précurseur du seigneur). Puis il donna en l'honneur du saint des fêtes splendides, auxquelles furent conviés les plus puissants seigneurs de l'époque. Tous s'y rendirent avec empressement. Isambert, seigneur de Châtelaillon, avec un nombreux cortège de barons, vint des premiers se prosterner devant la sainte relique, puis le roi Robert, fils de Hugues Capet, et la reine Constance, son épouse ; Guy Sanche, roi de Navarre ; don Sanche, duc de Gascogne ; Eudes, comte de Champagne, et une foule de prélats et de pèlerins de toutes qualités faisant des vœux et déposant des offrandes. Le roi des Français, entr'autres, fit don de riches ornements et d'une conque en or pur pesant trente livres, dans laquelle on déposa depuis le chef de saint Jean-Baptiste lorsqu'on l'exposait aux yeux des fidèles, et qui figura dans les armoiries de l'abbaye et de la ville jusqu'au commencement de ce siècle où l'ignorance la fit remplacer par une coupe.

Une prédiction sinistre, en jetant partout l'épouvante, contribua puissamment à l'extension des propriétés territoriales des monastères, et principalement de celui d'Angéri. Une interprétation d'un texte de l'Apocalypse indiquait l'an 1000 de l'Incarnation comme devant être la fin du monde. Dans cette attente, fouillant dans son passé, chacun chercha à éviter les peines éternelles qu'il pouvait avoir méritées, en comblant de richesses les religieux dont il sollicitait les prières. Alduin était alors abbé d'Angéri. Le duc Guillaume d'Aquitaine, sentant la nécessité de faire oublier à Dieu les fautes de son passé, donna aux moines d'Angéri le monastère qu'il avait fait construire à Charente en l'honneur de la Vierge Marie, avec des terres, des vignes et autres dépendances, l'église de Saint-Pierre-d'Arzillières (Arzilerias), avec tout ce qui en dépendait, les terres arables et les vignes composant une métairie exploitée par un nommé Adelardus, puis Villefollet, sur la Boutonne, avec toutes ses dépendances, ainsi que des marais appelés Ivius et Alduinus.

Le redoutable millésime approchait. Quand il fut passé, la ferveur continua de plus belle, et l'on vit se multiplier partout les donations. Un miracle fut même signalé au monastère d'Angéri, disent les chroniques de l'époque, à l'occasion de la découverte du chef de saint Jean-Baptiste, disparu depuis le sac de l'abbaye par les Normands. Ce miracle rendit au monastère sa renommée d'autrefois. Le voici tel qu'il est rapporté :

Pendant une des principales cérémonies religieuses célébrées à cette occasion, Théodelin, abbé de Maillezais, auquel l'abbé Alduin avait cédé l'honneur d'officier, exposa la relique aux regards et à la vénération de la foule, qui encombrait l'église, et, dans l'intention d'en avoir une parcelle, dit la légende, il profita du moment où il s'inclinait devant elle, pour en détacher une dent, qu'il tint cachée dans sa bouche. Au même instant il fut frappé de cécité, et il ne recouvra la vue qu'après avoir reconnu publiquement la profanation qu'il venait de commettre. L'assemblée se retira frappée de respect, et raconta partout le miracle.

Comblé des largesses de Hugues Capet, de Guillaume tête d'Etoupe et de leurs successeurs, le monastère s'enrichit encore, dans la suite, des offrandes que lui apportèrent les pèlerins de toutes les parties de la chrétienté, dans l'espoir de voir opérer en leur faveur un des nombreux miracles attribués chaque jour à l'intercession de saint Jean-Baptiste, de saint Révérend et aussi de saint Léonard, dont les reliques avaient été déposées dans l'abbaye. Ce dernier, disait-on, possédait le pouvoir de chasser le démon du corps des possédés.

Ces immenses richesses furent pour les moines une cause de ralentissement de zèle qui les fit dévier de la voie tracée par leur fondateur; et le duc d'Aquitaine fit venir à Angéri, en 1018, saint Odilon, abbé de Cluny, pour rétablir dans le monastère l'autorité de la règle de saint Benoit. L'abbé Alduin étant mort au cours de cette réformation, Odilon nomma pour lui succéder Raymond, son disciple, qui mourut lui-même quelque temps après, et fut remplacé par l'abbé Aymerick.

Celui-ci venait de prendre la direction du monastère, lorsqu'une rixe sanglante se produisit on ne sait à quel sujet, entre les hommes de l'abbé et les serviteurs du duc Guillaume, au nom duquel la justice était encore rendue à Angéri. Le prévôt du duc, ayant voulu intervenir, fut tué dans la bagarre, ainsi que plusieurs de ceux qui lui prêtèrent main forte. Sa maison, contiguë au monastère, fut renversée. Foulques le Noir, comte d'Anjou, qui était avec le duc lorsque cette nouvelle lui parvint, conseilla à ce dernier de se venger en chassant les moines d'Angéri et en les remplaçant par des chanoines. Mais Guillaume ne voulut pas pousser sa vengeance jusque-là, ce qui fait supposer que tous les torts n'étaient pas du côté des serviteurs de l'abbaye.

Sentant approcher la fin de sa carrière, Guillaume d'Aquitaine, dans le but d'obtenir le pardon de ses péchés, fit don, en 1027, au monastère, d'une métairie de son alleu du pays d'Aunis, l'île de Marencennes, appelant les tourments de l'enfer sur ceux qui transgresseraient sa volonté.

Trois ans après, Emma de Maretay, femme de Bernard, augmentait encore la propriété territoriale du monastère. Par son testament daté du 15 juillet 1030, elle élisait sa sépulture dans l'abbaye d'Angéri, où un de ses frères était religieux, et, pour assurer l'exécution de ses dernières volontés, elle donnait aux moines une partie de son domaine d'Aujac, afin que, par leurs prières, ils lui fissent obtenir la grâce éternelle au jugement dernier.

Les richesses des moines d'Angéri, sans cesse augmentées, finirent par soulever contre eux des haines violentes et des menaces dont ils surent détourner les effets en sollicitant l'appui du Saint-Siège et le secours des foudres spirituelles. Le pape Jean XIX, par un bref daté des calendes de mai 1031, mit l'abbé d'Angéri et ses moines sous la protection de tous les archevêques, évêques, ainsi que des plus puissants seigneurs des Gaules, spécialement de Guillaume, duc d'Aquitaine; Geoffroy, comte d'Angoulême; Hélie, comte de Périgueux; des fils d'Hugues de Lusignan, Guillaume de Parthenay, Guillaume de Talmont, Guillaume, fils de Kalon (Kalonis) de Cognac, (Castello Oniaco), Aymeric de Taillebourg, Guillaume de Surgères. Par ce bref, le pontife engageait les seigneurs à traiter les moines avec douceur, et spécialement leur abbé, chargé de faire respecter la règle de saint Benoît, leur promettant, en échange, la bénédiction du fils de Marie, de son précurseur, du bienheureux Pierre, la rémission de leurs péchés, et leur part de paradis avec Abraham, Isaac, Jacob, le confesseur saint Révérend et les autres saints; et les menaçant, dans le cas où ils agiraient violemment envers les moines, de l'anathème du Seigneur, du sort d'Anne, de Caïphe et de Judas, ainsi que de ceux auxquels le Seigneur a dit : « Allez, maudits, dans le feu éternel préparé pour le diable et ses anges ! »

En l'année 1048 fut inaugurée l'église nouvellement achevée du monastère. Guillaume, dit *Aigret* ou *le Hardi*, fils de la comtesse Agnès et de Guillaume le Grand, qui venait de succéder à Othon, duc d'Aquitaine, assistait à la cérémonie d'inauguration, ainsi que sa mère, avec laquelle il fit publiquement réparation des exactions qu'ils avaient commises envers le monastère et ses dépendances, et déposa sur l'autel une charte ainsi conçue :

« — Sachent tous que moi, comtesse Agnès, le jour où monseigneur Arnoux, évêque de Saintes, le vénérable Guillaume, évêque d'Angoulême, et l'honorable Bruno, évêque d'Angers, sont venus consacrer l'église de Saint-Jean, j'ai assisté à la cérémonie avec mes deux fils, Guillaume, comte de Poitiers, et Guy, son frère. Placés, durant cette consécration, devant l'autel de saint Jean-Baptiste, mes fils et moi nous nous sommes purgés, en présence de Dieu, des saints évêques, de monseigneur Geoffroy, abbé du monastère, et de tous les assistants, des maléfices, violences et exactions que nous avions commis envers le monastère et les églises de sa dépendance.

» Pour réparation de quoi nous donnons à perpétuité, au précurseur de Jésus-Christ, le bourg de Saint-Jean avec les églises qui s'y trouvent et les terres, fontaines, rivières et moulins en dépendant, que les rois des Francs et les ducs des Aquitains lui avaient cédés autrefois, mais qui lui furent ravis depuis par des spoliateurs impies. Mes fils et moi nous restituons pareillement et confirmons à l'église de saint Jean-Baptiste le privilège de préserver de toutes poursuites ceux qui viendront s'y réfugier, quels que soient les crimes dont on les accusera. Nous voulons que les manans, artisans, menuisiers, jardiniers et autres hommes de l'abbaye, vivent libres au service des moines, et qu'ils ne puissent être emmenés à la guerre, à moins qu'ils ne soient appelés par le comte pour la défense du pays.

» Que les clercs, chevaliers, veuves et pèlerins qui traverseront, pour un pieux motif, les domaines du monastère, voyagent sous la sauvegarde de l'abbé et de l'église, et si le comte, la comtesse ou quelqu'autre a sujet de se plaindre des hommes de l'abbaye, l'abbé seul en fera la justice, et nul de ses gens ne pourra être traduit horsde sa cour.

» Nous promettons de n'exercer à l'avenir aucune violence sur les voyageurs qui iront ou viendront par les terres de l'abbaye. L'abbé aura une escorte dans le bourg de Saint-Jean, et s'il veut conduire quelqu'un, soit en personne, soit par ses hommes, nul ne pourra l'inquiéter à l'aller ni au retour. Ses vicaires et préposés feront justice des délits qui leur seront dénoncés; ils prononceront des amendes, et personne ne pourra leur faire violence ni leur résister; quand les hommes de l'abbaye auront pris les armes pour la défense de l'abbaye et le maintien de ses droits, ils ne devront compte qu'à l'abbé du sang qu'ils auront versé pour cette cause, en quelque lieu que ce soit.

» L'abbé est maître souverain. Tout ce que nous possédons dans le bourg de Saint-Jean procède aujourd'hui de lui seul. Quiconque voudra avoir ne recevra que de lui, et il donnera à qui bon lui semblera. Si une chose est mise en vente nul ne pourra l'acheter qu'autant que l'abbé n'en voudra pas, et il aura quinze jours de crédit. Personne autre que lui ne pourra avoir de crieur public. Si quelqu'un veut vendre ou, acheter une maison, une vigne ou une autre terre, la vente ou l'achat ne pourra avoir lieu que du consentement de l'abbé: à cet effet, le vendeur et l'acheteur comparaîtront à son tribunal, et ce qu'ils auront fait sans son assentiment sera nul. Si l'abbé a sur une maison un droit de cens, ne fût-il que d'un sou ou d'une obole, toute la maison tombera dans son domaine, et nul autre ne pourra l'occuper, l'acquérir ou la transmettre à autrui, quand même il y aurait un droit plus fort que celui de l'abbé.

» Comme l'église ne peut, à raison de sa pauvreté, payer le subside annuel qu'elle nous doit selon sa coutume, lorsque nous viendrons, nous ou nos successeurs, dans le bourg de Saint-Jean, chacun de nous recevra, au réfectoire de l'abbaye, pour tenir lieu du droit que nous avons perçu jusqu'à présent, une prébende égale à celle qui, ce jour-là, sera attribuée à chaque moine.

» Et afin que tout ce qui est ci-dessus écrit soit observé à perpétuité, chacun de nous a brûlé sur l'autel de saint Jean-Baptiste un grain d'encens, comme gage de notre sincérité et comme un hommage dont l'odeur est agréable à Dieu. Si quelqu'un à l'avenir, roi, duc, comte, clerc ou séculier, prétendait anéantir cet acte de notre volonté, il sera sommé trois fois de faire satisfaction à l'église; s'il s'y refuse, qu'il soit à jamais privé de nos dignités et de nos domaines, et qu'il subisse, dans le feu éternel allumé pour le diable et ses mauvais anges, le châtiment de son iniquité. Pour ceux, au contraire, qui respecteront nos dispositions, que la paix de notre Seigneur Jésus-Christ soit avec eux, qu'ils règnent heureux dans ce monde, sur notre patrimoine, et qu'ils recueillent, dans l'autre, les fruits d'un héritage éternel. »

Le 18 août 1050, Ostende, fils de Constantin et d'Emmeline, seigneur de Taillebourg, donna aux moines d'Angéri l'église de Sainte-Marie de Champdolent, avec des vignes, des moulins, et le droit de pêche dans la Boutonne.

Le successeur de Guillaume Aigret, Guy Geoffroy, qui, à son avènement, prit le nom de son prédécesseur, bravant les peines éternelles appelées par le bref de Jean XIX sur les spoliateurs du monastère, n'hésita pas, pour enrichir son ami Guillaume d'Angoulême, sans pour cela bourse délier, de dépouiller l'église de saint Jean-Baptiste de ses vases sacrés et de ses riches ornements. Mais Guillaume, accablé de remords, les restitua à sa mort à l'église à la condition que des prières pour le repos de son âme seraient dites chaque année dans l'abbaye (1058).

Dans la confrontation des biens de l'abbaye établie dans les lettres de Louis d'Outremer et de Hugues Capet, en 951 et 990, la forêt d'Essouvert est bornée d'un côté par les terres de Mallevault (Mallevallis). Senegundis, dame dudit lieu de Mallevault, voulant renoncer au monde, en fit don en 1060 à l'église de saint Jean-Baspliste, ainsi que de tout ce qu'elle possédait dans la forêt d'Essouvert ; plus des terres, prairies et moulins situés près d'Angéri, ne se réservant que la jouissance d'un moulin pour subvenir à ses besoins. Cette donation faite, elle entra dans un monastère. A sa mort, son fils Aimerick s'empara violemment des biens dont sa mère l'avait dépouillé au profit de l'église. Poursuivi en restitution par l'abbé Eudes ou Odon, successeur de Geoffroy, il se repentit et concéda les mêmes biens au monastère, par une charte qu'il déposa sur l'autel de saint Jean-Baptiste, après y avoir fait de sa main une croix, ainsi que le duc d'Aquitaine et les seigneurs présents, ce qui ne l'empêcha pas, lors de son mariage avec Alaïs, fille d'Hugues de Surgères, d'en dépouiller de nouveau l'église d'Angéri pour doter une de ses filles, mariée avec un chevalier nommé Ostende de Saloine. Enfin, cette fille étant morte, en 1060, Aymerick II donna irrévocablement son patrimoine à l'église, prit l'habit dans le monastère d'Angéri, où il mourut, et fut inhumé près de sa mère. Il laissait un fils Hugues, qui se fit moine, à l'exemple de son père, et finit sa vie dans le même monastère.

Souvent, au déclin de leur vie, les puissants seigneurs étaient pris de scrupules au sujet des biens dont ils s'étaient emparé au détriment de l'église. Il en fut ainsi de Guillaume, vicomte d'Aulnay, qui restitua en 1068, à l'abbaye d'Angéri, l'église de Saint-Martial et autres biens dont il l'avait dépouillée, voulant effacer à l'article de la mort les fautes qu'il avait commises envers les moines.

Un peu plus tard, en 1074, Guillaume de Matha, étant au château de Taillebourg, concéda à la même abbaye une partie de la forêt de Bagnizeau, dont l'abbaye possédait déjà l'autre partie.

Depuis la réforme opérée en 1018 par Odilon, abbé de Cluny, dans l'abbaye d'Angéri, les moines de ce monastère avaient acquis une telle réputation de piété, que le pape Urbain II, alors à Saintes, et occupé à réformer les monastères du pays où régnait l'indiscipline, leur confia le rétablissement de ceux contre lesquels il était obligé de sévir. Les chanoines de Tonnay-Charente furent au nombre de ces derniers ; Geoffroy, seigneur du lieu, petit-fils de Masselin, leur fondateur, finit par les expulser de Tonnay-Charente, et les remplaça, avec l'autorisation du pape, par des moines réguliers de Saint-Jean d'Angély. Depuis cette époque (1092-1096), l'abbé de Saint-Jean d'Angély nommait celui de Tonnay-Charente. Ce dernier avait le droit d'assister à l'office qui se célébrait le jour de la Nativité dans l'église de Saint-Jean d'Angély, assisté d'un de ses moines et de son sacristain, et d'encenser l'autel pendant la cérémonie.

Le pontife soumit, en outre, à l'autorité de l'abbé Ausculf le monastère de Bassac, où la dissipation avait remplacé la règle, et plaça l'abbaye de Saint-Jean d'Angély et ses possessions sous la sauvegarde spéciale du siège apostolique.

Pour mettre le comble à cette prospérité, Amatus, archevêque de Bordeaux et légat du Saint-Siège, concéda aux moines de Saint-Jean d'Angély, à la sollicitation de l'abbé Ausculf, les revenus de huit églises du diocèse de Bordeaux. Le même prélat fit décider en leur faveur, au concile de Bordeaux, un procès qu'ils poursuivaient contre l'abbé de Saint-Maixent, au sujet de l'église de Maretay, donnée au moutier de Saint-Jean d'Angély par l'évêque Ramnulphe, et dont la possession ne lui avait pas été contestée pendant trois ans (1098-1099).

Depuis l'an mil, la foi n'avait cessé de se développer chez

les chrétiens, et chaque année des milliers de pèlerins se rendaient en Palestine, malgré les difficultés et les dangers du voyage, pour s'incliner sur le tombeau du Christ. Les papes Silvestre II et Grégoire VII avaient formé le projet de profiter de l'enthousiasme général pour reconquérir Jérusalem et le tombeau du Christ ; mais ils n'avaient pu mettre à exécution leur projet, lorsque la prise de Jérusalem par les Turcs, et les persécutions que ceux-ci exerçaient contre les pèlerins, vinrent tout à coup réveiller avec une force irrésistible le désir de le réaliser.

A la voix de Pierre l'Ermite, le héros des légendes populaires, qui croyait avoir reçu de Jésus-Christ la mission d'aller prêcher la délivrance de son tombeau et la guerre contre les infidèles, la France se leva au cri de « Dieu le veult », lancé au concile de Clermont par Urbain II et une foule de barons et de vilains, de clercs et de gens d'épée, même des femmes et des enfants, arborèrent sur leur poitrine la croix rouge, signe de leur engagement dans la lointaine expédition.

Le duc d'Aquitaine fit partie de cette première croisade et s'y prépara en offrant à Dieu et à saint Jean-Baptiste une femme serve nommée Cavilla et ses enfants. Il fit cette donation à Mauzé, en présence de Josselin, Guillaume et Pierre, qu'il embrassa en signe de leur ancienne amitié.

Les moines d'Angéri furent reconnaissants à Guillaume de cette libéralité. A la mort de l'abbé Ausculf un débat s'engagea au sujet de l'élection de son successeur, entre les moines de Saint-Jean d'Angély et ceux de Cluny. Ces derniers prétendaient avoir le droit d'imposer un abbé de leur choix depuis qu'Odilon était venu réformer le monastère de Saint-Jean d'Angély ; cette prétention fut repoussée par les premiers. Le différent fut vidé, en 1103, par Arnald, archevêque de Bordeaux, Ramnulphe, évêque de Saintes, et le duc d'Aquitaine. Les deux prélats nommèrent le troisième fils du duc, Henri, qui était moine de Cluny, mais il fut convenu qu'après sa mort l'abbé ne pourrait plus être choisi que parmi les moines de Saint-Jean d'Angély.

Guy Geoffroy, frère de Guillaume Aigret, comte de Poitiers et duc d'Aquitaine, avait succédé, comme il a déjà été dit, à ce dernier, mort au siège de Saumur, en 1058, et avait pris le nom de Guillaume, avec la couronne ducale. Parvenu à un âge très avancé, d'où lui fut donné le surnom de « vieux », il voulut, en 1123, racheter de la damnation éternelle son âme et celle de ses parents, en donnant, aux églises de saint Jean-Baptiste et de saint Révérend, l'église de Loulay et son presbytère, qui se trouvaient alors dans l'évêché de Saintes et le comté de Poitiers, et qu'il détacha de son patrimoine, avec les droits de sépulture, de baptême, et les offrandes et dîmes de toute la Jarrie.

Quelques années après cette donation, le violent duc d'Aquitaine, irrité de ce que les moines de Saint-Jean d'Angély avaient pris parti pour le pape Innocent III, tandis que lui-même, sur les conseils de Gérard, évêque d'Angoulême, avait embrassé celui d'Anaclet, envahit leur église le jour de la nativité de saint Jean-Baptiste, pendant l'office ; en présence de la foule remplissant l'église, il dispersa les moines et s'empara des riches offrandes déposées sur l'autel. Il ne tarda pas à se repentir de cette profanation, et, quelques temps après, à pareil jour, il vint humblement, dans la même église, se reconnaître coupable de son crime ; pour le racheter, il donna aux moines son palais d'Angéri et ses dépendances, confirma les privilèges accordés à l'église de saint Jean-Baptiste par ses prédécesseurs, et conféra le droit d'asile au monastère.

« Au nom de Dieu, moi, Guillaume, duc des Aquitains, fait savoir à tous, présents et à venir, que, pour le salut et soulagement de mon âme et de celles de mes parents, je fais don et concession à Dieu et à l'église angérienne, qui a été fondée en l'honneur de saint Jean-Baptiste, et aux moines qui y servent le Seigneur, de mes maisons, logis, cours et clôtures, que mes prédécesseurs, ducs des Aquitains, avaient eus et possédés en face du monastère. En outre, je confirme les anciennes coutumes de l'église de saint Jean dans ce bourg, et je veux qu'à l'avenir elle en jouisse librement, entièrement et en toute sécurité. Et si un criminel se réfugie dans le monastère de saint Jean, que personne ne l'en arrache, quelle que soit sa faute ; mais qu'à l'abri de toute attaque il y jouisse du droit d'asile comme dans une église.

» J'ai fait cette concession dans le chapitre de saint Jean-Baptiste, entre les mains de Hugues, alors abbé élu de cette église, pour le salut de mon âme, et surtout pour avoir envahi cette église le jour de la nativité de saint Jean-Baptiste, attaqué les moines qui y célébraient l'office, et confisqué à mon profit les oblations de cette même église.

» C'est pourquoi je me suis déclaré coupable et criminel dans ce chapitre, où j'ai fait cette concession en présence de tous les moines ; et, sortant du chapitre devant eux et mes barons, pieds nus et tenant en main des verges, je me suis humblement avancé jusque devant l'autel, sur lequel se trouvait le chef du précurseur ; là, m'étant prosterné, je me suis accusé et reconnu coupable de ces crimes et de ces attentats, et, pour en faire réparation, j'ai déposé ladite concession sur l'autel de saint Jean, et pour que l'église saint Jean jouisse constamment et dans leur plénitude de tous ces privilèges, je l'ai confirmée de ma propre main par le signe de la croix, et livrée à mes barons et à tous les assistants pour la corroborer.

» Sont témoins de cette concession, Hugues, abbé élu de l'église angérienne, etc.

» Fait l'an du seigneur 1131, sous le pontificat d'Anaclet II, Gérard étant évêque d'Angoulême et légat de la sainte Eglise romaine, Guillaume, évêque de Saintes, et Louis, régent de France, avec son fils Philippe. »

On peut faire remonter à cette époque les fortifications primitives de la ville ; il est probable, en effet, que la maison donnée par le duc à l'abbaye était protégée au moins par des fossés et que le voisinage d'un si puissant seigneur était une garantie de sécurité pour les Angériens. Cette garantie disparue, ces derniers durent pourvoir à leur propre sécurité et firent au bourg une ceinture de fossés, garnie ensuite d'une palissade. Plus tard, en présence d'un danger imminent ils élevèrent des murailles avec des pierres tirées à la hâte sur les lieux mêmes; ce qui explique les excavations nombreuses qui sillonnent la ville, et qui ont servi depuis à faire des caves et des refuges en cas de siège et de prise d'assaut, pour sauver leurs familles et leurs richesses du viol, du pillage et de l'incendie.

Le vieux duc ne crut pas avoir fait assez pour son salut; en 1137, il concéda aux mêmes moines tous ses droits sur la conche d'Esnandes, afin qu'ils puissent y établir des pêcheries, complétant ainsi la donation déjà faite à Dieu, à saint Jean-Baptiste et aux moines d'Angéri, vers 1125, par Raoul de Mauléon et Rivaille, sa femme, de ce qui leur appartenait dans le prieuré d'Esnandes, tant en droit d'étalonnage, de rivage et de vente, que tous autres.

DEUXIÈME PARTIE

SAINT-JEAN D'ANGÉLY

A PARTIR DE L'ÉTABLISSEMENT DE SA COMMUNE JUSQU'AUX GUERRES DE RELIGION.

1204-1560

Jusqu'en 1204, la ville de Saint-Jean d'Angély n'a pour histoire que celle de son monastère de bénédictins ; mais, à partir de cette date, elle a son existence propre, par suite de l'établissement de sa commune, et son histoire finissant par effacer presque complètement celle du monastère, occupe une place importante dans l'histoire civile, religieuse et politique de la Saintonge.

Une population laborieuse et dépendante s'était agglomérée autour du monastère, et était passée de la vie rurale proprement dite à des commencements plus ou moins grossiers de vie urbaine. Le régime purement domanial s'était altéré par le mélange de certaines pratiques ayant le caractère d'institutions publiques ; pour le soin de la police et le jugement des délits de peu d'importance, les villageois servaient d'aides et d'assesseurs à l'intendant ; et cet officier, pris parmi eux et de même condition qu'eux, devint une sorte de magistrat municipal. Ainsi, du droit de propriété joint à l'esprit d'association, sortirent pour les petites sociétés naissantes les premiers éléments de l'existence civile ; l'esprit du bien-être, qui ne se repose jamais, les conduisit bientôt plus avant. Dès le commencement du onzième siècle, les habitants des bourgs et des bourgades, les vilains, comme on disait alors, ne se contentaient plus de l'état de propriétaires non libres : ils aspiraient à autre chose ; un besoin nouveau, celui de se décharger d'obligations onéreuses, d'affranchir la terre, et avec celle-ci les personnes, ouvrit devant eux une nouvelle carrière de travaux et de combats. Les habitants du bourg de Saint-Jean d'Angély étaient alors dans ces conditions et leurs aspirations ne tardèrent pas à se réaliser.

Philippe-Auguste, jaloux de voir les plus belles provinces de son royaume dans la possession des Anglais, résolut de chasser l'étranger. La Normandie, indignée contre le roi d'Angleterre, qui lui avait refusé les secours qu'elle lui demandait pour résister au roi de France, se rendit sans coup férir à ce dernier. Enhardi par ce premier succès, Philippe se dirigea sur le Maine, l'Anjou, la Touraine, le Poitou et la Saintonge, dont il se rendit maître en peu de temps. Dans le but de récompenser les Angériens, qui s'étaient prononcés pour lui contre le roi d'Angleterre, et aussi pour créer, selon sa politique, une force assez puissante pour contrebalancer le régime féodal, qu'il voulait abaisser, Philippe leur accorda sur leur demande des lettres de communes, datées de Sens, en 1204, dont les articles règlementaires étaient semblables à ceux de Rouen, Falaise et Angoulême :

« Au nom de la sainte et indivisible Trinité, nous, Philippe, par la grâce de Dieu roi des Français, faisons savoir à tous, présents et à venir, que nous avons concédé à perpétuité, à nos chers et féaux jurés de la commune de Saint-Jean d'Angély, et à leurs héritiers, la perpétuelle durée et l'inviolable confirmation de leur commune jurée à Saint-Jean d'Angély afin qu'ils puissent mieux défendre et plus intégralement conserver tant nos droits que les leurs propres, sauve néanmoins et réservée la foi qu'ils nous doivent, ainsi que nos autres droits et ceux de nos héritiers, sauf aussi les privilèges de la sainte et vénérable église du bienheureux Jean-Baptiste d'Angély, et de toutes les autres églises.

» Voulons, en conséquence, ordonnons et établissons qu'ils possèdent à perpétuité, gardent, maintiennent et défendent toutes les libres coutumes de la ville de Saint-Jean; que, pour les garder, maintenir et défendre, pour conserver nos droits et ceux de nos héritiers, ainsi que les leurs propres et ceux de la sainte église, ils exercent et emploient, s'il est nécessaire, contre tout homme, toute la force et la puissance de leur commune, sauve la foi qu'ils nous doivent et à nos héritiers ».

Voici maintenant les articles de la commune donnés à Sens en novembre 1204 :

« Article premier. — Lorsqu'il faudra faire un maire à Saint-Jean d'Angély, les cent pairs éliront trois personnes de la cité, et les présenteront au roi, qui en prendra une pour être maire.

» Art. 2. — Chaque année, les cent pairs éliront entre eux vingt-quatre personnes, dont douze seront nommées échevins et les douze autres conseillers. Avant d'entrer en charge, ces vingt-quatre personnes jureront de conserver les droits de l'église et ceux du roi, de rendre la justice suivant leur conscience, et de garder le secret sur les affaires communes lorsque le maire l'ordonnera.

» Art. 3. — Le maire et les échevins s'assembleront deux fois la semaine pour les affaires communes, et ils pourront appeler à leur assemblée ceux des conseillers qu'ils jugeront à propos de consulter. Le maire, les échevins et les conseillers s'assembleront tous les samedis; et les pairs de quinzaine en quinzaine, le même jour. Ceux de ces officiers qui, sans excuse valable, ne se trouveront point à ces assemblées avant l'heure de prime, ou qui s'en retireront, ou qui ne se rendront pas près du maire lorsqu'il les demandera, paieront une amende.

» Art. 4. — L'échevin qui voudra aller en voyage en demandera la permission au maire et aux échevins dans l'assemblée du samedi ; ces derniers choisiront une personne pour remplir la place de l'absent.

» Art. 5. — Si, dans une assemblée, un échevin interrompt le maire dans son discours, ou une personne à qui le maire a permis de parler, celui-ci lui imposera silence ; s'il continue d'interrompre celui qui parle, et que celui-ci soit un bourgeois, cet échevin paiera une amende de douze deniers, dont huit seront employés aux dépenses communes, et les quatre autres distribués aux clercs et aux serviteurs.

» Art. 6. — Les échevins, les conseillers et les pairs qui, dans les assemblées, sortiront de place sans la permission du maire, pour donner leur avis, paieront une amende de douze deniers, qui seront employés conformément à l'article précédent.

» Art. 7. — Si, dans les assemblées de l'échevinage, une personne dit des injures à une autre, le maire et les échevins la puniront.

» Art. 8. — Si le maire viole les lois de la commune, la peine à laquelle il sera condamné sera du double plus forte que celle que l'on infligerait à un échevin pour le même délit, parce qu'il doit l'exemple aux autres.

» Art. 9. — Si quelqu'un réclame une chose qu'il prétend lui appartenir, et qui a été trouvée en la possession d'un voleur convaincu, et s'il peut prouver que cet objet lui appartient, il lui sera rendu, et le voleur mis au pilori. Si celui-ci a été condamné à mort, il sera exécuté. S'il a été condamné à perdre un membre, il sera mis, ainsi que ses biens, entre les mains des juges royaux, qui en feront justice.

» Art. 10. — Si un bourgeois tue un autre bourgeois et qu'il prenne la fuite, et qu'il soit convaincu, sa maison sera détruite ; et, si on peut le saisir, sa personne et ses biens seront remis entre les mains des juges royaux.

» Art. 11. — Si un bourgeois fait perdre un membre à un autre bourgeois, les juges royaux lui feront son procès, et l'amende à laquelle ils le condamneront appartiendra au roi. Les juges de la commune pourront encore le condamner à une autre peine pour ce délit.

» Art. 12. — Si quelqu'un excite une sédition à Saint-Jean d'Angély, il pourra être condamné sur le témoignage de deux échevins ou conseillers, et aussi sur le témoignage de deux pairs. La peine que lui infligeront le maire et les échevins sera plus ou moins grande suivant le délit et sa conduite ordinaire.

» Art. 13. — Celui qui aura dit des injures à un autre sera condamné sur le témoignage de deux pairs, et sera puni par le maire et les échevins, suivant les injures et sa conduite ordinaire ; s'il n'y a point eu de pair qui ait entendu les injures, on fera le procès à l'accusé suivant la coutume du pays.

» Art. 14. — Si quelqu'un est mis au pilori, non pour avoir volé, mais pour avoir contrevenu aux règlements de la commune, celui qui l'insultera paiera vingt sols, dont cinq seront donnés à celui qui est au pilori, et cinq employés aux dépenses communales. Si celui qui a fait l'insulte ne peut ou ne veut payer cette amende, il sera mis au pilori.

» Art. 15. — Les femmes qui aimeront les procès et seront médisantes seront liées avec une corde sous les aisselles et seront plongées trois fois dans l'eau. Les hommes qui les insulteront dans cet état paieront dix sols, et ceux qui leur feront des reproches sur leur beauté paieront dix sols et seront plongés trois fois dans l'eau.

» Art. 16. — Si quelqu'un qui n'est pas de la commune fait quelque tort à un bourgeois, on l'engagera à le réparer ; s'il refuse de le faire, il sera défendu au bourgeois d'avoir aucun commerce avec lui, à moins que le roi ou son fils ne soit à Saint-Jean d'Angély, ou que l'on y tienne les assises; celui qui contreviendra à cette défense sera puni. Si l'étranger persiste à ne pas réparer le tort qu'il a fait, le maire et les échevins en avertiront les juges royaux et feront rendre justice au bourgeois.

» Art. 17. — Si quelqu'un demande justice au maire et aux échevins d'une injure qui lui a été faite, ils devront la lui rendre, et lui faire jurer de ne point se venger de cette injure; s'il s'en venge, il sera puni comme coupable d'un faux serment.

» Art. 18. — Si un bourgeois qui a commis un délit qui doit être jugé par le maire et les échevins, engage quelques personnes à intercéder pour lui, afin que la peine à laquelle il doit être condamné soit mitigée, — cette peine, si ce n'est pas le roi qui demande grâce pour lui, loin d'être mitigée, sera plus forte.

» Art. 19. — Un bourgeois peut prouver sa bourgeoisie par le témoignage de deux autres bourgeois.

» Art. 20. — Si un clerc ou un chevalier est débiteur d'un bourgeois, et qu'il ne veuille pas se soumettre, à ce sujet, à la juridiction du maire et des échevins, les bourgeois ne feront aucun commerce avec lui et ne le logeront point dans leurs maisons, à moins que le roi ou son fils soit à Saint-Jean d'Angély, ou que les assises s'y tiennent. Si un bourgeois commerce avec lui ou le loge, il paiera le montant de sa créance; s'il persiste à ne point vouloir se soumettre à la juridiction du maire et des échevins, la commune donnera sa protection au bourgeois, afin de lui faire rendre justice.

» Art. 21. — S'il s'élève un procès entre des bourgeois, touchant quelques marchés ou quelques conventions qui auront été faits en présence de deux échevins, il sera terminé sur le témoignage de ces deux échevins, en conséquence du serment qu'ils ont fait en entrant en charge. Si ces échevins sont sortis de charge, ce procès ne pourra plus être terminé que par leur serment. Si un échevin et un ou plusieurs pairs ont été témoins de ces marchés ou de ces conventions, le procès sera jugé sur le seul témoignage de l'échevin et sur le serment des pairs. Le serment de trois pairs suffira pour juger ce procès. Si les marchés ou les conventions n'ont pas été faits devant des échevins ou des pairs, le procès sera jugé suivant la coutume du pays. S'il ne s'agit dans le procès que de dix sols ou au-dessous, il sera jugé sur le seul témoignage des pairs présents à la convention.

» Art. 22. — Si quelqu'un revendique une terre, il donnera des cautions et des gages pour poursuivre sa demande; et, s'il y succombe, il paiera cinquante-neuf sols d'amende.

» Art. 23 et 24. — Si quelqu'un revendique une terre devant son juge, ou s'il demande le paiement d'une somme qui lui est due, le juge décidera, dans un temps marqué, les contestations qui se seront élevées à ce sujet, et, s'il ne le fait pas, le maire et les échevins les jugeront, à moins que ce juge n'ait de légitimes excuses qui leur soient connues.

» Art. 25. — Si une personne doit une somme qu'elle ne puisse ou ne veuille pas payer, son créancier sera payé sur ses biens, si elle en a assez pour le satisfaire. Si ces biens sont insuffisants, elle sera mise hors de Saint-Jean d'Angély jusqu'à ce qu'elle ait donné caution. Si ce débiteur est trouvé dans la ville avant que d'avoir donné caution, il sera mis en prison et il n'en sortira point qu'il n'ait payé cent sols, et qu'il n'ait juré de ne revenir à Saint-Jean d'Angély qu'après avoir donné caution.

» Art. 26. — Si un étranger se pourvoit devant le maire et les échevins contre un bourgeois qui est son débiteur, son seigneur pourra revendiquer le jugement de ce procès; mais, s'il ne le juge pas dans trois jours, il sera jugé par le maire et les échevins.

» Art. 27. — Lorsque les officiers de la commune feront un voyage par l'ordre du roi, ou par celui de ses juges, le corps de ville nommera ceux qui resteront à Saint-Jean d'Angély pour la garde de la ville. Si un officier de la commune se trouve dans la commune après l'heure marquée pour le départ, ceux qui doivent garder la ville lui feront son procès, et sa maison sera abattue; s'il n'a pas de maison il paiera cent sols. Si, dans la route, un officier de la commune se sépare des autres sans la permission du maire et des autres officiers, il sera puni. »

L'importance de la ville fut encore augmentée par le choix qu'en fit le même roi Philippe pour l'établissement de la justice royale. Il y institua un sénéchal chargé de juger les différends qui excédaient la compétence de la juridiction communale ; son ressort comprenait toute la partie de la Saintonge qui reconnaissait l'autorité du roi de France, et Saint-Jean d'Angély devint par ce fait la capitale de la province, rang qu'il conserva pendant deux siècles et demi.

Cependant Saint-Jean d'Angély ne devait pas rester longtemps français; l'Angleterre, indignée, força le roi Jean à sortir de son apathie et à faire un effort pour reprendre les possessions qu'il s'était laissé enlever, faute de les avoir secourues. Il équipa une flotte considérable, vint débarquer à La Rochelle, et reprit bientôt quelques places, parmi lesquelles Saint-Jean d'Angély; puis il s'avança dans le Poitou à la rencontre de Philippe-Auguste. Ce dernier, ne se trouvant pas en force, dispersa ses troupes et revint à Paris. Mais, informé que Guy, vicomte de Thouars, le baron du Poitou, sur lequel il avait le plus compté, venait de faire sa soumission au roi Jean, et que celui-ci avait incendié Angers, il revint immédiatement avec de nouvelles troupes. Jean sans Terre ne l'attendit pas pour le combattre, et se dirigea précipitamment sur La Rochelle, où il mit à la voile pour l'Angleterre. Philippe ne profita pas de l'avantage que la fuite de l'ennemi lui donnait pour se remettre en possession des villes que lui avaient prises Jean sans Terre; et, l'année suivante (1207), il conclut avec ce dernier une trêve de deux ans par la médiation de la cour de Rome.

Depuis son honteux retour en Angleterre, Jean sans Terre, en butte aux sarcasmes de ses sujets, avait cherché à se réhabiliter en préparant une nouvelle expédition contre le roi de France. Il se fit des partisans dans les principales villes de l'Aquitaine par des largesses, tandis que dans le nord il se liguait avec les comtes de Flandres, de Boulogne, et les ducs de Brabant et de Lorraine. Pendant que ces derniers occupaient Philippe sur les bords du Rhin, Jean sans Terre débarquait une seconde fois à La Rochelle, le 14 février 1214, avec une armée nombreuse. Il s'était rendu maître de presque tout le Poitou, lorsqu'il fut arrêté par le prince Louis, qui le repoussa et reprit toutes les conquêtes faites dans l'Anjou par son adversaire. Philippe-Auguste, vainqueur à Bouvines, étant venu réunir ses troupes à celles de son fils, força Jean sans Terre à demander la paix, qui fut signée le 18 septembre 1214; l'abbé de Saint-Jean d'Angély figurait à ce traité comme député du roi d'Angleterre.

Au commencement de l'année 1215, Guilhelme Maëngot, fils de Berthe, seigneur de Surgères, se rendit, accompagné de ses chevaliers, dans le chapitre des bénédictins de Saint-Jean d'Angély. Là, en présence de l'abbé Hélie et de ses moines, pour le salut de la reine Aliénor, de son très illustre mari Jean, roi d'Angleterre, et de ses fils, il se démit solennellement, en faveur de Dieu et de l'église du bienheureux Jean-Baptiste, de tous les droits qui lui appartenaient, soit à titre héréditaire, soit par concession du roi Jean et de la reine Aliénor, sur les prieurés de Muron, Charentenay et Ferrière, relevant de l'abbaye de Saint-Jean d'Angély, ainsi que sur leurs hommes et dépendances. Il n'excepta de cet abandon que les hommes connus de toute antiquité sous la dénomination de « coutumiers », appartenant au prieuré de Ferrière, bien que l'abbé et le couvent de Saint-Jean d'Angély soutinssent qu'il n'avait aucun droit sur le prieuré, ou que, s'il en avait jamais eu, il s'en était depuis longtemps dessaisi à leur profit.

Guilhelme Maëngot défendit, en conséquence, à ses héritiers et à ses baillis, de lever à l'avenir, soit sur les trois prieurés, soit sur leurs hommes et dépendances, sauf sur les coutumiers du prieuré de Ferrière, aucun droit de milice, service, cens, taille ou autre exaction, et d'exercer envers eux aucune violence.

Il donna en outre, aux prieurés de Charentenay et de Ferrière, la faculté de prendre dans la forêt d'Argenton (Benon), hors la présence de ses baillis ou sergents, des branches d'arbres pour se chauffer et le bois nécessaire pour l'entretien de leurs bâtiments et ustensiles, sans toutefois leur permettre de vendre ou de donner à qui que ce fut le bois provenant de la forêt, bien que l'abbé et le couvent de Saint-Jean d'Angély prétendissent que les prieurés de Charentenay et de Ferrière avaient été de tout temps en la possession d'un pareil droit.

En sortant du chapitre, Guilhelme Maëngot alla dans l'église, suivi de Hugues son fils, et tous les deux, les mains posées sur l'autel du bienheureux saint Jean-Baptiste, confirmèrent de leur propre bouche ces libéralités, promettant de les respecter à jamais et d'employer tout leur pouvoir pour en faire jouir l'église de Saint-Jean d'Angély.

De leur côté, l'abbé et le couvent s'obligèrent à payer au seigneur de Surgères et à ses héritiers, en lieu compétent, une rente annuelle de cent sols, monnaie courante. Et voulant lui octroyer, comme ils l'eussent fait à l'un de leurs frères, les grâces éternelles, ils s'engagèrent à entretenir dans leur église un prêtre dont l'unique occupation serait de prier pour le salut de Guilhelme, de ses aïeux et de toute sa lignée. Enfin ils promirent qu'après sa mort, son anniversaire et celui de ses parents seraient célébrés chaque année, en grande solennité, dans le couvent de Saint-Jean d'Angély.

Le 19 juillet de la même année, Jean sans Terre qui, après son traité de paix avec Philippe-Auguste, tenait sa cour à Cognac, laissa cette ville pour Saint-Jean d'Angély ; il y resta peu de temps, obligé d'aller en Angleterre calmer l'irritation que sa conduite y avait causée. Il mourut l'année suivante sans avoir revu les bords de la Charente.

Aussitôt son avènement au trône, Henri III, son successeur, écrivit au maire de Saint-Jean d'Angély, de même qu'aux plus puissants seigneurs de la Saintonge et de l'Aunis, pour les engager à lui conserver la même fidélité qu'à son prédécesseur.

« Nous vous adressons d'innombrables actions de grâce, écrivait-il, le 22 décembre 1216, au maire de Saint-Jean d'Angély, pour les bons et loyaux services que vous avez rendus au roi Jean, de bonne mémoire, notre père et seigneur, et que vous devez nous rendre encore. Nous vous prions de persévérer envers nous dans le fidèle attachement que vous avez toujours eu pour lui. »

Et, sachant que l'intérêt est le plus puissant mobile qui dirige les hommes, le roi eut soin, chaque fois que le corps de ville de Saint-Jean d'Angély députait vers lui, en Angleterre, quelques-uns de ses membres, pour affaires intéressant la commune, de les indemniser de leurs frais de voyage pour ne pas grever les ressources communales, et y ajoutait toujours quelques cadeaux pour les députés. En 1221, Henri III faisait payer vingt sols par son trésorier, à Regnault de la Marche, envoyé de Saint-Jean d'Angély, et lui remettait comme présent une tunique, un manteau de brunette noire, et une casaque de peau de lapin.

Mais ni les flatteries ni les cadeaux n'empêchèrent les Angériens de saisir la première occasion qui se présenta de se soumettre volontairement au roi de France.

La trêve conclue en 1214 avec Jean sans Terre, et renouvelée avec Henri III, fut rompue en 1223, à la mort de Philippe-Auguste, par Louis le Lion. Ce prince, impatient de satisfaire la rancune qu'il nourrissait contre les Anglais depuis la malheureuse expédition tentée par lui pour prendre possession de la couronne d'Angleterre qui lui avait été offerte en 1214, ayant passé la Loire, défit en Poitou Savary de Mauléon, prit Niort, et se dirigea sur Saint-Jean d'Angély. Quand le corps de ville apprit la venue du roi de France, il se rendit processionnellement au devant de lui avec l'abbé et les moines du monastère, lui offrit les clefs de la ville, et le reçut avec les plus grands honneurs, ainsi que les seigneurs de sa suite.

Après quelques jours de repos, Louis se dirigea sur La Rochelle, et c'est pendant le siège de cette ville, qu'il confirma par lettres les privilèges accordés à l'abbaye par le duc Guillaume, en récompense de la part importante que l'abbé avait prise dans la reddition volontaire de Saint-Jean d'Angély.

« Voulant donc que les choses susdites (les privilèges énumérés dans la charte du duc Guillaume de 1131) soient établies, nous avons cru devoir ajouter que nous concédons les mêmes droits, possessions, libertés, coutumes, qu'eut l'abbaye d'Angéri, et qu'elle posséda tranquillement sous Henri et Richard, autrefois rois d'Angleterre, et du vivant de notre père, et surtout le respect constant et inviolable de l'asile de l'abbaye. Et, afin que ceci demeure ferme et stable à toujours, nous avons confirmé la présente charte par l'autorité de notre sceau et l'apposition de notre nom royal, réservant nos droits et ceux d'autrui en toutes choses.

» Fait à Dompierre, près de La Rochelle, l'an du Seigneur 1224, et premier de notre règne.

» Présents dans notre palais ceux dont suivent les noms et sceaux : Robert, le bouteiller; Barthélemy, chamberrier, Mathieu, connétable.

» De notre propre main :

» Ainsi signé

» Louis. »

Les rois et les grands seigneurs n'étaient pas alors les seuls à se faire la guerre ; les monastères se querellaient aussi entre eux ; seulement, ces derniers n'employaient pas les armes pour vider leurs différends : il les soumettaient presque toujours à un médiateur, qui imposait un compromis dont bénéficiait le plus puissant.

Les frères mineurs, établis près de Saint-Jean d'Angély, sur le bord de la Boutonne, désiraient fonder un oratoire. L'abbé Geoffroy s'opposait à cette fondation, dans la crainte de voir diminuer les revenus de son église. N'ayant pu réussir dans son opposition, il fit en sorte de leur interdire les cérémonies lucratives, ne leur laissant que celles qui ne rapportaient rien. Voici le traité passé entre les parties devant Hélie II, évêque de Saintes.

« — Sachent tous, dit l'évêque Hélie, que les frères mineurs aspirant à établir un oratoire dans les maisons qui leur ont été concédées près de la ville de Saint-Jean d'Angély, au bord de la rivière qu'on nomme la Boutonne, et que Geoffroy, abbé de Saint-Jean d'Angély, réclamant contre cette prétention, parce que le couvent des frères mineurs est situé tant sur un fief appartenant à l'abbaye que dans la paroisse même de l'église de Saint-Jean, ce qui les conduirait à de nouvelles dépenses, nous avons, du consentement de l'abbé et de son couvent d'une part, et des frères mineurs de l'autre, réglé leur différend ainsi qu'il suit :

» Ledit abbé et son couvent ont permis aux frères mineurs de bâtir un oratoire dans ledit lieu, autant toutefois qu'ils pourront l'entretenir sans aucune dépense à la charge de l'église de Saint-Jean, ce qu'ont accepté les frères mineurs. Lesdits frères ont promis de n'accepter, à titre de pieuses largesses, ni terre, ni dîmes, ni prémices, ni autres choses immobilières, et, dans le cas où ils en recevraient, de les appliquer à l'usage et au profit de l'église de Saint-Jean d'Angély. Ils n'accepteront non plus aucune offrande mobilière en pain, en deniers, en encens, et en quelque autre matière que ce soit ; et s'ils viennent à en recevoir, comme toutes les oblations appartiennent au camérier et au chapitre de l'église de Saint-Jean, et que la part revenant à chacun est déterminée, celle qui appartient au camérier lui sera restituée fidèlement, intégralement et dévotement, ainsi qu'au chapelain celle qui est affectée à la chapelle.

« Les frères mineurs n'auront ni autel en pierre, ni cimetière, et lorsque quelqu'un d'entre eux viendra à décéder, il sera inhumé dans le cimetière des moines d'Angély. Ils ne pourront administrer les sacrements de l'Eglise dans leur oratoire qu'aux frères de leur ordre, et ne permettront qu'à ceux-ci, autant qu'il dépendra d'eux, d'y célébrer les divins offices. De plus, les frères mineurs ne célèbreront point, dans leur oratoire, les dimanches ni les jours de fête, avant que la messe n'ait été dite au peuple par le chapelain de l'église de Saint-Jean d'Angély.

« Si l'abbé ou le couvent de Saint-Jean ou leurs successeurs s'aperçoivent, par la suite, qu'il peut résulter de la présente concession quelque dommage pour leur église, et que les frères mineurs refusent d'y porter remède après en avoir été avertis, les premiers pourront, de leur seule autorité, révoquer ladite concession. Mais si l'abbé et le couvent de Saint-Jean prétendaient molester les frères mineurs en dérogeant aux articles ci-dessus établis, nous aurions, ainsi que nos successeurs, du consentement des parties, le pouvoir de connaître du différend, et contraindre à faire satisfaction, soit l'abbé et le couvent, dans le cas où la vexation serait prouvée, soit les frères mineurs, s'ils venaient à enfreindre les clauses du présent traité.

« Ces choses ont été arrêtées de l'aveu tant de l'abbé et du couvent de Saint-Jean d'Angély que de Benoit, ministre des frères mineurs pour la province de Bordeaux, à la demande desquels nous avons fait écrire et sceller de notre sceau la présente charte, dont un double a été remis audit abbé de Saint-Jean d'Angély, l'autre aux frères mineurs.

« Fait l'an du Seigneur 1225, au mois de mars. »

La comtesse Agnès montra sa munificence envers la religion et l'église en donnant au monastère de Saint-Jean d'Angély, du consentement de son époux et de son fils, au mois de février 1227, la dîme d'une île appelée « Poïus Cerverius », située près du monastère de Sainte-Sevère (Charente), et confrontant d'une part à « Campus Cerverius », d'autre part à des terres possédées par la comtesse.

Le roi d'Angleterre, pour se venger de la facilité avec laquelle les villes de la Saintonge s'étaient rendues au roi de France, donnait à ses alliés du continent, notamment à Savary de Mauléon, des lettres de marque les autorisant à s'enrichir en pillant et ravageant les terres de ses ennemis. Savary de Mauléon vint porter la désolation jusqu'aux portes de Saint-Jean d'Angély. Louis IX, craignant que Hugues de Lusignan, comte de la Marche, surnommé Hugues le Brun, ne suivit l'exemple de Savary de Mauléon, le combla de faveurs, et consentit à user de son influence auprès de la princesse Elisabeth de France, sa sœur, pour la décider à conclure le mariage que l'ambitieux comte de la Marche avait projeté entre elle et Hugues, son fils aîné. Louis IX lui céda même, en 1230, son château de Saint-Jean d'Angély et plusieurs autres, comme gage de l'exécution de ce projet, puisqu'il fut convenu que les villes cédées feraient retour au domaine royal en cas de réalisation du mariage projeté.

Mais un motif d'amour-propre exagéré fit oublier, en 1242, au comte de la Marche, et les engagements pris envers le roi de France et son propre intérêt. Obligé de rendre la foi et l'hommage qu'il devait au duc Alphonse, comme feudataire du duché d'Aquitaine, lorsque Louis IX donna ce duché en apanage à son frère, l'orgueilleux comte ne put supporter ce qu'il regardait comme une humiliation, et, pour s'en venger, engagea le roi d'Angleterre à rompre la trêve conclue, en 1236, avec le roi de France, lui promettant l'appui des forces considérables dont il disposait.

A la nouvelle que toute la haute Saintonge s'était déclarée pour le roi d'Angleterre, Louis, à la tête d'une formidable armée, vint combattre les Anglais et les Aquitains dans les plaines de la Saintonge ; il prit en chemin plusieurs villes et forteresses ; puis Tonnay-Boutonne, Saint-Jean d'Angély et Taillebourg lui ouvrirent leurs portes. Ce fut sous les murs de cette dernière forteresse qu'eut lieu le fameux combat du pont de Taillebourg, forcé par Louis, et ensuite la bataille de Saintes, qui termina cette guerre par l'anéantissement de l'armée de Richard III et l'humiliation de ses partisans.

Les juifs, dont la principale occupation était dès lors le trafic de l'argent, s'étaient tout naturellement établis à Saint-Jean d'Angély et dans les autres villes de la Saintonge, où ils s'adonnaient à leur penchant favori ; les plaintes portées contre eux engagèrent en 1249 le duc Alphonse à prendre des mesures rigoureuses pour faire cesser les abus qui lui étaient signalés. A cet effet il prescrivit à ses sénéchaux et baillis de contrôler leurs opérations et de lever sur eux une taille de quatre sols par feu.

Saint Louis n'avait pu se défaire de ses doutes sur la légitimité de l'arrêt de confiscation rendu en 1203 contre Jean sans Terre, meurtrier d'Arthur de Bretagne ; sous cette impression, le 20 mai 1259, il confirma à Henri III la souveraineté de diverses provinces, et lui donna *toute la terre que le duc d'Aquitaine tenait en Saintonge, à titre de fief ou de domaine, par delà la Charente ;* c'est-à-dire la Saintonge depuis la Charente jusqu'à la Gironde. Par ce traité, la Saintonge se trouva scindée, du levant au couchant, en deux territoires, dont la Charente devint la ligne séparative. Le roi d'Angleterre eut le midi, avec l'île d'Oleron, et le roi de France conserva le nord, avec l'île de Ré, La Rochelle, Saint-Jean d'Angély et Taillebourg.

Par une clause expresse du traité, il fut stipulé que la justice serait rendue au nom du roi de France dans la partie du territoire de la Saintonge cédée aux Anglais. Saint Louis retint le droit de haute juridiction sur toute la Saintonge du sud, c'est-à-dire qu'il fut convenu que son sénéchal de Saint-Jean d'Angély connaîtrait en appel de toutes les sentences rendues par les baillis et sénéchaux du roi d'Angleterre de la rive gauche de la Charente, et que, lorsque ces sentences seraient infirmées, les officiers qui les auraient rendues seraient passibles d'une amende au profit du roi de France.

Après ce traité, la prévôté royale de Saint-Jean d'Angély fut mise en adjudication, aux enchères publiques, et adjugée en 1259 au maire et aux prudhommes de Saint-Jean d'Angély, moyennant huit cent soixante livres, ce qui leur donnait le droit de nommer le prévôt, à la charge seulement par ce dernier de prêter serment au comte de Poitiers.

Atteint de violentes douleurs rhumatismales, Alphonse, comte de Poitiers, avait fait vœu, s'il guérissait, de prendre part à une nouvelle croisade. Revenu à la santé, il se prépara à l'accomplissement de son engagement par des aumônes aux églises et aux monastères de son domaine.

Etant venu à Saint-Jean d'Angély au mois de mars 1269, il entra un jour dans l'église des bénédictins de cette ville, et déposa sur l'autel de saint Jean-Baptiste une charte ainsi conçue : « Nous faisons savoir que, pour le salut de notre âme et de celles de nos père et mère d'illustre mémoire, le roi Louis et la reine Blanche, et aussi pour la dévotion particulière que nous avons à l'église du bienheureux Jean-Baptiste d'Angély, dans le diocèse de Saintes, nous donnons et nous concédons à Dieu, à la bienheureuse Vierge Marie et au bienheureux Jean-Baptiste, dans ladite église, vingt livres de monnaie courante du Poitou, à percevoir chaque année sur notre prévôté de Saint-Jean d'Angély, pour l'entretien d'un cierge du poids de deux livres de cire qui brûlera nuit et jour devant l'autel du bienheureux saint Jean. Cette rente sera payée par les mains du prévôt de la même ville, en deux termes, savoir : dix livres la veille de la Toussaint, et les dix autres livres la veille de l'Ascension du Seigneur, voulant que le prévôt dudit lieu soit tenu de payer à l'abbé de ladite église deux sous à titre d'amende pour chaque jour de retard qu'il aura apporté dans le paiement de ladite somme aux termes fixés.

« Donné à Saint-Jean d'Angély, l'an du Seigneur 1269, au mois de mars. »

En 1304, Philippe le Bel, trouvant cette charge onéreuse, traita, par l'intermédiaire de Philippe de Bailheus, son sénéchal en Saintonge, avec l'abbé Ollivier. Celui-ci consentit à échanger cette rente, et une autre de vingt neuf livres, fondée par le même prince, pour dire dans l'église du monastère des messes pour le repos de son âme, contre le droit de haute justice que le roi avait sur les fiefs de la Folatière, Antezant, la Chapelle-Bâton, la Pinelière, Lozay, Blouc et le Pin, près de Saint-Jean d'Angély, avec tous les cens, rentes, hommages, devoirs et autres droits féodaux qui en dépendaient.

Guillaume, seigneur de Saint-Julien-de-l'Escap, près de Saint-Jean d'Angély, avait fondé une chapelle dans l'église Saint-Pierre de cette dernière ville, et l'avait dotée de quelques biens qu'il possédait dans la paroisse de Saint-Julien, dépendance de l'abbaye de Sainte-Marie de Saintes. Hilaire, abbesse de ce monastère, contesta la validité de cette donation, par le motif que Guillaume, avant sa mort, en avait déjà disposé au profit de son monastère. Thomas de Galerne, maire de Saint-Jean d'Angély, soutint la validité du testament de Guillaume de Saint-Julien et de Jeanne Paylech, son épouse. Le procès ayant été débattu devant Geoffroy d'Archiac, évêque de Saintes, l'abbesse fut obligée, en 1291, de reconnaître les droits de la commune de Saint-Jean d'Angély, mais se réserva certaines redevances sur les moulins de Saint-Julien et le droit de nommer le desservant de la chapelle fondée par Guillaume.

Le commerce de Saint-Jean d'Angély prenait continuellement de l'extension sous l'influence de la liberté communale, et le corps de ville en facilitait l'essor par des travaux utiles faits non-seulement dans la ville et ses environs, comme la canalisation de la Boutonne, mais partout encore où le besoin s'en faisait sentir. Dans le but de faciliter le chargement des sels, dont les bourgeois faisaient un commerce considérable, le corps de ville fit construire un port appelé d'*Orgueillet*, près de Ribérou, et arrenta à cet effet, d'Aymeric Guibert de Roilhe, un pré dont la rente de treize sols quatre deniers fut amortie en 1372.

Les bourgeois de Saint-Jean d'Angély étaient même arrivés à acquérir par leur commerce une fortune assez élevée, qui leur permit en diverses circonstances, dans les années 1293 à 1300, non-seulement d'ouvrir leur bourse au roi de France pour des prêts importants, mais aussi pour lui faire des dons gratuits, lorsque les nécessités de la guerre pour la défense du pays leur en imposaient l'obligation. Le rôle des prêts souscrits individuellement pendant cette période par les bourgeois de Saint-Jean d'Angély et reçus par le chancelier de Meaux, pour le compte du roi, s'élevait à la somme de cinq mille quatre cent quatre-vingt-seize livres tournois, indépendamment des dons, qui se montaient à une somme bien plus considérable.

Philippe IV, pour les récompenser, et probablement aussi pour éviter de restituer les sommes empruntées, exempta les maires et bourgeois de Saint-Jean d'Angély de toutes tailles et impositions, et les maintint dans la jouissance des privilèges qui leur avaient été accordés par ses prédécesseurs.

Les Angériens furent reconnaissants au roi des immunités qu'il leur accordait; aussi lorsque Philippe voulut pousser plus activement la guerre des Flandres, conduite mollement jusque-là, rendit en 1303 une ordonnance imposant aux nobles et aux ecclésiastiques de lui fournir un cavalier noble, ou de payer à défaut cent livres par cinq cents acres de terre, mettant à la charge des communautés bourgeoises la fourniture de six hommes de pied, ils lui firent encore l'avance de certaine somme. Ce prêt est constaté par un reçu de cent quatre-vingt-quinze livres, donné à Giraut Tronquière, receveur de la commune, le lundi avant la Madeleine de l'année 1304, par Maëngo, sire de Surgères, engagé par

Philippe de Bailheus, sénéchal de Saintonge, et Pierre de Bonneval, chevalier du roi, à servir pendant un mois dans les Flandres avec un chevalier et sept écuyers.

Les moines bénédictins de Saint-Jean d'Angély paraissent avoir été, eux aussi, mêlés à la politique de Philippe, ou tout au moins avoir partagé sa haine contre les templiers, et avoir favorisé les projets de vengeance qu'il nourrissait contre cet ordre, plutôt militaire et politique que religieux. En 1298, Guillaume Légé, commandeur de La Rochelle, ayant acheté, sans le consentement de l'abbé Ollivier, qui gouvernait alors le monastère, des fiefs dépendant de son abbaye, ce dernier ne consentit à l'en laisser jouir que sous la réserve des devoirs, cens, rentes et services dont ils étaient grevés ; il fut entendu que les colons établis sur ces fiefs seraient soumis à la juridiction de l'abbé et de ses successeurs ; que les templiers ne feraient jamais bâtir, soit dans la ville de Saint-Jean d'Angély, soit dans tout autre lieu dépendant de l'abbaye, aucun oratoire, église, chapelle ou autre édifice consacré au culte ; qu'ils n'y rassembleraient aucun chapitre ni collège ; qu'ils n'y planteraient pavillon, croix, enseigne aux armes de leur ordre, ni aucun autre insigne qui put faire supposer que ces lieux appartenaient aux templiers.

Enfin, d'après le chroniqueur italien Villani, un fait important se serait produit en 1305, dans le chamblain de la Fayolle, dépendance du monastère de Saint-Jean d'Angély, qui semblerait établir que les moines favorisèrent tout au moins l'entrevue de Phillippe le Bel et de Bertrand de Got, dans laquelle fut décidée la perte des templiers. Des critiques récents, se fondant sur le registre de la visite faite par Bertrand de Got à plusieurs diocèses de sa province en 1304 et 1305, registre conservé dans les archives du département de la Gironde, ont contesté la véracité du fait rapporté par Villani ; sans vouloir entrer dans la discussion, n'est-il pas vraisemblable, cependant, que les parties, ayant intérêt à cacher une entrevue dans laquelle devait se débattre une si grave question, aient employé tous les moyens pour la cacher, même jusqu'à simuler leur éloignement du lieu de l'entrevue. Quoiqu'il en soit, voici ce que Villani raconte à ce sujet :

Le pape Boniface VIII était mort depuis neuf mois et le conclave assemblé pour la nomination de son successeur, divisé en deux partis, celui des *Caïétans* et celui des *Colonna*, ou parti de la France, n'avait pu s'entendre sur le choix du candidat, lorsqu'un membre du parti français proposa au parti Caïétan de nommer trois sujets parmi lesquels le parti français élirait un pape. Les Caïétans, croyant être sûrs d'obtenir la tiare pour un de leurs partisans, acceptèrent la proposition et présentèrent trois archevêques qui leur étaient dévoués ; l'un d'eux était Bertrand de Got, connu par l'inimitié qu'il avait eue jusqu'alors avec Philippe le Bel. Le cardinal de Prato, qui avait fait la proposition, informa Philippe de ce qui se passait au conclave. Ce dernier, sans perdre de temps, demanda à Bertrand de Got une entrevue dans un lieu sûr et isolé. Ce dernier désigna le chamblain de la Fayolle, seigneurie de l'abbé de Saint-Jean d'Angély. Philippe et Bertrand s'y rendirent secrètement et sans suite. Après avoir entendu la messe dans la chapelle et avoir l'un et l'autre prêté serment, sur l'autel, de ne rien divulguer de leur entretien, ils se rendirent dans la forêt d'Essouvert, contiguë à la Fayolle, et, là, Philippe offrit la tiare à Bertrand en échange de six choses qu'il avait à lui demander. Au nombre de ces demandes était, dit-on, l'abolition de l'ordre des templiers. Bertrand de Got consentit à ce que lui demandait le roi, et en échange il fut élevé à la papauté.

Au commencement de l'année 1307, Philippe le Bel eut une autre entrevue avec Clément V, qui s'était rendu à Poitiers avec dix-neuf cardinaux. Ils eurent de longs et mystérieux entretiens, auxquels ne furent admis que leurs affidés. Bref, le 13 octobre de la même année tous les templiers présents en France furent arrêtés, et en 1314 leur ordre était aboli par le concile de Vienne.

Un conflit qui prit de graves proportions vint troubler la paix du monastère de Saint-Jean d'Angély. L'église abbatiale servait en même temps aux exercices religieux des moines, selon le rituel de leur ordre, et aussi d'église paroissiale pour les fidèles ; elle était desservie pour la ville par des chapelains séculiers officiant suivant le rituel de la liturgie romaine. Il en résultait que la même cérémonie, célébrée en même temps par les moines au maître autel et par les chapelains à la chapelle de la paroisse, différait essentiellement, ce qui créa une espèce de conflit sacerdotal troublant le service divin et semant la discorde parmi les fidèles. L'abbé Ollivier voulut faire cesser cet ordre de choses ; il s'adressa au souverain pontife, accusant le chapelain de la paroisse et ceux des églises de Notre-Dame, de Saint-Révérend et de Saint-Pierre, d'empiéter sur les privilèges des moines, de semer parmi eux la division, de troubler la paix du cloître et celle des fidèles ; il lui représenta que le moyen de faire cesser la discorde était de concéder à l'abbaye toutes les chapelles et églises de la ville, avec leurs revenus, à la charge par les bénédictins de pourvoir à leur entretien et à celui de leurs chapelains, ainsi qu'aux dépenses du culte. Le saint Père, après avoir examiné les récriminations articulées de part et d'autre, accorda aux moines tout ce qu'ils lui demandaient, par un bref daté de Lyon, le 13 janvier 1306.

A partir de cette époque les chapelains furent pris parmi les moines bénédictins, et cette coutume a été observée jusqu'en 1792.

L'abbaye de Saint-Jean d'Angély avait acheté, à une époque non indiquée, le tiers de la terre de Courjon au prix de trois cents sols, plus quarante-sept sols aux seigneurs Robert de Roifert et Kalo, vicomte d'Aulnay, pour les droits qui pouvaient leur en revenir. Les deux autres tiers furent ensuite acquis par l'abbaye à différentes époques. Une contestation s'étant élevée, en 1308, entre l'abbé Ollivier et Geoffroy, vicomte d'Aulnay, au sujet des droits de justice, les parties demandèrent l'arbitrage de l'évêque de Saintes et acceptèrent une transaction par laquelle le vicomte cédait à l'abbaye les droits qu'il pouvait y avoir conservés.

Edouard II d'Angleterre avait épousé Isabelle, fille de Philippe le Bel, et sollicitait de son beau-père la prorogation de la faveur que Philippe avait octroyée en 1286, au roi Edouard, de ne payer aucune amende pour la réformation des sentences rendues par lui et ses justiciers dans la partie de la Saintonge située au midi de la Charente. Mais Philippe refusa de proroger une concession qu'il regrettait d'avoir faite, et qui, trop prolongée, pouvait porter atteinte à sa souveraineté. Le traité de 1259 recouvra donc son entière exécution, et les baillis du roi d'Angleterre redevinrent, comme au temps de saint Louis, passibles d'une amende lorsque leurs décisions étaient annulées par le sénéchal du roi de France à Saint-Jean d'Angély.

Le contrôle des finances était à peu près illusoire, et les receveurs se livraient à des exactions qu'il était difficile de reconnaître et souvent de réprimer. Celles qui avaient été commises par Pierre Demelet et Pierre Troncherea, receveurs en Poitou et Saintonge, étaient si considérables que les réclamations qu'elles soulevèrent de la part des contribuables parvinrent jusqu'à Philippe IV. Une enquête fut ordonnée par le roi en 1309, et, afin d'éviter les graves conséquences qui pouvaient en résulter pour eux, sur les conseils de l'abbé de Saint-Jean d'Angély et du chevalier Arnoy de Aden, les deux receveurs s'empressèrent de restituer une somme de deux cents livres. Mais le commissaire chargé de l'enquête ne trouva pas cette restitution suffisante, et, par une transaction avec les coupables, il ne consentit à abandonner les poursuites commencées que sur l'engagement, pris par eux, de verser une nouvelle somme égale à la première dans la caisse du receveur de Saint-Jean d'Angély.

Le plus grand désordre régnait, du reste, dans les finances, et le roi lui-même ne se faisait aucun scrupule d'altérer les monnaies pour augmenter ses ressources, quand il ne pouvait se procurer par un autre moyen l'argent dont il avait besoin. Les remontrances très vives qui lui furent faites à ce sujet parvinrent au roi et le forcèrent à convoquer à Paris, pour le 1er novembre 1314, les députés des bonnes villes de France, au nombre desquels figuraient ceux de Saint-Jean d'Angély, afin d'arrêter avec eux un nouveau règlement sur la fabrication des monnaies.

Jusqu'alors, l'échevinage n'avait pas possédé d'édifice approprié à son service ; ses réunions se tenaient dans l'hôtel du maire ou dans quelque autre maison prêtée à cet effet. Le maire, Adhémar de Lussaut, acquit, en 1313 et en 1317, de Barthelémy de la Féraudie et de Pétronille, veuve de Giraut de la Féraudie, une maison possédée en commun par ces derniers, maison qui devint, croit-on, l'hôtel de l'échevinage.

L'alliance des familles royales de France et d'Angleterre, contractée sous le règne de Philippe le Bel par le mariage d'Edouard II avec Isabelle, fille du roi de France, n'avait pas fermé pour toujours l'ère des difficultés entre les deux familles. Divers griefs avaient été soulevés par la contiguïté des possessions des deux rois. Un des principaux fut la prétention de Philippe le Bel à la suzeraineté de l'abbaye royale de Sainte-Marie de Saintes, qu'il éleva à l'instigation de l'abbesse Agnès de Rochechouart. Charles le Bel, pour soutenir la guerre née de cette question, fut obligé de lever des subsides sur les bonnes villes de son royaume, et adressa à cet effet, en 1324, à messire Guillaume Perrineau, son sénéchal en Saintonge, des lettres lui ordonnant de lever, seulement pendant la durée de la guerre, un droit sur toutes les denrées et marchandises vendues, obligées et chargées dans la ville et la châtellenie de Saint-Jean d'Angély, c'est-à-dire :

« Deux sols pour un tonneau de vin; douze deniers pour une pipe; deux deniers pour chaque sextier de froment (mesure de Paris), valant six boisseaux (mesure de Saint-Jean); autant pour le seigle, les pois et les fèves; cinq deniers pour pareille mesure d'orge, d'avoine, et toute autre, même de blé.

« Trois deniers par mille de harengs; au-dessous, néant; un bœuf, six deniers; une vache, quatre deniers; un porc vendu dix sols, un denier; au-dessous, néant; pour celui qui était vendu vingt sols, deux deniers; deux deniers pour un mouton, un chastrie, une brebis.

« Enfin, sur toutes les autres denrées, comme sel, drap, fer, acier, bûches, foin, et toutes quelconques, deux deniers par vingt sols. »

Cette guerre durait encore en 1331, année pendant laquelle les Anglais avaient réussi à prendre possession de presque tout le royaume. Les Angériens leur avaient courageusement résisté, et, malgré les ravages et les ruines amoncelés autour d'eux, ils étaient parvenus à conserver leur ville au roi de France. Le souvenir des maux qu'ils avaient soufferts pendant cette guerre, et aussi celui de leur grande vaillance, se perpétuèrent au point que, plus de deux siècles après, dans des lettres patentes de 1599, Henri IV rappelait leur résistance courageuse de l'année 1331 comme le principal titre à la confirmation des privilèges que ses prédécesseurs leur avaient accordés.

L'église de saint Jean-Baptiste, déclarée inviolable par le duc Guillaume, fut cependant souillée quelquefois par des crimes. Une nommée Jeanne Martin, de Chermignac, qui s'y était attardée après le couvre-feu sonné, le soir de la nativité de saint Jean, en 1328, en avait été enlevée par plusieurs hommes et traînée dans une maison où ses ravisseurs lui avaient fait subir les derniers outrages. Cette femme avait cru reconnaître, parmi ces derniers, un bourgeois appelé Guillaume de Paris, et l'avait dénoncé au maire à l'instigation de Guillaume Sarpaut, prévôt du roi, dans l'espoir d'en tirer de forts dommages-intérêts. Mais, n'ayant pas de preuves à offrir, elle retira sa plainte. Le maire donna acte à Jeanne Martin de son désistement, et, comme il soupçonnait la culpabilité de Guillaume de Paris, il retint l'affaire et ne mit l'inculpé hors de prison que sous caution et à charge de se représenter à une prochaine audience.

La guerre terminée, les Angériens cherchèrent à réparer l'énorme préjudice qu'elle leur avait causé, en s'occupant de lever les difficultés qui s'opposaient à l'extension de leur commerce avec les nations étrangères, et notamment avec la Flandre, où les marchands de Saint-Jean d'Angély avaient fondé des établissements prospères, particulièrement dans la ville de Gand, leur principal entrepôt. Le comte de Flandre, ayant taxé les marchandises étrangères à des droits excessifs, causa au commerce un si grand préjudice que le corps de ville de Saint-Jean d'Angély s'en émut et résolut d'envoyer des députés chargés de protester, au nom du commerce français, contre ces mesures fiscales, et de menacer au besoin les Gantois de transporter leur entrepôt à Bruges, qui le sollicitait, en offrant de grands avantages. Après s'être préalablement consulté avec les marchands des villes de Bordeaux, Libourne et La Rochelle, le maire, Pierre Boisseau, convoqua dans l'échevinage, le jour de la Saint-Barthommé, les bourgeois et jurés de la commune, ainsi que les principaux marchands des environs : Guillaume Jumel, maître Jauffré Mouffart, Guillaume Gairdrat et Hugues de Courbon, de Saint-Savinien, Amand Jauffait, de Varaize, Me Pierre, de Chives, Pierre et Hugues Chopin, de Migré, Etienne Limozin et son frère, de la Folatière. Il leur exposa, dans les termes suivants, le motif de la réunion :

« Beaus seigneurs, il est la vérité que les gens de Flandres ont fait mout grand tors, cous et vilanies à nos gens et aus vos, et aus marchans de cest pays cy, comme vous savez ou povez savoir, et veulent fere et tenir mout fortes coustumes indehues et qui seroient au grant damage et préiudice des gens et marchans de cest païs. Et que nous avons escript sur ce aus bourgeois et marchans de Bourdeaux, de Liborne, de La Rochelle et de Saint-Jehan, deux prudes hommes et sages yront par de-là en Flandres et requerront à ceux de Flandres que les chouses devant dites ils veuillent metre et retourner a estat dehu. Et quil s'en veullent souffrir et corrigé, et s'il ne le veullent faire, les deux prudes hommes de chescun des lieux dessus dits iront par devers ceus de Bruges, qui ont promis à nos gens et aus marchans de cest païs fere mout grans grâces et courtoisies, franchises et libertez, si nous voulons remuer notre estable à Bruges. Et à ce feront accorder et consentir le comte de Flandres. Et sus ce leur feront passer bons privilèges et bonnes lettres et confirmer par le roi messire. Pour quoi il a été regardé et considéré des bourgeois, marchans et jurés de chescun des lieus dessus dis, que il seroit profitable chouse à ceux de tout cest païs de remuer lestables à Bruges, ou là où il seroit plus profitable, au cas que ceus de Flandres ne se voudroient retraire des chouses dessus dites. Et tout ce ne se pourra faire sans grans cous et missions. Pourquoi il a esté ordonné par le conseil des prudes hommes et sages de notre dite commune; ob le conseil et eyde de vous autres seigneurs de ci environ, que tous ceus de la dite commune qui feront vins à treuil, et tous les autres d'environ, paieront et donneront pour chescun tonnel de vin, qu'ils feront en cestes présentes vendanges, tant seulement six deniers pour eider à fere les cous et missions dessus dis. Lesqueux six deniers seront levés par la main de un homme ou de deus dignes de foy a ce députés, qui en rendront loyau compte par leurs serments. Et quand les deus prudes hommes, qui iront procurer les chouses dessus dites seront venus, se il y avoit résidu de ladite recepte, comptez les cous, dessus dits, le dit résidu sera restituez à chacun d'iceux qui auront païé selon ce qu'il li appartiendra. Pourquoi je vous demande si vous accordez à ce. »

Les assistants, après s'être consultés, ayant adhéré aux propositions contenues dans l'exposé du maire, acte en fut dressé par Guillaume Autin, notaire.

La même année, le mardi avant la fête de la décollation de saint Jean-Baptiste, Guillaume Grant, bourgeois de Vannes, après avoir pris connaissance des conventions ci-dessus établies, déclarait y adhérer à M⁰ Pierre Assailli, député vers lui par le corps de ville de Saint-Jean d'Angély. « Je me accort bien à tout ce et le veult et promet faire en la manière que les prudhommes de Saint-Jehan le feront ». Et son adhésion fut établie au bas du traité.

Rien n'indique si la démarche des bourgeois de Saint-Jean d'Angély près du comte de Flandre fut couronnée de succès, mais il y a lieu de croire que la guerre de cent ans, qui allait bientôt éclater, ne les laissa pas jouir longtemps des avantages qu'ils purent obtenir.

Pour l'exécution des articles de la commune octroyée par Philippe-Auguste à Saint-Jean d'Angély, et aussi pour suppléer aux lacunes qu'ils contenaient, il s'était établi certaines mesures de police consacrées seulement par l'usage, et qui avaient besoin de la sanction royale pour éviter les difficultés que leur application faisait surgir fréquemment. Sur la demande du maire, Philippe de Valois les érigea en articles au mois de juillet 1331 ; les voici tels qu'ils furent rédigés :

« Philippe, par la grâce de Dieu roi de France, sçavoir
« faisons à tous présents et advenir : que comme nos amez
« et feauz le maire et les jurez de la maison commune de la
« ville de Saint-Jehan d'Angéli, nous ayant humblement sup-
« plié que certains usages, coustumes, libertés, juridicions,
« privilèges et status, des quelles ils ont d'antienneté uzé, si
« comme nous sommes suffisamment informés tant par con-
« cessions de nos prédécesseurs, comme par antienne intro-
« duction ou observance de bonnes mœurs des devanciers
« des dicts maires et jurez, pour le bon gouvernement et
« tranquillité du peuple conversant en la dicte ville, nous

« de notre royale authorité et de grâce spéciale leur voulons
« confirmer :

« Article premier. — Si on amène dans la ville un homme
« prévenu de crime, il sera remis entre les mains du maire,
« pourvu qu'il n'ait point été pris dans l'enceinte du châ-
« teau, qu'il ne soit point officier du roi, et qu'il ne s'agisse
« pas d'un cas royal. Si le maire juge à propos qu'il ait as-
« sez de preuves pour faire le procès à cet homme, il le re-
« mettra entre les mains du prévôt, qui le jugera conjoin-
« tement avec le dit maire et d'autres personnages sages. Si
« cet homme est condamné, les profits de justice appartien-
« dront au roi.

« Art. 2. — Le maire et les jurés ont seuls le droit de
« faire arrêter les bourgeois prévenus de crime; et s'ils ju-
« gent qu'il y ait assez de preuves pour faire leur procès, ils
« les remettront entre les mains du prévôt, pour être jugés
« comme ceux qui ne sont pas bourgeois, suivant la forme
« prescrite dans l'article précédent. Les profits de justice ap-
« partiendront également au roi.

« Art. 3. — Le maire et les jurés ont juridiction sur
« les bourgeois dans tous les cas, à l'exception de ceux
« indiqués dans les articles précédents, et lorsque ces bour-
« geois auront été pris en flagrant délit. On observera néan-
« moins, dans tous ces cas, la coutume du pays.

« Art. 4. — Les sergents royaux ne pourront saisir les
« biens des bourgeois sans appeler les sergents du maire,
« si ce n'est pour ce qui est dû au roi, ou par son ordre, en
« se conformant cependant aux ordonnances royales.

« Art. 5. — Si un homme qui n'est pas de la commune
« fait quelque tort à un bourgeois, et si, étant requis de le
« réparer, il refuse de le faire, le maire pourra défendre à
« tous les bourgeois d'avoir aucun commerce avec lui, jus-
« qu'à ce qu'il ait réparé le dommage ou qu'il ait donné
« caution de comparaître en justice, à moins que le roi ou
« son fils ne soit à Saint-Jean d'Angély, ou que l'on y tienne

« la grande assise du roi. Le maire pourra requérir le pré-
« vôt de faire la même défense aux habitants de la ville non
« bourgeois.

« Art. 6. — Ceux qui ne sont point de la commune ne
« pourront faire entrer dans la ville du vin qui n'aura point
« été fait dans la banlieue, si ce n'est pour leur provision.
« Les bourgeois ne pourront ainsi faire entrer dans la ville
« du vin qui n'aura pas été fait dans la banlieue, à moins
« qu'il ne provienne de leurs biens. Le vin que l'on aura
« fait entrer dans la ville en contrevenant à cet article sera
« répandu.

« Art. 7. — Le vin que l'on aura fait entrer en ville sans
« la permission du maire sera répandu.

« Art. 8. — Le maire a l'inspection, dans la ville et les
« faubourgs, sur les marchandises, les denrées et les vivres
« qui sont exposés en vente. Il juge si elles sont bonnes ou
« mauvaises, et il punit ceux à qui appartiennent les mau-
« vaises. Il établit des courtiers et les révoque, lorsqu'il ne
« font pas leur devoir. Il punit ceux qui font des jurements,
« et ceux qui volent du raisin, du verjus, du foin et autres
« choses, pourvu que le vol ne soit pas considérable.

« Art. 9. — Le maire et les jurés peuvent faire des règle-
« ments, des proclamations, et établir un guet quand il est
« nécessaire. Les armes cachées qui seront trouvées par le
« guet seront confisquées, et ceux qui les auront cachées
« seront condamnés à une amende envers le roi. Le maire
« et les jurés peuvent défendre aux regrattiers d'acheter les
« denrées avant une heure fixée.

« Art. 10. — Le maire et les jurés peuvent faire des or-
« donnances pour la police et la sûreté de la ville. »

La commune de Saint-Jean d'Angély avait un siècle d'existence (1204-1332), et elle était bien près d'être parvenue au
plus haut point de sa prospérité; grâce au gouvernement
municipal, l'accroissement de la ville avait été rapide. Elle
devait sa fortune à son commerce, alimenté principalement

par les vins de sa banlieue, considérés comme supérieurs, même sur le marché de Paris, si l'on en juge par l'élévation relative de la taxe qui leur était imposée dans les tarifs établis par diverses ordonnances des rois de France pendant le XIVe siècle. Les lettres de Philippe VI, de décembre 1337 et du 25 avril 1341, les imposent à 4 sols, de même que les vins de Gascogne, d'Espagne et même ceux de Beaune. Celles du roi Jean, du 3 mai 1351, élèvent ce droit à 9 sols. Ils étaient expédiés à l'étranger par la rivière la Boutonne, dont les divers bras serpentant dans les marais, réunis en un seul canal, formèrent une voie navigable et sûre pendant une partie de l'année, au moyen des écluses construites dès cette époque à Bernouet, Tonnay-Boutonne et Champdolent, aux frais de la commune. Le corps de ville était si fier de cette création et des services qu'elle rendait aux commerçants, que, dans diverses suppliques, il qualifiait la ville de port de mer, qualification qui semblerait ridicule aujourd'hui, mais qui était justifiée à cette époque, où les moyens de communications autres que les rivières étaient le plus souvent impraticables et toujours dangereux pour les hommes et les marchandises. Jaloux de ces avantages, le corps de ville s'opposait, par tous les moyens en son pouvoir, à la création d'entreprises dont le commerce local aurait pu souffrir.

Le percement du canal de Charras avait été autorisé en 1332 par lettres patentes de Philippe de Valois. Dès 1333, une enquête, faite à Surgères par le sénéchal de Saintonge, Richard de Montigny, pour l'établissement d'un port au Gué Charrau, desservant le canal, constatait qu'il était déjà navigable pour les yoles de douze à quatorze tonneaux, depuis Chalons, en la paroisse d'Arzillières, jusqu'au Vergeroux ; de Charrau au Vergeroux pour des barques de six à huit tonneaux seulement. La même enquête établissait qu'il y était passé plus de mille tonneaux de vin l'année précédente, et qu'il était à présumer que, les portes et ponts nécessaires à la navigation achevés, il pourrait être expédié par cette voie plus de trois mille tonneaux chaque année. Les Angériens voyaient dans ce canal une concurrence redoutable pour le commerce des vins, dont ils avaient eu presque le monopole jusque-là, en raison de la facilité d'expédition que leur procurait la canalisation de la Boutonne. Ne pouvant profiter du canal de Charras, plus éloigné, qu'en payant deux sols pour droit de halage par tonneau de vin, droit dont les nobles et les religieux qui avaient créé le canal étaient affranchis, ils se mirent à la tête des opposants et réclamèrent contre la construction du canal et du port projeté, en se servant de la question du péage comme argument.

Les Angériens ne réussirent pas d'abord dans leur opposition; car, au mois d'avril de la même année 1333, le roi autorisait le prompt achèvement des travaux projetés. Les opposants renouvelèrent cependant leurs réclamations, et l'argument du péage, dont ils s'étaient servi, avait sans doute de la valeur, puisqu'en 1341 les principaux intéressés dans la construction du port et du canal renoncèrent à jouir de ce privilège de franchise si l'établissement du port était maintenu; de plus, ils s'engagèrent à verser le montant entier du droit sur les vins qu'ils faisaient passer par le canal dans la caisse de Renaud Crolebois, receveur pour le roi en Poitou et en Saintonge. Cet engagement fut pris par le prieur de Saint-Gilles de Surgères; le maître des Granges de Landray; Guillaume Dauny, prêtre au nom du prieur de Saint-Pierre de Surgères; Pierre Larquier, prêtre; le maître de Saint-Giles de Ciré; Jourdain de Peire, chevalier, seigneur du dit lieu; Pierre de Peire, dit de Charcoigne, écuyer, seigneur de Ciré et Chabans; Pierre Lombart, seigneur d'Arzillières, et son parsonnier Raymond Micheau; Guillaume de Pairé, seigneur de Landray; Jean de la Croix, seigneur de Charcoigne; Aimery Thourel; Jehan Jourdain de la Begaudière; Hugues Marchais; Bertrand de Varaize, seigneur de Lileau. Cette renonciation, et l'offre faite d'abandonner les droits perçus au profit du trésor royal, eurent tout le succès désiré par les promoteurs de l'entreprise ; l'établissement du port fut maintenu par lettres royales du 13 juillet 1341.

Les Angériens ne se tinrent pas encore pour battus et renouvelèrent leurs réclamations ; mais cette fois appuyés par les clameurs et complaintes des prélats, religieux, nobles et bourgeois du pays, et surtout par le crédit de Jean, évêque de Beauvais, lieutenant en Saintonge du duc de Normandie, qu'ils surent intéresser à leur cause.

Dans le mémoire que les Angériens remirent à leur protecteur, ils firent ressortir que le port du Gué Charrau étant assis au-dessous de toutes villes et habitations, les gens montant les navires qui y venaient charger pouvaient, comme cela était arrivé déjà, commettre des actes de pillage, d'assassinat et d'incendie, et regagner ensuite la mer sans empêchement. Ils ajoutèrent qu'avant la construction du port aucune armée ou navire de guerre ne pouvait avancer ou prendre terre sur son emplacement, en raison des marais vaseux et couverts d'eau en tout temps qui l'occupaient, tandis que ces marais, desséchés maintenant par l'ouverture du canal, pouvaient servir d'accès à une armée qui mettrait en danger une partie du royaume. Qu'en outre, le lest des navires, jeté dans la Charente par les gens des bateaux y venant charger, pourrait finir par obstruer le lit de la rivière et faire obstacle au passage des embarcations chargées, au grand dommage de la Saintonge, du Poitou et des Marches. Enfin, que les équipages des navires d'Allemagne, d'Espagne, de Flandre, de Bayonne et autres lieux refusaient de se soumettre à la justice du pays, et causaient de grands dommages dans la forêt de Rochefort, déjà en partie ravagée par eux. Ces motifs, habilement développés par l'évêque de Beauvais, eurent assez de poids pour faire donner gain de cause aux opposants ; et, par lettres datées de Saint-Germain-en-Laye, en avril 1345, Philippe de Valois déclara mettre à néant toutes les lettres, concessions, actions, confirmations et toutes autres choses relatives au port, cours, canaux, fossés et conduits dépendant du dit canal et du port du Gué Charrau au Vergeroux. Les Angériens n'eurent pas cependant la satisfaction de voir la destruction du canal, qui existe encore et a converti en riches prairies les marais vaseux d'autrefois.

Charles le Bel, mort en 1328, n'avait pas laissé d'héritier mâle, en lui s'éteignit la branche des Capétiens. En vertu de la loi salique, Philippe VI fut proclamé roi de France et commença la dynastie des Valois. Edouard III, qui prétendait à la couronne de France par sa mère Isabelle, fille de Philippe le Bel, n'accepta jamais cette sentence, et, dix ans après, commençait cette guerre dite de cent ans, pendant laquelle la France fut plusieurs fois près de succomber. Mais les malheurs de la patrie ne firent que fortifier les Angériens dans l'attachement qu'ils lui portaient, et dans sa bonne comme dans sa mauvaise fortune, ils sacrifièrent pour elle leurs personnes et leurs richesses.

Aussi, Philippe de Valois, pour montrer le cas qu'il faisait de leur vaillance et de leur fidélité, par lettres du 1er mai 1341, réunit et annexa pour toujours leur ville à la couronne de France, sans pouvoir jamais en être séparée, pour quelque cause, sujet ou occasion.

La révolte des Flamands, dirigée par Jacques Artevelde, fut une occasion pour Edouard III de commencer la guerre. Artevelde ayant appelé Edouard à son aide, celui-ci débarqua en Flandre et prit le titre de roi de France, tandis que Henri de Lancastre, comte de Derby, pour faire diversion, débarquait à Bayonne et s'avançait jusqu'à Angoulême. Le prince Jean, fils de Philippe, qui fut plus tard Jean le Bon, le força de se retirer à Bordeaux. La perte de la bataille de Crécy, en 1346, détermina malheureusement la retraite des Français, qui durent couvrir Paris, menacé par Edouard III ; le comte de Derby, n'ayant plus aucune force devant lui, s'avança sur Saint-Jean d'Angély, prenant en route les villes et les châteaux qu'il rencontrait. Cette place, mal approvisionnée et dépourvue de gens d'armes, fit cependant une vigoureuse résistance ; ses bourgeois la défendirent avec la plus grande valeur, malgré les dommages, menaces ou promesses que leur firent les Anglais. Ce ne fut que lorsque les murailles furent ruinées et qu'ils se virent en danger d'être pris d'assaut qu'ils se décidèrent à implorer la clémence du comte de Derby. Guillaume de Rion, maire de la ville, et les échevins, envoyèrent demander au comte un sauf conduit pour les députés que les bourgeois avaient désignés pour traiter de leur soumission. Le comte accorda une suspension d'armes durant « *cette nuit et le jour suivant.* » Le lendemain matin les députés se rendirent à la tente du comte et lui « *jurèrent d'être bons Anglais, tant que le roi d'Angleterre ou personne forte de par lui les voudrait et pourrait tenir en paix avec les Français.* »

Les termes de ce serment indiquent clairement que les Angériens ne se rendaient qu'à la dernière extrémité, et qu'ils n'entendaient demeurer sous la domination anglaise qu'autant que le roi d'Angleterre les y maintiendrait par la force ; aussi payèrent-ils cher l'obstacle qu'ils avaient élevé à la marche du comte de Derby. La ville fut livrée à la soldatesque comme si elle avait été prise d'assaut. « *La plupart des habitants furent tués, les autres fait prisonniers, et tous leurs biens brûlés, pillés et emportés.* » Le riche monastère des bénédictins, dirigé alors par Pierre d'Aigrefeuille, ancien évêque de Clermont, fut ruiné de fond en comble, de même que son église abbatiale. Le jour de son entrée dans la place, le vainqueur s'empressa d'écrire au roi d'Angleterre, occupé au siège de Calais, pour lui faire part de sa victoire.

Après quelques jours de repos donné à ses troupes, le comte de Derby reçut le serment de fidélité du corps de ville et des bourgeois, puis se remit en route pour le Poitou, d'où il revint quelque temps après. Pendant son second séjour à Saint-Jean d'Angély, le comte s'efforça de faire oublier aux Angériens la rigueur excessive avec laquelle il les avait traités, et sachant combien le sexe faible a d'empire sur les hommes, il fit en sorte de gagner les bonnes grâces des dames et demoiselles de Saint-Jean d'Angély en leur distribuant de riches joyaux et en leur offrant des fêtes splendides. Cependant, il n'atteignit pas son but; et tandis que les femmes, d'après Froissard, le proclamaient « *le plus noble prince qui pût chevaucher sur palefroi* », les hommes conservaient dans leur cœur la haine qu'il y avait semée.

Après avoir fait jurer de nouveau au maire et aux notables bourgeois « *qu'ils tiendraient et défendraient la ville ainsi comme le bon héritage du roi d'Angleterre* », le comte quitta Saint-Jean d'Angély pour se rendre à Bordeaux.

Philippe ne fut pas juste envers les habitants de Saint-Jean d'Angély, qui, bien que vaincus, avaient si vaillamment combattu pour rester attachés à sa couronne. Oubliant les services rendus, le roi ne vit en eux que des étrangers et les dépouilla sans remords, au profit d'Aymar de Malmont, seigneur de Tonnay-Boutonne et de Fouras, des portes de Champdolent et du cours de la Boutonne, appartenant aux bons bourgeois de Saint-Jean d'Angély, avec tous les profits, émoluments et seigneuries en dépendant. Il est probable que les bénédictins avaient cédé cette partie de la rivière au corps de ville, pour la facilité de la navigation, car elle leur appartenait primitivement, en vertu d'une donation faite en leur faveur.

A la mort de Philippe, en 1350, une trêve d'un an avait été conclue entre la France et l'Angleterre. Pendant que les plénipotentiaires des deux pays travaillaient à la conclusion d'une paix définitive, les hostilités recommencèrent dans la Saintonge du nord. Les Français y furent battus par les Anglais. Guy de Nesle, sieur d'Offremont, maréchal de France, demeura au pouvoir de l'ennemi, avec Guillaume de Nesle, son frère, et plusieurs seigneurs ; parmi ces derniers se trouvait Hugues de Surgères, seigneur de Balans et du Breuil. Le roi Jean, pour récompenser ce dernier des services qu'il lui avait rendus en qualité de capitaine de Surgères et de Bourgneuf, en Aunis, et de l'énorme rançon que les Anglais lui avaient fait payer sa liberté, lui accorda, par lettres du 13 octobre 1354, une somme de mille livres, à prendre sur la recette de l'Anjou et du Maine.

L'année suivante (1351), Charles de la Cerda, connétable de France, vint mettre le siège devant Saint-Jean d'Angély. Les Anglais ne se sentant pas assez forts pour défendre la ville, se retirèrent dans le château royal, puis demandèrent et obtinrent un traité dont les clauses font pleinement ressortir l'esprit chevaleresque de l'époque. D'après ce traité, Raymond Guilhem, seigneur de Copanne, Giraut de Saint-Aon, Gailhart Durant, Pierre de Castelnuef et Jehan de Montignac, écuyers pour le roi d'Angleterre et chefs de la garnison, s'engagèrent à rendre au connétable, le trente et un août 1351, au coucher du soleil, la ville et le château de Saint-Jean d'Angély, dans l'état où ils se trouvaient au moment du traité, si du vingt-cinq au trente et un du même mois ils ne recevaient secours assez fort pour combattre en champ clos le connétable et ses chevaliers; que, dans le cas où ils seraient ainsi secourus, deux chevaliers choisis de chaque côté détermineraient le champ de bataille, la possession de la ville et du château devant être le prix du vainqueur. Les Anglais s'interdisaient de recevoir tout autre secours, soit en gens, vivres, munitions ou travaux. Il fut convenu aussi que les chevaliers de la garnison pourraient sortir de la ville pour combattre avec les leurs, et que les otages donnés de part et d'autre se rangeraient sous leurs bannières respectives. Les chevaliers Anglais devaient s'abstenir, pendant la trêve, de piller en pays de France. Voici ce traité:

« A tous ceulx qui ces présentes lettres verront: Charles
« Despaigne, comte d'Angoulesme, connétable de France,
« lieutenant du roy nostre sire, ès pays d'entre les rivières de
« Loire et de la Dourdonne ; et Raymon Guilhem, seigneur
« de Copanne, Giraut de Saint-Aon, Gailhart Durant, Pierre

« de Castelnuef et Jehan de Montignac, escuyers, de la part
« du roy d'Angleterre et de lestablie de Saint-Jehan d'An-
« geli, salut et cognoissance de vérité: Savoir faisons que le
« respit et les astinances entre nous connestable devant dit
« pour le roi de France, nostre sire, et ceux de nostre pré-
« sent hoste et de nostre part, et nous, sire de Copanne,
« Giraut de Saint-Aon, Gailhart Durant, Pierre de Castelnuef
« et Jehan de Montignac, devant diz, tant en nos noms et
« pour nous comme es noms et pour tous ceulx de nostre
« dite establie de la ville et chastel de Saint-Jehan d'Angeli
« octroiées, convenanciées et jurées sur saincts euvangiles
« de chascune partie dujourd'hui au derrenier jour de ce pré-
« sent mois d'aoust à soleil couchant, a été traicté, octroié,
« convenancié, accordé, fiancé et juré, en la fourme et ma-
» nière qui s'ensuit : Premièrement : Nous sire de Copanne,
« Giraut de Saint-Aon, et autres dessus nommés de ladite
« ville et establie de Saint-Jehan, rendrons la dite ville et le
« chastel de Saint-Jehan au connestable dessus dit realment
« et de fait ou à celui qui de par le roi de France ou de par
« le dit connestable y sera député le deurnier jour de ce
« présent mois d'aoust dedans soleil couchant, se a celi jour
« ou six jours devant plus prochains, c'est assavoir du vingt
« cinquième jour du dit mois d'aoust jusques au dit deurnier
« jour d'iceli mois nous ne sommes secourus par hôme de
« notre part qui soit si fort sur les champs en l'un des dits
« sept jours qu'il puisse lever pour bataille le dit connes-
« table et affronter li et ses gens, ou celi et ses gens qui de
« par le roy de France, ou de par le dit connestable, y serait
« député. Auquel cas seront pris de chascune par deux che-
« valiers pour faire planner et... la place d'entre les deux
« batailles. Et sont et seront ces choses entendues en bonne
« foi sanz nul mal engin. Et en cas que nous serions si fort
« que nous nous peussions combattre et feussions desconfis,
« rendrons la ville et le chastel ledit jour, dedans l'heure
« dessus dite. Item : Est accordé que nous de la dite esta-

« blie par nulle autre voie quelconque que par celle dessus
« dite ne nous pourrons ne devrons tenir pour secourus.
« Item : Est accordé par nous connestable que celi jour ce
« secours venoit à la dite establie, les queulx hommes qui y
« sont porront issir pour estre et combattre avecque leur dit
« secours ; et aussi les hostages ci-après nommés baillés
« de leur part se porront combattre avec leurs gens se il leur
« plaît, par si que du capitaine qui viendra de leur part. Ils
« bailleront bonne seureté par la foi du dit capitaine et par
« ses lettres ouvertes scellées de son scel, de rendre la ville
« et le chastel de Saint-Jehan au cas qu'ils ne seroient se-
« courus par la manière que dessus. Item : Est accordé par
« nous de ladite establie que les autres non nobles, servans
« et gens de pié, ne partiront de la dite ville ne du chastel,
« ne se secourons, conforterons, ne aiderons, ne recevrons
« dans la ville ne le chastel nuls de ceulx qui viendraient
« pour nous secourre, ne aussi ne prenrons ne recevrons
« aide ne confort de eulx. Item : est accordé par nous de la
« dite establie que nous ne chevaucherons, ne pillerons au
« païs du roy de France, de ses aidant, ne de nul de ses
« subgez durant ce temps. Item : avons accordé que ce dit
« temps durant nous ne partirons de la dite ville, ne nous
« avitaillerons ne croistrons de vivre quels qu'ils soient, ne
« croistrons de gens que de capitaine, ne laisserons en-
« trer dans la ville autres gens et autres vivres, que ils ne
« conforteront la ville de nulz ouvrages ne de nulle artille-
« rie. Item : Avons accordé que pour quelconque treuves,
« astinances ou souffrances de guerre qui se puisse prendre
« entre les deux roy, nous ne l'arrons que nous rendions la
« dite ville et le dit chastel à la dite journée... les conve-
« nances se nous nous n'estions secourus par la voie dessus
« dite. Item : Avons accordé que si nous savions qu'aucun
« de nos gens qui chevauchent et pillent au païs du roy de
« France, nous les en destourberons...

« Et se ils estoient à notre connaissance, nous les en puni-

« rons. Ce néanmoins, ce les gens du roy de France en con-
« noient aucuns, ils les en pourroient punir sans pour ce
« déprécier. Item : Avons accordé que du jour duy en avant
« nous ne empirerons la ville ne le chastel de Saint-Jehan,
« mais le rendrons au jour dessus dit en l'estat et au point
« qu'il est maintenant. Item : Est accordé que ce dit présent
« traité fait et parfait et juré d'une part par advant deux des
« chevaliers de nous connestable entreront dedans la ville et
« le chastel à seureté et avec deux gentilz hommes de la
« dite ville... et leur devront montrer par leur serment, sans nul
« ne céler, et ce fait, les deux dits chevaliers et deux gentilz
« hommes... leur serment selon la quantité de vivres qu'ils trou-
« verons, et la quantité de gens... yceulx vivre... en feront venir
« et administrer de dehors par leur argent durant chascun jour
« pour vivre eux et leurs chevaux jusques... Item : Est accordé
« par nous connestable devant dit que nous, en notre per-
« sonne, conduirons ceulz de la dite establie de Saint-Jehan
« à Tours, *ou ferons* conduire par le maréchal de France,
« ou par le comte de Lille, en sa compagnie Clermont et
« Boucicaut, et en porront emporter avec eux leurs biens,
« les vendre ou aliéner ainsi comme bon leur semblera.
« Item : Leur avons accordé que ceulz de la ville de Saint-
« Jehan, qui s'en voudront aller avecque eux puissent aller et
« emporter ce qu'ils en voudront emporter de leurs biens ;
« et que ceulz qui voudront demourer auront leurs corps et
« leurs membres *sauves*. Item : Est accordé de nous de les-
« tablie dessus dite que les biens des dessus ditz qui vou-
« dront demourer dans la ville seront et demeureront *sous*
« *la sauvegarde* du connestable. Et a tenir toutes les choses
« devant dites et chascunes d'icelles fermes et accomplies
« en bonne foi seuz... accordées, convenanciées et jurées
« par la manière que dessus est dit, nous sire de Copanne,
« Giraut de Saint-Aon, Gailhart Durant, Pierre de Castelnuef
« et Jehan de Montignac, escuyers devant diz, pour nous et
« les dessus nommés de la dite ville et establie de Saint-

« Jehan, avons baillié et baillions au dit connestable les hos-
« tages ci-après nommés, c'est à savoir : Messire Pierre
« Gombaut, Guillaume Naple, Marestain de Santon, Richard
« du Temple, Raymonet Durant... de la Duz, Loys de Som-
« put, Gautier, messire Arnaut de Copanne et Bernart de
« Castelnuef. En tesmoings des choses dessus dites, nous
« connestable de France devant dit, et nous Guillaume Ray-
« mont, sire de Copanne, Giraut de Saint-Aon, Gailhart Du-
« rant, Pierre de Castelnuef et Jehan de Montignac, escuyers
« dessus dits, avons scellé ces lettres présentes de nos
« sceaulz. Faites, accordées et données devant Saint-Jehan
« d'Angeli, le cinquième jour dudit mois d'aoust, l'an de
« grâce mille ccc cinquante et ung. »

D'après Froissart, les Anglais n'ayant pas été secourus et n'ayant plus de vivres, rendirent la ville sans combat, à l'expiration du délai fixé pour la capitulation. D'après Holinshed, au contraire, le fils de lord d'Albret, à la tête de six cents hommes d'armes, aurait tenté de faire lever le siège, mais sans pouvoir y réussir. Il y aurait donc eu bataille, et voici ce qui paraît l'indiquer :

Pendant le siège, Thebaut de Granges, lieutenant de Guillaume l'Archevêque, seigneur de Parthenay, chargé d'un commandement dans l'armée, ayant déployé son gonfalon aux armes de Surgères, fut provoqué par Hugues de Surgères, qui lui contestait le droit de porter les armes de sa famille, comme n'étant pas de sa lignée. Le combat fut empêché par Guillaume l'Archevêque, et, dans un jugement rendu par le duc de Berry, à Niort, le 21 août 1379, au sujet de cette contestation entre les familles de Granges et de Surgères, il est dit que Hugues de Surgères fut trouvé mort après la bataille qui suivit le siège de Saint-Jean d'Angély.

Aussitôt que le connétable de France fut en possession de la ville, en considération des maux et dommages que ses habitants avaient soufferts, tant lors de la prise de leur ville que depuis, par les vols et le pillage des Anglais, il en confia la garde, pendant un an, à la loyauté du maire et des jurés, avec mission d'en réparer les fortifications en ruines, donnant pleins pouvoirs à ces derniers sur les habitants, auxquels il fit faire le serment d'obéir promptement aux ordres qui leur seraient donnés à ce sujet.

Tout le temps que Saint-Jean d'Angély était resté au pouvoirs des Anglais, ces derniers s'étaient emparés des recettes du minage, et n'avaient point payé pendant deux ans, au chapitre de l'église archiépiscopale de Tours, une rente de soixante livres qui lui avait été léguée par Guillaume de Sainte-Maure, doyen de cette église. Les chanoines de Tours en ayant demandé le paiement, lors du retour de la ville sous la domination française, le roi Jean enjoignit au sénéchal de Saintonge, en 1351, de leur en faire payer les arriérés.

Les Angériens avaient été réduits à une si grande misère par le pillage des Anglais, que la plupart furent pendant plusieurs années obligés d'avoir recours à la mendicité. Les privations avaient réduit leurs corps à un si grand état de débilité qu'ils n'avaient plus la force de faire le guet pendant la nuit sur les murailles en ruines, le corps de ville n'ayant pu se procurer les fonds nécessaires pour les relever ainsi qu'il l'avait promis au connétable en 1351. La ville était donc ouverte, sans défense, et à la discrétion de l'ennemi. Les barons et les nobles du Poitou et de la Saintonge, réunis par le connétable pour aviser aux moyens propres à éviter une pareille perte, s'empressèrent de faire parvenir leurs doléances au roi. Jean le Bon chargea Arnoul d'Audrehem, maréchal de France, son lieutenant dans les pays d'entre Loire et Garonne, de prendre les mesures nécessaires au salut de la ville et de ses habitants. Le 17 janvier 1352, en conformité des lettres royales, le maréchal ordonna que soixante hommes de guet, aux gages de deux sols tournois chacun, payés par le trésorier des guerres, veilleraient chaque nuit sur les murailles de Saint-Jean, pendant tout le temps nécessaire. En outre, il alloua au maire, sur le même trésorier, une somme mensuelle de trente livres tournois pendant un an, pour réparer les fortifications. Jean de Clermont, seigneur de Chantilly, maréchal de France, et lieutenant pour le roi en Poitou, Saintonge et Angoumois, ordonna l'exécution des lettres royales et de l'ordonnance d'Arnoul d'Audrehem, le 4 août 1354.

La campagne environnant la ville, ravagée pendant la guerre, ne présentait plus à la vue qu'un désert inculte ; les vignes brisées ou arrachées, ne pouvaient fournir le vin nécessaire à la consommation des habitants. Jean de Clermont, en considération de la loyauté et de la bonne volonté que les Angériens avaient eues pour le roi de France, voulant réparer autant que cela était en son pouvoir les peines et dommages qu'ils avaient soufferts et souffraient chaque jour encore des conséquences de la guerre, les autorisa sur leur demande à faire entrer dans la ville, pendant trois ans, des vins étrangers pour les vendre en taverne, contrairement aux privilèges du corps de ville, qui ne permettaient cette sorte de vente que pour les vins provenant des héritages de ses membres.

Autant la conduite cruelle et sanguinaire des Anglais avait amoncelé de haine dans le cœur des Angériens, autant le roi de France, en cherchant à réparer les maux causés par ses ennemis, s'était affermi dans leur affection. L'année suivante (1355), ils donnèrent une nouvelle preuve de leur attachement à la France ; sous la conduite de Richard d'Angles, sénéchal de Saintonge, et de concert avec la flotte et les arbalétriers rochelais, ils chassèrent les Anglais de Salles, de Rochefort et de plusieurs autres places de l'Aunis, dont ces derniers venaient de s'emparer.

Malgré leur fidélité et tout ce qu'ils avaient soufferts pour la France, les Angériens devaient bientôt cesser encore de lui appartenir. La fatale bataille de Poitiers, perdue par Jean le Bon et suivie du traité de Brétigny, les fit passer sous la domination anglaise. Aux termes de ce traité, le roi Jean abandonnait à l'Angleterre, entr'autres provinces, l'Aunis et la Saintonge, depuis la Sèvre jusqu'à la Gironde. En conséquence, par ordre du roi de France, Saint-Jean d'Angély dut recevoir sans résistance les officiers du roi d'Angleterre.

La remise de la ville et du château fut faite à Jean Chandos, commisssaire du roi d'Angleterre, par Loys de Harcourt, vicomte de Châtellerault, et Guichard d'Angles, commissaires du roi de France, le 8 octobre 1360.

« Jehan Chandos partit de Surgières le huictiesme jour
« de octobre et vint à Saint-Jehan d'Angeli.

« Et envoïa devant maistre Pierre Pigache, pour montrer
« les chartes et lettres de la délivrance de la dite ville et du
« païs, liquieu les monstra ,et bailla aux maire, bourgeois et
« habitans de la dite ville, pour avoir cens entr'eulx et auxi
« leur bailla la lettre à eux adroyssée de par le roi de
« France sur la délivrance de la dite ville et du chastel.

« Et après ce arriva le dit messire Jehan Chandos à la
« dite ville, à la porte de l'Aunis, en sa compagnie messire
« Richard de Statfort, le vicomte de Rochechouart, le sire de
« Surgières et plusieurs aultres.

« Illec trouva messire Loys de Harecort, vicomte de Chas-
« tellerault, et messire Guischard d'Angles, commissaires de
« par le roi de France sur la délivrance du païs, et aussi
« trouva Jehan de Marteaux, maire de la dite ville, avec plu-
« sieurs autres bourgeois et habitans d'icelle.

« Et après ce que les dits commissaires du roi de France
« eurent faits le commandement du roi de France, par vertu
« de leur commission audit maire, de être obéissant et en-
« tier en la subjection du roi d'Engleterre, nostre seigneur,
« en signe de vraye subjection et oubeissance, il baillait les
« cliefs de la dite ville au dit messire Jehan Chandos, lieu-
« tenant de nostre dit seigneur le roi d'Engleterre, pour et
« au nom de li le dit maire, emprès la dicte charte et aultres
« lettres visitées et eu advis dessus, obéissant à leur com-
« mandement selon la tennour de la dite lettre, baille les
« dites cliefs au dit messire le lieutenant, en luy baillant et

« délivrant par le commandement des dits commissaires la
« pocession et saisine réelement et deffait de la dite ville
« pour et au nom du roi d'Engleterre notre dit seigneur, et
« ses hoirs et successeurs, pour la tradition des dites cliefs
« pour l'entrée de la dite ville et par la prise de taroils de
« la dite porte.

« Et emprès ce que le dit messire Jean Chandos, lieute-
« nant dessus dit, eut prins et appréhendé la saisine et po-
« cession comme dit est de la dite ville pour et nom de
« notre dit seigneur le roi d'Engleterre, bailla au dit maire
« les dites cliefs en garde pour le roi d'Engleterre, notre sei-
« gneur, jusqu'au lendemain, lequiel maire les prins et reçut
« au nom que dessus.

« Et d'illec le dit messire Jean Chandos ala droit au chas-
« tel de Saint-Jehan, ensemble le dit commissaire et ouvec
« eux la compagnie dessus dite, et illec estoient Pierre de
« l'Espine et Bertet de Sainte-Herbe, lieutenants de Tassart
« Delavenue, chastelain au dit chastel, aux queux les dits
« commissaires firent le commandement de par le roi de
« France qu'ils lui baillassent les cliefs du dit chastel affin
« de les bailler au dit messire le lieutenant du roi d'Engle-
« terre, notre seigneur, lesquieux lieutenant de Tassart bail-
« lèrent les cliefs du dit chastel es dit commissaire.

« Les quieux commissaires présentèrent les dites cliefs et
« la possession du dit chastel au dit mon seigneur le lieute-
« nant pour et au nom du roi d'Engleterre, notre seigneur,
« liquieux les prinst et accepta pour et au nom que dessus,
« en signe de bonne et vraie possession pour le roi notre sei-
« gneur d'Engleterre, nos seigneurs ses enfans, leurs hoirs
« et successeurs; et en icelle possession incontinent entre au
« dit chastel, en prenant aux mains le toroil de la porte et
« intra au donjon et fist les autres choses et solempnités qui
« appartènent à fere.

« Et ce fait le dit mess. le lieutenant de notre dit seigneur le
« roi d'Engleterre baille les dites cliefs et la garde du dit

« chastel au lieutenant du dit Tassart pour et au nom de
« notre dit seigneur le roi d'Engleterre jusqu'au landemain.

« Emprès le dit messire le lieutenant fait fère son cri de
« par le roi d'Engleterre, notre seigneur en la dite ville, que
« tous fussent le landemain à l'ostel des frères précheours
« devant heure de prime pour devant lui en la manière que
« es aultres villes a été fait.

« Le lendemain neuviesme jour d'octobre en dit hoste
« des frères, en la présence de messire le lieutenant, de
« messire Richard Statford, messire Loïs de Harecort, et de
« messire Guischard d'Angles, furent messire Guy Larche-
« vesque, seigneur de Taillebourg, et messire vicomte de
« Rochechouart, seigneur de Tonnay-Charente, lesquieux
« firent requeste au dit messire le lieutenant de leur fere
« delivrer leurs dits lieux de Taillebourg et de Tonnay, les-
« quieux étaient tenus et occupés pour nom du sire de Cam-
« pene et par messire Pierre de Landiras, et par la paix le
« doivent estre rendus et délivrés et ensemblement. Le
« maire et habitans de Saint-Jehan requeroient que les dits
« lieux feussent vuydés pour la paix et tranquilité de païs,
« avant qu'ils fessent le serment d'obéissance, et ainsi de-
« vait être fait pour la pais; sur laquelle chose leur fut accordé
« par nous le lieutenant les ditz lieux estre délivrés aux dits
« seigneurs d'iceuls dedans la feste de tous les saints, et il
« commanda le dit monseigneur le lieutenant, le sire de
« Campene et le cappitennier des dits lieux de Taillebourg
« et de Tonnay pour leur parler sur la délivrance des dits
« lieux.

« Et reçut le serement d'oubeissance des maires et éche-
« vins de la dite ville de Saint-Jean et d'autres, en la dite
« ville, dont les noms s'ensuivent et le firent en la forme et
« manière qui en suit :

« Nous jurons et promettons à vous, sire et lieutenant du
« roi d'Engleterre, notre seigneur, que dores en avant serons

« à notre dit seigneur le roi d'Engleterre, et à ses hoirs et
« successeurs, vous et autres ses lieutenants, commis et dé-
« putés, pour nous et pour nos hoirs et tous les nôtres, bons
« et loyaux, aubeyssans et subgiez; son corps, vie et membres
« garderons, sauverons et deffendrons ses biens et ses droyts,
« mesmement la cité et la ville de Saint-Jehan, à lui, à ses
« hoirs et successeurs, à son oubéissance garderons et dé-
« fendrons contre toutes personnes qui peuvent vivre ou
« mourir à noustre loyaulx pouvoir sans jamais recognoistre
« aultre seigneur ou souverain, et à vous sire lieutenant et à
« tous aultres ses ministres et officiers ferons au nom de lui
« les oubeyssances et serements accoutumés, bon aide et
« conseil donnerons, son secret célerons sans révéler à nulle
« ses ennemis, domages et destourbance deffendrons et con-
« tredirons les hommages, service et revenances à lui dehues
« en la ville et dépendance, bien et loyalement ferons, ses
« rentes et autres devoirs li payerons et rendrons et le pro-
« mettons et jurons sur les saints évangiles de Dieu icy pré-
« sent, sur le signe de la croys, sur nostre baptesme, sur
« nostre foy et nostre créance, sur nostre part de paradis,
« sur dampnement de nos âmes, pour nous, nos hoirs et suc-
« cesseurs.

« Jehan Marteaux, maire ; id. en son privé nom; Jehan
« Roille; Bernard de Marteaux ; Pierre Roille; Jehan Millon;
« Bernard Villatte; Pierre d'Essideuil ; Jehan Tronquière;
« Guillem Roille ; Pierre Morisson; André Costellier; Jehan
« Gaillard; Philippe Phéron; Arnaut de Mahon ; Ambroys de
« Matha, Jehan Hullin; Guillem Boteville; Jehan Lelièvre;
« Gyraud Germain ; Colin Mausset; Michel Faure ; Robin
« Pierre; Jehan Baudon; Jehan Granet; Guillem Fradin; Hé-
« liot Chevalier; Jehan Constantin; Jehan Chevalier; Héliot
« Chotart; Joffrion Michel; Colin Texier ; Pierre Boucard;
« Pierre Porchier; Guillem Giraud; Yvonet Meyne; Guillem
« Doigne; Robin Lemaire; Jehan Caudosse; Regnaud de Pi-
« neux; Jehan de la Porte; Jehan Bauvet; Guillem Seguin;

« Guillem Bauvet; Robert Abbenz; Guillem le Clavereur; Ar-
« naut Alcite de Lart; Raolin, son frère; Pierre Fouchet; Hu-
« gues Bidaut; Guillem de la Porte; Colin Malgendre; Jehan
« Guyié; Jehan Arnaudin; Pierre Lemosin; Jehan de la Prade;
« Jehan de Boneresse; Pierre Baudin; Pierre Babaut; Guil-
« lem de Roilac; Thomas Regnaut; Bertrand Maynnard; Ro-
« bin Villain; Meriot le Masson; Jehan Roilhe; Jehan de Bas-
« sart; Jehan de la Porte; Jehan de Birez; Jehan Morin; Pierre
« Vitardier; Arnaut Vitardier; Jehan de Maire; Galouchat;
« Jehan Bernet; Mathiot de Tournay; Mess. Martin Gilbert;
« Jehan Doré; Jehan Dufour; Ytier Recubreour; Jehan de
« Reims; Pierre Aloïs; Pierre Roy; Jehan Batjavelle; Bertrand
« Biset; Jehan Coreau; Jehan Illayret; Guillem Martin; Jehan
« Bonin; Guillot Roy; Clément de Coest; Jehan Basin; Pierre
« Olier; Robbert Roux; Guillem Raoul; Jehan Oudins; Pierre
« Pannetier; Pierre Michaud; Robert Moraut; Jehan Guy;
« Guillem Maurin; Guion Jocelin; Guillem Chauveau; Guillot
« de la Coste; Pierre Arnaut; Pierre Achart; Armant Faure;
« Jehan Cleirant; Alain Legoux; Giraud de Gaumont; Guillem
« Baquier; Raoul Juglar; Pierre Plumagier; Guillem Huroys;
« Guillem Bouy; Jehan Gilebert; Jehan Haureau; Jehan
« Bessin; Tévenot Roux; Pierre Barie; Jehan Vassot; Jehan
« Renoul; Guillem Renoul.

« Ce même jour, neuvième d'octobre, serement de loyaulté
« dans la forme à peu de chose près que celle des échevins,
« par:

« Messire Guy Larchevêque, seigneur de Taillebourg;

« L'abbé de Saint-Jehan, l'étole au col, une main sur la poi-
« trine et l'autre sur les saints évangiles;

« Messire Joffrey du Furie;

« Jehan Sauveur, à cause de sa femme et doyt en été
« juchère et en yver paille, à cause du poys du roy qu'il
« tient;

« Maître Pierre Maurcesseau, à cause de Elies, son fils;

« Le prieur de Saint-Savinien, serement de reconnaissance

« de souveraineté à cause de sa temporalité, ressortant sans
« moyen à Saint-Jehan;

« Le seigneur de Mauzé, pour sa terre de Mauzé et de Mi-
« lescu et sa terre du Bordet;

« Messire Jehan de la Brouce, chevalier;

« Simon Chaffroy;

« Messire Bertrand Tison, chevalier;

« Messire Guy de Bancey, chevalier.

« Helie Plaute, à cause de sa femme;

« Messire Jehan la Personne, vicomte d'Aunay, à cause de
« la vicomtesse sa femme.

« Jehan Chandos nomma ensuite chastelain de la ville et
« chastel de Saint-Jehan messire Richard Totesham, qui le
« fut aussi de La Rochelle, et le dit jour fut institué et sta-
« bilité Jeffré Michel, prévôt de la dite ville.

« Le dix octobre, le lieutenant, après avoir reçu le sere-
« ment de plusieurs seigneurs et expédié par courrier pour
« Bordeaux les lettres patentes pour la prise de possession de
« plusieurs villes, le onze se partit de la ville de Saint-Jehan,
« allant à Saintes. »

Jean Chandos, en prenant possession de Saint-Jean d'Angély, avait promis de conserver à l'échevinage la jouissance
des nombreux privilèges, qui lui avaient été donnés par les rois
de France. Le corps de ville eut bientôt l'occasion de rappeler cette promesse au gouverneur anglais. L'autorisation de
vendre dans les tavernes des vins étrangers, accordée pour
trois ans aux Angériens en 1354 par Jean de Clermont, était
expirée, mais la vente n'en avait pas moins été continuée
jusqu'en 1362, à la faveur des temps troublés, et constituait
un abus préjudiciable aux intérêts du corps. Les uns prétendaient que le vin qu'ils faisaient entrer dans la ville était destiné à leur consommation personnelle; les autres que c'était
pour le sauver du pillage, tandis qu'en réalité tous en tiraient
profit en le faisant vendre au détail dans les tavernes. Les
membres du corps de ville demandèrent l'autorisation de

faire saisir et répandre tout vin qui ne proviendrait pas de leurs propres héritages. Richard Totesham fit droit à leur demande en prohibant l'entrée des vins étrangers dans la ville, mais à partir seulement du jour de la Toussaint à venir, par le motif que le roi d'Angleterre et son fils devant, dans l'intervalle, venir visiter Saint-Jean d'Angély, il aurait été regrettable que la ville ne fut pas suffisamment approvisionnée de vin pour cette circonstance. Le sénéchal ordonna, en outre, de lever, à partir de la même époque, six sols par chaque tonneau de vin, pour aider à mettre les fortifications en état.

La visite du roi d'Angleterre à Saint-Jean d'Angély et les faveurs dont il combla ses habitants ne purent faire oublier aux Angériens qu'ils étaient sous la domination anglaise; enflammés par les victoires successives du connétable Bertrand Duguesclin, qui en 1372 s'avançait sur la Saintonge, ils n'eurent pas la patience d'attendre l'aide que leur apportait ce vaillant guerrier. Entraînés par Patrice de Cumont, leur maire, ils se ruèrent sur la garnison anglaise, et après un sanglant combat, dans lequel Patrice de Cumont et de nombreux bourgeois furent tués, ils parvinrent à la chasser de la ville et du château. Les pertes douloureuses subies par les Angériens dans cette journée ne les empêchèrent pas de célébrer leur victoire par des feux de joie, qui, pendant la nuit suivante, furent allumés dans tous les quartiers. Duguesclin fit quelques jours après son entrée dans Saint-Jean d'Angély, toutes portes ouvertes pour le recevoir, et n'eut qu'à faire prêter aux bourgeois le serment de fidélité au roi de France. Cet acte de courage patriotique valut aux Angériens toutes les faveurs royales; Jean, duc de Berry et d'Auvergne, comte de Poitiers, de Maconnais, de Saintonge et d'Angoulême, par lettres de grâce du 1er octobre 1372, les amnistia de toutes peines criminelles, corporelles ou civiles qu'ils pouvaient avoir encourues pour homicides, larcins, injures, violences, sauvegarde enfreinte et autres délits ou crimes; ordonna la restitution des biens confisqués pour désobéissance ou rébellion envers le roi à tous ceux qui reviendraient à son autorité, et mit les Angériens, leurs familles et leurs biens sous la sauvegarde royale.

Charles V confirma ces grâces par lettres du 15 novembre 1372 et étendit l'amnistie à tous les crimes commis pour faits de guerre, accidents, rumeurs, noises ou autres, rétablissant leurs auteurs dans leur ancienne bonne fame, renommée et biens.

Ebranlées par les sièges successifs, les fortifications avaient besoin de continuelles et fort coûteuses réparations, auxquelles les habitants étaient toujours appelés à concourir. Quelques-uns d'entr'eux s'y refusèrent, entr'autres des gens possédant rentes, propriétés foncières ou autres revenus assis tant dans la ville que dans les faubourgs. Le maire s'en plaignit au roi. Celui-ci, après avoir examiné les motifs invoqués par les refusants, ne les ayant pas reconnus fondés, maintint les réclamants dans le rôle de répartition de la taille établie à ce sujet, et manda au sénéchal de Saintonge de les « *contraindre rigoureusement à contribuer à la dite fortification.* »

Toute l'énergie du maire suffisait à peine pour faire respecter les importants et nombreux privilèges du corps de ville, car il avait à lutter sans cesse contre des communes rivales, de puissants seigneurs, et même des princes du sang. Jean Berthelot, lieutenant du sénéchal, avait fait saisir et inventorier, à la requête du procureur du duc de Berry, les biens d'un pair du corps de ville, Jehan Rousseau, sans y avoir appelé les sergents de la commune, ainsi que le voulait l'article 4 des lettres de 1331. Le corps de ville, assemblé en mésée, ordonna que les privilèges seraient montrés aux officiers du duc, avec menace, dans le cas où ils ne voudraient pas s'y conformer, de les poursuivre devant le conseil du roi.

D'un autre côté, Hélie Auffroy, prévôt du roi, avait arrêté et emprisonné dans le château de Saint-Jean d'Angély un bourgeois nommé Aymery Barbe, sans préalablement l'avoir présenté au maire, conformément aux mêmes privilèges. Sur les représentations qui lui furent faites, le prévôt s'empressa de reconnaître qu'il avait empiété sur les privilèges du maire, il fit sortir de prison le détenu et le présenta au maire, en s'engageant à indemniser Aymery Barbe du préjudice qu'il avait pu lui causer, en se dispensant de remplir cette formalité, il offrit même de payer l'amende que le maire croirait devoir lui infliger.

De plus, le corps de ville de La Rochelle ayant refusé de reconnaître que les jurés de Saint-Jean d'Angély étaient francs et quittes de toutes impositions à La Rochelle, l'échevinage décida qu'il poursuivrait la reconnaissance de cette exemption.

Enfin, Jean Couraut, de Soubise, fut ajourné devant le sénéchal par Guillaume Desbordes, lieutenant du roi en Saintonge, à l'effet de produire les prétendues lettres de grâce en vertu desquelles il s'était permis de lever le vingtième sur les denrées que les Angériens avaient fait passer et repasser par bateau devant Soubise, et à défaut restituer les droits qu'il avait perçus indûment et contrairement aux privilèges des Angériens.

Des succès importants avaient, depuis l'avènement de Richard III au trône d'Angleterre, relevé le courage des partisans de ce prince sur le continent, et les hostilités continuaient sur divers points du royaume. Les Anglais occupaient sur la Garonne quelques places fortes, d'où ils faisaient de fréquentes irruptions au nord de la Charente. Héliot de Plassac, qui commandait la garnison anglo-gasconne du château de Bouteville, dans la haute Saintonge, et qui se rendait surtout redoutable, par les déprédations qu'il exerçait dans tout le pays environnant, vint piller jusque devant Saint-Jean d'Angély, où il faisait de fréquentes apparitions, en l'absence de Hern le Coich, sénéchal de Saintonge, occupé ailleurs pour le service du roi avec ses chevaliers.

Le maire prit toutes les précautions que la prudence lui prescrivait contre un coup de main de ce redoutable adversaire. Il organisa le guet, le reguet et la garde des portes, et, comme il n'avait pas assez d'hommes en âge de porter les armes pour suffire à tous ces services, il enrôla les enfants depuis l'âge de quatorze ans, menaçant les défaillants d'une amende de dix-sept sols six deniers, somme énorme à cette époque. Il nomma des capitaines chargés chacun de la garde d'une partie des fortifications, et donna ce poste de confiance aux citoyens les plus recommandables. Sire Ambroise de Matha et sire Guillaume Roilhe furent chargés de défendre la partie comprise de la tour de l'Espingolle au château royal; Pierre Seigneuret, celle du château à la tour Pierre Assailli; sire Bernard Tronquière, depuis cette dernière tour jusqu'à celle des Lussaut; Hélies Auffroy, la partie qui s'étendait de la tour des Lussaut à la Tour-Ronde; et sire Bernard de Marteaux, celle allant de la Tour-Ronde à la tour de l'Espingolle, y compris cette dernière. On renforça les fortifications d'une palissade faisant le tour de la ville, palissade à laquelle chaque habitant s'engagea de travailler un jour par mois.

Toutes ces précautions, en assurant la sécurité de la ville, ne pouvaient rien pour protéger les gens du dehors; les habitants des villages étaient dévalisés de tout ce qu'ils possédaient; les récoltes étaient détruites avant leur maturité ou enlevées, ainsi que les bestiaux; les voyageurs continuaient à être détroussés par les gens de Bouteville; les marchandises n'arrivaient plus; la fortune avait fait place à la misère, et la disette se faisait sentir. Le maire convoqua ses bourgeois le 10 juin 1379, leur exposa la triste situation où se trouvait la ville et l'impossibilité d'y remédier autrement *« qu'en prenant de rechef pâti ob le capitaine de Bouteville pour le profit de tout le peuple »*, c'est-à-dire qu'il fallait de nouveau acheter la neutralité de ce capitaine, qui, moyennant le paiement d'une redevance annuelle, s'était déjà engagé à respecter les Angériens dans leurs personnes et dans leurs biens.

Le retour du sénéchal à Saint-Jean d'Angély fut accueilli avec joie, et le corps de ville lui souhaita la bienvenue par des présents. Se sentant fort de sa présence et de celle de son lieutenant, le maire pria ce dernier d'ouvrir une enquête sur des propos tenus par la femme d'un chapelier, qui prétendait que trois ou quatre bourgeois avaient vendu la ville à l'ennemi. Le résultat de l'enquête ne fut pas divulgué; cependant, de plus grandes précautions que par le passé furent prises pour la sécurité de la ville, et, le 16 décembre 1379, l'échevinage fit le règlement suivant, relatif à la garde des fortifications :

« Sont d'assent que toutes manières de gens qui sont
« ordonnés à faire la garde des portes y soient en leur per-
« sonne, et qu'ils n'ouvrent qu'une des portes jusqu'à passé
« toutes les soirées de Noël. Et que ceux qui font reguet
« y soient en leur personne ou personne suffisante. Que ceux
« qui font les reguets devers le soir ne partent de dessus
« les murs jusqu'à ce que ceux devers le matin soient venus.
« Que ceux qui font le reguet devers le matin ne partent
« de dessus les murs jusqu'à ce que les guettes soient sur
« les porteaux qui doivent faire le jour et jusqu'à ce que la
« guette du clocher ait sonné trois coups le sin, laquelle
« ne le sonnera jusqu'à ce qu'il soit temps d'ouvrir la porte.
« Que les guettes du jour y soient si matin qu'ils y trouvent
« les reguets et guets sur les murs. Et que l'on mettait le
« jour guette sur la porte qui n'ouvrira point, ainsi que sur
« la Tour-Ronde et la porte de Niort. Et aussi l'on mettra
« un ou deux des portiers sur le porteau de la porte qui
« ouvrira. Et que l'on fera les estiguets de la manière que
« l'on le solait faire. »

L'argent faisant absolument défaut pour soutenir la guerre, il fallut avoir recours à l'impôt; le conseil du roi frappa de douze deniers par livre tournois toutes les marchandises vendues dans la ville et ses faubourgs, à l'exception du vin vendu au détail, déjà imposé au huitième du prix de vente, et du sel, sur lequel il était perçu vingt francs d'or par muid, mesure de Paris. Cet impôt, tombant inopinément sur des gens qui mouraient de faim, avait soulevé parmi le peuple un mécontentement général. Le maire avait eu à ce sujet une altercation assez vive avec le sénéchal, qui, pour faire cesser l'opposition du corps de ville et l'encouragement au refus de payer dont il donnait l'exemple, avait fait saisir les revenus de la commune. Bernard Courtaut et Hugues Bidaut, chargés par le corps de ville d'aller près du roi en solliciter la décharge, n'avaient pu obtenir qu'une réduction de quatre deniers, les huit autres étant destinés aux fortifications. Lorsque ces députés rendirent compte de leur mission, à la mésée du 25 février 1380, le maire déclara hautement, ainsi que Giraut de Fages, l'un des conseillers, qu'on ne pouvait les contraindre à payer cet impôt, et qu'ils entendaient n'en rien payer. Cette déclaration et l'altercation que le maire avait déjà eue avec le sénéchal ayant été rapportées au chancelier de France, le corps de ville fut obligé, pour éviter des difficultés sérieuses, de déclarer, à la mésée du 2 mai suivant, qu'il avait pour agréable le mandement du roi réduisant l'imposition de quatre deniers, mais il désavoua en même temps ceux qui avaient rapporté au chancelier « *que le sénéchal de Saintonge était aigre ob le maire, bourgeois et commune* », et il chargea le maire d'écrire en son nom une lettre d'excuses au sénéchal. Les difficultés furent ainsi aplanies. Le 8 du même mois, sire André Coutelier donnait récépissé au lieutenant du sénéchal des titres saisis, et la commune rentrait dans la possession de ses revenus :

« Sachent tous que nous, André Coutelier, maire de la
« ville et commune de Saint-Jehan d'Angély, et Hugues Bi-
« daut, procureur d'icelle, confessons et reconnaissons au-
« jourd'hui avoir eu et reçeu de honorable homme Geoffroy
« Ayraut, lieutenant de Mgr le sénéchal de Saintonge, les

« privilèges et lettres de la commune et autres lettres qui
« sont en une sache qu'il avait en garde de Mgr le sénéchal,
« et aussi avoir pris et accepté la délivrance de la dite partie
« du souchet, du revenu des portes de Champdolent et de
« Tonnay-Boutonne, du pavage, des portes de la ville de
« Saint-Jehan, et autres revenus qui mis avaient été ja pieça
« à la main du roi messire ».

La ville employa une partie des ressources que lui procurèrent ces différents droits pour faire construire un pont « *jouxte l'aumônerie fors la ville Saint-Jehan* », aujourd'hui « *le pont Saint-Jacques* ou *de Taillebourg*, et plus vulgairement le « *grand pont* ».

Le 19 juin 1380, l'ennemi annonçait sa présence dans les environs de Saint-Jean d'Angély par l'enlèvement de quatre bœufs pris dans la prairie. Le maire demanda aussitôt une ordonnance du sénéchal et la nomination de commissaires pour contraindre les habitants des villages de la banlieue, ainsi que les gens d'église, à faire le guet et le reguet dans la ville.

A la fin de l'année, le duc d'Anjou, régent du royaume, convoquait les barons de France pour avoir leur avis sur la situation du royaume, et sire André Coutelier se rendait à son mandement. Il fut pourvu aux frais de son voyage au moyen d'une taille de vingt livres tournois sur les Angériens.

Les Anglais étaient alors à Fontaine, attendant une occasion favorable pour surprendre Saint-Jean d'Angély, et cherchaient à se ménager des intelligences dans cette ville. Le procureur de Courpignac, qui avait été en leur compagnie, étant sorti de Saint-Jean d'Angély plusieurs fois et rentré sans autorisation, fut soupçonné de leur servir d'intermédiaire avec des affidés, et se vit refuser l'entrée de la ville. Il fut aussi décidé, par surcroît de précautions, qu'aucune troupe de gens d'armes ne serait admise dans la ville, à moins qu'elle ne fût composée d'hommes bien connus.

Au milieu de toutes ces difficultés, le monastère de Saint-Jean traitait ses intérêts particuliers avec le plus grand calme. Le 19 avril 1381, Gérald d'Orfeuille, son abbé, recevait le serment de féauté que lui devait Louis, seigneur de Taillebourg, pour son fief du Cluzeau, dans la mouvance de l'abbaye.

Ce même abbé de Saint-Jean d'Angély rendit un service signalé aux Angériens, en acceptant l'arbitrage d'un procès entre la commune et Bernard Tronquière, échevin. Ce dernier avait été député au roi par le corps de ville, afin de solliciter un don de deux mille livres pour réparer les fortifications, ainsi que la confirmation de certains privilèges importants. Retenu sept mois et demi à Paris pour remplir sa mission, et n'ayant pu obtenir que deux cent cinquante livres au lieu de deux mille, il avait dépensé, en frais de séjour et autres, au delà de la somme qu'il avait obtenue. Poursuivi par le procureur, pour le versement dans la caisse de la commune des 250 livres qu'il avait reçues, Tronquière appela la commune en garantie et alla en appel devant le parlement de Bordeaux. Le corps de ville se divisa à l'occasion de ce procès : les uns prirent parti pour la commune, les autres pour Tronquière; le reste des habitants en fit autant, et la ville se trouva partagée en deux camps adverses, employant l'un contre l'autre tous les moyens, même les injures et les menaces. La querelle s'envenima tellement que le sénéchal put craindre un moment que la défense de la ville s'en ressentît en cas d'attaque de l'ennemi. Le parlement, ayant ordonné une enquête sur les faits du procès, envoya à Niort deux conseillers chargés d'entendre les parties. Ces magistrats leur ayant conseillé de se soumettre à l'arbitrage de l'abbé, elles y consentirent. L'abbé s'adjoignit quatre membres du corps de ville et quatre parents de Tronquière, et reconnut la commune débitrice de trois cents livres envers ce dernier, sentence qui fut acceptée par toutes les parties.

L'ennemi rôdait toujours dans les environs, mais n'osait rien entreprendre de force, sachant que la ville était bien gardée. Le 18 septembre 1383, cependant, il reçut des renforts et parut se disposer à une attaque prochaine. Le corps de ville, pour parer à cette éventualité, fit murer, pour en faciliter la défense, les portes de Taillebourg et de Matha, qui étaient en très mauvais état, ne laissant que les basses portes pour l'entrée et la sortie des piétons. Il ordonna, en outre, à tous les habitants valides, de se tenir constamment armés pour être prêts à tout évènement, en attendant qu'on eût négocié un nouveau pâti avec l'ennemi.

L'année d'après, le 28 février et jours suivants, le sénéchal de Saintonge tint ses grandes assises à Saint-Jean d'Angély, dans la salle de l'échevinage. Cette solennité judiciaire avait attiré dans la ville, indépendamment des parties intéressées et des gens de justice, toute la suite militaire du sénéchal. A cette occasion, le corps de ville offrit en présent à ce dernier deux tonneaux de vin, payés sur le produit de la ferme du Souchet.

Un acte qui honore les Angériens, et qui prouve la profonde reconnaissance qu'ils avaient conservée au connétable Bertrand Duguesclin, fut l'empressement qu'ils mirent à contribuer au paiement de la rançon de ce grand homme de guerre. Voici la délibération prise à ce sujet par le corps de ville, le 8 juillet 1384 :

« Sont d'assent que l'on facet la tailhée sur tous les habi-
« tants de la somme de vingt livres qui ont esté empruntées
« de l'argent du souchet pour païer l'aide que l'on fait à
« Mgr Olivier du Glesquin pour païer sa rançon et accom-
« plir le test de feu Mgr le connestable de France. »

Les Anglais avaient pris Taillebourg et Jarnac-Charente, et venaient, de ces deux villes, piller sans opposition la banlieue de Saint-Jean d'Angély, chassant les cultivateurs des champs et enlevant leurs bestiaux, aucune force militaire n'ayant pu leur être opposée, malgré les demandes continuelles de subsides faites aux Angériens pour la réunion des gens d'armes qui devaient les protéger contre le pillage. Le corps de ville supplia le sénéchal d'avoir pitié des souffrances du peuple; et, puisqu'il était impuissant à les protéger par la force, de permettre au maire d'acheter au moins la neutralité des capitaines ennemis, afin que les cultivateurs pussent faire le labour des terres et les ensemencer.

Cette demande lui fut accordée, et il traita moyennant cent livres tournois avec Admon de la Pierre, capitaine de Taillebourg.

Durand de la Perrière, lieutenant à Bouteville pour le captal de Buch, ayant eu connaissance de ce traité, alors que celui qu'il avait obtenu autrefois pour son maître était expiré, signifia au corps de ville, par une lettre des plus impérieuses, que le captal n'avait donné mission à qui que ce fût de traiter pour lui, et qu'il eût à lui envoyer, aussitôt le reçu de sa lettre, personnes suffisantes pour traiter, sous peine de voir ses gens recommencer le pillage :

« Durand de la Perrière, lieutenant à Bouteville pour
« Mgr le captal de Buch,

« Aux maire, bourgeois habitants et retraians de la ville
« de Saint-Jean d'Angély et de toute la banlieue.

« Je vous mande que tantost vist les présentes vous ve-
« niez appatisser à moy à Bouteville sous la peine d'estre
« pillagés, si comme j'ai entendu que vous avez pris pâti de
« Taillebourg, sachez que je ne vous ai fait prendre pâti de
« moi par nul homme qui soit... Et c'est mandement...

« Sous mon propre scel, le 22 avril 1386. »

Le corps de ville, sans force armée, ne pouvait résister à de pareils arguments; il savait par expérience que l'exécution suivrait de près la menace; il décida donc, le 31 août 1386, que le pâti consenti avec le capitaine de Taillebourg, serait payé, pour que ses gens n'eussent motif de piller la ville et sa banlieue. Il s'engagea, en outre, envers le captal de Buch, à lui payer chaque année, à la Saint-Michel et à la

Toussaint, une somme de cent livres, un drap de velours, treize housses de selle et huit mains de papier. D'après une reconnaissance donnée par le corps de ville, en 1391, cette redevance était considérablement augmentée, elle consistait alors en deux cent trente francs d'or, sept draps de belinieau, vingt aunes de toile, six livres d'espras, huit mains de papier, une selle et une bride de cheval garnies, et quatre francs d'or.

Chaque capitaine ennemi se crut alors en droit d'exiger le paiement de sa neutralité, et les Angériens furent obligés de traiter avec le « soudan de la Trau », titre emprunté à l'Egypte par les seigneurs de la Trau. (En 1336 le seigneur de Didonne prenait le titre de « souldan de Preyssac, seigneur de la Trau et de Didonne »). Les lettres de reconnaissance de ce pâti, datées du 21 avril 1391, contiennent des détails très précis sur les obligations imposées aux Angériens et la nomenclature des seigneuries faisant partie de la banlieue de Saint-Jean d'Angély.

« Sachent tous que nous, maire, échevins, conseillers et
« pairs de la ville et commune de Saint-Jean d'Angély, con-
« fessons devoir bien et loyalement à noble homme messire
« le Soudan de la Trau, la somme de sept vingts francs d'or
« et les droits appartenant auxdits sept vingts francs ; c'est
« assavoir : sept marcs d'argent et quatre marcs d'argent
« pour les petits droits, plus cinquante francs pour les bil-
« hetes, et un marc d'argent pour la quittance, pour cas
« dudit pâti et souffrance de guerre par lui à nous donné
« dès le seizième jour du mois de mars 1390 jusqu'à un an
« ensuivant, pour les religieuses personnes, bourgeois, mar-
« chands, laboureurs et autres gens quelconque, demeurant,
« marchant, habitant et résidant en ladite ville de Saint-
« Jean d'Angély, faubourgs et banlieue d'icelle, et pour les
« paroisses de Mazeray, Asnières, Fontenet, Saint-Julien,
« Antezant, Saint-Pardoult, la Chapelle, Pouzou, Landes,
« Poursay, la Vergne, Torxé, toute la terre d'Hérisson,

« Chantemerle, Sainte-Mesme, et toute la terre du cham-
« blain de la Fayolle. Laquelle somme de sept vingts francs
« d'or, sept marcs d'argent, et pour les grands droits trente-
« sept francs, quatre marcs d'argent pour les petits droits,
« et cinquante francs pour les bilhetes et saucoudre et le
« marc d'argent pour la quittance. Nous, lesdits maire,
« échevins, conseillers et pairs, y mettons et sommes tenus
« payer et rendre audit Mgr le Soudan de la Trau, ou au
« porteur de ces présentes lettres pour les termes qui s'en-
« suivent, c'est assavoir la quarte partie dedans le premier
« jour de mai, juillet, octobre, décembre, et par tout le
« temps comme ledit pâti tiendra... Et seront tenus de payer
« chacun terme, de quoi l'on jouira huit jours, le terme
« entièrement. »

Le capitaine de Jarnac eut également son pâti ; les conditions ne devaient pas être plus douces que celles de Bouteville et de Mortagne, puisque Jehan Bidaut, chargé d'en faire la recette, avait des gages fixés à douze livres par an.

Les voyageurs et les marchands angériens qui avaient affaire en dehors des limites de la banlieue, avaient soin de se munir d'un laisser-passer qui leur était délivré par le maire, pour se faire reconnaître et pouvoir circuler sans être molestés. Voici les termes de celui délivré à Jean Foucaut, juré de la commune, le 26 mai 1391 :

« A tous ceux qui ces présentes lettres verront et orront,
« Berthommé Marquis, maire de la ville et commune de
« Saint-Jean d'Angély, salut, savoir faisons que Jean Fou-
« caut, demeurant en la ville de Saint-Jean, porteur de ces
« présentes lettres, est notre juré et bourgeois de ladite
« commune, si prions et requérons tous justiciers et officiers
« du roi nostre sire, et autres, et leurs lieutenants, que ledit
« Foucaut, notre juré et bourgeois, avec ses biens, bêtes et
« denrées et marchandises, ils laissent aller, venir, passer
« et repasser franchement et paisiblement, sans faire ni met-
« tre empêchement contraire, ne au préjudice des privilè-

« ges, franchises et libertés de ladite commune. Et pour
« certification de laquelle chose nous avons fait mettre à
« ces présentes lettres le scel aux causes de ladite com-
« mune. »

Les ennemis ne furent pas seuls à profiter des malheurs de la pauvre cité ; les amis crurent aussi pouvoir tirer quelque profit de sa détresse. Le seigneur de Tonnay-Boutonne prétendit avoir commission pour prélever des droits sur les bateaux de la Boutonne. Le corps de ville, ne pouvant parler haut, essaya d'arranger à l'amiable cette affaire, et réussit à faire renoncer ce seigneur à ses prétentions, en prenant à la charge de la ville le coût de la réparation des écluses de Tonnay-Boutonne, alors en fort mauvais état. Mais, en 1399, le même seigneur émit encore la prétention de prélever de un à quatre fardeaux de drap de laine, selon l'importance du chargement, sur les bateaux chargés de cette marchandise passant devant Tonnay-Boutonne. Il ne fut pas aussi facile de s'entendre avec lui que lors de ses exigences premières, et la commune fut contrainte de se pourvoir judiciairement contre cette demande arbitraire.

La situation de la ville, comme celle de toute la Saintonge, du reste, était devenue intolérable et ne pouvait durer longtemps ainsi ; le corps de ville pria l'abbé des bénédictins d'aller l'exposer au duc de Berry, et de le presser d'avoir pitié de leur détresse. L'abbé obtint du duc qu'il tenterait un grand effort contre les Anglais, et, quelques jours après, le prince chargeait le connétable Olivier de Clisson de convoquer les seigneurs du Poitou et de la Saintonge pour avoir leur avis et leur concours. Voici la lettre adressée par le connétable au maire de Saint-Jean d'Angély et au sénéchal de Saintonge :

« Très cher et grand ami, je entends brièvement avoir une
« certaine journée assignée en certain lieu *au païs de par*
« *delà*, où sera Mgr de Berry et la plus grande partie du pays
« de Poitou et de Saintonge, pour certaine ordonnance faite

« pour le bien commun, si vous pour ce qu'il vous plaise
« y être, pour que nous parlions ensemble sur l'état dudit
« pays ordonné.

« Très cher et grand ami, le Saint-Esprit vous ait en sa
« garde.

« Ecrit le 27ᵉ jour d'avril.

« Le Connétable de France. »

Mais, pour lever des troupes en nombre suffisant et tenir la campagne, il fallait de l'argent qu'on ne trouva pas, et ce fut ce qui fit remettre à plus tard l'exécution des projets arrêtés. Les Angériens, principalement, étaient tellement épuisés par les impositions de toutes sortes, que, dans une supplique qu'ils adressèrent à Charles VI en 1388, ils énuméraient ainsi les charges fiscales qui les accablaient.

Ils restaient devoir : pour l'imposition de huit deniers par livre et pour celle de vingt francs par muid de sel, dix-huit cents livres ; sur la taille pour la guerre de Cassel, cinq cents livres; pour l'armée envoyée en Espagne sous le commandement de Duguesclin et la guerre du duc de Lancastre, cinq cents livres; plus le paiement des rançons et pâtis de Bouteville, Mortagne et autres; enfin, ils avaient à reconstruire deux cents toises de murailles écroulées. Ils terminaient leur supplique en déclarant : que leur impuissance à satisfaire à ces charges leur commandait de quitter le pays et d'abandonner ainsi leur ville à l'ennemi ; que cent vingt bourgeois avaient déjà transporté leur domicile dans des villes exemptes d'impôts, et que le reste des habitants se préparait à suivre leur exemple.

Le roi, reconnaissant la justesse des plaintes des Angériens et craignant de les voir mettre à exécution leur projet d'abandonner la ville, leur fit remise, en 1388 et 1390, de ce qu'ils restaient devoir des dites impositions. De plus, il leur restitua l'argent prêté pour la délivrance de Taillebourg, et le corps de ville désigna trois de ses membres pour en faire la répartition entre les prêteurs.

Une trêve, désirée depuis longtemps, fut conclue, le 18 août 1388, à Blaye, par les commissaires de la France et de l'Angleterre. L'armistice devait commencer le 26 août et se prolonger jusqu'au 16 mars suivant, soleil levant. Pendant sa durée, il ne devait être fait aucune prise de personnes ni de forteresses ; tout pillage, vol, incendie, démolition de maison, abattis d'arbres portant fruits, et tous autres faits de guerre devaient cesser.

Charles VI profita du répit que lui laissait la trêve pour corriger quelques-uns des abus qui s'étaient introduits dans le royaume à la faveur des dissensions intestines et de la guerre étrangère. Une grande quantité de fausse monnaie avait été importée du Périgord dans la Saintonge ; il en fit rechercher les colporteurs, dont il fut fait justice pour servir d'exemples.

A l'expiration de la trêve (16 mars 1389), la guerre recommença ; le vicomte de Meaux vint se cantonner à Saint-Jean d'Angély, avec quelques chevaliers, pour garder le littoral de l'Océan et s'opposer aux Anglo-Gascons, qui reparaissaient de temps en temps pour dévaster et piller.

Les hostilités se prolongèrent pendant quatre ans, sans avantages marqués pour l'une ou l'autre des parties ; la folie de Charles VI, étant survenue sur ces entrefaites, rendit la paix indispensable. Des négociations furent entamées à Amiens, sous les auspices des ducs de Bourgogne et de Berry, mais sans résultat, et une trêve nouvelle ne fut conclue qu'un an après, à Lalinghem, village anglais sur la limite des comtés de Boulogne et du Ponthieu.

Cet armistice permit au maire de Saint-Jean d'Angély de rétablir l'ordre dans les finances de la ville. Ne pouvant obtenir la reddition des comptes des collecteurs des tailles, et ces officiers percevant sur les habitants des sommes arbitraires, il s'en plaignit au roi. Ce dernier ordonna, le 4 mars 1391, à Jean de Harpedane, seigneur de Montendre, sénéchal de Saintonge, de se faire rendre les comptes des collecteurs en présence du maire et de trois ou quatre bourgeois notables.

La paix ayant été conclue, l'armée commandée par de Coucy et le vicomte de Meaux, son lieutenant, fut licenciée. Plusieurs compagnies avaient reçu l'ordre de se cantonner dans les villes, et notamment dans Saint-Jean d'Angély. A cette nouvelle, le maire, d'accord avec le sénéchal, déclara tout d'abord qu'il refuserait de les recevoir, dans la crainte que les hommes d'armes ne missent à exécution la menace qu'ils avaient faite de traiter les Angériens aussi mal que les habitants de la banlieue, dont ils avaient pris de force les vivres sans les payer. Mais Aubert Espine, écuyer et capitaine d'une route composée de vingt arbalétriers et de quinze Gallois, s'étant présenté, recommandé par Aignellet de Laleue, lieutenant du vicomte de Meaux, et invoquant les ordres du roi et de M. de Coucy l'autorisant à séjourner dans Saint-Jean d'Angély jusqu'à nouvel ordre, le maire rassembla ses bourgeois, et, sur l'avis de ces derniers, consentit à les recevoir, à la condition que le capitaine se porterait garant de la bonne conduite de ses hommes; que ces derniers ne prendraient rien, sans le consentement des habitants et sans en payer la valeur; et qu'Aubert Espine donnerait le nom de ses Gallois et arbalétriers, s'engageant à ne faire entrer personne autre dans la ville. Sur la liste des Gallois figurait un Jehan de Gennes, nom porté encore actuellement par une honorable famille angérienne.

Le vicomte de Meaux vint lui-même à Saint-Jean d'Angély et fit en sorte de rendre son séjour et celui de sa suite moins onéreux pour les habitants. Il fit dresser un état des prises de blé, vin, foin et autres provisions faites sur les Angériens, pour en faire payer le montant, et fit délivrer au maire, par Regnaut Veilhard, son écuyer et maître du scel, une reconnaissance authentique des sommes dues aux marchands angériens pour fournitures à sa propre maison, ce dont le maire le remercia au nom de la commune par une lettre des plus gracieuses.

D'un autre côté, Raymond Queux, bourgeois et juré de la commune, envoyé près du roi solliciter des fonds pour l'entretien des fortifications, rapportait de Paris des lettres accordant dix-huit cents livres, partie pour être affectée aux fortifications, et partie au paiement des pâtis.

En reconnaissance des bons conseils et de l'aide donné aux Angériens dans de difficiles circonstances par le sénéchal Aymeri de Rochechouart, le corps de ville offrit à Mme la sénéchale un tonneau de vin blanc, quatre torches de cire du poids de quatre livres chacune, et deux douzaines de chapons qui coûtèrent au total 19 livres 3 sols 6 deniers.

La ville ne borna pas là ses largesses. Après les grandes assises de 1393, tenues à Saint-Jean, et auxquelles assistèrent M^{grs} de Coucy et de Meaux, le sénéchal accepta six pipes de vin et six torches de cire. Les trompettes de ces seigneurs furent gratifiés de deux paires de bottines et d'une paire de chausses. Enfin, le maire réunit dans un banquet, du coût de quarante-cinq sols, l'avocat du roi et les conseillers qui avaient siégé pendant les assises, dans le but de s'entretenir avec eux de certaines questions relatives aux privilèges, avec l'espoir de les mettre dans les intérêts de la commune.

Les routes, devenues plus sûres, permirent aux Angériens de reprendre leurs opérations commerciales avec les villes éloignées. Il y avait si longtemps que les marchandises faisaient défaut, que l'arrivée de quatre balles de mercerie, venant de Paris, fit évènement, et que le maire, Bernard Tronquière, s'empressa d'en informer les habitants.

« A tous ceux qui ces présentes lettres verront et orront,
« Bernard Tronquière, maire de la ville et commune de Saint-
« Jehan d'Angéli, savoir faisons que Gieffroy Guïart, mar-
« chand, maître bourgeois et juré de la dite commune, arriva
« et amena en la dite ville de Saint-Jehan, le xxiiie jour de
« cesty moy de juing, et deschargea à son hostel, quatre balles
« de marchandises de mercerie, sur deux chevaux, et les mist

« en vente à destailh en son dit hostel et non ailheurs. Et
« du pris et somme de quatre vins dis francs, si comme il
« nous a fait présenté soy. Laquelle marchandise il avait prins
« et achapté à Paris. Et à certiffier de ce nous avons fait
« mettre et apouser, à la requestre du dit Gieffroy, nostre juré,
« le petit scel aux armes de nostre dite commune, le xxvi[e]
« jour du dit moys de juing l'an mil iii cent quatre vingt et
« treize. »

Les capitaines des gens d'armes admis dans la ville étaient dans l'impossibilité de tenir la promesse qu'ils avaient faite au maire lors de leur admission. Depuis longtemps déjà, ils n'avaient reçu leur solde, et la commune avait été obligée de pourvoir à leur nourriture et à celle de leurs hommes, pour éviter qu'ils ne prissent de force les vivres. Bien plus, les compagnies cantonnées dans d'autres lieux affluaient vers la ville, et le maire, Bernard Tronquière, fut obligé de s'assurer le concours des Gallois qui y étaient déjà entrés, pour éloigner au besoin par la force les routiers se présentant chaque jour aux portes et cherchant à en forcer le passage. Il exigea d'eux un serment solennel, que le capitaine Madot et plusieurs autres prêtèrent, le 14 avril 1396, sur l'autel de saint Jean-Baptiste, dans l'église abbatiale :

« Je promets et jure à sire Bernard Tronquière, maire
« de la ville Saint-Jehan, par la foi et serment de mon
« corps, comme gentilhomme, que je baillerai par écrit les
« noms et surnoms de tous ceux de ma route qui doivent
« être de la garnison de cette ville par l'ordonnance de
« Mgr de Coucy et de Mgr le vicomte de Meaux, sans autres
« en avouer.

« Que ceux que je baillerai comme dit est ne prendront
« en la ville de Saint-Jehan ni banlieue d'icelle aucune chose
« quelconque sans payer, ni ne feront venir fourrage ni autres
« choses pour mettre en cette ville, ne feront déplaisir à au-
« cuns ni en corps ni en biens.

« Que si aucun autre de ma route ou autre veut venir loger

« en la ville, il n'y sera reçu si ce n'est pour se repaître à
« dîner ou souper seulement.

« Je jure et promets par la foi et serment de mon corps
« que si aucun voulait entrer par force ou autrement en la
« ville malgré les portiers ou ceux qui seraient à la porte,
« j'irai en armes et de tout mon pouvoir au secours et aide
« du roi et du maire, et de vivre et mourir pour l'aider et gar-
« der de force et violence. »

Ces malheureux soldats, chassés du plat pays, repoussés des villes, ne recevant pas de solde, étaient obligés de vivre de pillage. Charles VI, à qui leurs plaintes parvinrent, ne pouvant payer l'arriéré qu'il leur devait, recommanda à ses sénéchaux de laisser demeurer et vivre sur le plat pays, pendant deux mois encore, les Gallois et les Genevois qui l'avaient si loyalement servi, espérant qu'alors il pourrait payer leurs gages arriérés.

« Charles, par la grâce de Dieu roi de France, aux séné-
« chaux de Saintonge, Périgord, Limousin, Quercy et Angou-
« mois, et à tous nos autres justiciers ou à leurs lieutenants,
« salut : nous avons entendu que sous ombre de nos lettres
« ou mandements à vous envoyés de par nous, vous avez fait
« crier, défendre et publier par les lieux notables et accoutu-
« més de vos sénéchaussées, que aucuns gens d'armes, ar-
« chers, arbalétriers, ni autres gens de guerre ne se tiennent,
« demeurent ou arrêtent sur le plat pays, et aux justiciers et
« officiers des lieux, qu'ils ne les y laissent ni souffrent de-
« meurer, vivre ni arrêter au grand grief, préjudice et dom-
« mage de certains Gallois et Genevois, qui bien loyalement
« nous ont servi dans les guerres de notre royaume, et qui par
« défaut de paiement de leurs gages n'ont de quoi vivre, ni
« eux tenir en bonnes villes, mais convient qu'ils se tiennent
« et vivent sur le plat pays, jusqu'à ce que par nous leur soit
« autrement pourvu. Pourquoi nous voulons à ce pourvoir,
« avons ordonné de leur faire certains paiements de leurs
« dits gages dedans deux mois prochains venant. Si vous man-

« dons et enjoignons et à chacun de vous, si comme il ap-
« partiendra, que iceux deux mois durant, vous laissiez et
« souffriez les dits Gallois et Genevois vivre et eux tenir pai-
« siblement sur le dit pays, sans procéder ni souffrir procé-
« der par voie de fait contre eulx et aulcuns d'eulx, pourvu
« toutefois que cependant ils ne demeurent plus d'un jour
« en un logis et qu'ils ne prennent autres choses que vivres
« tant seulement ; ce faites par telle manière que métier ne
« nous soit de vous en plus écrire, nonobstant les dites
« lettres et mandements vous eussiez et autres quelconques
« à ce contraire.

« Donné à Melun, le vingt-quatrième jour d'avrilh, l'an de
« grâce 1396 et de notre règne le seizième. »

Malgré la conclusion de la paix, les capitaines ennemis exigeaient toujours le paiement des pâtis qui leur avaient été consentis pendant la guerre; aussi les Angériens exprimèrent-ils leur joie lorsqu'il leur fut dit que le comte de Sancerre, passant à Saint-Jean d'Angély en 1396, se rendait à l'assemblée des commissaires de France et d'Angleterre, pour traiter de l'abolition, ou tout au moins de la diminution de cet impôt de guerre. Mais le comte avait probablement pour mission secrète d'essayer de détacher la Guienne de l'Angleterre au profit de la France, à la faveur du mécontentement que l'on supposait avoir été causé, dans cette province, par la déposition de Richard et son remplacement sur le trône d'Angleterre par Henri de Lancastre. Les Angériens députèrent à cette assemblée le chapelain et deux échevins, Ambroise Fradin et Hugues de Cumont, avec mission « *d'ouïr et de rapporter ce qui y serait décidé.* »

La question des pâtis ne fut pas résolue dans cette réunion, pas plus que dans celle convoquée quelque temps après dans la ville de Saintes par Mgr de Pons; on fit courir le bruit que ce seigneur avait obtenu des Anglais une réduction d'un quart, et qu'il en ferait parvenir plus tard les lettres de reconnaissance. Cette bonne nouvelle, publiée officiellement dans Saint-Jean d'Angély, y causa autant de joie qu'elle y produisit de déception lorsqu'elle fut reconnue fausse, quelques jours après. Deux membres de la commune, Jean Païen et Jean de Sainte-Croix, blâmèrent énergiquement, en pleine mésée, la légèreté avec laquelle le maire l'avait accueillie, et ils allèrent même si loin que, perdant toute mesure, ils furent mis à l'amende pour le tumulte qu'ils avaient occasionné dans l'échevinage.

Le 3 février 1399, le maire, Bernard Tronquière, informé par le sénéchal de Saintonge, Jehan Harpedane, de l'imminence de la guerre, fit part de cette fâcheuse nouvelle aux membres de la commune, et leur donna connaissance des dispositions qu'il avait l'intention de prendre pour la sûreté de la ville, ainsi que des noms des échevins auxquels il voulait en confier la défense. Jehan Jugler, un de ces derniers, refusa l'ordre verbal et ensuite l'ordre écrit, que le maire lui présentait à ce sujet, et s'emporta en injures grossières, disant qu'il savait bien que Bernard Tronquière lui voulait du mal et cherchait à lui faire quitter la ville. Il ajouta que sa mauvaise administration finirait certainement par l'en faire sortir, ainsi que plusieurs autres bourgeois l'avaient déjà fait, qu'il ne voulait lui obéir en rien. Traduit devant la cour de la mairie pour avoir faussé son serment d'échevin en refusant d'obéir aux ordres du maire, Jugler pouvait être exclu à perpétuité de la commune. Il fut décidé que s'il voulait éviter cette peine, il devrait se soumettre et faire amende honorable; que, pour ce, il viendrait, un dimanche ou un jour de fête solennelle, dans l'échevinage, à l'heure de mésée, en cotte simple, sans ceinture, pieds nus, une torche de cire à la main, et que là, à genoux, criant merci, il demanderait pardon au maire, aux échevins et aux jurés de la commune; que de plus, il paierait une amende qui pourrait s'élever jusqu'au chiffre de mille livres. Jugler se soumit probablement à cette humiliante réparation, car il continua de figurer sur la liste des officiers de la commune avec sa qualité d'échevin.

Bien que la trêve de 28 ans conclue entre la France et l'Angleterre, à l'occasion du mariage de Richard avec Isabelle de France, eut été rompue par suite du mécontement causé en Angleterre par l'évacuation des ports de Brest et de Cherbourg, une des conditions de ce mariage, aucun fait de guerre important n'eut lieu, cependant jusqu'en 1405. Dans le cours de cette année, le maréchal Jacques de Montbron s'empara de Mortagne, dont il fit démolir la forteresse par des manœuvres envoyés par le corps de ville aux frais des Angériens. Les Anglais rassemblèrent des forces considérables pour venger cet échec, et menacèrent bientôt la Saintonge du sud. Le corps de ville envoya un de ses membres au roi, pour lui faire connaître les dispositions de ses ennemis, et, en attendant les secours qu'il en obtiendrait, il chercha à s'entendre avec le sire de Pons et l'évêque de Saintes sur les premiers moyens de résistance à opposer.

Jehan de Harpedane, sénéchal de Saintonge, rassembla ses hommes d'armes, et demanda la levée dans la sénéchaussée d'une nouvelle taille pour les soudoyer. Il voulut même profiter de cette circonstance pour faire payer l'arriéré dû aux troupes qu'il avait soi-disant entretenues antérieurement sur la frontière, pour la garde du pays. Le maire refusa d'en consentir la levée dans la ville et sa banlieue, sans au préalable avoir l'avis de ses administrés. Ces derniers, dans une assemblée populaire tenue dans l'échevinage, le 25 mars 1406, décidèrent que cette taille ne pouvait leur être imposée, et que, dans le cas où les receveurs passeraient outre à leur opposition, le procureur en appellerait devant le conseil du roi, aux frais de la commune. Cependant, le lendemain même de cette décision, le corps de ville crut prudent, avant de soutenir l'opposition des habitants, d'attendre la décision du plat pays sur le même sujet, et le maire engagea le sénéchal à différer la levée de l'impôt dans la ville.

Les trois états de Saintonge s'assemblèrent à Saintes, le 14 mai 1406, pour délibérer sur semblable demande du sénéchal. Le sire de Pons, Jehan de Harpedane, et l'évêque de Saintes, y assistaient; Saint-Jean d'Angély y était représenté par Jean Bidaut, qui avait pour instructions de n'y consentir rien sans autorisation du corps de ville, auquel il fit le rapport des décisions prises par l'assemblée dans les termes suivants :

« C'est assavoir qu'en tant que touche certaine taille qui a
« été mise sus, pour soutenir les gens d'armes qui ont été
« sur la frontière par le temps passé, il n'en serait payé pour
« ce que le pays n'en avait fait aucun consent.

« Et en tant que touche le temps à venir, Mgr de Pons,
« l'évêque, le sénéchal, Mgr d'Archiac, Mgr Jean de Maumont,
« messire Antoine de Surgères, furent d'openion qu'il soit
« levé en Saintonge quatre cents livres, pour payer cent
« hommes d'armes pendant deux mois, pour tenir la frontière,
« et jà les y a envoyés. »

Les Angériens furent appelés de nouveau à se prononcer sur les décisions de l'assemblée de Saintes, et, le 21 mai, ils décidèrent que le maire s'entendrait avec le sénéchal pour payer le moins possible de la taille nouvelle, jusqu'à concurrence de cent livres au plus, et seulement après les vendanges faites; mais que, dans tous les cas, le sénéchal étant garde du pays et de la justice du roi, il faudrait s'incliner devant sa volonté. Cette condescendance aux volontés du sénéchal n'était qu'apparente; elle n'avait pour but que de gagner du temps, pour permettre au procureur de la commune de faire parvenir au conseil du roi les plaintes des Angériens à l'encontre du sénéchal et de ses exigences.

Le 10 août, une nouvelle assemblée des trois états de Saintonge eut lieu à Saintes, sur la convocation du chevalier Ytier Bonneau, commis à ces fins par le connétable. L'échevinage s'y fit représenter par les échevins Berthommé Marquis et Hélie Duverger, accrédités près du connétable par une lettre collective :

« Très puissant et très redouté seigneur :

« Nous nous recommandons à vous, si humblement que
« nous pouvons, et vous plaise savoir que nous avons reçu
« vos lettres faisant mention que nous nous trouvissions à
« Saintes certain dixième jour d'août, pour la convocation que
« vous avez ordonnée au dit lieu de Saintes le dit jour. Et
« pour ce, très puissant et très redouté seigneur, en obéis-
« sant au roi messire et à vous, nous envoyons à la dite jour-
« née et convocation notre bourgeois et échevin sire Ber-
« thommé Marquis et Hélie Duvergier en sa compagnie, et
« vous supplions très humblement qu'il vous plaise de les
« avoir pour recommandés, très puissant et notre très redouté
« seigneur, nous prions au benoist fils de Dieu que par sa
« sainte grâce il vous donne bonne et vie longue.
« Ecrit à Saint-Jehan d'Angély, le 9e jour d'août.
« Les très humbles et obéissants maire et les échevins de
« Saint-Jehan d'Angély. »

L'opposition du corps de ville aux exigences fiscales du sénéchal amena bientôt un conflit, dont le corps sortit triomphant. Chaque année, après l'installation du nouveau maire, ce dernier, d'accord avec son conseil, désignait les membres de la commune devant remplir pendant sa mairie les diverses fonctions d'officiers de la commune; parmi ces derniers figuraient les procureurs chargés de poursuivre les procès devant les divers degrés de juridiction. Jean Chauveau, l'un d'eux, avait été chargé de protester, à Paris, contre la taille que Jehan Harpedane avait indûment perçue; ayant obtenu gain de cause, il se vit en butte à la haine du sénéchal. Ce dernier chargea son lieutenant-général à Saint-Jean d'Angély, Pierre Coutelier, de s'opposer à ce que, à l'avenir, Jean Chauveau fût désigné comme procureur. Pierre Coutelier se rendit à la mésée du 20 août 1406, et là, devant le corps de ville, il appuya son opposition sur les injures et vilenies que Jean Chauveau avait dites de la personne du sénéchal et de ses fonctions. Le maire lui répondit que le corps de ville désavouait son procureur s'il avait tenu des propos injurieux contre la personne ou les fonctions du sénéchal ; mais que, s'il n'avait fait que dépeindre au roi et à son conseil les mauvaises affaires, la pauvreté et les misères de la ville et du pays, soit pour empêcher la levée de certain fouage que l'on exigeait avant son heure, ou pour toute autre affaire, il le tenait au contraire pour agréable et l'approuvait. Puis, le maire donna acte à Pierre Coutelier de la réponse qu'il venait de lui faire, et, sans plus s'arrêter à l'opposition du sénéchal, le corps de ville maintint Jean Chauveau comme procureur de la commune.

Les doléances des Angériens portèrent leurs fruits. Le 18 septembre 1406, le maire assemblait ses bourgeois et jurés, pour leur faire savoir que Ytier Bonneau, chevalier du connétable, lui avait fait défense, ainsi qu'aux bourgeois, d'obéir à Jehan Harpedane comme sénéchal de Saintonge, mais bien à Pierre Coutelier, ordonné par lui et le connétable « *Justice de par le roi.* »

La commune de Saint-Jean d'Angély perdit, en 1406, un de ses administrateurs les plus remarquables, le maire Bernard Tronquière, qui fut élu huit fois et mourut dans l'exercice de ses fonctions. Ce maire était si jaloux des privilèges de l'échevinage qu'il s'opposa à ce que Pierre Girart, assesseur de Pierre Coutelier, lieutenant du sénéchal, se servit de l'hôtel de l'échevinage pour la tenue des séances de la sénéchaussée. Pierre Girart reconnut sans difficulté que le roi ni ses officiers *n'avaient cas ni raison* de tenir cour dans l'échevinage sans la permission du maire, et offrit d'en donner acte. Quelques jours après, Jean Bagueneau, fermier de la prévôté de Saint-Jean d'Angély, louait la salle de l'échevinage quatre écus d'or, pour servir aux grandes assises et aux tenues de la sénéchaussée de Saintonge.

Le duc d'Orléans, revenant du siège de Bourg, qu'il avait été forcé de lever, arriva à Saint-Jean d'Angély le 3 octobre 1406. Le maréchal de Rieux, Jacques de Montbron, le sire de Pons, le maire de La Rochelle, Jehan Doriolle, et deux membres du parlement, faisaient partie de sa suite. Le corps de ville lui fit une réception brillante et n'oublia pas de lui offrir, ainsi qu'à tous les seigneurs qui l'accompagnaient, le présent traditionnel de bienvenue consistant en une quantité de vin en rapport avec le rang de chacun.

Pendant son séjour, le duc s'était convaincu que la ville n'avait pu se relever de l'état de délabrement et de pauvreté dans lequel l'avait mise les Anglo-Gascons lorsqu'elle était en leur pouvoir, et aussi en raison des tailles et fouages que ses habitants avaient été contraints de payer au roi de France, soit pour la solde des gens gardant la frontière, soit encore pour l'achat de plusieurs châteaux et forteresses de la Saintonge, du Périgord et de l'Angoumois, notamment de Taillebourg. Aussi, par lettres datées de Cognac, du 17 janvier 1407, affecta-t-il à la réparation des fortifications deux cents écus à prendre sur la taille destinée à payer les dépenses du siège de Bourg. Le corps de ville s'empressa d'employer cette somme. Il commença par acheter du prieur de Fontenet le droit de tirer de sa carrière les pierres qui lui étaient nécessaires, et cela moyennant une rente annuelle de vingt sols, payable en poisson le jour de la mi-carême. Mais la somme allouée n'ayant pas été suffisante pour remettre les fortifications en état, le roi y ajouta, le 14 novembre 1407, le produit de deux années de l'aide sur les vins, appelé « *souchet ou entrée de ville* », perçu à raison de cinq sols sur chaque tonneau vendu dans l'intérieur de la ville à deux deniers la pinte diminuée d'un seizième au profit du vendeur. Les vins amenés ou déchargés dans les faubourgs et le port étaient également soumis au souchet.

Des difficultés fréquentes s'élevaient entre les Angériens, soutenus par le corps de ville, et les gens de l'abbaye, par suite de l'extension donnée par les moines aux droits seigneuriaux réels ou prétendus de leur abbé. Ce dernier, comme seigneur de Saint-Jean d'Angély, avait droit de picotinage sur les avoines, à la charge de fournir de picotin, celui d'ajuster et de marquer les mesures à blé, vin, huile et sel, ainsi que les aunes et les poids en usage dans la ville et le faubourg Taillebourg, jusqu'au pont Perrin, limite de sa seigneurie. Enfin, il était tenu de fournir les mesures de longueur aux marchands forains qui étalaient les jours de marché sur les places publiques, afin de garantir l'unité de mesure dans les transactions. Les marchands, pour éviter le paiement du droit imposé pour ces formalités, avaient pris l'habitude de se prêter mutuellement leurs mesures, mais le prévôt-moine, voyant diminuer par ce fait les revenus de l'abbé, voulut, en 1408, leur interdire cette faculté, et commença même des poursuites contre les récalcitrants ; le corps de ville prit fait et cause pour les marchands, et força le prévôt-moine à renoncer à ses prétentions.

L'arrestation et l'emprisonnement d'un bourgeois et juré de la commune, nommé Laurent Vinet, opérée l'année suivante sur les terres de la seigneurie de la Folatière, par les officiers de l'abbé, souleva un nouveau conflit qui fut porté devant le sénéchal. Ce conflit fut terminé par un compromis qui, pour ménager la susceptibilité des deux parties, ne donna gain de cause à aucune d'elles.

A ces difficultés intérieures vinrent s'ajouter celles de l'extérieur d'une bien autre gravité ; des bandes de gens d'armes, accompagnés d'archers et d'arbalétriers de diverses nations, congédiés par leurs capitaines, et, malgré leur licenciement, se disant encore au service de princes du sang ou d'autres grands seigneurs, s'étaient répandus dans la Saintonge et principalement dans les environs de Saint-Jean d'Angély, où ils avaient fini par séjourner, se logeant et se nourrissant chez les pauvres cultivateurs, qu'ils mettaient à rançon. Ils leur prenaient argent, armes, chevaux, bestiaux et récoltes, sans rien laisser ni rien payer, si bien que les habitants de la campagne, qui purent quitter le pays, allèrent ailleurs mettre en sûreté leur vie et le peu qu'ils sauvèrent du pillage. Les plaintes des malheureux Saintongeais arrivèrent enfin jusqu'à Charles VI. Le roi envoya en 1408 un de ses chevaliers en Saintonge, avec mission de s'entendre avec la noblesse pour chasser les soudards par la force, s'ils n'obéissaient pas à la sommation de s'éloigner qu'il devait leur faire tout d'abord, assurant l'impunité à ceux qui, en cas de résistance, en tueraient ou blesseraient, et leur abandonnant comme indemnité les chevaux, armes et biens qu'ils pourraient recouvrer sur eux. Cet ordre n'avait pas encore été exécuté en 1409, par la faute du sénéchal ; le roi lui en témoigna son mécontentement par lettre du 8 avril, et lui enjoignit d'obéir à ses ordres avec la plus grande diligence, à peine de perdre son office.

Les Anglo-Gascons, profitant du désordre, refusèrent de payer, notamment à Jehan Harpedane, sénéchal de Saintonge, les pâtis qu'ils s'étaient engagés, à leur tour, à lui payer pour préserver de toute attaque de la part du sénéchal les villes et forteresses de Bourg et de Blaye, dont ils étaient encore en possession. Cet officier exposa au roi que, faute de cette ressource, il lui était impossible d'entretenir la garnison de Montendre, et lui montra le danger où cette ville se trouvait de tomber aux mains des Anglais. Le 3 juin 1409, le roi chargea Guichard la Tour, prévôt des maréchaux de France, de contraindre le sénéchal de Bordeaux au paiement des arrérages des pâtis.

Ce même Harpedane avait acquis, de Jehan Larchevesque, la ville, le château et la châtellenie de Taillebourg et du Cluzeau, et possédait ainsi la clef de la Saintonge du nord. Le conseil du roi, à la requête des trois états de Saintonge, décida le rachat de cette forteresse par retrait féodal et son incorporation au domaine royal. Seulement, le trésor royal étant vide, Saint-Jean d'Angély fit au roi l'avance de la somme nécessaire à ce rachat, et les trois états votèrent un impôt particulier pour en opérer le remboursement.

Harpedane ne se souciait pas d'abandonner sa forteresse,

et différait sans cesse de produire ses états de frais, dans l'espoir que le roi, cédant à ses instances et à celles d'amis influents, renoncerait à la réalisation de la cession. Les Angériens, de leur côté, suppliaient le roi d'en terminer l'acquisition, lui rappelant le rôle que cette forteresse avait joué contre lui, pendant les guerres précédentes, et lui démontrant qu'elle pourrait être cause dans l'avenir de la destruction totale de ses provinces de Saintonge, Angoumois, Poitou, Périgord et Limousin. Ils ajoutaient que, depuis quarante ans, elle avait été, trois fois, au pouvoir des ennemis pour cause de mauvaise garde, et que le pays, et principalement les villes de Saintes et Saint-Jean d'Angély, avaient tant souffert de son voisinage qu'elles n'avaient pu relever encore leurs ruines. Ils lui mirent également sous les yeux les griefs et malversations que Harpedane, ses officiers et ses gens, avaient commis contre les Angériens pendant qu'il possédait Taillebourg; enfin, ils lui avouèrent qu'il leur inspirait une crainte telle, que beaucoup d'entr'eux préféreraient abandonner le pays, plutôt que de rester plus longtemps sous la domination d'un homme qui ne pouvait porter grand amour à ceux qui prêtaient leur argent pour le dépouiller forcément d'une forteresse, dont il ne voulait pas se dessaisir.

Le roi céda à de si puissants motifs, et Taillebourg fut incorporé au domaine royal. Il le donna ensuite en apanage au dauphin Louis de Viennois, avec la châtellenie du Cluzeau, mouvance du monastère des bénédictins, ce qui constitua le prince vassal de l'abbé, à qui il fit rendre par le capitaine de Taillebourg la foi et l'hommage qu'il lui devait.

La démolition de la forteresse de Taillebourg fut néanmoins décidée et effectuée en 1413, et une taille fut levée sur les Angériens pour en couvrir les frais. Ces derniers résistèrent au paiement de cet impôt, et de nombreuses poursuites durent être faites pour le recouvrement du montant des rôles.

Pendant ce temps, le comte de Huttington, à la tête des

troupes anglaises, parcourait la Saintonge du nord, sans rencontrer d'obstacles, et complétait la ruine, dont cette province se ressentit pendant un siècle.

La patience des malheureux cultivateurs était à bout ; la levée d'un nouveau fouage, destiné à fournir au connétable les fonds nécessaires à l'entretien des troupes qu'il levait pour marcher aux Anglais, les révolta. Dépouillés journellement de ce qu'ils possédaient, aussi bien par les troupes chargées de leur défense que par les soldats ennemis, ces malheureux s'assemblèrent à Saint-Jean d'Angély, le jour de Pâques fleuries, pour protester contre l'impôt, parcourant tumultueusement la ville et cherchant à s'emparer de la tour de l'Horloge pour sonner le tocsin. Le maire, à la tête de la milice bourgeoise, fit arrêter les chefs de cette petite sédition, qui n'eut pas de suites.

La France était alors divisée en deux factions, celle des Orléans ou Armagnacs, et celle des Bourguignons. La France méridionale soutenait le parti d'Orléans. Pendant que toute la chevalerie de France était rassemblée sous les bannières rivales des Bourguignons et des Armagnacs, les provinces méridionales étaient abandonnées à leurs propres forces, et la Saintonge du nord était menacée de nouveau par les Anglais. Ces derniers s'étaient déjà emparés de Marennes, Barbezieux, Pont-l'Abbé et Soubise. La prise de cette dernière forteresse, surtout, avait grandement ému le pays, et principalement Saint-Jean d'Angély, en raison de ce que cette ville commandait la navigation de la Charente, et qu'en conséquence le commerce était forcé de renoncer à cette voie d'exportation ou de subir les exigences arbitraires de l'ennemi. Le corps de ville fit faire en hâte les réparations indispensables aux fortifications de Saint-Jean d'Angély. Comme il n'avait pas les fonds nécessaires, les habitants, à tour de rôle, donnèrent chacun une journée pour curer les douves. Les murailles furent garnies de futailles, pierres et autres objets défensifs ; les masures sises en dehors des murs furent démolies, pour empêcher l'ennemi de s'en faire un abri. En outre, les riches bourgeois s'imposèrent de dix deniers, et les moins fortunés, de la moitié de cette somme, pour acheter des approvisionnements de guerre.

Des religieux, des clercs et des nobles ayant refusé de contribuer à cet impôt, par cette raison que leur qualité les exemptait de toutes contributions, Charles VI ordonna, par lettres du 21 janvier 1412, que tous ceux qui avaient ou pouvaient avoir refuge dans Saint-Jean d'Angély, pour eux, leurs personnes ou leurs biens, soit nobles, gens d'église ou escoliers, seraient contraints d'y contribuer, même par la saisie de leur temporel.

Le corps de ville fit faire des canons à Tonnay-Charente et gagea des canonniers pour les servir. Il fit construire, en outre, deux engins de guerre par Me Pierre De Lestendille, ingénieur, qu'il retint au service de la ville aux gages de 7 livres 10 sols par mois. Ces canons et engins lançaient des boulets en pierre dont la façon coûtait alors, les petits, cinq deniers la paire, les plus gros, cinq deniers la pièce. On trouve encore fréquemment de ces boulets dans les fouilles faites dans l'intérieur de la ville, et l'on peut en voir des spécimens formant borne à l'angle de quelques maisons.

De plus, les Angériens, de concert avec les habitants de Jarnac, traitèrent avec le capitaine de Châteauneuf, Jean Deshaye, et lui payèrent pour leur part quinze livres tournois, à condition qu'il s'opposerait au passage de la Charente par les ennemis.

Puis, comme Saint-Jean d'Angély n'avait qu'un nombre insuffisant de défenseurs, Ferry de Chauvigny, lieutenant en Saintonge de Jacques d'Heilli, maréchal de Guienne, autorisa le maire à faire entrer dans la ville, pour aider à sa défense, le chevalier Jean le Bigot et soixante hommes d'armes sous ses ordres. Avant de les admettre, le maire fit prêter au chevalier et à ses hommes le serment d'être « *bons et loyaux au roi et à la ville.* »

La contribution volontaire que s'étaient imposée les Angériens, jointe aux autres revenus de la ville, était loin d'avoir suffi à toutes les dépenses nécessitées par les préparatifs de défense qui viennent d'être énumérés ; le corps de ville chercha à emprunter, mais l'argent était si rare qu'il ne trouva pas de prêteurs; il eut alors recours, pour s'en procurer, à un moyen arbitraire que la force des circonstances pouvait seule lui faire adopter. Le maire, sire Jean Bidaut, à la mésée du 18 novembre 1412, offrit au corps de ville de faire vendre au profit de la ville, dans les tavernes, et à l'exclusion de tout autre, une certaine quantité de vin qu'il possédait, à la condition que le prix lui en serait remboursé sur les premiers deniers perçus du *souchet*. Cette proposition fut adoptée à l'unanimité par les membres présents.

En reconnaissance des grands sacrifices faits de tout temps par les membres de la commune de Saint-Jean d'Angély, qui avaient poussé le patriotisme et l'abnégation jusqu'à se priver de la nourriture nécessaire pour résister plus longtemps aux Anglais et rester attachés à la couronne, les rois de France leur avaient accordé le privilège de la vente au détail des diverses marchandises dans la ville et les faubourgs; les étrangers n'étaient admis à leur faire concurrence que les jours de foire et de marché, et seulement sur les places publiques. Charles VI leur confirma ce privilège en 1412.

Le corps de ville eut à réprimer cette même année (1412) une atteinte portée aux privilèges qui venaient de lui être confirmés. Jean de Sigoigne, moine bénédictin, chambellan de la Fayolle, ayant fait vendre du vin au détail dans une taverne, bien que n'étant pas membre de la commune, vit son vin saisi à la requête du maire et vendu au profit du trésor royal.

Les Anglais avaient reçu des renforts considérables et s'avançaient sous le commandement du duc de Clarence pour poursuivre leurs succès. Le 24 novembre 1412, le corps de ville informa le roi et son conseil de l'approche de l'ennemi, et reçut l'ordre de son lieutenant en Guienne de préparer le logement des troupes que cet officier rassemblait pour marcher à l'ennemi. Dix hommes d'armes et cinq hommes de traits, choisis parmi les bourgeois angériens et équipés aux frais de la ville, se joignirent aux troupes royales.

Le maire et les échevins ne voulurent pas, dans des circonstances si graves, prendre sur eux toute la responsabilité de l'administration, et ils demandèrent l'assistance permanente de cinquante membres de la commune, nommés à l'élection. Ce nombre fut porté à cent, quelques jours après.

Enfin, le 13 février 1413, l'ennemi avançant toujours, ordre fut donné à tous les Angériens en état de porter les armes, de se tenir constamment armés, à peine de soixante sols d'amende. En outre, comme alors aussi bien que de nos jours, les gardes civiques ne s'épargnaient pas les quolibets sur leur accoutrement militaire plus ou moins bizarre, il leur fut fait défense de se moquer les uns des autres, à peine d'une amende de deux sols six deniers.

Le maréchal de Guienne, craignant que la citadelle de Tonnay-Charente ne fût pas en état de résister, envoya l'ordre au maire de Saint-Jean d'Angély de la faire démolir. Le maire chargea Jean Bagueneau, prévôt du roi à Saint-Jean d'Angély, d'aller exécuter cet ordre.

De son côté, le sénéchal de Saintonge réunissait à Mauzé les trois états de la Saintonge et du Poitou, pour en obtenir des provisions pour la guerre. Le corps de ville s'y fit représenter par Aymeri Mouraut et Jean Préveraud, deux de ses membres.

Par une rare coïncidence, les trois candidats à la mairie élus par le corps de ville pour être présentés au choix du roi, en 1413, se trouvèrent être officiers du roi, du duc de Guienne, ou pensionnaire de l'abbaye. Le procureur de la commune s'opposa à ce que l'ancien maire reçut le serment du nouvel élu avant que celui-ci eût renoncé à son office, dans la crainte, sans doute, qu'il ne fût influencé, dans la gestion des intérêts de la commune, par sa position dépendante.

Toutes ces dispositions, bien que nécessitées par la présence de l'ennemi, soulevèrent cependant un mécontentement qui se produisit ouvertement à l'occasion de la levée d'une taille destinée aux fortifications et au paiement des gages des officiers de la commune. Pendant une discussion très vive, qui eut lieu à ce sujet dans la mésée du 25 juin 1413, un membre du corps de ville, Hélie Duverger, alla jusqu'à dire au maire, qui présidait, que six des membres de la commune traitaient les affaires selon leur bon plaisir, mais que lui, Duverger, et quarante habitants, tiendraient aussi leur échevinage pour s'y opposer. Puis il quitta l'assemblée, sans autorisation. Le corps de ville le condamna, séance tenante, à rester aux arrêts dans l'hôtel de l'échevinage, dont il fit fermer les portes. Le peuple, ameuté, menaça de les rompre pour délivrer le prisonnier; mais le corps de ville résista, fit arrêter les émeutiers les plus violents, et condamna Jean Barrié, l'un des plus compromis, à faire amende honorable à la cour de la mairie, pour avoir excité le peuple dans sa révolte. Les membres de la commune qui, à l'exemple d'Hélie Duverger, avaient refusé le paiement de la taille, furent poursuivis et contraints de la payer.

Pour alléger les Angériens des charges fiscales qui les accablaient, le roi leur fit remise, pendant dix ans, des aides et fouages imposés à la ville et à son ressort. Les lettres de confirmation de cette donation furent délivrées, le 19 août 1413, au maire Jean Chauveau par Jean Bidaut, son prédécesseur à la mairie.

L'année suivante, le corps de ville fut autorisé à continuer la perception du *souchet*, et à prélever, pendant un an, un droit de douze deniers par chaque tonneau de blé descendant la Boutonne, afin de permettre à la ville le paiement des dettes qu'elle avait contractées pour la guerre. Le roi renvoya aussi devant le sénéchal de Saintonge un procès pendant entre la commune et les habitants de Garnaud, au sujet du guet que ces derniers refusaient de faire à Saint-Jean d'Angély, ce qui leur évita les longueurs et les frais toujours exhorbitants d'un débat au conseil royal.

Les Angériens virent leur patriotique résistance glorieusement récompensée, voulant les laisser entièrement à la défense de la frontière, le roi dispensa ceux d'entr'eux qui avaient été anoblis, de tout service qui n'aurait pas pour but la défense de la Saintonge, et exempta les bourgeois de faire partie de l'arrière-ban.

Le commerce eut aussi sa part des faveurs royales; des corsaires, autorisés par des lettres de marques, empêchaient tout commerce par la Charente, et s'emparaient des navires, amis ou ennemis, qu'ils rencontraient. Le roi donna des ordres pour que les navires des marchands angériens fussent respectés.

Le duc de Bourbon et le maréchal de Guienne firent de Saint-Jean d'Angély leur place d'approvisionnements; ils y rassemblèrent les vivres, les armes et les munitions nécessaires à l'armée qu'ils formaient. Le 29 août, le maire recevait sept canons garnis de quatorze boîtes enchâssées en bois, deux rondelles de poudre à canon, quatre-vingt-dix-neuf paniers, trente-neuf douzaines de cordes d'arc, cent cinquante-cinq bottes de fil à confectionner les cordes, dix-huit cents flèches à arcs ferrées de leurs barbes, une pipe de torches à falot, huit falots simples et deux doubles, cinquante caisses de traits de vireton et chausse-trappes barbues, seize lances, dont quatorze ferrées et deux sans fer.

Adam de Brageloine, lieutenant de Regnaudin Doriac, trésorier des guerres, confiait aussi à la garde du maire les fonds destinés au paiement des troupes, ainsi que le constate un reçu de cent cinq livres qu'il lui donna le 30 août 1413.

A peine monté sur le trône, Henri V d'Angleterre rassembla une armée et vint se joindre à ses partisans. Charles VI voulut acheter la paix, au prix de la cession des provinces comprises dans le traité de Brétigny, à l'exception du territoire situé entre la Sèvre et la Charente, ne pouvant se décider à céder cette partie de la Saintonge et de l'Aunis qui lui était si dévouée; mais le roi d'Angleterre ne voulut pas consentir à cette restriction ; il exigea l'exécution entière du traité, et la guerre fut poursuivie. Les princes français, oubliant alors leurs querelles particulières, s'unirent au roi de France contre l'Angleterre. Cette bonne nouvelle fut publiée à Saint-Jean d'Angély, le 13 avril 1415; elle y fut reçue avec de grands transports de joie. Le maire suspendit l'audience de la cour de la mairie, qu'il présidait au moment où elle lui parvint, et renvoya à huitaine toutes les causes pendantes.

On songea tout d'abord à conserver, pour les besoins de l'armée française, les vivres qui se trouvaient en Saintonge; et, sur l'ordre du roi, le maire de Saint-Jean d'Angély détendit l'exportation des grains, de même que la vente des armes de guerre aux étrangers. De plus, il interdit aux Angériens tout rapport avec les Anglais, ou même avec ceux qui passaient pour les fréquenter, ordonnant de lui dénoncer ceux de ces derniers qui viendraient dans la ville.

Divers engins défensifs furent préparés, et chaque chef de famille dut fournir à ses frais, pour être placé sur les murailles, un râteau de la longueur d'une brasse et demie, bien garni de chevilles, pour repousser au besoin les assaillants.

Toutes ces précautions ne parurent pas suffisantes encore. Sur l'avis que Bernard de Jambes lui donna, que les Anglais se préparaient à passer la Charente avec l'intention *de venir courir le pays de par deçà*, le corps de ville fit couper les ponts de Saint-Julien, obstruer par des abattis d'arbres les passages de la Boutonne à Nuaillé, à Vervant, et à l'écluse du Bizard, puis il ordonna aux Angériens de demeurer nuit et jour à leur poste de combat, à peine d'être réputés traîtres, et dépêcha Aymery de Bessé, l'un de ses membres, à Jean de Torsay, grand maître des arbalétriers, et à Mgr de Barbazan, qui était à Niort, pour les prévenir des dispositions prises par l'ennemi.

Les nombreux obstacles élevés à la marche de l'armée anglaise avaient réussi jusque-là à l'arrêter sur la rive gauche de la Charente, mais leur armée du nord avait eu plus de succès: elle s'était emparée de la ville de Honfleur et avait écrasé l'armée française à la célèbre bataille d'Azincourt. Le conseil du roi voulut reprendre cette place, et il envoya dans les bonnes villes du royaume des commissaires pour lever un aide afin d'en payer les frais. L'un d'eux, Guillaume Boucher, secrétaire du roi, vint à Saint-Jean d'Angély, et, malgré le privilège d'exemption des tailles et fouages pendant dix ans qui leur avait été donné, les Angériens furent obligés d'y contribuer pour cent livres, soi-disant à titre de prêt, pour éviter la saisie des revenus de la ville, dont ils étaient menacés.

Le corps de ville fut plus heureux dans son opposition aux prétentions de Geoffroy de Rochechouart, seigneur de Tonnay-Charente, qui voulut profiter des embarras du moment pour exiger, des navires chargés de vin passant devant Charente, les mêmes droits que sur les vins chargés dans sa châtellenie et en provenant. Le conseil royal fit défense à ce seigneur d'exiger plus que par le passé, c'est-à-dire cinq deniers par tonneau.

De Barbazan, lieutenant et capitaine pour le roi en Guienne, était enfin arrivé avec quelques troupes dans la Saintonge du sud, et il avait mis le siège devant Barbezieux. La ville étant mieux défendue qu'il ne l'avait supposée; il sentit la nécessité de renforcer ses troupes pour en venir à bout, et fit crier publiquement, dans Saint-Jean d'Angély, que tous les habitants qui avaient coutume de s'armer, ainsi que les gens de trait et les manœuvres, l'allassent rejoindre incontinent devant Barbezieux. Le corps de ville s'empressa de lui envoyer trente arbalétriers et six charpentiers. Après la prise de la ville, qui eut lieu par escalade dans la nuit du 21 décembre 1419, Saint-Jean d'Angély envoya encore douze maçons pour aider à la démolition de la forteresse.

De leur côté, les Anglais s'étaient emparés de Mortagne, et ils avaient arrêté sur la Charente tout un convoi de vaisseaux zélandais, chargés de vin de Saint-Jean d'Angély. Tandis que le sire de Pons convoquait à Saintes les trois états de Saintonge, pour aviser aux moyens de reprendre Mortagne, les Angériens priaient l'amiral de France, la commune de La Rochelle et Henri de Plusqualet, lieutenant du gouverneur de la même ville, de les aider à tirer satisfaction de l'acte de piraterie commis à leur préjudice.

Les communications avec Paris étaient interrompues par suite du peu de sécurité qu'offraient les routes encombrées de gens d'armes français ou étrangers, qui dépouillaient les voyageurs amis ou ennemis qu'ils rencontraient. Il en résultait que les personnes ayant des procès à soutenir devant le parlement, ne pouvant faire le voyage ni envoyer leur défense, se trouvaient à la merci d'adversaires peu scrupuleux, profitant de l'impossibilité où ils étaient de comparaître pour obtenir des défauts. Afin d'obvier à cet inconvénient, le procureur de la sénéchaussée de Saintonge sollicita et obtint, du dauphin Charles, une ordonnance rendue à Bourg, le 22 anvier 1418, déclarant que tant que les communications seraient interrompues, il ne pourrait être donné défaut au parlement de Paris contre les habitants de la Saintonge. La même ordonnance annulait tous les défauts qui avaient été pris contre eux par suite de cet empêchement.

Par une autre ordonnance en date de Poitiers, le 18 octobre 1418, basée sur les mêmes difficultés de communication, et aussi sur ce « *que le roi était détenu en la ville de Paris, hors sa franchise et liberté par aucuns à lui rebelles et désobéissants* », le dauphin, en sa qualité de régent du royaume, manda à Olivier du Chastel, sénéchal de Saintonge, de contraindre toutes personnes ayant refuge ou retrait en la ville de Saint-Jean d'Angély, gens d'église, nobles ou autres, de faire le guet dans la ville et de contribuer de leurs deniers aux réparations des fortifications, de les y forcer au besoin par la saisie, vente et exploitation de leurs biens ; et, en cas de périls imminents, sans attendre d'assises, par toutes voies sommaires, même du jour au lendemain.

Un impôt extraordinaire, de quarante sols par tonneau, appelé « *la traite des vins* », avait été mis en Saintonge par le dauphin et menaçait d'anéantir le principal commerce des Angériens. Jean Doriol, leur procureur, en poursuivit l'affranchissement devant le parlement de Poitiers en 1419, et réussit à en obtenir l'amortissement moyennant le paiement au trésor royal d'une somme de douze cents livres, prélevée sur tout le pays viticole qui écoulait ses produits par Saint-Jean d'Angély.

La perception de cet impôt souleva une vive opposition de la part des seigneurs, sur les terres desquels on voulut le lever. Aliénore de Périgord, dame de Matha, s'opposa formellement à ce qu'il fût perçu dans sa seigneurie, et il fallut procéder pour vaincre sa résistance. Le vicomte d'Aulnay n'y consentit qu'à la condition d'en retenir vingt livres tournois à son profit.

Une ordonnance bien rigoureuse du maire de Saint-Jean d'Angély contre les blasphémateurs, fut criée solennellement, le 13 mars 1420, dans les quatre carrefours de la ville, appelés du « Change », des « Burbuya », des « Forges », et du « Minage ». Elle punissait celui qui reniait Jésus-Christ, ou blasphémait contre lui, d'une amende de soixante sols pour la première fois, de cent sols pour la deuxième, et de dix livres pour la troisième. La quatrième fois, le coupable était mis au pilori, subissait une punition corporelle, ou avait la langue coupée, selon la gravité du blasphème.

Les Anglo-Gascons, paraissant vouloir reprendre l'offensive, le maire en prévint le grand maître des arbalétriers et le dauphin. Ce dernier profita de la tenue des grandes assises à Saint-Jean d'Angély, pour convoquer dans cette ville, le 27 juin 1420, les trois états de Saintonge et d'Angoumois, afin de déterminer avec eux le nombre des troupes qu'il convenait de leur opposer, et les ressources financières nécessaires à l'entretien de ces dernières.

Il est à remarquer que la ville payait le plus souvent la dépense des officiers du roi ou des magistrats que leur charge appelait à Saint-Jean d'Angély, soit pour assister aux assises de la sénéchaussée, soit pour un autre motif. Un reçu mentionne le paiement par le receveur de la ville, d'une somme de soixante-quinze sols, pour la dépense que Me Estienne Gillet, procureur du roi en Saintonge, ses gens, chevaux et chiens, avaient faite à l'hôtel d'Hélie Caniot, pendant les grandes assises de 1420. De plus, le corps de ville offrit deux épées au premier président Jean de Vély, et réunit dans un dîner les seigneurs de distinction qui s'étaient rendus à la même solennité judiciaire. Les grands jours de la sénéchaussée était donc une occasion de dépenses considérables pour la commune, mais ces largesses n'étaient pas tout à fait désintéressées, les Angériens se ménageaient ainsi les bonnes grâces de gens influents, dont l'appui leur était bien souvent nécessaire dans les nombreuses difficultés qu'ils avaient à surmonter.

Pressé de tous côtés par l'ennemi, le dauphin appela à son aide les gentilshommes et les autres gens de guerre de pied et de cheval. Le comte de Tonnerre, alors à Fouras, prévenu par le maire de Saint-Jean d'Angély, traversa cette dernière ville, se rendant à l'appel du prince.

Le parlement demanda au maire des renseignements sur l'approvisionnement de la Saintonge en vivres de toute espèce, et fit défendre le commerce des blés. Cette mesure fit promptement monter le prix du boisseau de blé au chiffre énorme, pour l'époque, de six livres ; la disette survint, engendra des maladies qui frappèrent particulièrement les enfants, au point que l'école de grammaire devint déserte, et que Guillaume de Jumièges, régent de cette école, privé de tout salaire, dut exposer sa misère au corps de ville et solliciter un secours de vingt livres qui lui fut accordé.

Le conseil du dauphin parvint cependant à contracter alliance avec les rois de Castille et d'Ecosse. La flotte castillane transporta d'Ecosse quatre ou cinq mille soldats, qu'elle vint débarquer à La Rochelle. Pour reconstituer ses vivres épuisés, l'amiral castillan envoya un de ses chevaliers à Saint-Jean d'Angély, réclamer les approvisionnements que le corps de ville avait promis de lui envoyer, se plaignant d'un retard dont souffraient ses équipages. L'envoyé castillan était accompagné d'une suite nombreuse de seigneurs et s'était fait suivre des ménétriers de l'amiral, auxquels le corps de ville donna une gratification de quarante sols pour le plaisir qu'ils avaient fait aux Angériens.

Le 21 avril 1421, le maire de Saint-Jean d'Angély, informé que Saintes était vendue aux Anglais, prévint aussitôt le maire de cette ville de se tenir sur ses gardes.

Les troupes alliées arrivèrent de tous côtés ; le maréchal de Marcilli s'arrêta à Thors avec un corps de Bretons, et y cantonna momentanément ses troupes. Le maire de Saint-Jean d'Angély fit une brillante réception au maréchal lorsqu'il vint dans cette ville, et lui offrit dans son hôtel, ainsi qu'à vingt-cinq de ses officiers, un dîner somptueux, dont la commune fit les frais, et qui coûta la somme énorme de 75 liv. 16 sols 8 deniers. Seulement, pendant que les officiers festoyaient, des guetteurs, placés sur les tours les plus élevées, avaient pour mission de signaler les soldats bretons, dont on craignait la venue dans la ville. Cette précaution fut continuée pendant tout le temps de leur séjour à Thors.

Le 16 août arrivèrent des lettres du régent, convoquant à Vendôme, le 25 du même mois, tous les nobles et les bourgeois valides, pour défendre la Saintonge menacée. Le corps de ville fit tous ses efforts près du cadet Bernard d'Auvergne, lieutenant et capitaine général pour le roi et le régent par deçà la Dordogne, et près du chancelier et du maître des arbalétriers de France, pour que les Angériens fussent exemptés de se rendre à cet ordre, la ville ayant besoin de conserver tous ses défenseurs. Quelques jours après, Guillaume de Torsay, grand maître des arbalétriers, était fait prisonnier par les Anglais.

Bernard d'Auvergne convoqua à Poitiers, pour le 25 novembre, les villes et les barons de la Saintonge, du Limousin et de l'Angoumois. Dans cette réunion, les trois états consentirent un aide de trente mille livres, destiné partie à l'entretien des gens d'armes préposés à la garde de ces provinces, et partie à secourir le régent. La part contributive de Saint-Jean d'Angély à cet impôt fut fixée à cinq cents livres, qui furent payées sur la ferme des moulins de Tonnay-Boutonne, appartenant à la commune, afin de ne pas surcharger les habitants.

Il est facile de se rendre compte des charges qui accablaient les Angériens, si l'on compare les revenus de la ville avec les nombreux impôts, aides, tailles, fouages, auxquels ils devaient satisfaire. D'après les comptes de Guillaume Grasmorcel, receveur de Saint-Jean d'Angély en 1421, les recettes comprenaient alors :

	Francs	Sols	Deniers
Le produit de la ferme du souchet et entrée des vins.	700	»	»
De la coutume des vins passant par la Boutonne.	30	»	»
Du souchet du vin vendu au détail.	1.282	»	»
5 sols par tonneau de vin amené et déchargé dans la ville et les faubourgs.	213	»	»
Du seing droit.	40	10	»
Des moulins de Tonnay-Boutonne.	1.352	»	»
De l'écluse bourgeoise de la Boutonne.	»	30	»
Rentes diverses.	»	26	04
Total.	3.619	18	04

Le connétable de France et Jean Stuart, comte de Douglas, chef des Ecossais envoyés au secours de Charles VI par le régent d'Ecosse, vinrent à Saint-Jean d'Angély le 6 juin 1423, pour rassembler l'armée qui devait succomber peu après aux batailles de Crevant et de Verneuil, livrées le 1er juillet 1423 et le 17 août 1424. Le maire et le corps de ville allèrent à pied les recevoir à la porte de la ville, n'ayant pu se procurer de chevaux en quantité suffisante pour se porter plus loin à leur rencontre. Les Angériens, armés, se tenaient à leur poste de combat, sur les tours et les murailles. Le maire leur offrit, au nom de la commune, une pipe de vin, douze chapons et douze oisons. Il envoya quelques jours après, au maître des arbalétriers, deux pipes de vin, quatre douzaines de chapons et six torches. Les Ecossais du comte de Douglas campèrent au dehors de la ville, les officiers seuls obtinrent du maire la permission d'y entrer.

La misère était extrême à Saint-Jean d'Angély, le commerce des vins, la principale ressource des Angériens, avait considérablement diminué, par suite des nombreux impôts dont il était surchargé. Le rachat de *la traite des vins* n'avait pu être effectué, par suite de l'opposition des seigneurs, qui n'avaient pas voulu que l'aide destiné à l'abolir fût levé sur leurs tenanciers sans profit pour eux-mêmes, et ce fut en vain que les Angériens mirent dans leurs intérêts le prévôt de Paris, Mgr de Maillezais, et un conseiller du roi nommé Guillaume Pastureau, ils ne purent en obtenir ni l'abolition, ni la diminution, et durent continuer à la payer comme par le passé.

D'un autre côté, lorsque les monnaies falsifiées furent réformées et remplacées par d'autres frappées à un titre supérieur, les marchands angériens, principalement les bouchers et les poissonniers, continuèrent à les recevoir comme si elles étaient encore falsifiées, ce qui porta le prix de leurs marchandises à un taux exorbitant. Des bouchers forains vinrent aux portes de la ville, vendre des viandes au détail à prix réduit, ce qui souleva les réclamations des bouchers et de l'abbé de Saint-Jean d'Angély. Ce dernier se plaignait de ce que ses droits seigneuriaux étaient grandement diminués par le fait des marchands forains, auxquels il refusait le droit de vendre au détail ailleurs que sous la halle aux bouchers. Le corps de ville prit la défense des bouchers forains et menaça ceux de la ville d'autoriser, dans l'intérêt public, la vente de la viande au détail, tous les jours, sur la place du roi, devant Notre-Dame. De plus, il envoya chercher du poisson, qu'il fit vendre au prix coûtant.

Cette difficulté souleva, entre le corps de ville et les officiers de l'abbaye, un mauvais vouloir qui se traduisit de la part des premiers en une opposition systématique à l'encontre de toutes les coutumes ou droits seigneuriaux, dont les seconds jouissaient légitimement, ou qu'ils s'étaient arrogés depuis plus ou moins longtemps. L'aumônier avait coutume de prélever, au profit de son aumônerie, une bûche par charge de bois entrant en ville, le corps de ville lui contesta ce droit. Il fit signifier, de plus, au chambarrier, qu'il lui intenterait des poursuites s'il continuait d'exiger « un mets de pitance » à chaque noce, et défendit à ses administrés de donner au chapelain les cinq sols et la paire de gants, qu'il se faisait donner depuis peu, pour les mariages qu'il célébrait.

Les Angériens payaient à l'abbé des Bénédictins une redevance foncière appelée « la maille d'or ». Chaque année, le jour de l'échéance, le prévôt-moine de l'abbaye, monté sur une mule, précédé de ses sergents, parcourait les rues de la ville avec un certain apparat. Les sergents criaient, dans chaque rue ou carrefour : « Payez la maille d'or à Mgr l'abbé ». Le prévôt-moine, ayant cru pouvoir se faire remplacer dans cette promenade, le conseil de la commune engagea les débiteurs de la maille d'or à ne la payer que lorsque le prévôt-moine ferait la chevauchée en personne et non par procureur.

Les barons de la Saintonge avaient été réunis à Saint-Savinien par le sénéchal, le 4 août 1423, et le roi avait convoqué les députés des provinces pour assister au conseil qu'il devait tenir à Celles, en Berry. La commune députa Jean Bidaut à la première de ces assemblées, et Guillaume Bidaut à la seconde. Les archives ne disent pas ce qui fut décidé au conseil royal, ce qui semblerait indiquer que les députés de Saint-Jean d'Angély ne purent s'y rendre, à cause du peu de sûreté des routes. Mais le même Guillaume Bidaut, auquel fut adjoint Jean Daniel, aussi membre de la commune, se rendit à un autre conseil tenu à Celles le 10 mars 1424. Le corps de ville alloua trois chevaux et trois écus par jour à ses députés accompagnés d'un domestique, avec la condition expresse que, dans le cas où ils seraient détroussés pendant le voyage, ils seraient indemnisés de leurs pertes par la commune. Dans cette assemblée, les états votèrent au roi un fouage ou aide, dans lequel la Saintonge était comprise pour trente mille livres. La répartition de cette somme entre les villes de la Saintonge fut faite à Saintes, au mois d'avril suivant, dans une assemblée présidée par le sénéchal. Saint-Jean d'Angély et son ressort furent taxés à dix mille livres ; La Rochelle et son gouvernement à quatorze mille livres; Saintes et Parcoul à six mille.

Le 17 mai 1424, Jean Bidaut, qui venait d'être élu maire, se rendit au conseil convoqué à Niort par Me Rémy de Boloigne, conseiller du roi et maître des finances. On y fixa à deux cents hommes d'armes et à cent cinquante hommes de trait les forces dont le sénéchal de Saintonge aurait le commandement pour défendre le pays. Il y fut décidé aussi que les sommes empruntées aux Angériens leur seraient restituées sur la taille, et que la ville ne recevrait, pour le moment, que deux cents livres sur les quatre mille qui lui avaient été accordées pour réparer ses fortifications.

En exécution des décisions de l'assemblée de Niort, le

sénéchal de Saintonge, Geoffroy de Mareuil, se mit en devoir de réunir les forces qu'il devait commander, et demanda au maire de Saint-Jean d'Angély de désigner les Angériens qui devaient en faire partie.

Une nouvelle convocation des trois états eut lieu à Surgères, dans le mois de septembre, l'évêque de Poitiers, Mgr de Mareuil, Guillaume Bidaut, Girard Vairon, y assistaient, ces deux derniers comme députés de Saint-Jean d'Angély. On y confirma la levée de l'aide de dix mille livres destiné à secourir le roi et à garder la Saintonge.

Quelques jours après, en octobre, dans une assemblée des trois états convoquée par le roi à Montluçon, mais qui ne put se réunir qu'à Poitiers, l'aide de dix mille livres que devait payer Saint-Jean d'Angély fut élevé à vingt-deux mille.

Après la désastreuse bataille de Verneuil, le duc de Bretagne, réconcilié avec le roi de France, envoya ses Bretons en Saintonge, se réunir aux troupes royales. Les Bretons se conduisirent en soldats mal disciplinés, notamment à Ciré, où ils séjournèrent quelque temps, malmenant les sujets du roi de France. Mgr de Rochechouart demanda à Saint-Jean d'Angély des renforts pour les chasser, secours que le maire s'empressa de lui envoyer, en même temps qu'il faisait informer le roi des actes de brigandage commis par ses alliés. Le duc de Bretagne, à qui ces plaintes parvinrent, s'empressa d'écrire au maire de Saint-Jean d'Angély pour blâmer ses soldats.

La Saintonge et le Poitou venaient d'être réunis sous un même gouvernement, dans l'intérêt de la défense mutuelle. Le 12 mai 1424, le maire de Saint-Jean d'Angély dut prêter, devant le sénéchal, le serment d'union de ces deux provinces, mais il paraît ne l'avoir fait qu'avec répugnance et seulement pour ne pas désobéir aux ordres du roi.

Le 26 janvier 1425, une fâcheuse nouvelle parvint à Saint-Jean d'Angély, Nieul venait d'être pris par les Anglais. Le maire donna aussitôt l'ordre à tous les habitants qui avaient coutume de prendre les armes d'aller se ranger sous la bannière du sénéchal pour reprendre cette ville.

Une nouvelle demande d'argent fut faite au corps de ville, sous la forme d'un emprunt, par Me Adam de Cambrai, président au parlement, envoyé à Saint-Jean d'Angély par le roi. Cet emprunt était destiné « à faire régner la justice et à faire cesser le pillage ». Le corps de ville répondit au président qu'il lui était impossible de satisfaire au désir de Sa Majesté. L'envoyé du roi paraît s'être contenté de cette réponse, accompagnée d'une épée comme présent, et du poisson de choix dont la commune eut soin de pourvoir sa table, pendant son séjour à Saint-Jean d'Angély.

Dans les premiers jours de l'année 1425, les bourgeois angériens députèrent au roi, à Bourges, Jean Prieur, pour demander, de concert avec les bourgeois de La Rochelle, l'affranchissement, pour ces deux villes et la province, du onzième prélevé sur toutes les marchandises et denrées mises en vente. Cette mission n'eut pas de résultat immédiat; le roi promit aux députés d'envoyer des membres de son conseil pour réunir les intéressés et déterminer les conditions de cet affranchissement.

Peu de temps après, le roi chargeait le vicomte de Rochechouart, Jean de Vély, premier président au parlement, et François de Mareuil, de lever une nouvelle taille de vingt mille livres sur la Saintonge. Le corps de ville envoya Ambroise Fradin, Guillaume Bidaut et Girard Vairon, pour *faire la révérence* à ces seigneurs et leur recommander les Angériens, appauvris et dans l'impossibilité de payer cet impôt.

Les Anglais revenaient toujours en force sur la rive gauche de la Charente, menaçant la Saintonge du nord, et quelques-uns de leurs capitaines passaient et repassaient cette rivière, pour opérer quelque coup de main et se retirer aussitôt; un de ces derniers, Denis de Saint-Surin, se porta avec ses gens jusque dans l'Aunis, et menaça même La Rochelle. Le gouverneur et le maire de cette ville demandèrent le concours de Saint-Jean d'Angély pour se débarrasser de ces dangereux visiteurs ; Mgr de Maisonfort, craignant aussi de ne pouvoir protéger Surgères, adressa une demande semblable au maire de Saint-Jean d'Angély. Le sénéchal et le maire envoyèrent les quelques hommes dont ils pouvaient disposer, la prudence leur interdisant de dégarnir la ville de ses défenseurs. Mais, ce secours étant insuffisant, il fallut composer avec les chefs ennemis pour obtenir leur retraite à prix d'argent, et Saint-Jean d'Angély paya pour sa quote part trente écus à Ytier de Noilhac, écuyer, chargé de faire la recette de cette rançon.

Les ennemis avaient bien quitté le territoire rançonné, mais ils parcouraient encore la frontière de *par deçà*, comme on appelait alors la Saintonge de la rive droite de la Charente, et il était urgent de les contraindre à repasser cette rivière. Les barons de la Saintonge et du Poitou, ainsi que les députés de La Rochelle, réunis à Pauléon par le sénéchal, votèrent les fonds nécessaires au paiement des gens d'armes de Mgr de Boussac, qui avait offert de marcher contre eux. Denis de Saint-Surin, craignant alors que sa retraite ne fut coupée, prit le parti de quitter la Saintonge ; le 15 septembre, il passa devant Saint-Jean d'Angély, se rendant avec ses gens en Roussillon.

Lors de son entrée à Saintes pour prendre possession de son siège épiscopal, l'évêque nouvellement élu, Jean Boursier, fut reçu le 23 février 1426 avec une pompe et une magnificence extraordinaires. Les principales villes du diocèse y envoyèrent des représentants ; Saint-Jean d'Angély y députa quatre de ses bourgeois, chargés de présenter à l'évêque un cadeau, consistant en deux douzaines de chapons, douze chevreaux, deux veaux de lait et deux grues. Ce singulier présent n'avait pu être rassemblé qu'avec beaucoup de peine par le receveur de la ville, qui avait été obligé de parcourir lui-même les villages de la banlieue pour se procurer les objets le composant, et dont l'acquisition lui coûta seize livres vingt-deux sols.

Un cadeau non moins singulier fut fait la même année à Mme la sénéchale, à l'occasion de ses couches, le corps de ville lui offrit cent boisseaux de froment, que le sénéchal vendit aussitôt au prix de trente écus.

Le grand conseil du roi se réunit à Saint-Jean d'Angély en 1426. Mgr Dorval, lieutenant pour le roi en Guienne par deçà la Dordogne, revenant de Mauzé, où il avait présidé les trois états de Saintonge le 24 mars de la même année, vint y assister et fit son entrée la nuit, à la lueur des torches. Au nombre des divertissements offerts par la ville à ses illustres hôtes, figurait la représentation d'un mystère ou moralité, comme on appelait les pièces religieuses représentées en public, le sujet choisi était « la décollation de messire saint Jean-Baptiste ». La sécurité existait si peu, que, pendant toute la durée des fêtes, des vigies furent placées sur le clocher de l'église abbatiale pour éviter une surprise de l'ennemi.

Débarrassée des gens de Saint-Surin ainsi que de ceux de M. de Boussac, la Saintonge fut encore parcourue et pillée par une bande de malandrins, composée de soudards écossais et de gens de Ciré conduits par leur seigneur. La femme du bâtard de Saint-Cir, lieutenant de Jean de la Roche, qu'ils rencontrèrent, fut dévalisée par eux et son charriot pillé. Une telle audace ne pouvait manquer d'être punie, Mgr Dorval envoya Aymar de Plassac et Antoine de Monnac, ses écuyers, à la poursuite des bandits, ils les atteignirent, leur firent deux prisonniers, qu'ils amenèrent à Saint-Jean d'Angély, où ils furent jugés et condamnés à être pendus.

Quelques mois après, Mgr Dorval succombait aux fatigues de la guerre : son service funèbre fut célébré aux frais de la commune, dans la chapelle paroissiale tendue de draperies aux armes du défunt; le glas fut sonné par les grosses cloches; les pauvres portaient des torches, le corps de ville et toutes les confréries y assistaient.

Aux pillards de Ciré avaient succédé les compagnies de Maurice de Plusqualet, du seigneur de Taillebourg et de Goulard, capitaine de Lezay. Leur nombre était considérable, et leur audace si grande qu'ils faisaient le siège des forteresses et soutenaient de véritables combats. Saint-Jean d'Angély fut obligé d'envoyer ses arbalétriers à Péré, au secours de Tonnay-Boutonne, dont ils faisaient le siège. Après les avoir chassés, les arbalétriers durent tenir garnison quelque temps à Tonnay-Boutonne, dans la crainte d'un retour offensif des bandits.

La banlieue de Saint-Jean d'Angély était dans le plus piteux état; heureusement que la défense d'exporter les blés avait facilité un assez fort approvisionnement, ce qui permit au corps de ville de faire de larges aumônes aux pauvres, de pourvoir de vivres les cordeliers, dont les greniers étaient vides, et de donner vingt boisseaux de froment aux carmes d'Aulnay, dont les provisions avaient été pillées ou détruites par les gens d'armes qu'ils avaient logés. Il vint aussi au secours des familles des chevaliers tombés pour la défense du pays, notamment de celle de Jean du Bouffay, dont la veuve, Agnès du Bois, et les enfants étaient restés sans ressources.

« Sachent tous que je, Agnès du Bois, veuve de Mgr Jean
« du Bouffay, chevalier, confesse que MM. les maire et bour-
« geois de Saint-Jean d'Angély m'ont donné, en pitié et en
« aumône, à moi et à mes enfants, quinze aunes et demie
« de drap avec les garnitures et doublures nécessaires pour
« l'habiller, ainsi que ses enfants, et faire houppelande, cotte
« simple, chaperon, pourpoing, chausses, douze aunes de
« toile pour draps et linges, un septier de froment ».

Il donna encore trois deniers d'or à la fille d'un nommé Guillaume Daguin, bourgeois, pour acheter sa robe de noces.

Cependant, les approvisionnements étant épuisés et la

petite quantité des terres emblavées ayant été ravagée, le blé et le vin devinrent si rares, que les boulangers ne purent renouveler leur approvisionnement et furent obligés de cesser de cuire. L'échevinage leur fit délivrer du blé au prix de vingt-cinq sols le boisseau, et fit mettre en vente du vin à trois sols quatre deniers la pinte. Quelques jours après il fut obligé de taxer le prix de vente des autres marchandises, et rendit l'ordonnance suivante :

« Ordonnance faite par MM. les maire, échevins et conseillers de la ville et commune de Saint-Jean d'Angély, sur les denrées et marchandises vendues à détail en la dite ville, qui ont été appréciées par la manière qui s'ensuit :

	Sols.	Deniers.
« *Premièrement*. — Est ordonné que pièce de bœuf la meilleure ne sera vendue que. . . .	3	9
« Pièce de vache ne sera vendue, la meilleure que.	2	6
« Quartier de mouton, le meilleur.	3	9
« id. id. le moyen.	2	6
« Longe de porc de deux ans, le meilleur. . .	4	3
« Le cent de merlu marchand 5 royaux, et chacune pièce de merlu, du meilleur et du plus grand.	»	20
« La rondelle de hareng ne sera vendue que 100 sols et chacune pièce.	»	2
« La livre de chandelle de molle que. . . .	»	12
« Et la caisse.	20	»
« La livre de beurre.	»	12
« Chaque pièce *Dadot*.	»	3
« La somme de bûches à cheval.	»	15
id. id. à âne.	»	12
« Le cent de fer 20 sols, fer à cheval 10 deniers, à âne 6 deniers.		
« Peau de vache avec le poil.	12	6
id. id. corroyée.	25	»
« La paire de bottes.	25	»
« Souliers pour hommes de labour. . . .	5	»
id. femmes.	3	4

Les Angériens payaient largement de leur personne pour

la défense du pays, et assistaient, comme le lecteur l'a déjà vu, à toutes les entreprises guerrières de l'époque; en 1429, tous ceux qui étaient en état de porter les armes suivirent Mgr de Laigle et Jean de la Roche au siège de Saint-Claud, il ne resta dans la ville, pour la garder, que ceux des habitants qui n'étaient pas assez forts pour résister aux fatigues de la guerre en rase campagne.

Les états de la province, de même que les états généraux si souvent rassemblés, témoignent des difficultés sans cesse renaissantes qu'ils étaient appelés à résoudre, et dont la principale était le vote des subsides pour l'entretien des troupes. Cependant, les motifs n'étant pas toujours indiqués dans les convocations, on ne peut citer que le lieu et la date de leur réunion. Les trois états de Saintonge se réunirent à La Rochelle en juillet 1428, sur la convocation de Mgr de Gaucourt, et le 21 mars 1429; à Surgères au mois d'août et en octobre 1428, puis en janvier et le 29 mars 1429; en septembre, à Mauzé; à Tonnay-Boutonne, le 12 mai 1429. Les états généraux avaient été réunis à Chinon en 1428.

Les députés angériens ne se rendaient pas sans danger à ces convocations; le moins fâcheux qui pouvait leur arriver était d'être détroussés par les voleurs de grand chemin. Hélies Duchaslard et Jean Gallerand étaient escortés de dix compagnons armés, lorsqu'ils se rendirent à l'assemblée de Mauzé. Jean Gandoux, allant à La Rochelle, en juillet 1428, avait été volé sur la route de tout ce qu'il portait, même de sa robe et de son chaperon, dont la valeur (huit écus) lui fut remboursée par la commune.

Un messager portant des dépêches au roi, à Loches, ne put dépasser Melle, et fut obligé de revenir à Saint-Jean d'Angély sans avoir accompli sa mission. L'habit religieux inspirait cependant assez de respect pour que ceux qui le portaient pussent circuler librement; aussi les moines rendirent au corps de ville des services réels, en se chargeant eux-mêmes des messages que la commune ne pouvait faire parvenir autrement, ou en couvrant de leur sauf-conduit les envoyés de la ville. Le prieur des frères mineurs mit ses moines à la disposition du corps de ville; un moine de Saint-Cibardeau conduisit sous sa sauvegarde un messager envoyé au sénéchal, à Villebois; frère André, cordelier, alla à Niort en quête de nouvelles.

Les arbalétriers angériens, récemment créés et composés de volontaires pris parmi les compagnons ou ouvriers de la ville, étaient promptement arrivés à une grande habileté et se faisaient déjà remarquer par les services qu'ils rendaient. Chaque année, dans un concours de tir qui avait lieu le jour de leur fête, célébrée dans le mois de mai et appelée pour cette raison « le mai des arbalétriers », le plus habile d'entr'eux était proclamé roi, recevait du maire un joyau en argent représentant une arbalète, insigne de sa royauté, et devenait chef de sa compagnie jusqu'au concours suivant. Leur tir avait acquis une telle justesse que l'oiseau artificiel qui leur servait de but, appelé le « papegaut », était placé en 1430 au sommet de la tour de l'église Notre-Dame des Halles, d'où il fut abattu par le lauréat du tir. Tantôt les arbalétriers étaient appelés à protéger les convois de marchands angériens contre la cupidité des voleurs de grands chemins; tantôt ils allaient, pour de plus nobles exploits, se ranger sous la bannière d'un chef de guerre; sous les ordres de Jean de la Roche, sénéchal du Poitou, ils assistèrent au siège de Claye et de Rocheraut, auxquels Saint-Jean d'Angély concourut encore de ses deniers pour cinquante écus d'or. Ils suivirent le connétable d'Albret au siège de Villeneuve-la-Comtesse, et, à cette occasion, ce grand seigneur reçut en cadeau, du maire de Saint-Jean d'Angély, deux douzaines d'écuelles de bois pour le service de sa cour pendant la campagne.

Le 27 juin 1431, le maire reçut avis que les Bretons alliés de la France s'avançaient vers la Saintonge, dévastant le pays et pillant les habitants comme s'ils étaient en pays ennemi;

il prit aussitôt toutes les précautions pour protéger la ville contre ces singuliers alliés, fit garder les portes de crainte d'une surprise, et défendit aux hôteliers de loger aucun homme armé.

Le seigneur de Surgères, ne se sentant pas assez fort pour faire respecter sa ville et ses terres, demanda des secours en hommes à Saint-Jean d'Angély, qui lui promit de lui envoyer des compagnies de la ville ou de la banlieue. Le roi, informé par le maire de Saint-Jean d'Angély de ce qui se passait, convoqua les Etats généraux à Saint-Maixent pour le premier septembre suivant.

Micheau, bâtard de Thors, ayant offert d'aller avec sa compagnie prêter aide au seigneur de Surgères, le maire accepta, après toutefois avoir pris de prudentes précautions contre les soldats du bâtard, dont il soupçonnait la bonne foi, et écrivit à ce capitaine la lettre suivante, qui trahit des appréhensions qui, du reste, se réalisèrent :

« A tous ceux qui ces lettres verront, Jean Bidaut, maire et capitaine de la ville et commune de Saint-Jean d'Angély, salut: Comme Micheau le bâtard, demeurant à Thors, nous a naguère mandé et requis ê're assuré de nous et qu'il était tout prêt, lui et sa compagnie, d'aller servir le roi en la compagnie de Mgr de Surgères, pour le bien et profit du pays, savoir faisons, aujourd'hui, tiers jour de septembre, l'an 1431, par l'opinion et conseil de plusieurs échevins et bourgeois de la dite ville, nous avons assuré et assurons de notre part par ces présentes le dit Micheau le bâtard et ses compagnons, en allant et en faisant le dit service au dit Mgr de Surgères, sans leur faire ni pourchasser aucun mal ni dommage aux habitants de la ville de Saint-Jean d'Angély ni d'environ.

« Donné et fait au dit Saint-Jean, sous le petit scel de la dite ville et commune, les jour et an susdits. »

Les troupes sous les ordres du connétable d'Albret n'étaient pas mieux disciplinées que les Bretons et contribuaient de leur côté à la ruine du pays. Le maire s'en plaignit au connétable dans une visite que lui fit le corps de ville, lors de sa venue à Saint-Jean d'Angély, le 6 septembre 1431 ; mais, pour adoucir le déplaisir que ces justes plaintes auraient pu produire dans l'esprit du duc, la commune lui fit présent d'un tonneau de vin, et donna à son maître d'hôtel deux porcelets pour engager ce dernier à se comporter envers les Angériens un peu plus gracieusement qu'il n'avait habitude de le faire pour se procurer les provisions nécessaires à la table de son maître.

M. de Saint-Marc vint à Saint-Jean d'Angély, envoyé par le conseil du roi, pour faire la répartition d'un aide de quinze cents livres, imposé à la Saintonge et au gouvernement de La Rochelle. Le corps de ville pria le connétable d'intercéder près du commissaire pour faire réduire la portion de cet impôt afférente à Saint-Jean d'Angély, en raison des charges qui accablaient déjà cette ville, et de celles nécessitées par la reconstruction de plus de trois cents brasses de la muraille et de quatre tours écroulées l'hiver précédent, à la suite d'une crue considérable, crue suivie de fortes gelées, qui minèrent les fortifications construite en pierre gélise. De sorte que la ville, déclose du côté le plus vulnérable, et n'offrant plus à ses habitants un refuge sûr contre les entreprises de l'ennemi, il était à craindre de voir les Angériens se réfugier dans des villes mieux fortifiées. Le maire pria même le connétable de faire passer ailleurs que devant la ville les gens du bâtard de Thors, à leur retour de Surgères, dans la crainte de les voir profiter de la brèche ouverte pour y faire irruption et la piller.

Ainsi, les intempéries avaient fait crouler les fortifications, et les charges fiscales avaient ruiné les fortunes ; il en résultait que les habitants, ceux de la banlieue principalement, se trouvèrent dans l'impossibilité de payer les impôts. Les receveurs, au lieu de se borner, comme autrefois, à l'arrestation des collecteurs des paroisses, faisaient arrêter les taillables eux-mêmes, lorsqu'ils venaient à Saint-Jean d'Angély apporter des denrées, et les détenaient prisonniers jusqu'au paiement intégral de la totalité du taux imposé à leur paroisse, de sorte que, pour éviter la prison, les campagnards cessèrent d'approvisionner le marché, et la ville fut menacée de famine. Le corps de ville s'étant plaint au roi, le sénéchal reçut l'ordre de n'autoriser à l'avenir l'emprisonnement des taillables que pour les sommes qu'ils devaient personnellement. Ces lettres ne furent rendues exécutoires par le sénéchal, Geoffroy de Mareuil, que le 11 mai 1452.

« Charles, par la grâce de Dieu, roy de France, au sénéchal
« de Saintonge ou à son lieutenant, salut: Reçeue avons
« humble supplicacion de nos bien aimez les maire, bour-
« geois et habitans de notre ville de Saint-Jean d'Angély, con-
« tenant que comme nostre dite ville, qui est de fondacion
« roïal et de toute ancienneté chambre des rois de France,
« fort, grant, spacieuse, et de très grant garde, assise sur la ri-
« vière de Voultonne, à deux lieues près de la rivière de
« Charente, en la frontière des Anglais nos anciens ennemis,
« et ja soit ce que icelle ville ait été dancienneté très bien
« close de bons fossez et de belles doues, et fortes murailles,
« néanmoins pour ce qu'il y a ja longtemps que les dites
« murailles furent faictes, construites et édiffiées, et que en
« aucuns lieux d'icelles la pierre dont elles furent faictes
« est gélisse, et ce présent yver pour la grande inondacion
« de creues il en est fondu qui soit bien jusqu'à deux cents
« brasses et plus, et trois des plus grosses tours du plus
« dangereux costé de la dite ville, car c'est en la plus belle
« venue ou arrivée qui y soit, et par ainsi est à présent la
« dicte ville comme toute ouverte descloze par le dit costé,
« et par un autre costé de la dite ville, la nuit du jour et
« feste saint Matias dernier passé, en est cheu bien vingt
« brasses et une tour, et l'année dernière passée en était
« cheu d'autre côté, et par pied bien trente brasses ou en-
« viron, lesquelles on a fait reffaire ou au moins la plus

« grande partie, pour laquelle chose faire accoustrer que les
« dits suppliants aient emprunté la somme de deux cents
« réaux, qu'ils doivent encore aux presteurs aultres grans
« sommes qu'ils doivent de pieça pour les grants nécessités
« et affaires de la dite ville, et si ne peuvent trouver mon-
« noie de eulx en acquittant aucunement, vu que les revenus
« d'icelle sont de très petite valeur et aussi à la grant pau-
« vreté des dits habitants, qui tant par le fait des pilleries
« et roberies que tant longuement ont esté sur le païs, et
« sont encore, comme pour autres grants charges qu'il leur
« a convenu continuellement supporter, n'ont à présent de
« quoy bonnement soutenir les poures vies d'eux et de leurs
« mesnaiges, mais conviendra faire briefment ne leur est se-
« cours que la dicte ville demeure ainsi ouverte et descloze,
« comme dit est. Pourquoy aisiement elle pourrait estre
« prinse et occupez par nos diz ennemis, et mesmement que
« les dits suppliants, par lesquels elle a esté très bien gardée
« au temps passée et encore le deust estre, sont contraints
« de désemparer icelle ville et eux en aler demourer ailleurs
« pour les très grants charges qui de jours en jours leur
« sont imposées et mises sur, et aussi pour les grans exécu-
« tions et emprisonnements que l'on fait sur eulx et autres
« habitants du païs d'environ en icelle ville affluans. Car
« combien que au temps passé pour le fait des aides et foua-
« ges neust esté accoutume de faire aucune exécucion se non
« sur les collecteurs pour telle partie et porcion que les pa-
« roisses dont ils avaient la charge auraient esté imposées. Ce
« nonobstant les receveurs des dits aides et plusieurs autres
« à qui par eulx aucunes sommes sont assignées, sont jour-
« nellement attendans en la dite ville, et incontinent qu'il y en-
« tre aucun habitant du dit païs pour quelconque cause que ce
« soit, ils sont prins, arrestez et mis en prison fermée, et y
« sont détenus jusqu'à ce qu'ils ont payé les taux à quoy les
« paroisses dont ils sont habitans sont imposées es dits aides,
« combien qu'ils ne sont point collecteurs. Et par ainsi ni à

« aucun de partout le païs qui ose aler marchandises ne au-
« trement en la dite ville pour la cause dessus dite, et n'est
« marchant ne aultre en icelle ville qui pour la dite cause puisse
« rien gaigner, ne les habitants du païs d'environ ne osent
« aporter ne retraire aucun vivre. Dont la dite ville est en
« aventure destre du tout assurée et demeure dépourvue de
« tout vivres et aussi descloze et ouverte en l'estat dessus dit.
« De quoy tous inconvénients irréparables se pourroient en
« suivre à nous et à tout le dit païs et aux autres païs voisins,
« se sur ce n'estoit par nous briefvement pour veu de remède
« convenable si comme les dits supplians dient en nous hum-
« blement requérant icelluy remède. Pourquoy nous ces cho-
« ses qui requièrent célérité et provision considérées vous
« mandons et pour ce que vous êtes nostre plus prochain juge
« de la dite ville de Saint-Jehan et y avez et tenez votre prin-
« cipal siège si comme l'on dit. Comettons que vous teigniez
« ou faites tenir surement et franchement tous nos bons sub-
« giez et chascun d'eux qui seront trouvés en la dite ville ou
« en eulx allant et retournant d'icelle sans faire ou donner en
« souffrir que fait ou donné par occasions des aides et foua-
« ges dessus dits, comme destourber ne empeschement à
« ceulx qui ainsi fréquenteront la dite ville comme dessus est
« dit par exécution, arrest, emprisonnement ne aultrement,
« et en quelque autre manière que ce soit, excepté les dits col-
« lecteurs des dits aides sur les particuliers habitans des dites
« paroisses chascun pour son taux seulement.
« Donnée à Poitiers, le huitiesme jour de mars 1431, et
« de notre règne le dixième. »

Malgré les mesures arbitraires prises à leur égard par les agents du fisc dans un moment si difficile, les Angériens continuaient à verser leur sang pour la France. Leurs arbalétriers contribuèrent en 1432 à la prise de Marans et à celle de Benon. La démolition des fortifications de ces deux villes fut décidée dans une réunion de gens d'église et des bonnes villes de par deçà la Charente convoqués à Mauzé par le gouverneur de La Rochelle. Dans cette même assemblée il fut question de conclure une trêve que les Anglais proposaient. Etienne Bideau et Jehan Delaville, envoyés par la commune de Saint-Jean d'Angély, déclarèrent à ce sujet qu'ils s'en rapporteraient à ce que décideraient les députés de La Rochelle. On agita aussi la question de remontrances à faire au roi relativement à un aide montant à un chiffre considérable qu'il avait imposé de son autorité privée et sans aucun consentement des Etats de la province, alors que la disette se faisait sentir par suite de la perte presque totale de la récolte du blé.

Le 29 mars 1432, l'évêque de Saintes et les doyens du chapitre commencèrent la reconstruction de l'église Saint-Pierre de Saintes, tombée en ruines depuis peu de temps. Ils sollicitèrent le concours du corps de ville de Saint-Jean d'Angély, qui leur promit de les aider du mieux qu'il pourrait dans cette œuvre pie.

La trêve avec les Anglais, dont il avait été question à l'assemblée de Mauzé, n'ayant pu être conclue, les pillards ennemis, dont les gens du sire de Pons faisaient partie, continuèrent leurs ravages dans l'île de Marencennes, puis s'emparèrent de Lhopital ou Lhopiteau, sur la Charente, où ils retenaient tous les bateaux chargés de vin passant devant ce port, au grand dommage des marchands Angériens. L'empêchement qu'ils mirent aux expéditions par la rivière se prolongea si longtemps, que le corps de ville dut faire remise de la plus grande partie du montant de sa ferme au receveur de « *la coutume des vins* » expédiés par la Boutonne.

Si le commerce des vins était une source considérable de profit pour le commerce angérien, l'industrie du tissage des draps et des toiles y était aussi florissante, et le corps de ville, jaloux de conserver la réputation que les *tessiers angériens* avaient justement acquise, publia le 14 février 1433 un règlement destiné à prévenir les fraudes qui pouvaient nuire à la bonne qualité de leurs produits.

« Aujourd'hui ont été criées en plein marché et à son de
« trompe et aux quatre carrefours accoutumés à faire cris
« les choses qui s'ensuivent :

« De par Mgr le maire, que nuls filassiers et faiseurs ne
« soient si hardis de mettre laines d'avalis pelées ni aucuns
« aignelins en gris blanc qu'ils ouvreront et feront ouvrer en
« cette ville de Saint-Jehan et faubourgs.

« Item : Que les dits draps soient ourdis de mi-partie et
« six portées, chacune portée de quatorze fils.

« Item : Que les tresses des dits draps soient tous d'une
« laine assortie.

« Item : Que nuls faiseurs de gros draps comme de quar-
« tiers, pieds de moutons et autres gros draps, ne soient si
« hardis d'y mettre bourre de moulins, ne avalis, ne autres
« mauvaises laines, et qu'ils soient ourdis de mi-quart por-
« tées, chacune portée de vingt quatre fils.

« Item : Que nuls tessiers des dits draps ne soient si har-
« dis de mettre en leur métier tresse qui ne soit en la forme
« et manière et du nombre dessus dit, sur peine de amende
« arbitraire et les dits draps ne tresset, si aucun en y a,
« confisqués et perdus pour ceux à qui ils seront.

« Item : Que tous mouliniers et appareilleurs des dits
« draps ne soient si hardis de recevoir aucuns draps qui ne
« soient des laines et en la forme et manière dessus dits, et
« au cas que aucun autre des dessus dits leur soit baillé et
« apporté pour appareiller, qu'ils le signifient à la justice de
« la dite ville, à peine d'amende arbitraire telle que par nous
« et notre conseil sera avisé.

« Item : Que les tessiers des dits draps dedans un an pro-
« chain venant soient pourvus des dites laines de soixante
« portées et que dès lors en avant ils ne fassent les dits gros
« draps de laines blanches, à peine de l'amende comme dit
« est. »

Les Anglais s'étaient emparés de Mornac sur la Seudre,
et de cette forteresse inquiétaient le commerce maritime en

s'avançant le long des côtes jusqu'à l'embouchure de la Charente. Il fallait à tout prix se débarrasser de ces dangereux voisins. Les villes les plus intéressées, La Rochelle et Saint-Jean d'Angély, résolurent de faire tous leurs efforts pour cela. La flottille de La Rochelle bloqua la place par la rivière, les arbalétriers et les canonniers angériens se réunirent aux gens d'armes du duc de la Trémoïlle et de Jacques de Pons pour l'attaque du côté de la terre. Le siège fut long et meurtrier. Les Anglais, maîtres de la ville, ne possédaient pas le château. Le capitaine, Jean de Gast, renfermé dans le donjon avec peu d'hommes, se défendit vaillamment contre les Anglais, assiégeants et assiégés tout à la fois. Mais, épuisé et manquant de vivres, il était à la veille de capituler, lorsque les Rochelais parvinrent à le ravitailler par un moyen très ingénieux, ils lancèrent un vireton (petite flèche), auquel était attachée une corde légère; au moyen de ce cordon le capitaine tira un cable qu'il fixa à un créneau; les Rochelais le fixèrent aussi de leur côté, afin qu'il fût bien tendu ; puis, à l'aide d'une corde appliquée le long du câble par des anneaux, de manière à pouvoir aller et venir, ils firent passer à la garnison de la citadelle plusieurs chevreaux et porcs vivants, du pain et d'autres victuailles, au grand dépit des Anglo-Saxons, qui virent passer ces comestibles au-dessus de leurs têtes sans pouvoir les intercepter. La ville se rendit quelques jours après aux assiégeants.

Les sires de la Trémoïlle et de Pons furent défrayés des dépenses qu'ils avaient faites pour ce siège mémorable, sur le produit d'un aide de trois mille livres levé sur la Saintonge et le gouvernement de La Rochelle, dont Saint-Jean d'Angély paya deux cents livres pour sa part. Le corps de ville dispensa les Angériens qui y avaient assisté du paiement des aides et fouages, et les indemnisa, en outre, des pertes qu'ils avaient pu subir pendant sa durée, notamment un canonnier volontaire, Hennequin Lebutier, qui fut grièvement blessé et y perdit un canon lui appartenant.

Le trésor royal, semblable au tonneau des Danaïdes, était toujours vide, et les financiers cherchaient continuellement de nouveaux moyens pour le remplir, Guillaume de Mauvrac, Pierre Vray et Gabriel de Marcilli, conseillers chargés de faire payer les droits de mutations sur les acquisitions de fiefs nobles, ne voulurent pas s'arrêter devant les réclamations des membres de l'échevinage dispensés de payer ce droit, et ne leur accordèrent qu'un simple délai pour en opérer le paiement.

Quelques jours après, le comte de Vendôme, arrivait à Saint-Jean d'Angély porteur de lettres royales l'autorisant à lever une nouvelle taxe de vingt sols sur chaque tonneau de vin expédié à l'intérieur par la Boutonne, et trente sols sur celui expédié à l'étranger par la même voie. Le corps de ville protesta, mais tous ses efforts n'eurent pour résultat que de faire réduire la taxe à dix sols. En échange de cette concession, le comte exigea du corps de ville le paiement de sa dépense à l'hôtellerie, ainsi que la valeur d'une demi-pipe de vin, reste d'un présent plus considérable qui lui avait été fait au nom de la commune.

Mais un fait qui met encore plus en évidence la vénalité des officiers des finances de cette époque, c'est la proposition faite à la commune de Saint-Jean d'Angély, par les élus de La Rochelle, de faire réduire au huitième, à leurs risques et périls, et sans que la commune eut à s'en occuper autrement, l'aide sur le vin, qui était d'un quart, si elle consentait à leur donner cent écus d'or. Le corps de ville discuta cette proposition, il chargea un de ses membres d'aller à La Rochelle traiter cette affaire, et d'essayer de faire abaisser le chiffre demandé en offrant d'abord cent livres, mais de consentir la somme entière si cela était nécessaire.

Les gens de Taillebourg ayant surpris des gens d'armes du sire de Pons qui venaient de détrousser des marchands angériens, un combat s'ensuivit dans lequel l'un des gens d'armes fut tué et un autre fait prisonnier. Le sire de Pons réclama la délivrance du prisonnier; le seigneur de Taillebourg hésitait à s'en dessaisir, partagé entre la crainte de se mettre mal avec les Angériens s'il cédait, et celle d'avoir guerre avec son puissant voisin s'il refusait. Ayant eu connaissance de cette hésitation, le maire de Saint-Jean d'Angély lui conseilla de ne remettre le prisonnier au seigneur de Pons que contre un bon traité assurant la sécurité des marchands, et lui promit qu'en cas d'attaque la commune l'aiderait de toutes ses forces.

A propos de voleurs de grands chemins, voici les motifs singuliers qui firent remettre au lendemain le jugement d'un criminel de cette catégorie, présenté au maire dans l'après midi du 5 janvier 1434 :

« Sur la confession de Jean Chrétien, détenu prisonnier dans les prisons du roi, à Saint-Jean d'Angély, pour certain cas criminel par lui fait et perpétré de nuit, ont été d'opinion que vu et regardé que le procès a été fait trop tard et par conséquent présenté et non pas en bonne forme, et aussi que c'est après dîner et environ vêpres, et qu'il leur semble que ce doit être fait au matin à jeune salive, que ce soit remis à lundi matin neuf heures. »

Plusieurs convocations des trois états eurent lieu en 1434. L'une fut faite par la reine à Tours, où le roi devait se trouver le quatorze août pour délibérer sur les affaires du pays. Sire Guillaume Bidaut et Girart Vairon y furent envoyés par la ville. Une autre à Thouars, où un aide, dont Saint-Jean d'Angély paya quatre cents livres, fut octroyé au roi. Enfin, une troisième eut lieu à Montferrant, où le roi demandait l'envoi de deux ou trois notables Angériens, avec pouvoir de consentir à ce qui y serait expédié.

Il fallut encore battre monnaie pour satisfaire à toutes ces demandes; on imposa les marchandises exemptes de taxes jusque-là, et, comme le produit était encore au-dessous des besoins, il fallut augmenter les droits sur les marchandises déjà imposées. Ces diverses taxes, mises en ferme, rapportèrent :

	Livres	Sols
Les peaux vendues dans la ville	40	»
Les bœufs, vaches, veaux vendus ou descendus en ville	53	»
Charretées de sel passant par la ville. . .	13	»
Gabares chargées de sel montant par la Boutonne.	»	100
Charges de fer vendu en gros	8	5
Plâtre descendant par la Boutonne. . . .	4	»
Graisses.	4	10
Tuiles et chaux	»	65
Bois de ligne	»	50
Blés et farines.	20	»

Les Anglais s'emparèrent de Montausier en 1436, et le sénéchal de Saintonge rassembla à Mareuil les troupes de la Saintonge destinées à les en chasser. Quinze arbalétriers angériens, à la solde de la ville, se joignirent à ces troupes, qui réussirent à déloger l'ennemi dans le mois d'octobre de la même année. Pour défrayer François de Mareuil, fils du sénéchal, des dépenses que lui avait occasionnées cette réunion, le corps de ville de Saint-Jean d'Angély lui fit présent de six pipes de vin.

Ce succès n'empêcha pas les Anglais de s'emparer, l'année suivante, de Saint-Savinien, Cognac, et de plusieurs autres places et forteresses de la Saintonge du nord. Saint-Jean d'Angély était ainsi menacé, tandis que ses fortifications, au tiers écroulées, n'avaient plus qu'un petit nombre de défenseurs, réduits à la plus grande détresse par suite des exécutions faites par les receveurs des finances, qui leur avaient enlevé tout, même le pain indispensable à l'existence de leurs familles, si bien que, sur trois cents feux que Saint-Jean d'Angély comptait alors, cent ou cent vingt à peine étaient imposables, et que la commune devait encore deux mille livres sur les six dernières tailles.

Le roi, pour aider aux travaux de réparation les plus pressants, autorisa le corps de ville à y affecter le tiers des aides, c'est-à-dire le huitième du vin vendu au détail, ainsi que douze deniers par chaque livre, perçus sur toutes les denrées et marchandises vendues dans la ville et ses faubourgs.

Pour une cause ignorée, les lettres royales autorisant cette affectation ne furent pas exécutées, car, par de nouvelles lettres datées de Bray-sur-Seine, le 14 septembre 1437, le roi réduisit à un quart la somme à prélever sur les aides affectés au même emploi.

Le corps de ville, dans le but d'alléger la misère de ses administrés, essaya encore une fois de contraindre les moines bénédictins au paiement du droit d'entrée sur les vins qu'ils amenaient dans le cellier du monastère. Les moines refusèrent et se pourvurent devant le conseil du roi. Ce dernier donna gain de cause aux bénédictins et déclara que son intention n'avait jamais été de les assujettir au paiement de ce droit.

Le privilège que le roi venait de confirmer aux moines excita contre eux la population. Peu de jours après, un nouveau refus de leur part de donner les pierres d'une aumônerie en ruines, qu'ils possédaient au dehors de la ville, pour les employer aux fortifications, porta à son comble l'exaspération des Angériens. N'écoutant que la vengeance, le peuple, excité par le corps de ville, et ayant à sa tête le maire, Jean Dorin, se dirigea en armes sur les boucheaux ou écluses du moulin de Puychérant, appartenant à l'abbaye, et les détruisit à coups de hache, sans avoir égard aux représentations d'un moine accouru pour empêcher cet acte, et sans respect pour les panonceaux royaux indiquant que les boucheaux étaient placés sous la sauvegarde du souverain.

Sur la plainte des religieux, les fauteurs furent ajournés devant le parlement, qui leur défendit de troubler à l'avenir les moines dans la paisible possession de leur moulin, à peine de cent marcs d'or.

Après réflexion, cependant, les bénédictins comprirent la

faute qu'ils avaient commise en refusant tout concours aux réparations des fortifications, et ils chargèrent le procureur et le pitancier du monastère de se présenter aux tenues de la sénéchaussée de Saint-Jean d'Angély, et d'y exposer que si les fortifications étaient en ruines la faute en était à la commune, qui avait fait peu ou point de réparations en temps utile, préférant employer à ses propres affaires les sommes affectées aux réparations. Les envoyés du monastère demandèrent acte de ce qu'ils offraient de payer telle somme de deniers qui serait jugée convenable, pour contribuer à relever les fortifications, mais non pour être employés aux affaires de la commune, et cela à la condition que le maire, les membres du corps de ville et les jurés s'imposeraient aussi selon leur faculté. Le procureur de la commune protesta contre ces insinuations.

Les bénédictins s'aliénèrent de ce chef les sentiments de la population, au point qu'aucun procureur ne voulut les conseiller dans leur procès. Sur la plainte des religieux, le roi manda à Geoffroy de Mareuil, sénéchal de Saintonge, de leur en désigner d'office chaque fois qu'ils en auraient besoin, et sans avoir égard à l'exemption que les avocats ou procureurs pourraient invoquer de leur qualité de membres ou jurés de la commune, pour refuser de les assister.

Au milieu de toutes ces difficultés, l'esprit essentiellement commercial du corps de ville était toujours en éveil pour profiter de toutes les circonstances propres à faciliter le négoce de ses membres. Les ducs de Bourgogne avaient accordé aux communes de Saint-Jean d'Angély et de La Rochelle, ainsi qu'à leurs adhérents, des privilèges assez étendus pour attirer dans les Flandres le commerce de ces deux villes, et les marchands avaient établi des entrepôts de marchandises, notamment dans la ville de Dam. Ils y entretenaient un personnel assez nombreux pour la gestion de leurs intérêts, et y avaient même bâti une chapelle pourvue des ornements nécessaires à la célébration des offices, et desservie par un chapelain, une imposition volontaire sur le montant des ventes était destinée aux frais de son entretien. Pendant la guerre, les marchands avaient dû cesser forcément leurs opérations commerciales, la chapelle était en ruine faute d'entretien, et les ornements en avaient été distraits, engagés ou vendus. Les communes de Saint-Jean d'Angély et de La Rochelle songèrent à profiter de la nouvelle alliance qui venait d'être conclue par le roi de France avec le duc de Bourgogne pour demander la confirmation de leurs anciens privilèges et la reconstruction de leur chapelle.

A cet effet, le corps de ville de Saint-Jean d'Angély chargea Jean de Cumon, échevin, Perrotin Gaignaire, pair, et Ambroise Joleu, bourgeois, d'aller solliciter cette faveur de concert avec Jean Chauderier, échevin, Colin Langlois et Jean Baillie, pairs et bourgeois de La Rochelle. Cette mission eut un plein succès, car le bourgmestre de Dam rendit, le 3 février 1455, une sentence qui consacrait l'exemption de tous droits sur les marchandises importées, exemption anciennement conférée aux communes, et déclarait illégales les saisies de marchandises appartenant à des marchands rochelais faites pour obtenir le paiement des droits.

D'un autre côté, le corps de ville négociait avec les capitaines ennemis, afin d'obtenir comme autrefois leur neutralité en faveur des Angériens. Il traita de celle de Jean de la Roche, seigneur de Barbezieux, moyennant le paiement annuel d'une somme de cinquante-huit livres dix sols; mais il échoua près des autres capitaines.

Le 12 février 1439, le bruit se répandit à Saint-Jean d'Angély que Jacques de Pons, tour à tour attaché au parti de la France et au parti anglais, se préparait à piller la banlieue. Ce seigneur avait alors pour lieutenant un nommé Laurent Lescossais, dont la compagnie, forte d'environ cent cinquante hommes, disséminée dans diverses paroisses de la Saintonge et du Poitou, nommément à Celles, les Eglises d'Argenteuil, la Chapelle, la Foye-Montjau et Suché, détroussait tous les gens qu'elle rencontrait sur les chemins. Douze hommes de cette compagnie ayant été pris par les Angériens envoyés à leur poursuite et amenés au château royal de Saint-Jean d'Angély, Jean Dubois, l'un d'eux, avoua que depuis quinze jours sa bande s'était emparée, à Varaize, d'un cheval chargé de blé conduit par un bonhomme; à la Garde, d'un drap brun enlevé à un poissonnier; d'une pièce de drap gris, de la valeur de sept à huit écus, à Moulin-Brun, où ils avaient ôté aussi les chausses à un prêtre; il avoua également que, entre Saint-Jean et Bignay, elle avait rançonné trois marchands de deux sols six deniers chacun; qu'en outre lui et trois autres de la compagnie de Maurice de Plusqualet, avaient exigé un réal d'un marchand de La Rochelle, et avaient fait donner un marc d'argent à quatorze meuniers conduisant des ânes chargés de farine à Dampierre-sur-Boutonne.

Le roi se rendit en Saintonge en 1439, pour activer par sa présence les préparatifs de guerre contre les Anglais, et vint à Saint-Jean d'Angély, où le corps de ville lui fit, ainsi qu'au dauphin, une réception enthousiaste, pourvoyant sa table de poissons recherchés pendant son séjour.

Ne pouvant obtenir la cessation du pillage qu'en détruisant le repaire des bandits, qui, comme les frères Plusqualet (Maurice, Guillaume et Charles), le défiaient du haut de leur donjon, le roi mit le siège devant Taillebourg, s'en empara après une vigoureuse résistance, déclara les frères Plusqualet coupables de rébellion, forfaiture et crime de lèse-majesté, et confisqua leurs corps, possessions, héritages, droits, noms, titres et actions, sur la châtellenie de Taillebourg. Le 24 septembre de l'année suivante, le roi donna les terres de Taillebourg et du Cluzeau à Prégent de Coétivy, amiral de France, à la charge seulement de foi et hommage, ainsi qu'avait coutume de faire feu Jean Larchevesque, dernier seigneur de Taillebourg, avant la vente de ces deux seigneuries.

Aussitôt après la prise de Taillebourg, le roi entra en Gascogne et leva en Saintonge une taille pour l'entretien de ses troupes; l'assiette en fut établie à La Rochelle, par les députés des bonnes villes, au nombre desquels figurait le maire de Saint-Jean d'Angély.

La victoire semblait revenir peu à peu aux armes de France.

La prise de Pontoise suivit celle de Taillebourg et fut célébrée à Saint-Jean d'Angély dans le mois de décembre 1441, par une procession religieuse qui valut, à ceux qui y assistèrent, un pardon accordé par l'évêque deSaintes.

Pendant le cours de l'année 1442, les arbalétriers angériens contribuèrent à la prise de Verteuil, puis au siège d'Angoulême, où ils revêtirent pour la première fois la jaquette d'uniforme que le corps de ville venait de leur donner.

Guillaume François, seigneur de Saint-Georges, commissaire royal, était venu à Saint-Jean d'Angély en 1445, et y avait fait publier à son de trompe l'ordre enjoignant aux Angériens de faire diligence pour mener des vivres aux sièges de Plassac et de Virol; il ordonnait en outre aux manœuvres et arbalétriers d'aller se joindre au sire de Pons, qui y commandait. Le corps de ville crut pouvoir dispenser les Angériens de ce service en payant au seigneur de Saint-Georges une certaine somme convenue avec ce dernier à titre de compensation, car il lui répugnait d'envoyer des hommes et des vivres au seigneur de Pons, lors revenu au parti de la France, après avoir si longtemps favorisé les Anglais et pillé la banlieue de Saint-Jean d'Angély. Cité devant le commissaire, à Saintes, pour n'avoir pas obéi au commandement du roi, le maire exhiba le reçu de la somme qu'il avait fait payer pour en être dispensé; mais, comme il n'y était fait mention de l'exemption que pour les manœuvres, le maire fut condamné, comme représentant de la commune, à vingt-cinq livres d'amende pour la négligence et la nonchalance apportées dans cette affaire:

« Le commissaire ordonné de par le roi messire en son
« païs de Xaintonge, à tous ceux qui ces présentes lettres
« verront, salut. Comme les maire, eschevins et commune
« de la ville de Saint-Jean d'Angély avoient esté appelés
« par devant nous, pour ce ils étoient venus à notre cognois-
« sance que combien que pour lors que par l'ordonnance
« et commandement du roy, le siège fut mis devant les pla-
« ces et forteresses de Plassac et du Virol, commandement
« eust esté faict par cry publique et à son de trompe, en la
« dite ville, que tous ceux qui avoient accoustume de me-
« ner et faire mener vivres es sièges et assemblées de gens
« d'armes, qui se faisoient de par le roy, se apprestassent
« et feissent déligence de mener des vivres es dits sièges,
« qui se tenoient devant les susdites forteresses, lesquels
« maire et échevins ou aucuns d'iceux, lors présens par
« devant nous, après que ils aient connu et confessé non
« avoir envoié ne fait envoier aucuns vivres auxdits sièges
« tenus devant les dites places du Virol et de Plassac, com-
« bien qu'il leur ait esté enjoint de par le roi mon dit sire
« et crié publiquement à son de trompe en la dite ville,
« eussent dit et déclaré pour leurs excusations et deffense
« qu'ils n'avoient envoyé ne fait envoyer aucuns vivres aux
« dits sièges, obstant ce que Guillaume François, seigneur
« de Saint-Georges, vint un certain jour en la dite ville de
« Saint-Jehan durant les dits sièges, soy disant commissaire
« de par le roy messire, pour faire mener les dits vivres et
« aussi pour assembler des manœuvres et arbalétriers pour
« envoyer aux dits sièges, avoit compost avec lui à certaine
« somme d'argent, que lors ils lui avoient payée, comme ils
« disoient apparoir par certaine quittance qu'ils avoient du
« dit seigneur de Saint-Georges, mais d'icelle ils ne pou-
« voient faire prompt foi obstant l'absence de leur receveur,
« qui l'avoit jà devers soi, requérant pour avoir délai. Aux-
« quels, pour ce que estans sur notre département de la
« dite ville de Saint-Jehan d'Angély, eussions donné jour et

« assigné à comparoir par devant nous, en la ville de Xain-
« tes, au lundi 21 jour de ce présent mois de novembre, et
« à apporter par devers nous la dite quittance, ensemble
« tout ce dont ils se voudroient aider en cette partie pour
« au surplus les appoincter comme il appartiendroit par
« raison. Auquel lundi XXIIe jour, ou au moins ce mer-
« credi présent 23e jour du dit mois, par nous continué et
« dépendant du dit lundi, soit comparu et s'est présenté
« par devers nous, Jehan Rousseau, procureur général suf-
« fisamment fondé des dits maieur, eschevins et commune
« de Saint-Jehan d'Angély, accompagné de sire Hélie Gras-
« morcel, eschevin de la dite ville, et par icelui procureur
« nous a esté monstrée et exhibée la dite quittance dont la
« teneur est telle : « Je, Guillaume François, confesse avoir
« eu et reçu de Geoffroy d'Abbeville, receveur de Saint-
« Jehan, la somme de huit livres tournois pour faire cer-
« taine mise nécessaire pour aider à recouvrer certains ma-
« nœuvriers. Ainsi signé : G. François ». Après laquelle
« quittance ainsi exhibée et produite par le dit procureur,
« nous ont esté faites par lui plusieurs remonstrances, c'est
« assavoir que pour lors que le dit seigneur de Saint-Geor-
« ges fut en la dite ville de Saint-Jehan, et que le siège
« étoit devant les dites places de Plassac et du Virol, il
« estoit saison de moisson, aussi faisoient faire grande répa-
« ration en leur ville, comme de curer leurs fossés et faire
« faire une tour qu'ils faisoient faire toute neuve en la dite
« ville, et pour ces causes ne pouvoient bonnement fournir
« les arbalétriers et manœuvres, que le dit seigneur de
« Saint-Georges leur demandoit lors, et aussi ne pouvoient
« envoyer si promptement des vivres aux dits sièges, attendu
« mesmement qu'ils estoient des plus lointains des dites pla-
« ces et sièges, et que, afin qu'ils ne fussent tenus de si
« promptement envoyer aucuns manœuvres ou arbalétriers,
« ni aussi envoyer aucuns vivres es dits sièges, ils avoient
« baillé certain argent au dit seigneur de Saint-Georges,

« c'est assavoir la somme contenue en la quittance dessus
« dite, cuidant par ce moyen estre et demourer quittes et
« déchargés de plus faire mener aucuns vivres es sièges
« dessus dits, et avecque ce ont dit et proposé plusieurs
« autres choses pour montrer leurs excusations, qu'ils se
« disoit avoir en cette manière. Lequel procureur oy au
« long a tout ce qu'il voulut dire et proposer, sur tout ce
« que dit est avons eu avis et délibération avec autres offi-
« ciers du roi messire illecque présent avec nous, et vu la
« dite quittance, produite par le dit procureur, et aussi sur
« ce parlé au dit seigneur de Saint-Georges et présent aussi
« avec nous : Savoir faisons que tout vu et considéré en
« ceste partie et mesmement attendu la grant loyauté et
« vraie obéissance que ont toujours eu les dessus dits habi-
« tants de Saint-Jehan envers le roi messire, comme de ce
« avons été dûment informé, les grandes charges qu'il leur
« a convenu et conviennent chacun jour supporter pour le
« fait d'icelui seigneur, tant en tailles et autrement, comme
« aussi pour la réparation et fortification de la dite ville, et
« aussi les grans dommages irréparables qu'il leur a con-
« venu supporter pour le fait du dit seigneur de Pons, qui
« les a courus, pillés et robés en plusieurs manières, prins
« et rançonné leur bétail et fait plusieurs autres dommages
« que les dessus dits habitants, non point par malice ni par
« faveur ils eussent au dit seigneur de Pons, ont délaissé
« à faire mener vivres es dits sièges, mais seulement par
« une manière de négligence et nonchalance sans tenir
« compte des dits commandements à eux faits comme dit
« est ci dessus. Iceux habitants, afin que une autre fois ne
« mettent en telle négligence ou nonchalance les comman-
« dements du roy, qui de par lui leur seront faits, les avons
« condamnés et condannons par ces présentes à payer pour
« amende au roi, nostre dit sire, la somme de vingt-cinq
« livres tournois, laquelle nous leur avons enjoint et enjoi-
« gnons apporter par devers nous, quelque part que ce soit,

« dedans huit jours prochain venant à compter de la date
« du jour de ces présentes, sur peine du double. Ce fut fait
« et prononcé es présence du dit Jehan Rousseau, procu-
« reur des dits manants et habitants de la ville de Saint-
« Jean, et du dit Helies Grasmorcel, eschevin de la dite
« ville. En tesmoins de ce nous avons mis à ces présentes
« notre signet, le mercredi 24e jour de septembre 1445 ».

La campagne du roi en Guienne s'était terminée, en 1445, par la conclusion d'une trêve de cinq ans, désirée par les deux partis également épuisés. A l'expiration de cette trêve, les hostilités furent reprises, en même temps dans la Normandie et sur les frontières de la Saintonge, où les Anglais occupaient Bourg. Le maire de Saint-Jean d'Angély envoya ses sergents transmettre aux nobles l'ordre de rassembler leurs gens de guerre pour entrer en campagne, et la commune députa Jean de Cumont à l'assemblée convoquée à La Rochelle par le comte d'Angoulême, pour décider des moyens à employer pour délivrer Aubeterre de l'ennemi, qui venait de s'en emparer.

En même temps, Charles VII obtenait dans le nord de la France des succès répétés, et, pour en poursuivre de nouveaux, il appelait à son aide les forces disponibles de toutes les provinces. L'ordre d'envoyer en toute hâte en Normandie les francs archers saintongeais fut donné au maire de Saint-Jean d'Angély, qui rassembla ceux de Taillebourg, de Saint-Savinien et de Saint-Jean d'Angély, et les fit conduire jusqu'à Tours.

La poursuite vigoureuse de la guerre amena enfin le résultat désiré depuis si longtemps. La nouvelle de la prise de Rouen arriva bientôt à Saint-Jean d'Angély, apportée par un héraut d'armes; elle y fut reçue avec des transports d'allégresse; toutes les cloches de la ville furent mises en branle, et le soir des feux de joie furent allumés sur toutes les places. Mais la grande fête fut réservée pour le jour anniversaire du sacre, le corps de ville donna ce jour-là en spectacle sur la place publique le mystère de la Passion, et réunit dans un banquet les dignitaires de l'église et les officiers royaux.

Les Anglais essayèrent, en 1452, de reprendre les provinces françaises, dont ils regrettaient vivement la perte, et à cet effet ils envoyèrent une flotte de trois cents voiles, commandée par le vieux lord Talbot. Cette flotte fit feinte de menacer La Rochelle, et cette ville envoya Gaubert Cadiot, neveu du grand maître de l'artillerie royale, à Saint-Jean d'Angély, requérir la délivrance du matériel de guerre en dépôt dans cette ville ; mais, aussitôt, la flotte anglaise disparut pour aller attaquer la ville de Talmont; le maire de Saint-Jean d'Angély s'empressa d'envoyer à cette dernière ville un renfort de six arbalétriers, avec trois caisses de traits.

Les jurés de Saintes, de leur côté, mirent leur ville en état de défense, dans la crainte d'une attaque du comte d'Autipton, qui avait passé la Gironde à la tête de l'armée anglaise et envahissait la Saintonge.

Pour faciliter la réussite de leur entreprise, les Anglais s'étaient ménagés des intelligences dans le pays, et leurs espions parcouraient cette province. Le maire de Saint-Jean d'Angély fit arrêter un nommé Claude Lefèvre et vingt Ecossais, trouvés dans la banlieue et soupçonnés d'être en rapport avec l'ennemi; interrogés et mis à la torture, les Ecossais avouèrent que les archers des villages avaient vendu le pont de Taillebourg au seigneur de Montferrant; cependant l'enquête qui fut faite ne justifia pas leurs allégations.

Le 2 juin 1453, le roi de France partit de Lusignan à la tête de forces imposantes, et vint à Saint-Jean d'Angély, d'où il passa dans la Saintonge du sud. Il eut bien vite enlevé aux Anglais les places déjà tombées en leur pouvoir, et battit sous les murs de Castillon lord Talbot, qui resta sur le champ de bataille avec presque toute sa cavalerie.

A la suite de cette victoire, les quelques villes qui s'étaient données aux Anglais firent retour au roi de France, et la Guienne devint française pour toujours.

Ce résultat devait avoir une influence considérable sur l'importance de Saint-Jean d'Angély comme place de guerre et chef-lieu judiciaire. Sans égard aux services exceptionnels que ses habitants avaient rendus à la France pendant les désastres de la guerre de cent ans qui venait de prendre fin, la résidence du sénéchal fut transférée pour des nécessités stratégiques à Saintes, dont la situation était bien plus favorable à la centralisation des pouvoirs militaires et administratifs dont était investi le sénéchal. Cependant, Saint-Jean d'Angély conserva le siège de sa sénéchaussée, continua à tenir à part ses assemblées électorales et à envoyer ses députés aux Etats généraux, et notamment aux Etats tenus à Tours à l'occasion de la révocation de Charles de Valois comme duc de Normandie, où ses trois députés siégèrent avec ceux de Saintes.

En 1456, Robert de Villequier, abbé de Saint-Jean d'Angély, obtint de Guy de Rochefort, évêque de Saintes, le droit de présentation à la cure de Courcelles, en échange de la collation de l'église de Bagnizeau.

L'abbaye de Saint-Jean d'Angély était illustrée à cette époque par deux célèbres docteurs, Thomas de Lussaut, de la famille des fondateurs à Saint-Jean d'Angély d'une aumônerie portant leur nom, et Pierre Dabzac, chambrier du monastère.

Une célébrité bien différente des précédentes gouvernait la même abbaye en 1464 : c'était Jean Ballue, fils d'un meunier, élevé par Louis XI à l'évêché d'Evreux, puis à celui d'Angers, et promu cardinal en 1464. Jean Ballue devait son élévation à son esprit artificieux et dissimulé, fort apprécié du roi Louis XI. Il préférait même, dit-on, s'occuper de lever des troupes contre la ligue du bien public, que de l'administration de son diocèse, ce qui fut cause qu'un jour, le voyant faire l'inspection des troupes dans une revue passée par le roi, le comte de Dammartin demanda au roi la permission d'aller à Evreux faire l'examen des ecclésiastiques et leur donner les ordres. — « Pourquoi ? » lui demanda Louis XI. — « Et quoi! sire, lui répondit le comte, est-ce qu'il ne me convient pas autant d'ordonner des prêtres qu'à l'évêque d'Evreux de faire la revue d'une armée ? »

Ce fut pendant que le cardinal Ballue était abbé de Saint-Jean d'Angély que le bras de saint Macou, relique possédée par l'abbaye, et délaissée pour celles plus célèbres de saint Jean-Baptiste et de saint Révérend, fut donnée à l'abbaye de Montierneuf de Poitiers, où elle fut exposée à la vénération des fidèles et acquit la célébrité qui lui avait fait défaut jusque-là.

Par un édit donné à Amboise au mois d'avril 1469, Louis XI céda la Guienne à son frère Charles de Valois, duc de Berry, en échange de la Champagne et de la Brie. Le duc prit dès lors les titres de duc de Guienne, comte de Saintonge et seigneur de La Rochelle, fit de Saint-Jean d'Angély sa résidence de prédilection, et y réunit même ses états.

L'accord des deux frères ne fut pas de longue durée. Le duc de Guienne ne tarda pas à renouer ses anciennes liaisons avec les ducs de Bretagne et de Bourgogne, et se ligua ouvertement avec eux contre le roi de France. Mais, peu de temps après, une mort étrange vint enlever le duc de Guienne et délivrer le roi des orages qui le menaçaient.

Charles de Valois avait pour maîtresse Colette de Chambes, fille du seigneur de Monsoreau et veuve en second mariage de Louis d'Amboise, vicomte de Thouars. C'était une femme accomplie et que le duc aimait, disait-on, autant pour sa conversation, sa gracieuseté et son talent de musicienne, que pour sa beauté.

Dans un dîner que madame de Thouars offrait au duc en son château de Saint-Sever dans les Landes, et auquel assistait frère Jordan Favre de Vercors, abbé de Saint-Jean d'Angély et confesseur du prince, ce dernier offrit à la vicomtesse une pêche empoisonnée qu'elle partagea avec son amant. Tous deux furent aussitôt saisis de coliques violentes. Madame de Thouars mourut presque subitement. Le duc, d'une complexion plus robuste, fut seulement atteint d'une maladie qui lui fit perdre, en peu de jours, les dents, les ongles et les cheveux, et durant laquelle ses membres se contractèrent d'une façon horrible.

Le bruit se répandit bientôt que le duc de Guienne et la vicomtesse de Thouars avaient été empoisonnés par Jordan Favre de Vercors. Toutefois, ces bruits, après avoir circulé sourdement, s'assoupirent; Jordan Favre fut même nommé l'un des exécuteurs testamentaires de la vicomtesse de Thouars, et demeura en faveur auprès du duc de Guienne, qui se fit transporter à Saint-Jean d'Angély.

La Guienne fut bientôt envahie par les troupes du roi. Louis XI, ayant quitté son château du Plessis-lez-Tours, s'achemina à Niort, d'où il entra en Aunis, précédé de toute son artillerie et escorté par les francs-archers du Poitou. Le malheureux duc de Guienne, craignant plus que tout au monde de tomber au pouvoir de son frère, se fit transporter, presque mourant, de Saint-Jean d'Angély à Bordeaux.

Les Angériens, apprenant que Louis XI venait d'arriver à Surgères, lui envoyèrent des députés pour l'assurer de leur obéissance et lui demander la confirmation de leurs privilèges. Fidèle à son grand système de politique intérieure, consistant à étendre les prérogatives de la bourgeoisie des villes pour s'en faire un appui contre l'aristocratie des châteaux, Louis s'empressa d'imprimer le sceau de son autorité royale aux anciennes franchises et immunités de la commune de Saint-Jean d'Angély, et lui en octroya même de nouvelles.

Tous les vassaux du duc de Guienne ne furent pas aussi faciles à gagner; des conspirations furent tramées par plusieurs d'entr'eux et finirent même par inspirer à Louis XI des craintes assez sérieuses pour le déterminer à faire rentrer les rebelles sous son obéissance, par des promesses d'oubli et de pardon d'abord, et par la force ensuite, s'il en était besoin. Il chargea de cette mission son très cher et aimé cousin Antoine de Chabannes, comte de Dammartin, grand maître d'hôtel de France, et Louis de Brémond, seigneur de la Faurest, son conseiller et chambellan. Il leur donna pleins pouvoir de pardonner les crimes et délits que les rebelles pouvaient avoir commis précédemment contre le pouvoir royal, et de rappeler ceux qui s'étaient expatriés, avec promesse qu'ils seraient reçus avec bonté et rétablis dans leurs anciens privilèges. Mais aussi il leur enjoignit de traiter avec la plus grande rigueur ceux qui résisteraient, les autorisant à faire démolir les châteaux et raser les fortifications de ces derniers lorsqu'ils jugeraient devoir le faire.

Le corps de ville crut pouvoir, à la faveur du changement survenu dans le gouvernement de la Saintonge, se dispenser d'exécuter une sentence rendue contre lui par le sénéchal. Il s'agissait du paiement à Jean Duquesnoy, licencié en décret, d'une somme de cent dix-huit livres treize sols deux deniers; cette sentence avait été confirmée en appel aux grands jours tenus à Bordeaux du temps du feu duc; ayant employé pour ne pas s'y soumettre tous les moyens dilatoires, le corps de ville fut contraint de s'exécuter par le sénéchal de Saintonge, auquel Louis XI, sur la supplique du demandeur, ordonna de faire procéder à la saisie et à la vente des revenus de la commune.

Le duc de Guienne, abandonné de ses alliés, trahi par ses vassaux, dépouillé de son héritage, consumé à la fois par les souffrances du corps et les peines de l'esprit, expira à Bordeaux à l'âge de vingt-six ans. La fin misérable de ce jeune prince excita la compassion de ses ennemis eux-mêmes, et réveilla les soupçons d'empoisonnement qui planaient sur Favre de Vercors. La clameur publique signala celui-ci comme l'auteur de la mort du prince. Quelques personnes, plus hardies, ne craignirent même pas de répandre que Favre n'avait été, dans cette occasion, que l'instrument docile de la politique du roi. Ce qui donnait quelque consistance à cette dernière assertion, c'est que, pendant que le duc de Guienne luttait à Saint-Jean d'Angély et à Bordeaux contre les atteintes d'une mort prochaine, l'abbé Jordan, qui vivait auprès de lui, faisait régulièrement connaître à Louis XI les progrès lents, mais infaillibles du mal.

« Monsieur le grand maître, disait le roi dans une de ses lettres au comte de Dammartin, depuis les dernières que je vous ai écrites, j'ai eu nouvelles que monsieur de Guienne se meurt, qu'il n'y a point de remède en son fait; et me le fait savoir un de ses plus privés qu'il ait avec lui, par homme exprès, et ne croit pas, ainsi qu'il le dit, qu'il soit vif à quinze jours d'ici. Et afin que soyez assuré de celui qui m'a fait savoir les nouvelles, c'est le moine qui dit ses heures avec monsieur de Guienne, dont je me suis fort ébahi et m'en suis signé depuis la tête jusqu'aux pieds. »

Louis XI ne tarda pas à savoir que la mort de son frère faisait planer sur lui les plus graves soupçons. Il crut les détourner en s'armant d'une apparente rigueur contre les hommes que l'opinion publique signalait comme les instruments du crime. A cet effet, il envoya à Odet d'Aydie l'ordre d'arrêter et d'amener dans son château du Plessis-lez-Tours l'abbé de Saint-Jean d'Angély et Henri de La Roche, officier de cuisine du feu duc de Guienne.

Odet d'Aydie, ami et fidèle serviteur de ce prince, craignant d'être arrêté lui-même s'il se rendait sans condition auprès du roi, exigea du monarque le serment, sur la croix de saint Lô, qu'il ne lui ferait aucune violence. Louis XI ne voulut pas prêter ce redoutable serment, qu'il ne se sentait probablement pas la force de tenir. Odet d'Aydie, jaloux de venger la mort de son maître et ne voulant pas confier ses meurtriers à la justice suspecte du roi, arrêta l'abbé Jordan

Favre et Henri de La Roche, mais les conduisit en Bretagne et les livra au duc François II.

— « En vengeance, lui dit-il, de monsieur le duc de Guienne, et de vous, monsieur mon maître, qui avez perdu votre très cher ami, je vous amène les meurtriers de leur maître et seigneur pour être punis. »

— « Ils auront, répondit le duc, le loyer (salaire) qu'ils ont mérité, et voudrais que je tinsse aussi bien en mes mains ceux qui leur ont fait faire, car je ne les laisserais point aller sans pleiger (donner caution), et crois qu'il n'y a homme en chrétienté qui les sût pleiger (cautionner.) »

L'empoisonnement du duc de Guienne et de la vicomtesse de Thouars n'était pas le seul crime dont Favre de Vercors fût accusé. Bien d'autres méfaits lui étaient reprochés par la juridiction canonique. Aussi, dès que le bruit public l'eût signalé comme auteur ou complice de la mort du prince, l'archevêque de Bordeaux, Arthur de Montauban, fut délégué par le pape Sixte IV pour examiner la vie de ce moine. Jordan Favre, ayant refusé de comparaître, fut déposé comme contumace, et l'année suivante, Louis d'Amboise, évêque d'Alby, fut institué à sa place dans l'abbaye de Saint-Jean d'Angély. Mais le nouvel abbé n'était pas non plus sans reproches : ses moines l'accusèrent de les laisser mourir de faim par son excessive avarice. D'après un écrivain contemporain, il s'attribuait une si forte part des revenus du monastère, qu'il laissa une fortune de dix mille livres de rentes à ses neveux de la maison de Ferrières, en Périgord.

La guerre ayant éclaté entre le roi de France et le duc de Bretagne, ce ne fut qu'après la conclusion de la paix, vers la fin de novembre 1473, que François II et Louis XI s'occupèrent enfin de faire statuer sur le sort des deux prisonniers.

Le tribunal chargé de juger les accusés s'assembla à Nantes, mais les interrogatoires ayant disparu, on ne sait s'ils avouèrent le crime. Cependant, d'après une lettre du duc de Bourgogne, du 16 juillet 1472, ils avaient déclaré précédemment, devant frère Roland de Croisec, inquisiteur de la foi, que c'était le roi de France qui leur avait ordonné d'ôter la vie au duc de Guienne, par poison, maléfices, sortilèges et invocations diaboliques, et leur avait promis dons, états, offices et bénéfices pour consommer cet exécrable fratricide.

D'après Brantôme, Louis XI, étant en oraison devant l'autel de Notre-Dame de Cléry, à qui il avait une dévotion particulière, pria la Vierge de lui faire trouver grâce devant Dieu pour le meurtre du duc de Guienne.

« Ah ! ma bonne dame, disait-il, ma petite maîtresse, ma grande amie, en qui j'ai toujours eu mon reconfort, je te prie de supplier Dieu pour moi, et être mon avocate envers lui, qu'il me pardonne la mort de mon frère, que j'ai fait empoisonner par ce méchant abbé de Saint-Jean. Je m'en confesse à toi comme à ma bonne patronne et maîtresse. Mais aussi qu'eussé-je su faire? Il ne faisait que me troubler mon royaume. Fais-moi donc pardonner, ma bonne petite dame, et je sais bien ce que je te donnerai. »

Cette prière fut entendue par le fou du roi qui, à table et devant toute la cour, lui reprocha la mort de son frère. Peu de jours après, le fou paya de sa vie son indiscrétion.

Les juges ne rendirent aucun arrêt. On assure que le secrétaire de l'évêque d'Angers, faisant auprès de la commission l'office de greffier, livra à Louis XI toutes les pièces de la procédure, et que cette complaisance fut la source de la grande fortune que fit depuis cet officier.

On n'a jamais su positivement de quelle manière finirent les deux accusés. On raconte que le geôlier, qui visitait souvent l'abbé Favre dans la tour du Bouffai, où il était détenu, priait instamment le duc de Bretagne et les juges de hâter le procès de ce moine. « Car, disait-il, depuis qu'il est sous les verrous, des spectres horribles apparaissent chaque nuit dans la prison, et je tremble d'être enlevé par eux avec le coupable. »

Une nuit, la grande tour du Bouffai fut ébranlée par un orage mêlé de coups de vent, de tonnerre et d'éclairs, et le lendemain on trouva l'abbé Favre étendu mort sur les carreaux, ayant le visage noir comme un charbon, les traits contractés par des convulsions horribles, et la langue sortie de la bouche. D'autres assurent avec plus de vraisemblance que ce moine fut trouvé étranglé dans la prison. Quant à Henri de La Roche, on ignore ce qu'il devint.

Ainsi, cette affaire fut étouffée au lieu d'être jugée, et le mystère impénétrable dont on eut soin de l'environner ne fit que confirmer les soupçons de fratricide qui pesaient sur le roi de France. Il s'efforça toutefois de démentir cette accusation en affichant une douleur profonde. Il fit des neuvaines publiques en l'honneur de son frère, et, comme ce prince était mort au coucher du soleil, il institua, dit-on, l'*angelus* du soir à cette occasion.

Le moyen odieux dont le roi s'était servi pour recouvrer la possession du duché de Guyenne avait fait une impression fâcheuse sur les hommes de cette contrée, sans distinction de naissance ni de rang. Jugeant qu'il importait à sa politique d'effacer cette mauvaise impression, le roi répandit successivement ses faveurs sur les villes et les châteaux où la mort déplorable du jeune prince avait gravé son souvenir dans les cœurs.

Après Olivier de Coëtivy, seigneur de Taillebourg, à qui il octroya Saujon pour en relever les fortifications, il rétablit la commune de Saintes, puis donna à Saint-Jean d'Angély des preuves de sa sympathie en accordant à sa commune les mêmes prérogatives qu'à celle de La Rochelle.

« — De tout temps et d'ancienneté, dit Louis XI dans les
« lettres données en son château du Plessis du Parc-lez-
« Tours au mois de septembre 1481, nos chers et bien
« aimés les maire, échevins, conseillers et pairs de notre
« ville de Saint-Jean d'Angély ont été bons et loyaux envers
« nos prédécesseurs, nous et la couronne de France, et pour

« eux acquitter et montrer leur dite loyauté, ils ont, par
« plusieurs fois, porté et soutenu de grands dommages.

« Mêmement, en l'an 1346, que le comte d'Alby (de
« Derby), avec grande armée d'Angleterre, mit le siège
« devant la dite ville, et par force d'artillerie, fit abattre la
« plupart de la muraille d'icelle et tint le siège pendant un
« bien long temps; mais les dits habitants, qui lors étaient
« en si grande nécessité qu'ils n'avaient de quoi vivre et eux
« entretenir, pour quelque mal, pertes, dommages, dangers,
« menaces ne promesses que leur firent les dits Anglais, ne
« leur voulurent rendre ni bailler la dite ville, et la tindrent
« tant qu'ils purent, jusqu'à ce que, par faute de secours,
« elle fut prise d'assaut, la plupart des habitants navrés et
« tués, les autres pris prisonniers et tous leurs biens brûlés,
« pillés et emportés.

« Mais certain temps après, aucuns des dits habitants,
« qui étaient demeurés ou qui retournèrent dans la dite
« ville, persistant toujours en leur bonne loyauté, la remi-
« rent sous l'obéissance de nos dits prédécesseurs et de la
« couronne de France, en laquelle elle demeura jusqu'à ce
« que, par le traité fait à Calais (à Brétigny), la dite ville et
« tout le pays de Guienne fût de rechef mis en l'obéissance
« des dits Anglais.

« Et nonobstant, en l'an 1371, les habitants de la dite
« ville, connaissant les grands maux et entreprises que les
« dits Anglais s'efforçaient lors faire à l'encontre de notre
« royaume, désirant toujours demeurer en l'obéissance de
« nos prédécesseurs, mirent de rechef la dite ville en celle
« de Charles cinquième, de bonne mémoire, notre bisaïeul;
« lequel, en reconnaissance des grands et agréables services
« que les dits habitants avaient fait tant à lui qu'à ses pré-
« décesseurs, confirma toutes leurs libertés et outre leur
« donna, et à leurs successeurs habitants en la dite ville,
« plusieurs beaux et notables privilèges qu'avaient et ont
« ceux d'Abbeville et de La Rochelle, lesquels leur ont de-

« puis été confirmés par nos dits prédécesseurs et pareille-
« ment les leur confirmâmes à notre avènement à la cou-
« ronne.

« Après le trépas de notre frère Charles, duc de Guienne,
« auquel nous avions baillé le dit duché et comté de Sain-
« tonge pour partie de son apanage, considérant qu'ils ont
« libéralement mis eux et la ville en notre obéissance, avons,
« par autres lettres, de rechef confirmé leurs privilèges,
« franchises et libertés ; mais les dits maire, échevins, con-
« seillers et pairs nous ont fait dire que, combien que nos
« dits prédécesseurs leur aient donné tels et semblables pri-
« vilèges comme ils ont fait à ceux de la ville de La Ro-
« chelle, néanmoins les maire et vingt-cinq échevins de la
« dite ville, entre autres choses, sont anoblis, jouissent des
« privilèges de noblesse, et peuvent semblablement les con-
« seillers et pairs d'icelle acquérir fiefs nobles sans payer
« finance ni indemnité, et que raisonnablement ils en doi-
« vent jouir, nous requérant humblement que sur ce leur
« veuillons impartir notre grâce et provision.

« Nous, considérant les grands et louables services que les
« dits supplians et leurs prédécesseurs ont fait à nous et à la
« couronne de France, afin qu'eux et leurs successeurs soient
« toujours de plus en plus enclins à nous être bons et loyaux,
« avons de notre pleine puissance, grâce spéciale et autorité
« royale, donné et octroyé aux dits maire, échevins et con-
« seillers de la dite ville, qu'ils soient nobles, eux et leur pos-
« térité née et à naître de loyal mariage, et leur avons donné
« et donnons pouvoir d'acquérir et tenir à perpétuité tous
« fiefs et juridictions nobles par tout notre royaume, sans,
« pour ce ni pour la dite nobilitation, payer à nous ou à nos
« successeurs aucune finance ni indemnité.

« Voulons que les dits maire, vingt-cinq échevins et conseil-
« lers et leur postérité soient tenus et réputés nobles, et jouis-
« sent de tous droits, honneurs, prééminences et prérogatives
« qui appartiennent au privilège de noblesse ; qu'ils puissent

« obtenir l'ordre de chevalerie si bon leur semble, tout ainsi
« que s'ils étaient nés et procréés de noble lignée, et que
« des dites grâces ils jouissent ainsi que font les maire et
« échevins de La Rochelle, et octroyons auxdits maire, esche-
« vins et conseillers qu'ils soient dorénavant et à toujours
« exempts de toutes commissions et charges publiques : et
« avec ce, que la dite ville est près de la mer et en pays de
« frontière, avons, de notre dite grâce, octroyé auxdits maire,
« eschevins et conseillers, que dorénavant ils soient exempts
« d'aller à nos osts et armées, soit par ban et arrière-ban ou
« autrement, et qu'ils demeurent en la dite ville pour la
« garde et défense d'icelle, tout ainsi que le font ceux de la
« ville de La Rochelle.

« Donné à Plessis du Parc, au mois de septembre, l'an
« de grâce 1481 ».

Terrassée par le génie puissant et la volonté de fer de
Louis XI, la grande ligue féodale se releva au commencement du nouveau règne. Pendant que le baronnage et la
royauté débattaient, les armes à la main, les grands intérêts
de la politique et du pouvoir, une querelle moins sérieuse,
mais non moins passionnée, jetait la discorde dans le riche
monastère de Saint-Jean d'Angély. Le prieur et les moines de
cette abbaye étaient en insurrection contre leur abbé commandataire, maître Martial Fournier, clerc du diocèse de
Limoges. Il s'agissait de la collation des offices, de la réception et de l'ordination des moines, et de divers autres
points de discipline claustrale, questions irritantes dont la
discussion allait s'envenimant de jour en jour. Des amis
communs étant intervenus, réussirent pourtant à assoupir
ces dissidences et à rapprocher les deux partis, et un concordat fut rédigé en ces termes :

« L'abbé commandataire, en vertu des pouvoirs apostoli-
« ques dont il est revêtu, pourra, comme le ferait un abbé
« en titre portant l'habit de l'ordre, infliger des peines et
« corrections aux moines pour les fautes de discipline par

« eux commises, ou déléguer, à cet effet, un vicaire choisi
« parmi les religieux du monastère et non ailleurs, auquel
« les moines seront tenus d'obéir comme à l'abbé comman-
« dataire lui-même.

« L'abbé, pendant sa vie ou pendant la durée de sa com-
« mande, et ceux qui, après lui, auront la direction tempo-
« raire de l'abbaye, ne pourront plus conférer les offices
« claustraux vacants, par mort ou autrement, qu'aux reli-
« gieux du monastère ou aux prieurs des obédiences qui en
« dépendent : quant aux prieurés vacants dans la dépen-
« dance de l'abbaye, l'abbé commandataire pourra les con-
« férer alternativement, savoir : le premier vacant, à un reli-
« gieux du monastère, habitant ou non le couvent, et le
« second à qui bon lui semblera, sans néanmoins déroger aux
« privilèges de l'abbaye, qui veulent que les offices, prieurés
« et bénéfices, ne soient jamais conférés qu'à des religieux
« ordonnés dans le monastère.

« L'abbé commandataire, en vertu du pouvoir du siège
« apostolique, pourra, chaque fois qu'il le jugera convena-
« ble, célébrer les divins offices avec la mitre et le bâton
« pastoral, comme les abbés en titre de Saint-Jean d'Angély
« ont coutume de le faire ; lorsqu'il voudra ainsi officier
« pontificalement, le prieur et les moines seront tenus de
« lui présenter la mitre et le bâton, et de l'assister pendant
« la cérémonie.

« Les collations, régulières d'ailleurs, quant à la forme,
« qui ont été faites jusqu'à ce jour par l'abbé Martial à
« d'autres qu'à des religieux du monastère, seront valables et
« donneront à ceux qui les ont obtenues le droit d'en jouir
« sans contradiction. Ainsi, frère Guy Sapiens, qui, contrai-
« rement aux statuts de l'abbaye, a été ordonné moine bien
« qu'il n'eût pas accompli sa quatorzième année, restera
« moine ; ainsi, les frères Jean de Grimon, Jean d'Ouvertan
« et Jean Palet, qui ont été pourvus d'offices et de bénéfi-
« ces, bien qu'à l'époque de ces collations ils ne fussent pas

« religieux du monastère, en conserveront la jouissance,
« sans néanmoins que cette tolérance puisse préjudicier aux
« privilèges de la maison, qui portent que nul ne sera reçu
« moine s'il n'a quatorze ans révolus, et que nul ne sera
« pourvu de bénéfice s'il n'est moine de l'abbaye.

« Chaque religieux nouvellement ordonné sera tenu, à
« son entrée au monastère, d'avoir un psautier à l'usage de
« la maison, un lit convenablement garni, une tasse d'ar-
« gent pesant un marc, et de donner aux religieux un dîner
« et un souper solennels, le tout selon l'usage approuvé et
« suivi de temps immémorial dans l'abbaye. Pour le renou-
« vellement des chappes, vêtements et ornements ecclésias-
« tiques du monastère, chaque nouvel abbé, le jour de son
« élection, sera tenu de donner à l'église une chappe ou
« une chasuble et des dalmatiques, jusqu'à la valeur ou esti-
« mation de cent écus d'or ayant cours; enfin, chaque prieur
« ou religieux de l'abbaye, qui aura été pourvu d'un office
« ou bénéfice devenu vacant, donnera pareillement une
« chappe ou d'autres ornements ecclésiastiques à l'usage de
« la fabrique du monastère, dont la valeur sera arbitrée par
« les moines résidans, eu égard aux émoluments de l'office
« ou du bénéfice conféré. »

Au moyen de ce traité, la concorde fut rétablie dans le couvent des bénédictins de Saint-Jean d'Angély, et afin d'en assurer l'exécution le souverain pontife Innocent VIII y attacha le sceau de son autorité apostolique par une bulle qui fut donnée à Rome, en l'église de Saint-Pierre, le 16 des calendes de mai (16 avril 1490).

Charles VIII mourut en 1498, laissant sa couronne, à défaut d'héritier direct mâle, à Louis de Valois, duc d'Orléans, qui prit le nom de Louis XII.

Aussitôt son avènement à la couronne, au mois de juillet, Louis XII confirma les beaux et grands privilèges de la commune de Saint-Jean d'Angély, en considération de la grande loyauté que les bourgeois de cette ville avaient toujours eue envers ses prédécesseurs comme bons et loyaux sujets, et des grandes et extrêmes dépenses qu'ils avaient à supporter, tant pour la fortification de leur ville que pour autres affaires urgentes.

Ces privilèges n'étaient alors surpassés par ceux d'aucune autre ville du royaume, et cependant le corps de ville cherchait à les étendre le plus qu'il pouvait. Il poussa ses prétentions jusqu'à vouloir, en 1500, empêcher les habitants du Languedoc de faire transporter par les rivières le Tarn et la Garonne, leur vin qui commençait à faire une concurrence sérieuse à celui de Saint-Jean d'Angély. Il ne fallut rien moins qu'une ordonnance de Pierre Gouffier, lieutenant général du bailliage des montagnes d'Auvergne, commissaire royal pour l'instruction de cette affaire, les menaçant d'une amende de mille marcs d'or, pour les faire renoncer à cette prétention injustifiable.

Un fléau terrible, la peste, ravagea Saint-Jean d'Angély et sa banlieue pendant les années 1501 et 1502. La mortalité fut si grande, la terreur abattit tellement l'énergie de ceux des Angériens qui n'en furent pas atteints, que les affaires furent totalement suspendues, le commerce anéanti, les relations avec les villes voisines arrêtées, tant on craignait de transporter les germes de la terrible maladie avec les objets importés. Les diverses fermes ne produisirent que peu ou point de recettes, et le corps de ville dut accorder au fermier du droit de pavage, qui avait le plus souffert, une diminution de cent livres tournois sur le montant de son prix de ferme.

L'épidémie alla en décroissant; cependant son passage avait laissé de telles craintes de retour, qu'en 1508, des marchands de Tonnay-Boutonne ayant apporté au marché de Saint-Jean d'Angély des pâtés d'anguilles dans la préparation desquels ils excellaient, et ce mets indigeste ayant eu des inconvénients pour quelques estomacs, on crut voir les symptômes de la peste dans cette indisposition, et le corps de ville en défendit la vente à l'avenir. Les marchands de

Tonnay-Boutonne en ayant apporté malgré la défense, il s'ensuivit un procès qui fut tranché par une ordonnance royale, maintenant le corps de ville dans la *bonne possession et saisine de faire statuts et ordonnances, et mesmement touchant les vivres et victuailles vendus et admenez en icelle ville et faubourgs*, et renvoyant les contrevenants devant la cour du parlement.

D'après l'article 2 des lettres de commune données à la ville par Charles V, en 1372, les seigneurs possesseurs de fiefs à Saint-Jean d'Angély et les environs, jusqu'à une distance de deux lieues, devaient contribuer, ainsi que leurs vassaux, à la garde de la ville, au guet et aux réparations des fortifications, en échange du refuge qu'ils y trouvaient en temps de guerre, pour eux, leurs hommes et leurs biens. Mais les seigneurs se dispensaient autant qu'ils le pouvaient de faire ce service, dont l'étendue n'avait jamais été fixée. Sur les plaintes portées au roi par le maire de Saint-Jean d'Angély, Louis XII ordonna, en 1504, que chaque chef de famille devrait faire le guet dans la ville une fois par mois. Les habitants des paroisses du Pin, Courcelle, la Benâte, Puy-Moreau, Saint-Julien, Pourçay, Mazeray, Asnières, la Vergne, Saint-Pardoult, la Chapelle-Bâton, Fontenay, Antezant et Nachamps, soutenus par leurs seigneurs, s'étant refusés, en 1507, d'obéir aux lettres royales, furent poursuivis devant le sénéchal de Saintonge par le maire Jean Gandoux, et condamnés à faire le service auquel ils voulaient se soustraire.

D'ancienneté la ville percevait, sur la vente des vins au détail dans l'intérieur de la ville et les faubourgs, le droit de *souchet ou appetissement*, et les fermiers de ce droit avaient l'habitude, pour contrôler l'exactitude des déclarations des taverniers, de faire dans les caves et celliers le relevé des vins en entrepôt. Les taverniers ayant voulu s'opposer à cette constatation, le corps de ville prit cause pour ses fermiers, poursuivit les taverniers et obtint de Louis XII un arrêt daté de 1508, le maintenant dans cet ancien droit.

Le même roi confirma en 1512 les privilèges de la commune après deux enquêtes faites par l'élection du Poitou et le sénéchal du Limousin. Mais Louis XII étant mort en 1515, ces mêmes privilèges furent encore contestés, cette fois-ci par les agents du fisc, qui portèrent sur les rôles des tailles les maire, échevins et conseillers, sans égard à leurs vieilles lettres d'exemption. Il s'ensuivit un procès devant les juges de l'élection, qui, le 19 mars 1517, rendirent un arrêt au profit du corps de ville. Mais le procureur du roi appela de cette sentence devant les conseillers généraux sur le fait de la justice des aides, à Paris.

Le corps de ville, de son côté, s'étant pourvu devant le conseil royal, obtint de François Ier des lettres de ratification de ses privilèges, franchises et libertés. Il dépêcha à Paris un de ses membres, chargé de présenter ces lettres aux conseillers généraux, pensant qu'elles aplaniraient toute difficulté, mais les lettres royales, égarées dans le voyage, ne parvinrent pas à la cour.

Le 15 août 1518, faute de cette production, la cour des aides rendit un arrêt par lequel le corps de ville fut condamné à contribuer de ses deniers aux tailles imposées à la commune. Celui-ci, à son tour, appela de cet arrêt devant le conseil royal. François Ier, pendant un voyage qu'il fit en Saintonge, au commencement de l'année suivante, vint à Saint-Jean d'Angély. Le corps de ville lui exposa les tracasseries qui lui étaient suscitées par les agents du fisc, *le requérant humblement sur ce les pourvoir de sa grâce.* De nouvelles lettres royales, expédiées de Saint-Jean d'Angély même, en février 1519, le rétablirent dans la jouissance de ses privilèges et immunités.

Plus d'un an après, le 16 novembre 1520, les lettres royales ayant été enregistrées, la cour des aides rapporta son premier arrêt et en rendit un nouveau, par lequel le maire, les vingt-cinq échevins et conseillers, furent reconnus exempts des tailles et des aides, quant aux choses par eux vendues et provenant de leur crû, sauf sur le sel, *durant le temps que les dits maire, échevins et conseillers, seront et demeureront es dits offices, les exerceront en personne, et feront résidence en la dite ville de Saint-Jean d'Angély.*

Ces longs débats avaient été suscités par Jean Brosset, élu en Saintonge, qui, n'ayant pu obtenir une place de pair devenue vacante et qu'il sollicitait afin d'arriver ensuite à l'échevinage, but de son ambition, en avait conçu une haine violente. Cette haine l'avait entraîné à oublier les devoirs de la magistrature dont il était investi, et il avait poussé les assoyeurs à imposer et cotiser au rôle des tailles les vingt-cinq membres de l'échevinage, bien qu'il eût une parfaite connaissance des privilèges qui les en exemptaient. Il avait été jusqu'à promettre aux assoyeurs de les garantir de toutes les difficultés qui pourraient leur être soulevées à raison de cet acte de complaisance, *offrant même de leur en donner son blanc scel.*

François Ier, informé des agissements de Jean Brosset, lui enjoignit de comparaître devant la cour des aides pour se justifier. Il est probable que ce magistrat avait abusé de sa position pour détourner les lettres de privilèges du corps de ville, dont la disparition avait été cause de tant de difficultés.

Le conseil royal s'occupait alors de la révision des anciennes coutumes du royaume ; la plupart des provinces étaient encore régies par les vieilles coutumes seigneuriales, conservées d'âge en âge dans la mémoire des officiers de justice et des praticiens. François Ier voulut que toutes les coutumes et usances, après avoir été recueillies et réformées dans chaque province par des hommes spéciaux, fussent rédigées par écrit, afin de servir de code à l'avenir pour les décisions des corps judiciaires. A cet effet, il choisit dans chacun des trois parlements des officiers qui furent chargés de visiter successivement toutes les sénéchaussées de leur ressort, de réunir dans chacune d'elles des hommes de probité, de science et de pratique, et de réviser avec eux les coutumes locales, pour en faire un corps de loi systématique et régulier.

Nicolas Boïer, troisième président au parlement de Bordeaux, Geoffroy de La Chasseigne, conseiller, et Thomas de Courcinier, avocat général à la même cour, commissaires nommés pour réviser la coutume de Saint-Jean d'Angély, travail commencé quelques années avant par le vicomte de Rochechouart, sénéchal de Saintonge, mais qui n'avait pu être mené à bonne fin par suite de la mésintelligence qui s'était glissée parmi ses auteurs, arrivèrent à Saint-Jean d'Angély le 25 janvier 1520.

Dès le lendemain de leur arrivée, les commissaires convoquèrent les trois ordres de la province, qui se réunirent dans le réfectoire du couvent des jacobins et siégèrent plusieurs jours consécutifs.

Le 8 janvier 1520, les divers titres de la coutume, ayant été adoptés, furent lus, publiés et signés des membres de l'assemblée présents ou représentés.

Pour le clergé :

Charles Goumard, archidiacre d'Aunis, prieur de Soubise et Trizay;

Le chapitre de Saintes;

Jean de Reilhac, abbé de Saint-Jean d'Angély et protonotaire apostolique;

Les abbés de Tonnay-Charente, de Charroux, de Cellefrouin;

L'évêque d'Angoulême;

Charles de Montalembert, prieur de Juillers;

Pierre de Jarric, prieur de Saint-Fraigne;

Les prieurs de Dœuil, Varaize;

Les chanoines d'Angoulême;

Les chanoines de Taillebourg;

Foulques Giraut, prieur de Saint-Savinien ;
Le prieur de Bignay.

Pour la noblesse:

Adrien de Montbron, baron de Matha et d'Archiac ;
François de Maulmont, baron de Tonnay-Boutonne ;
La comtesse de Taillebourg ;
Jean Goumard, seigneur d'Echillais ;
François Bouchard, seigneur de Saint-Martin de la Coudre ;
Jean Poussard, seigneur de Vandré ;
Jean Ravard, seigneur d'Orioux ;
Louis de Ponthieux, seigneur des Touches ;
Jean du Chêne, seigneur du Cluzeau ;
Bertrand Hélie, seigneur de Fougery ;
Charles Acarie, seigneur du Bourdet ;
Foucaud Grand, seigneur d'Ussolières ;
Jean Vidaut, seigneur de Roumefort ;
Anthoine du Chêne, seigneur de Roumefort, près Matha ;
Guyot Pelloquin, seigneur de l'Isle ;
Louis du Château, seigneur de la Barde ;
Guy Poussard, seigneur de Peyré ;
Jacques de Clermont, seigneur d'Usseure ;
Jeanne de Rochechouart, dame de Tonnay-Charente ;
La dame de Soubise ;
Anthoine d'Authon, seigneur d'Authon ;
La dame de Brisambourg ;
Baron de Frontenay ;
Pierre Laidet, seigneur de Saint-Etienne ;
Eustache de la Brousse, seigneur de la Brousse ;
Phillippe Girard, sieur de la Popelière ;
Jean Everland, seigneur de la Touche ;
Le seigneur de la Rochechandry ;
Le seigneur de Ribemont ;
Guillaume Pastureau, seigneur de Mornac ;

A. Bechet, seigneur de Genouillé.

Pour le tiers-état :

Penaud, lieutenant particulier au siège de Saint-Jean d'Angély ;

Jean Audet, maire et capitaine de Saint-Jean d'Angély ;

François le Breton, avocat du roi à Saint-Jean d'Angély ;

Laurent Pitard, substitut du procureur à Saint-Jean d'Angély ;

Jean Brosset, élu en Saintonge ;

Guillaume Aubineau ;

Jean le Breton ;

Bertrand Petitchaud ;

Jacques Thibaut, juge à Saint-Jean d'Angély ;

Hélie Malat, juge prévôtal à Saint-Jean d'Angély ;

Pierre Constant ; Antoine Avril ; François Prévôt ; Denis Hélie ; Hélie Regnier ; Denis de Rousselin ; Jean Gasché, licencié en lois; Jean Hubert ; Jacques Dedici ; Jean Ferrand ; Antoine Guinguand ; Jean Mathé ; Jean Guiton ; François de la Mare ; Mathieu Marot, et plusieurs autres.

La province de Saintonge, ressortissant du parlement de Bordeaux, fut donc régie par une loi écrite, qui prit le nom de Coutume de Saint-Jean d'Angély, non parce qu'elle avait été rédigée à Saint-Jean d'Angély, mais parce qu'elle résumait les traditions judiciaires du siège de la sénéchaussée de cette ville, qui continua d'exister jusqu'en 1793, bien que la résidence du sénéchal eût été transportée à Saintes dès 1450.

A partir de cette époque jusqu'aux guerres de religion, aucun évènement bien saillant ne vint troubler la tranquillité de Saint-Jean d'Angély, les Angériens purent se livrer en toute sécurité pendant une trentaine d'années, à leurs opérations commerciales, et réparer une partie de leurs vieilles murailles, tombant de vétusté. François Ier, satisfait des réparations qu'ils y firent de leurs propres deniers, leur abandonna, pour continuer les travaux, la moitié des deniers communs, droits et octrois dont il avait ordonné le versement intégral dans ses coffres. Les Angériens, pour marquer au roi leur reconnaissance, reçurent quelques jours après, avec un grand cérémonial, François de la Rochebeaucourt, récemment nommé sénéchal de Saintonge, lorsqu'il vint dans leur ville prendre possession de ses fonctions, et, par une délibération du 8 septembre 1535, le corps de ville prit à sa charge toutes les dépenses faites par ce seigneur pendant son séjour à Saint-Jean d'Angély.

Un fait scandaleux se produisit en 1539 dans le monastère des bénédictins. Des religieux avaient vendu, disait-on, des reliques et des images sacrées appartenant à leur église, et ce sans nécessité, inquisition, ni aucune des formalités requises en pareil cas. Ces faits, parvenus à la connaissance du procureur général, furent dénoncés par ce dernier au parlement de Bordeaux qui ordonna une enquête.

Les Angériens ne prirent aucune part aux troubles soulevés en Saintonge dans les années 1542 et 1548, par la perception dans les contrées maritimes de l'ouest de l'impôt sur le sel appelé « impôt de la gabelle », que François Ier leur appliqua par son édit de Châtellerault, et qui produisit dans cette province une émotion telle, que presque toute la population se souleva. Aussi ils en furent récompensés par les lettres de confirmation de leurs privilèges qu'Henri III leur accorda, *en considération de leurs bons et recommandables services, lors des émotions populaires advenues au pays de Saintonge en 1548.*

La fermentation produite dans tous les esprits par cet impôt ayant donné la crainte de nouveaux soulèvements, en 1550, le comte de Ludre, lieutenant de Guienne, augmenta la garnison de Saint-Jean d'Angély de huit hommes d'armes, et de quatorze archers de la compagnie écossaise de soixante lances, pour mettre la ville à l'abri d'un coup de main des révoltés.

Quelques années après les Angériens étaient dispensés,

par lettres royales, du logement des gens de guerre, et une ordonnance, du 9 février 1557, d'Antoine, roi de Navarre, seigneur souverain de Béarn, duc de Vendôme, d'Albret et de Beaumont, pair de France, gouverneur et lieutenant général en Guienne, confirmait ce privilège, en défendant *à tous capitaines et conducteurs de gens de guerre, tant de cheval que de pied, leurs lieutenants, enseignes, maréchaux des logis, commissaires, fourriers ou autres,... d'empêcher les manans et habitants de Saint-Jean d'Angély de jouir et user pleinement de l'exemption des logis passagers, contributions, fournitures et garnison de gens de guerre.*

TROISIÈME PARTIE

SAINT-JEAN D'ANGÉLY

PENDANT LES GUERRES DE RELIGION DES XVIe ET XVIIe SIÈCLES

1560-1621

La tranquillité dont jouissait Saint-Jean d'Angély depuis quelques années ne devait pas se prolonger plus longtemps. Les doctrines religieuses de Martin Luther et celles de Jean Calvin se propagèrent rapidement en France et, s'y mêlant aux questions d'affranchissement politique et de progrès social, y poussèrent de profondes racines, plus particulièrement dans la province de Saintonge.

Un grand nombre de nobles et de bourgeois embrassèrent la nouvelle doctrine ; les premiers la considéraient comme un dissolvant de la vieille unité féodale ; les seconds y voyaient le moyen de conquérir une position sociale plus large et plus indépendante.

Henri II mourut dans ces circonstances et eût pour successeur François II, qui, faible de santé et d'intelligence, laissa le cardinal de Lorraine et le duc de Guise gouverner pour lui, écartant du pouvoir les princes du sang royal : Antoine de Bourbon, roi de Navarre, et Louis de Bourbon, prince de Condé, son frère. La noblesse, jalouse et irritée de voir des étrangers à la tête de l'Etat, forma bientôt une ligue formidable au nom des princes de Bourbon, qui embrassèrent le calvinisme et furent proclamés chefs des réformés.

La ligue s'organisa rapidement en Saintonge, sous l'influence de François de Pons, baron de Mirambeau, nommé chef de cette province par les réformés. Des missionnaires de la réforme furent envoyés dans les diverses provinces, notamment à Saint-Jean d'Angély; l'un d'eux, Lucas Vedoque, considéré comme le premier pasteur de l'église de cette ville, organisa secrètement les assemblées de ses coreligionnaires.

Dans une réunion tenue à Nantes, le 1er février 1560, les chefs avaient décidé de marcher en armes, le 10 mars suivant, sur le château d'Amboise, pour s'emparer des Guises. Mais le complot échoua par l'indiscrétion d'un messager du prince de Condé, qui fût arrêté à son retour en Béarn, chargé de dépêches pour les princes.

Au bruit de cette arrestation, Amaury Bouchard, chancelier du roi de Navarre, l'un des conjurés, qui faisait sa résidence à Saint-Jean d'Angély, sa ville natale, fût arrêté comme traître au roi, et conduit par Guy Chabot, baron de Jarnac, à Paris, sous bonne escorte, étroitement lié, dépourvu même d'un couteau, et ne mangeant que des aliments préalablement essayés, dans la crainte qu'il ne fût délivré ou empoisonné pendant le voyage.

Les chefs et les principaux complices périrent dans les supplices. Louis de Condé, le véritable chef du parti, fut arrêté, jugé et condamné à mort par une commission extraordinaire; mais la mort de François II, en faisant perdre aux Guises leur toute puissance, le sauva du supplice.

Charles IX, qui lui succéda, convoqua à Saint-Germain, en 1562, une assemblée de présidents et de conseillers choisis dans les huit parlements du royaume. Dans cette assemblée fut décrété le fameux édit de pacification dit « de Janvier », du mois pendant lequel il fut publié, portant que les réformés rendraient aux catholiques les églises, maisons, terres, dîmes, dont ils s'étaient emparés *en une infinité de lieux ;* qu'ils n'abattraient plus à l'avenir les statues, les croix, les images, et ne feraient rien qui pût troubler le repos public; que les assemblées de leur culte seraient respectées, même protégées par les officiers royaux, pourvu qu'elles eussent lieu hors de l'enceinte des villes.

En exécution de cet édit, Charles IX rendit, trois mois après, une ordonnance par laquelle il désigna, pour chaque sénéchaussée, une ville dans le faubourg de laquelle les protestants pourraient pratiquer leur religion ; un faubourg de Saint-Jean d'Angély fut désigné pour la sénéchaussée de Saintonge.

La tolérance de cet édit envers les réformés souleva les catholiques. Le connétable, le duc de Guise et le maréchal de Saint-André formèrent une ligue offensive, à laquelle fut donné le nom de Triumvirat. D'un autre côté Louis de Bourbon, prince de Condé, fit avec l'amiral Coligny une alliance contre le Triumvirat. Le massacre des protestants de Vassy, par le duc de Guise, fut l'occasion que les deux camps ennemis attendaient pour en venir aux mains.

Louis de Condé demanda raison à la cour du meurtre de ses coreligionnaires de Vassy; mais, n'obtenant pas satisfaction, il se rendit à Orléans, y rassembla ses partisans, organisa une armée, et fut proclamé chef des églises réformées de France. François de La Rochefoucauld, qui commandait pour le prince en Saintonge, leva dans cette province un corps de cavalerie, mit une forte garnison dans Saint-Jean d'Angély, et appela tous les habitants des paroisses de la banlieue pour approfondir les fossés des fortifications, puis il alla rejoindre l'armée de Condé à Orléans. Quelques jours après le départ de La Rochefoucauld, Charles Léopard, de La Rochelle, convoqua à Saint-Jean d'Angély un synode composé des autres ministres de la Saintonge et de l'Aunis, ainsi que des barons et gentilshommes réformés de ces provinces qui, fidèles au serment de fidélité qui les liait au roi, se faisaient encore scrupule de suivre La Rochefoucauld dans sa révolte.

Dans cette assemblée fut débattue la question de savoir si les saintes écritures permettaient aux vassaux de s'armer contre leur seigneur pour cause de religion. Le synode s'étant prononcé pour l'affirmative, les hésitations cessèrent et les gentilshommes, déployant l'étendard en toute sécurité de conscience, se réunirent à Brioux. Là, ils choisirent pour chef le sieur de Saint-Martin, l'un d'eux, et se rendirent au quartier général de l'armée calviniste, à Orléans.

Pendant ces préparatifs, les hostilités éclatèrent dans les îles de Marennes, d'Arvert et d'Oleron, et se propagèrent bientôt dans toute la Saintonge.

Saint-Jean d'Angély fut la ville où la populace exerça le plus de ravages.

« Quelques jours avant la fête patronale de saint Jean-Baptiste, maître Arnaud Rolland, de la religion réformée, maire et capitaine de la ville, enhardi par la présence de la garnison calviniste que le comte de La Rochefoucauld avait laissée dans le château, se rendit, vers trois heures après-midi, à l'abbaye des bénédictins. Il *était armé tout à blanc, cuirassé d'un corselet, et avait une hallebarde au poing*; il marchait escorté de deux cents huguenots, tant gentilshommes que bourgeois, tous bien armés, et suivi d'une grande multitude de peuple.

« Ayant laissé le gros de sa troupe dans la rue, il se présenta à l'abbaye, accompagné seulement de maîtres François Ithier, sieur de Vizerolles, Jehan Larriail, et Guitard l'aîné. Il demanda le cellerier et trois religieux qui se trouvaient dans le couvent, et les entretint quelques instants à l'écart. Les moines parurent fort troublés de ce qu'il leur disait, et envoyèrent quérir leur conseil, maître Olivier Ballonfau, avocat en la sénéchaussée. Bientôt arrivèrent quelques officiers du roi, qui conférèrent longtemps dans la chapelle du chapitre avec les religieux et leur conseil, montrant beaucoup d'embarras et d'hésitation. Pendant ces pourparlers, Arnaud Rolland qui s'était retiré, revint brusquement et demanda les clés de l'église. « A quoi les dits officiers s'enquirent pour quelle raison il les demandait, dit un chroniqueur : il fit réponse qu'il *fallait contenter la populace*. Quoi voyant et la force en armes qu'avait ledit maire autour de ladite église et abbaye au nombre de deux cents hommes et plus, les susdits officiers se retirèrent en leurs maisons. »

« L'église fut soudain envahie par la multitude. On renversa les chaires et les autels, on arracha les lambris, les balustrades, les stalles, les pupitres du chœur ; on brisa les statues, les bénitiers, les croix de marbre et de pierre ; un grand feu fut allumé avec les débris des boiseries, au milieu du cimetière de Saint-Georges, en face du portail de l'église, et l'on y jeta pêle-mêle images, livres, bannières, croix, chapes et autres ornements servant aux solennités du culte. »

Les ouvriers et *gens mécaniques* qui, par un reste de scrupules religieux, refusèrent de se prêter à ces actes, furent menacés par le dit maire d'être « envoyés en prison et battus s'ils ne le faisaient. » Arnaud Rolland envoya ensuite maître Christophe de Laurière ouvrir les caves de l'abbaye, et fit faire au peuple une large distribution de vin.

Alors la fureur, excitée par l'ivresse, ne connut plus de frein. L'abbé Jean Chabot de Jarnac s'était réfugié au château de Néré, avec le frère prieur et quelques-uns de ses religieux. Il ne restait au couvent que frère Jehan de Marans, Thibaut Métayer et Christophe Vigier, qui retenus prisonniers dans le cloître, attendaient avec anxiété le dénouement de ces scènes.

Arnaud Rolland vint trouver ces religieux : « Or sus, mes pères, leur dit-il, voilà la compagnie qui se fâche : donnez ordre de trouver les chiefs et autres reliques que avez entre les mains, autrement on mettra le feu à l'abbaye, et ne serez assurés de vos personnes. » Les moines s'excusèrent, « disant au dit Rolland qu'il leur était impossible de satisfaire à sa demande, et le prièrent de suspendre deux ou trois jours pour en avertir le prieur, ce que ne voulut permettre ledit Rolland ni aucun de sa compagnie. » Force fut donc aux moines d'obéir. Escortés de Jean Allenet, sergent royal, et de plusieurs soudards *armés de pistoles haquebutes* et autres armes, ils allèrent chercher les châsses d'or et de vermeil où reposaient les chefs de saint Jean-Baptiste, saint Révérend et saint Marc.

« Ces vieux ossements furent à l'instant retirés de leurs reliquaires. Le maire en prit deux et Louis Charpentier un, qu'il mit à la dague d'une hallebarde. Les reliques furent ainsi portées jusqu'au cimetière de Saint-Georges et jetées dans le brasier. « Ledit Charpentier, lequel avait à la dague de sa hallebarde le chief de monsieur Saint-Jehan, écrit un chroniqueur, le jeta audit feu en proférant de telles paroles : *On disait que si tu étais au feu, tu t'en ôterais ; montre à présent ta vertu !* »

« A la vue de ces sacrilèges, dit Daniel Massiou, quelques citoyens ne purent contenir l'horreur dont ils étaient saisis. Le maire s'en aperçut et prit aussitôt des mesures sévères pour empêcher les papistes de défendre les objets de leur culte. « Ledit maire commanda à ses complices d'aller quérir les dixainiers aux portes de la ville, parce qu'il avait entendu dire que les papistes se voulaient révolter. » Les portes furent à l'instant fermées, « et cependant il y avait des gens armés à tous les cantons proches de ladite église, pour empêcher que aucuns de la ville s'approchassent pour les garder de ce faire. »

« Au sac de l'église succéda le pillage du monastère. Quatre ou cinq jours après, le maire, avec maître Pierre Constant, Jehan Boisseau, médecin, Pierre Boisseau, dit de Velours, Denis Audet, André des Ouches, dit Drillaud, Bernard Saunier et autres, armés de pistoles et pistolets, firent apporter de ladite abbaye plusieurs beaux joyaux et autres meubles, couverts d'une cape, qu'ils firent conduire en leurs maisons.

« Ayant ainsi fait transporter dans sa demeure et dans celle de ses affidés les châsses d'or, les vases sacrés et les autres objets de prix, Arnaud Rolland fit ouvrir les greniers, les celliers et toutes les servitudes de l'abbaye. Pendant plusieurs jours des charriots, attelés de bœufs, voiturèrent du couvent au château les pipes de vin, les sacs de blé, le bois, les cloches, les grilles, les rampes en fer, les débris de bénitiers, de croix et de statues, enfin les lits, vaisselle, linge et autres meubles et ustensiles du monastère. »

Un témoin de ces dépradations raconte « qu'étant en ladite abbaye il vit maîtres Drillaud, Saunier, Mesnard et plusieurs autres, qui faisaient charrier le vin et le bois qu'on menait au château ; qu'il vit les susdits en la chambre du cellerier, qui faisaient grande chère, et que, par leur commandement, il alla à la cave dudit cellerier percer une pipe de vin, en laquelle (cave) y en avait grand nombre, lequel depuis a été fait mener au château. » Un autre ajoute qu'un jour « le sieur de l'Isle, maître Ollivier de Cumon, lieutenant particulier, Antoine Hélie, et d'autres, vinrent en ladite abbaye, et commandèrent de lever la serrure du grenier pour prendre les blés y étant ; et de fait, deux ou trois jours après, Constant, Antoine Hélie, Drillaud et Pierre Mathé, avec des meuniers, allèrent audit grenier, par commandement desdits sieurs de l'Isle et de Cumon, pour iceux blés convertir en farine et iceux mener au château. »

« Enfin, un dimanche, à l'issue du *prêche* qu'un ministre venait de faire dans l'église saccagée, un grand feu fut de nouveau allumé au milieu du cimetière, « dans lequel on jeta plusieurs livres, titres et enseignements concernant les droits de l'abbaye, et à ce faire étaient plusieurs gens mécaniques. » Là furent dévorées par les flammes la riche bibliothèque des bénédictins et les archives du monastère, antiques et précieux monuments dont les amis de l'histoire nationale déploreront longtemps la perte.

« Lorsque la fougue populaire fut un peu calmée, Arnaud

Rolland, réfléchissant sur les conséquences que pouvait avoir sa conduite, n'oublia rien pour la justifier : il fit répandre qu'il avait été entraîné par la multitude ; que s'il avait fait enlever de l'abbaye les meubles et les provisions qui s'y trouvaient, c'était pour les soustraire au pillage. Quant aux reliquaires, aux vases et aux autres objets de prix ravis au trésor du monastère, pour prouver qu'il n'avait pas eu dessein de se les approprier, il fit venir dans sa maison plusieurs pairs et échevins de la commune, et en leur présence fit dresser par maître Guillaume Daunas, avocat et procureur du roi au siège de Saint-Jean d'Angély, et sur les déclarations de frère Simon Saurneuf, prieur, et d'André Gazeau, sous-prieur de l'abbaye, un inventaire détaillé des joyaux qui composaient le trésor de leur église.

« Ce trésor contenait : premièrement la châsse d'or où était le chief de saint Jehan, étant en deux grands lopins et trois petites coupilles poisant le tout douze marcs d'or ; plus la châsse du chief saint Révérend, en deux lopins, poisant onze marcs d'argent moins deux onces ; plus une autre châsse saint Marc en deux lopins, avec plusieurs pièces d'aucune (de quelque) valeur, poisant le tout cinq marcs ; plus un plat et une petite tête d'argent doré, autour de laquelle tête il y a cinq pierres d'aucune valeur, poisant le tout trois marcs demi-once moins ; plus deux calices avec leurs platènes d'argent doré, fors une platène ; à l'un desdits calices y a un tuyau de laiton, le tout poisant cinq marcs deux onces ; plus deux bras de bois couverts, en partie, d'une feuille d'or ; plus une croix d'argent doré rompue en cinq pièces, par le dedans étant de bois, et sans crucifix, où il y a la plupart de laiton, le tout poisant cinq marcs sept onces ; plus deux encensouers d'argent, dont il y a des assis de laiton, le tout poisant dix marcs deux onces ; plus deux autres calices et une platène, le tout d'argent doré, poisant deux marcs cinq onces. »

« Le prieur, le sous-prieur et les moines s'étant *purgés par serment n'avoir en leur possession autres joyaux et reliquaires*, sauf frère Chaillou, « qui a apporté une navette d'argent poisant deux marcs moins demi-once, où il y a du plomb au cul, tous les vases et autres objets de prix provenant du trésor de l'abbaye furent laissés en dépôt entre les mains d'Arnaud Rolland, et il s'obligea, en justifiant dûment sa solvabilité, sous la garantie de maître Pierre Constant, avocat, à les représenter, *toutes fois et quantes il plairait à la majesté du roi l'ordonner.* »

Après quelques succès, les réformés perdirent bientôt toutes les places fortes de la Saintonge dont ils s'étaient emparés, et le comte de La Rochefoucauld fut rappelé dans son gouvernement, pour décider à prendre part à la révolte les seigneurs réformés qui jusque-là s'étaient tenus à l'écart, mais il ne put y parvenir. Le découragement gagna la garnison de Saint-Jean d'Angély, dont Châteauroux s'empara sans coup férir, le 23 septembre 1562 ; la garnison stipula, pour toutes conditions, que chacun pourrait se retirer où bon lui semblerait, avec armes et bagages, et que ceux qui voudraient rester dans la ville conserveraient la liberté de conscience.

Tant que Châteauroux séjourna à Saint-Jean d'Angély, la capitulation fut loyalement exécutée ; mais, après son départ, le commandement de la ville et du château ayant été donné à Louis de la Barte et à Antoine de Richelieu, on n'eut plus égard à la foi jurée, et les bourgeois huguenots furent abandonnés à la fureur des papistes.

Saint-Jean d'Angély ne fut pas plutôt au pouvoir des hommes du roi, que l'abbé Jean Chabot de Jarnac, rentré avec ses moines bénédictins dans son abbaye dévastée, demanda justice à Louis de Bourbon, duc de Montpensier, successeur d'Antoine de Bourbon, roi de Navarre, dans le gouvernement général des provinces maritimes d'Aquitaine. Ce prince, étant à Cognac, donna mandement à Charles Guitard, seigneur des Brousses, conseiller du roi et son sénéchal en Saintonge, *de faire bonne et entière justice* à messire Jean Chabot, abbé commandataire des abbayes de Saint-Jean d'Angély et Saint-Etienne de Bassac, et prieur de Saint-Pierre de Marans, pour « les voleries et saccagement desdites abbayes, pilleries et ruine des maisons et meubles appartenant tant audit sieur abbé qu'à ses religieux, démolition des croix, calices, reliquaires et autres argenteries dédiées au service divin, le tout fait et commis par les rebelles et séditieux. »

En vertu de ce mandement, Pierre Daguesseau, lieutenant-général en la sénéchaussée de Saintonge, chargé de l'intérim de la mairie par le parlement de Bordeaux après le départ d'Arnaud Rolland, qui avait jugé prudent de prendre la fuite pour échapper à la condamnation qu'il redoutait, informa contre l'ex-maire et ses complices. Il fit une enquête détaillée dans laquelle furent entendus de nombreux témoins. Mais les opérations de la guerre suspendirent bientôt la poursuite de ce grand procès qui ne fut reprise que l'année suivante.

. Le comte de La Rochefoucauld ayant échoué devant La Rochelle, qu'il avait essayé de surprendre, se rabattit sur Saint-Jean d'Angély, défendu par Antoine de Richelieu, et entreprit le siège de cette ville. Pendant qu'il ravageait la banlieue et faisait rompre les chaussées des moulins, Richelieu brûlait le faubourg de Matha pour l'empêcher de s'y loger; si bien que l'un pour attaquer, l'autre pour défendre la place, ruinaient et les manants de la banlieue et le trésor des bourgeois. Le receveur des deniers communs, qui avait versé forcément, à Antoine de Richelieu, une somme de trois cents écus, ne put obtenir de ce seigneur aucun reçu, les gouverneurs, disait ce dernier, n'ayant pas l'habitude de donner reçu de ce qu'ils pouvaient prendre de force. Le corps de ville fut donc obligé de passer cette somme en compte au receveur et, en plus, de donner une gratification aux caporaux de la compagnie du gouverneur, pour services rendus soi disant à la ville. Cependant La Rochefoucauld, ayant reçu avis que le baron de Duras, qu'il attendait avec impatience, venait d'être battu en Périgord par le comte de

Burie, leva le siège de Saint-Jean d'Angély, qu'il ne pouvait continuer seul, et alla en Poitou.

Peu de jours après la levée du siège, le duc de Montpensier arriva avec de Burie, son lieutenant, et Jean de Carbajac, commandant un corps d'Espagnols au service du duc. Le maire les reçut dans la ville, leur fit distribuer des vivres pour continuer leur route sur La Rochelle, et les accompagna jusqu'à Taillebourg.

L'abbé Chabot profita du calme relatif qui suivit la défaite des réformés, pour reprendre la poursuite des procédures criminelles commencées l'année précédente contre l'ex-maire Arnaud Rolland, contumace.

L'enquête ayant suffisamment établi la culpabilité de l'accusé, il fut condamné par sentence de messire Charles Guitard, sénéchal de Saintonge, « à faire amende honorable, à jour de cour, en l'auditoire public de la ville de Saint-Jean d'Angély, étant en chemise, tête nue, à genoux, la corde au col, ayant un cierge ardent au poing, et requérant pardon à Dieu, au roi, à justice et audit abbé ; ce fait, être traîné sur une claie devant la principale porte de l'église de Saint-Jean, pour y faire semblable amende honorable et, de là, être traîné sur ladite claie, par la ville, conduit au canton des Forges, et avoir la tête tranchée sur un échafaud, pour être mise au plus apparent et éminent lieu de la ville, et son corps ars et brûlé ; condamné en outre en la somme de quatre mille livres envers ledit abbé pour ses dommages et intérêts, à restitution de tous les joyaux desdites églises, et à cinq cents francs d'amende envers le roi. »

Après la mort du duc de Guise, tué au siège d'Orléans, des négociations furent entamées entre la cour et les chefs réformés ; elles eurent pour résultat un nouvel édit reproduisant l'édit de Janvier dans ses principaux articles; on l'appela l'édit d'Amboise, du lieu où il fut signé :

« Voulons, y est-il dit, que tous barons, châtelains, hauts-
« justiciers et seigneurs tenant fief de haubert puissent vivre

« en leurs maisons en liberté de leur conscience et exer-
« cice de la religion qu'ils disent réformée, avec leurs famil-
« les et sujets qui, sans aucune contrainte, s'y voudront
« trouver, et les autres gentilshommes ayant fief, aussi en
« leurs maisons, mais par eux et leurs familles tant seule-
« ment, moyennant qu'ils ne soient demeurants ès villes,
« bourgs et villages des seigneurs hauts-justiciers, auquel
« cas il ne pourront, ès dits lieux, faire exercice de ladite
« religion, si ce n'est par permission et congé de leurs dits
« seigneurs hauts-justiciers: que en chacun bailliage et sé-
« néchaussée, comme Péronne, Montdidier, La Rochelle et
« autres, ressortissant en nos cours de parlement, nous
« ordonnons une ville au faubourg de laquelle l'exercice de
« la dite religion se pourra faire de tous ceux qui voudront
« y aller et non ailleurs: et néanmoins chacun pourra vivre
« et demeurer en sa maison librement et sans être recher-
« ché ne molesté pour le fait de sa conscience. Le même
« exercice sera continué en un ou deux lieux dedans ladite
« ville, tel que par nous sera ordonné, sans que ceux de
« ladite religion puissent prendre ne retenir aucun temple
« ne église des gens ecclésiastiques, lesquels nous entendons
« être, dès maintenant, remis en leurs églises, maisons, biens
« et possessions, pour en jouir tout ainsi qu'ils faisaient
« avant ces tumultes. » (15 mars 1563).

Charles IX déclara en outre tenir pour ses bons et loyaux sujets *son très chier et bien amé cousin* Louis de Bourbon, prince de Condé, et tous ceux qui l'avaient suivi, les restituant en leurs charges et honneurs, et annulant tous arrêts et déclarations à ce contraires.

Cette amnistie vint bien à point pour l'ex-maire de Saint-Jean d'Angély. Espérant faire annuler la sentence qui le condamnait à mort et prononçait la confiscation de ses biens, il implora l'assistance du prince de Condé, rentré en grâce auprès de Charles IX. Louis de Bourbon expédia aussitôt de Vincennes des lettres *revêtues de son seing et scel-*

lées de ses armes, par lesquelles il attestait que Rolland, maire et capitaine de Saint-Jean d'Angély, s'était emparé, par son commandement et pour son service, du château de ladite ville, et l'avait approvisionné de blé, vin, bois, meubles et autres munitions trouvés dans l'abbaye et lieux dépendants d'icelle; que ledit Rolland avait fait tenir entre ses mains, en la ville d'Orléans, le 15 septembre 1562, douze marcs d'or et cent marcs d'argent provenant des reliques et joyaux qu'il avait reçus, aussi par son commandement, tant en ladite ville de Saint-Jean d'Angély qu'autres lieux circonvoisins.

Armé de ces attestations, Arnaud Rolland se pourvut devant le conseil royal, qui enjoignit au sénéchal de Saintonge de révoquer la sentence par lui rendue, et fit défense au parlement de Bordeaux de recevoir aucun appel de cette révocation. En conséquence de cet arrêté, messire Pierre de Masparant, conseiller au parlement de Paris et commissaire du roi pour l'exécution de l'édit de pacification en Poitou, Saintonge et Aunis, rendit à Saint-Maixent une sentence par laquelle il déclara « que les cas contenus en l'information faite contre maître Arnaud Rolland étaient remis et abolis par l'édit; en conséquence il cassa et annula le jugement de contumace rendu contre ledit Rolland, le rétablit dans ses bonnes fame et renommée, lui donna main-levée de la saisie de ses biens, et ordonna que les tableaux infamants qui avaient été érigés pour son exécution en effigie fussent abattus.

La paix d'Amboise était mal observée. Les papistes s'indignaient des nouvelles concessions faites aux huguenots: ceux-ci murmuraient de subir encore des conditions, alors que, délivrés du duc François de Guise, leur plus redoutable adversaire, ils pouvaient dicter des lois à leur tour. Les haines politiques et religieuses qui couvaient au fond des cœurs, s'exhalaient partout en provocations et en injures

Dans la Saintonge, l'Aunis et les contrées adjacentes, plusieurs églises catholiques demeuraient sans pasteurs.

Le voyage que Charles IX entreprit alors avec toute sa cour, dans les provinces du midi et de l'ouest de la France, loin de calmer l'irritation des partis, ne fit que semer de nouveaux germes de division, par la préférence marquée que le prince affecta pour ses sujets de la religion catholique. La cour arriva à Saint-Jean d'Angély le 15 septembre 1564, et en repartit le lendemain pour La Rochelle.

Les années qui suivirent le voyage du roi furent employées par les deux partis à s'affermir dans la Saintonge et dans l'Aunis. La Rochelle, qui jusque-là n'avait voulu se joindre à aucun parti, venait de donner refuge au prince de Condé, à sa femme et à ses enfants, qui ne se croyaient plus en sûreté en Bourgogne. Coligny, Jeanne d'Albret et son fils, le jeune roi de Navarre, y arrivèrent bientôt. Leur présence donna à leurs partisans une prédominance irrésistible, qui entraîna La Rochelle dans le parti de la réforme, et elle en devint la principale place forte et pour ainsi dire le chef-lieu du gouvernement.

Pendant que le prince de Condé et ses partisans se fortifiaient dans les villes de la Saintonge et de l'Aunis, Henri, duc d'Anjou, frère de Charles IX, rassemblait des troupes pour venir les attaquer.

Antoine de Pons, lieutenant pour le roi en Saintonge, mais dévoué au parti réformé, mit dans Saint-Jean d'Angély une forte garnison sous le commandement de Vivonne de la Châtaigneraye, et alla s'enfermer dans son château de Pons.

Le prince de Condé et l'amiral Coligny ayant rassemblé leurs troupes à Saintes, dans le but d'aller faire le siège de Pons, La Châtaigneraye s'empressa d'envoyer au secours de cette ville la garnison de Saint-Jean d'Angély. Mais malgré ce renfort considérable, la place succomba.

Aussitôt après la prise de Pons, en octobre 1568, une

partie des troupes des réformés, sous le commandement d'Armand de Clermont, sieur de Piles, de Bricquemault et de Saint-Maigrin, se dirigea à marche forcée sur Saint-Jean d'Angély, qu'ils savaient dépourvue de sa garnison conduite à Pons par La Châtaigneraye. A leur vue, les catholiques, désarmés et impuissants à défendre la ville, jugèrent toute résistance inutile; ils leur ouvrirent les portes, espérant ainsi éviter le pillage. Mais les troupes ne furent pas plutôt entrées qu'elles se divisèrent en plusieurs bandes et parcoururent la ville. L'une de ces bandes, commandée par un soldat appelé « le capitaine provençal », croyant trouver les fonds de la commune dans la vieille tour de l'horloge, appelée alors « tour du trésor », en défonça la porte et fit sauter les serrures des coffres, dans lesquels les titres des privilèges et les papiers de la commune étaient conservés. Déçus dans leur espoir, les réformés lacérèrent et jetèrent par les fenêtres des paperasses inutiles pour eux, et se répandirent furieux dans la ville, où ils pillèrent les édifices publics et privés, mettant à rançon les habitants qui voulaient éviter le sac de leur maison. D'autres bandes se portèrent dans les monastères et les églises, où ils tuèrent un cordelier et plusieurs prêtres. Le curé de la paroisse, Ulysse Arnaud, fut traîné par les rues et brûlé; son cadavre fut jeté dans les fossés des fortifications, où il fut laissé en pâture aux animaux. D'autres bandes démolirent de fond en comble l'église abbatiale de saint Jean-Baptiste, celles de saint Révérend et de saint Pierre, ainsi que les chapelles des Jacobins, des Cordeliers et des Capucins, déjà dévastées en 1562.

Après la défaite de Jarnac, où le prince de Condé fut tué, Coligny, Dandelot et quelques autres officiers protestants se jetèrent dans Saint-Jean d'Angély, où les débris de leur armée vinrent les rejoindre. Coligny s'empressa tout d'abord de rassembler les forces éparses des réformés, leur fit proclamer chef de la confédération Henri de Bourbon, prince de Béarn, âgé de 15 ans, et Henri de Bourbon, fils du prince de Condé ; puis il prit pour lui le titre de lieutenant-général de ces deux princes. Il distribua ensuite son infanterie dans les places fortes des bords de la Charente, et garda la cavalerie à Saint-Jean d'Angély.

Au mois d'avril de l'année suivante (1569), le duc d'Anjou reprit la campagne et rencontra dans les plaines de Moncontour l'armée des réformés, commandée par Coligny, qu'il mit en déroute. L'amiral, blessé, conduisit les princes à Saint-Jean d'Angély, où de Piles s'était enfermé avec quelques hommes, travaillant à mettre les fortifications en état de résister.

Coligny laissa à ce capitaine cinq cents mousquetaires avec la compagnie du capitaine Lamotte-Pujols, et se retira à La Rochelle avec les princes.

Au lieu de poursuivre ces derniers, Charles IX vint mettre le siège devant Saint-Jean d'Angély, croyant que quelques jours suffiraient pour s'emparer de cette place, qui n'avait qu'une faible garnison et à laquelle les princes n'avaient pu envoyer que quatre caques de poudre et trois cents piques.

Piles ne se découragea pas ; il rassembla les bourgeois, les encouragea à la défense, et passa la revue de ses forces ; il avait pour capitaines Lamotte-Pujols, La Ramière, Franco Sérido, les Essarts et Lagarde-Montault ; plus tard La Personne vint le rejoindre avec quelques cavaliers.

Lamotte-Pujols et La Ramière allèrent à Saintes, prévenir les princes de leur manque d'hommes et de munitions. Ils déterminèrent plusieurs capitaines à se rendre en toute diligence à Saint-Jean d'Angély.

Le 12 octobre 1569, le baron de Biron, informé par les catholiques fugitifs que la ville n'avait que peu de défenseurs, se présenta devant Saint-Jean d'Angély avec quatre cents chevaux et quelques fantassins, et fit sommer le gouverneur de se rendre. Piles répondit qu'il tenait la ville du roi de Navarre, gouverneur de Guienne pour le roi, tant pour la sûreté de sa vie, que pour celle de tous ceux qui y étaient avec lui, et qu'il ne la rendrait qu'à son commandement.

Saint-Jean d'Angély, quoique bien muré et bien fossoyé, avait perdu son ancienne importance depuis que le canon était en usage. Aussi, Piles, ne jugeant pas suffisantes les réparations qu'il avait déjà faites aux murailles, profita du peu de temps qui lui restait pour renforcer les parties faibles des fortifications, notamment ce qui restait du vieux château royal, la tour de l'Espingolle et la porte d'Aunis. Il fit élever en face de cette porte un ravelin flanqué d'un parapet, relié au rempart par un chemin de communication permettant à ses défenseurs de communiquer avec la ville. Toute la population, ne se composant guère que de réformés, puisque les catholiques avaient été forcés de fuir, aida la garnison dans l'exécution de ces travaux.

Le duc d'Anjou arriva bientôt au village de la Vergne et confia au maréchal de Vieilleville, son lieutenant-général, la direction des batteries de siège, réservant pour son conseil privé les maréchaux de Tavannes et de Cossé.

Le 16 octobre, l'infanterie vint occuper l'emplacement qui lui était assigné au faubourg Taillebourg et dressa aussitôt ses batteries contre la place. Les plus intrépides des assiégés sortirent par les portes de Niort et de Matha, pour ruiner les faubourgs, et coupèrent des arbres qu'ils rentrèrent pour faire des fascines aux remparts.

Le 21 octobre, quelques chefs réformés sortirent à la tête de trente ou quarante cavaliers, pour reconnaître l'artillerie royale et faire des prisonniers, dont on espérait tirer des renseignements sur les projets du maréchal de Vieilleville. Ils réussirent d'abord à mettre en fuite tous ceux qu'ils rencontrèrent, tuèrent quelques hommes occupés à faire des fascines sous une tente, mais ne purent faire prisonnier qu'un soldat italien.

Le lendemain, Lamotte-Pujols, avec deux cents soldats

fit une autre sortie dans le faubourg d'Aunis; l'attaque fut si vive que les catholiques perdirent deux enseignes, la moitié d'un drapeau et des armes. Les protestants, ayant vu tomber dans leurs rangs le capitaine Parasol et son frère, battirent en retraite, protégés par leurs arquebusiers qui les attendaient sur le ravelin.

Pendant ce temps, les assiégés réparaient constamment les fortifications, et les catholiques continuaient leurs tranchées en attendant l'arrivée du roi, qui fut reçu au camp de la Vergne, le 26 octobre, par toute l'armée rangée en bataille, au bruit de salves d'artillerie et d'escopetterie; le roi alla le même jour coucher au château de Landes, où il résida jusqu'à la prise de la ville.

Le 23 octobre, les chefs de l'armée royale engagèrent de nouveau les assiégés à se rendre, les assurant qu'ils seraient bien traités, mais rien ne put les ébranler. Aussitôt, une batterie, dressée dans une vigne sur la route de Niort, commença à tirer sur la porte de Niort, le ravelin et la porte d'Aunis, et fit bientôt une large brèche dans une des tours. Mais, pendant la nuit, Lamotte-Pujols descendit dans le fossé avec un grand nombre de travailleurs, et parvint à fermer la brèche au moyen d'une muraille en pierre sèche, faite avec les débris de la tour. Il fit ensuite démolir les maisons voisines des murs, et se servit des caves en guise de tranchées pour loger des arquebusiers, qui se cachèrent derrière des futailles, si bien que cette partie de la muraille fut considérée comme bien plus forte qu'auparavant.

Le même jour, le canon rasa une des tours; quelques hommes y furent tués, un plus grand nombre blessés. Trois soldats, armés de toutes pièces, qui se tenaient près de La Ramière, furent renversés par les débris, mais protégés par leur cuirasse, ils n'eurent d'autre mal qu'un étourdissement de peu de durée. Malheureusement, La Ramière eut le bras rompu par un éclat de chevron et le corps traversé par un boulet, blessures dont il mourut quelques jours après, fort regretté pour sa vaillance. Ce courageux capitaine, sentant que ses blessures étaient mortelles, ne voulut pas se laisser emporter dans son logis, refusa les soins qu'on voulait lui donner, et resta sur le rempart jusqu'à la mort, encourageant ses soldats.

Le 28 octobre, dès la pointe du jour, le maréchal de Vieilleville s'étant aperçu que les réparations, faites à la brèche et à la tranchée en arrière, rendaient cette partie des fortifications facile à défendre, et que ses soldats ne pouvaient monter à l'assaut sans être très exposés, tourna la direction de ses batteries vers la porte d'Aunis, en face du ravelin et d'une vieille tour dont la couverture avait été enlevée dans la crainte, qu'en tombant, elle n'écrâsat ses défenseurs et ne comblât le fossé.

Piles, s'étant aperçu que le tir des catholiques était dirigé sur le haut de cette tour pour en faire tomber les démolitions dans le fossé et faciliter l'assaut, et craignant que ces démolitions n'interceptassent le passage communiquant de la ville au ravelin, fit établir de longues poutres des deux côtés, poutres qui formèrent au-dessus du passage une toiture assez forte pour recevoir au besoin les démolitions de la tour. Le maréchal fit avancer deux pièces de fort calibre sur le bord opposé du fossé, pour tirer sur la tour.

Pendant la nuit du samedi 30 octobre 1569, et toute la journée du lendemain dimanche, ainsi que le lundi jusqu'à deux heures environ, l'artillerie royale battit le ravelin d'Aunis et y fit une brèche assez grande pour qu'un cavalier pût aisément y monter. Les assiégés n'avaient rien pour défendre cette brèche, mais la nécessité leur fit trouver un moyen excellent : le capitaine Lamotte fit établir une canonnière au pied de la muraille, à seize pas du ravelin, si étroite que deux soldats pouvaient à peine y mirer ; il mit dans ce poste les meilleurs tireurs, qui ne manquèrent pas un seul coup, et de cet endroit, causèrent des pertes considérables aux catholiques. Aussi repoussèrent-ils deux fois un assaut non commandé, que quelques chefs catholiques tentèrent, suivis de leurs meilleurs soldats, croyant prendre facilement la ville de cette façon. Les catholiques perdirent plus de trois cents hommes ; Guitinière et Montesquiou y furent blessés, ce dernier à mort. Les assiégés n'eurent que le capitaine Larrial et quatorze soldats tués sur la brèche et dans le ravelin. En prévoyance de la prise de la ville, les réformés avaient préparé leur retraite sur Saintes en faisant ouvrir un passage dans la muraille du côté de cette ville.

La perte de tant de braves soldats détermina le maréchal de Vieilleville à tenter encore les moyens conciliants ; il fit écrire par Biron au capitaine Piles, pour l'engager à rendre la ville, lui annonçant la prise de Lusignan et de Saintes, celle imminente de Cognac, qui le laisseraient seul, entouré par l'armée royale, sans provisions ni munitions, et sans espoir de secours, les princes étant au-delà de la Dordogne. Biron lui assurait que lui et les siens seraient reçus à si bonne composition qu'ils n'auraient pas lieu de se plaindre.

Ces remontrances ayant paru disposer les assiégés à une honorable composition, le conseil du roi leur envoya un gentilhomme poitevin nommé La Taillée, fait prisonnier de guerre, pour leur dire d'envoyer un gentilhomme vers les maréchaux, qui en donneraient un autre en otage.

Le quatre novembre, le conseil royal dépêcha La Guitinière ; les assiégés envoyèrent La Personne. Ce dernier avait pour mission de ne traiter que de la paix générale, il lui était interdit d'entamer aucune négociation ayant trait seulement à la reddition de la ville. La Personne fut courtoisement reçu à Landes par les maréchaux, avec lesquels il discuta la nécessité pour tous de faire la paix ; il lui fut répondu que, les princes étant absents, il ne pouvait être question de paix générale, mais seulement de la paix particulière de la ville, et, à ces fins, les maréchaux lui remirent un mémoire pour le capitaine Piles et son conseil, les engageant à demander une trêve pendant laquelle ils pourraient communiquer avec les princes. Il était dit dans ce mémoire que si, dans le délai de dix jours, ils ne recevaient pas dans la ville des secours enseignes déployées, ils rendraient la place au roi, à condition que les capitaines, les soldats et les habitants, quels qu'ils fussent, sortiraient avec armes, chevaux et bagages, sans être fouillés, et que ceux qui voudraient rester dans la ville ne seraient pas molestés en leur conscience.

Piles ne voulut pas traiter sur ces bases avant d'avoir reçu des nouvelles de La Personne et de Chamarant, qu'il se proposait d'envoyer aux princes pour avoir leur avis, mais il accepta la trêve proposée.

La Personne et Chamarant partirent le six novembre, ce jour-là ne fut pas compté au nombre des jours de la trêve. Ils se dirigèrent sur Angoulême, où ils espéraient avoir des nouvelles des princes et obtenir des secours de Sainte-Même, lieutenant du gouverneur de Saint-Jean d'Angély, qu'ils croyaient y trouver.

Rien de remarquable n'eut lieu de part ni d'autre pendant la trêve; les assiégeants et les assiégés se visitaient librement. Piles, cependant, ne redoutant rien plus que de rendre la ville, envoyait messager sur messager à Angoulême pour réclamer instamment des secours. L'un d'eux revint avec des lettres de Sainte-Même promettant l'envoi de renforts, pourvu qu'on lui donnât un guide pour le passage des rivières. Fombedouère accepta cette mission, il était en route pour Saint-Jean d'Angély, quand les hommes qu'il conduisait prirent peur en approchant du danger, et s'en retournèrent à Angoulême, laissant Fombedouère seul, apporter cette nouvelle à Saint-Jean d'Angély. La trêve expirait le lendemain et il était difficile de retarder la reddition de la ville, cependant Piles renvoya de nouveau Fonbedouère à Angoulême pour faire une seconde tentative.

Le lendemain, Biron se présenta pour sommer Piles de tenir sa promesse; celui-ci répondit qu'il ne pouvait se rendre avant d'avoir reçu des nouvelles de La Personne, ainsi qu'il en était convenu avec Rostein, député du roi. Après discussion, il fut arrêté que si le lendemain, à dix heures, il était encore sans nouvelles et sans secours, les assiégés quitteraient enfin la place. Le même jour, Guittinière entra dans la ville avec quelques capitaines et maréchaux des logis pour en assurer la reddition.

Le 18 novembre, au point du jour, la ville était en grand émoi, tout annonçait la reddition de la place, lorsque le bruit se répandit que les secours, tant attendus par les assiégés, venaient d'arriver aux portes de la ville. C'était en effet Saint-Surin, lequel, suivi de quarante chevaux, était venu tout d'une traite d'Angoulême, passant sans difficulté au travers du camp royal qui entourait la ville ; il avait même obtenu des sentinelles et des postes royaux les renseignements qu'il désirait avoir, en leur faisant croire qu'il était des leurs et qu'il venait pour passer une revue.

Le même jour, vers dix heures du matin, Biron, accompagné d'un héraut et d'un trompette, vint encore sommer Piles de tenir sa promesse. Celui-ci répondit que lui et sa compagnie aimerait mieux mourir au combat en faisant leur devoir, que d'être taillés en pièces à la sortie de la ville, comme on l'avait prévenu que le bruit s'en était répandu dans le camp royal.

Les otages furent rendus, de part et d'autre, et le canon commença aussitôt à tonner.

Du 19 au 22 novembre, les assiégeants changèrent leurs batteries de place, pour pouvoir entamer les tours et bastions du château. Ce fut pendant ce changement de dispositions que Sébastien de Luxembourg, comte de Martigues, gouverneur de Bretagne, fut tué, au moment où il indiquait les emplacements à occuper par les arquebusiers chargés de la protection des pièces. Il fut atteint à la tête d'un coup d'arquebuse, dont il mourut quelques heures après.

La mort de ce capitaine fit une sensation profonde dans

l'armée royale, où le comte se trouvait toujours au poste le plus périlleux.

La porte, par laquelle les assiégés communiquaient avec le bastion en terre construit devant le château, fut bientôt démolie par le canon, ce qui obligea les assiégés à ouvrir un autre passage dans le fossé. La moitié de la tour du Bourreau et le château jusqu'à la vieille brèche eurent le même sort. Les assiégés, pour y remédier en partie, flanquèrent le château d'une palissade ; mais, sentant bien qu'ils ne pourraient résister longtemps à une attaque si furieuse, ils employèrent tous les moyens possibles pour détruire les batteries qui leur causaient tant de ruines. Ils avaient essayé une première sortie, qui n'avait pas réussi : découverts trop tôt, ils avaient été obligés de rentrer précipitamment, sans avoir pu rien entreprendre. Les capitaines Lamotte et Saint-Surin en essayèrent une seconde, l'un avec vingt-cinq chevaux et l'autre soixante. Ils tirèrent à qui sortirait le premier : le sort désigna Lamotte. Ils étaient suivis par deux cents arquebusiers que les Essarts et le capitaine Bourdieu commandaient. La grande difficulté était de faire sortir ces troupes sans qu'elles fussent aperçues trop tôt des assiégeants ; pour cela il fallait sortir à couvert, et voici le moyen qui fut employé pour atteindre ce but. On construisit avec des poutres et des madriers garnis de traverses et couverts de fumier, un passage descendant de la muraille dans le fossé et remontant à la contrescarpe. Le tout était dérobé par de grandes toiles tendues du côté de l'armée royale pour lui en cacher la vue. Lamotte passa et, s'étant aperçu qu'il était déjà découvert, se jeta à corps perdu, suivi des siens, dans les tranchées de la garde royale, tuant tous ceux qu'ils purent atteindre ; seul, un capitaine enseigne se défendit et blessa le cheval de Lamotte d'un coup de coutelas, en criant aux armes, avertissant ainsi le duc de Losne, dont la cornette était de garde. Saint-Surin chargea cette dernière, blessa son porte-cornette et plusieurs hommes, lui prit son drapeau, et mit le reste en fuite. Pendant cet exploit, les arquebusiers couraient aux tranchées et s'emparaient d'armes nombreuses, tandis que Lamotte, poussant jusqu'aux pièces, en enclouait quelques-unes et brûlait dix caques de poudre. Il faillit même faire sauter le magasin des poudres, gardé par les Suisses, qui se laissèrent surprendre; mais, comme l'armée royale tout entière accourait au cliquetis des armes, ses soldats battirent forcément en retraite, l'infanterie protégée par la cavalerie, n'ayant perdu qu'un seul homme tué sur la contrescarpe du fossé, au moment où il aidait les blessés à entrer dans la ville.

Les catholiques, furieux autant de la perte de leurs hommes que de la bravade des assiégés, redoublèrent la violence de leur feu contre le ravelin d'Aunis; ils mirent en batterie cinq pièces sur une petite plate-forme construite au bord du fossé, d'où ils pouvaient voir ce qui se passait dans le ravelin qu'elle dominait. Bientôt, les défenses qui se trouvaient devant eux furent foudroyées; le ravelin devint intenable, les soldats n'y allaient plus que par la force ; et, sans quelques volontaires auxquels Lamotte-Pujols donnait l'exemple, quoique blessé, il serait resté sans défenseurs. Les catholiques, non contents de canonner si lourdement le ravelin, réduisirent en miettes la courtine du château, toutes les tours et leurs défenses, depuis le ravelin jusqu'au château. La plate-forme que les assiégés avaient construite sur pilotis, pour se protéger contre les couleuvrines qui les prenaient en flanc, tomba presque tout entière en une nuit. Les assiégés, auxquels elle avait rendu les plus grands services, se donnèrent beaucoup de mal pour la rétablir, les femmes même y travaillaient avec ardeur, beaucoup y succombèrent, bien que les toiles tendues les dérobassent aux assiégeants. La plate-forme ne leur servit guère, les boulets des couleuvrines la perçaient à jour en raison de la terre mouvante dont elle était faite.

Les assiégeants cherchèrent alors à décourager les assiégés, en leur disant qu'ils n'essaieraient plus de prendre la ville d'assaut, qu'ils se borneraient à en détruire les défenseurs à coups de canon.

La garnison, cependant, ne fléchissait pas, bien que très inquiète du sort qui semblait lui être réservé ; à la nouvelle que des secours lui étaient envoyés d'Angoulême, sous la conduite du capitaine Saint-Auban, Fombedouère sortit de la ville à dix heures du soir, monté sur le cheval de Piles, pour aller au-devant de la troupe annoncée ; il la rencontra dans la forêt de Chizé ; mais les soldats, en apercevant les troupes royales, refusèrent d'aller plus loin et retournèrent à Angoulême. Fombedouère revint seul à Saint-Jean d'Angély. Reconnu à Saint-Julien par la garde du pont, il voulut se sauver ; mais, vivement poursuivi, il fut pris. Les catholiques firent savoir sa capture aux assiégés, leur donnant à entendre qu'ils n'avaient plus aucun secours à espérer, et qu'ils n'avaient qu'à se rendre pendant qu'ils pouvaient encore obtenir de bonnes conditions. Biron, qui était aux tranchées, demanda le capitaine Lamotte et discuta avec lui pendant quelques instants. Le lendemain ils eurent une nouvelle entrevue dans laquelle il fut question d'une seconde capitulation. Le roi, disait Biron, accorderait aux assiégés, en outre des articles de la première capitulation, des otages qui, pour plus de sûreté, accompagneraient les réformés jusqu'à Angoulême.

Les assiégés ne se dissimulaient point qu'ils allaient manquer totalement de munitions et de vivres ; ils savaient que leurs hommes étaient harassés par les veilles et les travaux continuels ; que les fortifications de la ville, en partie rasées, ne les protégeaient plus ; aussi avaient-ils résolu de tenter les hasards d'une sortie désespérée par la porte Matha, de forcer la garde du pont de Saint-Julien, et de se retirer comme ils le pourraient à Angoulême.

Le 2 décembre, Lamotte, à l'issue d'un conseil secret tenu par les principaux capitaines réformés, alla trouver le maréchal de Biron et l'informa des dispositions des chefs, le priant de les faire connaître au roi. Deux ou trois heures après, le conseil royal fit porter à Piles les articles non signés d'une capitulation tellement exigeante, que les capitaines réformés la rejetèrent à l'unanimité, et répondirent qu'ils préféraient mourir que de traiter à des termes autres que ceux proposés pour la première capitulation. Biron les engagea à renoncer à demander des otages et à s'en rapporter à sa parole, ce à quoi ils consentirent. Le roi signa aussitôt la première capitulation et l'envoya à de Piles. D'après son contenu, les assiégés devaient, le lendemain, sortir de la ville bagues sauves, avec armes et chevaux, enseignes ployées ; ils ne devaient de quatre mois servir la cause générale de la religion réformée ; les étrangers et les habitants pourraient se retirer où bon leur semblerait ; la garnison devait être conduite jusqu'au lieu de sûreté qu'elle choisirait par les sieurs de Biron et Causseins.

Le lendemain, après un siège de plus de sept semaines, la garnison sortit par la porte de Matha, devant le duc d'Aumale à la tête des troupes catholiques rangées en bataille ; l'infanterie protestante, au nombre de cinq cents hommes, sortit la première, commandée par le capitaine Sérido et plusieurs autres ; puis venait la cavalerie qui comptait cent chevaux. Pendant que les troupes réformées traversaient le faubourg, quelques hommes furent attirés dans des maisons catholiques, où ils furent dévalisés, quoi que put faire de Biron pour en empêcher. Sérido alla se plaindre au duc d'Aumale des violences commises sur ses hommes, mais ce dernier ne put remédier au désordre, pas plus que Biron, Causseins et leurs trois cornettes. La garnison fut conduite jusqu'à Siecq par Biron, puis de Siecq jusqu'à Angoulême, par un hérault et un trompette porteurs d'un sauf-conduit du roi.

A son arrivée à Angoulême, de Piles renvoya le hérault avec des lettres pour le duc d'Aumale et le maréchal de Biron, dans lesquelles il se plaignait de la violence faite à ses soldats lors de l'évacuation de Saint-Jean d'Angély, malgré la capitulation, et leur disait qu'il se croyait dégagé de la clause qui lui interdisait de servir la cause de sa religion avant quatre mois. Quinze jours après, de Piles alla rejoindre l'armée des princes.

D'après La Popelinière, cent hommes au moins de la garnison furent tués pendant ce siège, plus un assez grand nombre de manœuvres. L'armée royale y aurait perdu plus de dix mille hommes, tant par les armes que par la maladie, et parmi ces derniers plusieurs chefs remarquables. Ce chiffre de dix mille paraît exagéré et doit être réduit de beaucoup pour approcher de la vérité.

Pendant que la garnison protestante sortait par la porte de Matha, Charles IX entrait dans la place par la porte d'Aunis, accompagné de la reine-mère, du cardinal de Lorraine, du maréchal de Vieilleville, et d'une cour nombreuse. A l'aspect des ruines qui jonchaient tous les quartiers de la ville, de la foule d'hommes et d'enfants exténués par la faim se présentant devant lui, le roi et sa suite ne purent se défendre d'un profond sentiment d'horreur et de pitié. Touché de compassion, le roi leur fit distribuer des vivres, et, au milieu des décombres, Charles IX, prenant la main du vieux maréchal de Vieilleville, lui dit: *Mon maréchal, vous avez pendant toute votre vie rendu tant de services à la couronne de France, et vous en avez été toujours si peu récompensé, que je m'estimerais le plus ingrat prince du monde si je ne commençais présentement à vous rémunérer selon vos mérites. La mort du feu sieur de Martigues, gouverneur de Bretagne, m'en offre une bonne occasion, et, à la vue de toute ma cour, je vous donne son gouvernement, afin que, sur votre vieil âge, vous puissiez encore me servir sans sortir de vos maisons, car la plus éloignée du duché de Bretagne n'en est, m'a-t-on dit, qu'à dix ou douze lieues.* Alors, prenant des mains de son secrétaire les lettres d'Etat, le roi les remit au maréchal.

Le capitaine Guitinières, à la sollicitation de Catherine de

Médicis, fut chargé du commandement de la place, et le maréchal de Vieilleville l'installa aussitôt avec huit compagnies d'infanterie.

La cour retourna ensuite au château de Landes, où le duc de Montpensier, chef de la branche cadette de la maison de Bourbon, se présenta devant le roi pour réclamer le gouvernement de Bretagne en remplacement du comte de Martigues. Charles IX lui répondit qu'il avait disposé de cette charge en faveur du maréchal de Vieilleville, et il ajouta : « Vous devez, d'ailleurs, avoir assez de votre gouvernement du Dauphiné. »

« Eh ! sire, répondit le duc, que deviendra mon fils, à qui je pensais transmettre mon gouvernement afin qu'il fût pourvu d'une charge honorable, comme il convient à un prince du sang royal de France ? Votre Majesté fait-elle si peu de cas de ceux qui ont l'honneur de lui appartenir, qu'elle leur préfère un simple gentilhomme ? »

Et, en parlant ainsi, il se prit à pleurer. Toute la cour fut consternée d'une telle faiblesse dans un homme de si haut rang ; la reine-mère sortit rouge de honte, ne pouvant supporter la vue d'une pareille lâcheté.

Les cardinaux de Lorraine et de Bourbon intercédèrent pour le prince, et Charles IX, cédant à leurs instances, dépêcha à regret le sieur du Perron vers le maréchal de Vieilleville, pour le prier de lui renvoyer ses lettres d'Etat, lui promettant de le récompenser doublement à la première occasion. Duperron était chargé, en outre, de faire accepter au maréchal une gratification de dix mille écus d'or, à titre de dédommagement des dépenses qu'il avait faites dans les dernières guerres.

Le vieux maréchal reçut courtoisement du Perron, qu'il affectionnait beaucoup. Après dîner, du Perron, paraissant triste et pensif, le maréchal lui demanda le sujet de sa tristesse, et du Perron lui raconta la comédie jouée par le duc de Montpensier.

— « Si ce n'est que cela, reprit le maréchal en riant, Mgr de Montpensier aurait pu se dispenser d'employer un pareil moyen. » En parlant ainsi, il remit ses lettres d'état à du Perron, ajoutant qu'il les eût portées lui-même au roi s'il n'avait été retenu à Saint-Jean d'Angély pour surveiller la mise en état du ravelin et de la porte d'Aunis. Il avait, en effet, été informé que les princes et l'amiral venaient de quitter Angoulême avec des troupes, et il prenait ses précautions contre le retour des réformés, retour peu probable, mais non pas impossible.

Le maréchal refusa même de recevoir les dix mille écus d'or qui lui étaient destinés, et il n'y consentit qu'après que du Perron lui eût remis un billet autographe du roi ainsi conçu : « Si M. le maréchal refuse les dix mille écus que je lui envoie, il peut bien se confiner pour jamais en sa maison, car plus ne l'aimerai de ma vie et le bannis éternellement de ma compagnie. CHARLES. »

Charles IX quitta le château de Landes pour retourner avec toute sa cour à Coulonges-les-Royaux. Le maréchal demeura encore quelques jours à Saint-Jean d'Angély pour achever de mettre cette ville en état de défense, puis il partit laissant ses instructions à Guitinière.

Saint-Jean d'Angély tomba alors dans la lassitude qui suit les grandes catastrophes, et jouit d'un calme relatif jusqu'à l'édit de pacification de Saint-Germain-en-Laye, du 8 août 1570. Ce calme n'était troublé de temps à autre que par quelques exploits guerriers, auxquels la garnison catholique seule prenait part, dans les fréquentes excursions, que son gouverneur La Guitinière faisait dans la banlieue, pour inquiéter les cantonnements calvinistes. Un jour, en 1570, ayant fait sa jonction avec La Rivière Puytaillé le jeune, gouverneur de Marans, il rencontra près du bourg d'Asnières, à six kilomètres de Saint-Jean d'Angély, un corps de huguenots commandé par Goulènes et Chaumont, et se mit en devoir de l'attaquer. Les deux troupes se rompirent au premier choc, mais se reformèrent aussitôt et recommencèrent le combat avec une nouvelle ardeur. Après une mêlée sanglante, les catholiques furent culbutés, et Guitinière mortellement blessé d'un coup d'arquebuse. Puytaillé eut à peine le temps de rallier sa troupe et de regagner Saint-Jean d'Angély, il fut poursuivi jusqu'aux portes par les vainqueurs. Goulènes et Chaumont se retirèrent sur La Rochelle avec plusieurs prisonniers et des étendards enlevés aux vaincus.

Après la Saint-Barthélemy La Rochelle devint le boulevard de l'émancipation religieuse, et le conseil royal en décidait le siège. Le baron de Biron, gouverneur de la Saintonge et de l'Aunis, dont les exactions sont encore légendaires dans le pays, fut chargé des préparatifs du siège de La Rochelle, et fit de Saint-Jean d'Angély sa place d'approvisionnement. Le 7 décembre 1572, il nomma le sieur de Brosses, lieutenant-général au siège de Saint-Jean d'Angély, commandant de la Saintonge spécialement chargé de centraliser, dans cette ville, les vivres et les munitions nécessaires à l'armée royale. Les exigences de Biron furent si exorbitantes, que les Angériens furent contraints, en 1574, de supplier la reine-mère de réduire les charges qui les accablaient; dans les remontrances qu'ils lui adressèrent à ce sujet, ils s'exprimaient ainsi :

« Supplient très humblement V. M., les villes et plats pays de Saintonge, avoir égard et souvenir que, oultre les pertes qu'ils ont faites aux premiers et seconds troubles, celles qu'ils ont souffertes depuis l'an 1568, que commencèrent les tiers troubles que V. M. a pu entendre et voir à l'œil, que les villes étant prises par ceux de la nouvelle opinion, ils ont taxé et ruiné le pays de plusieurs sommes de deniers, pris rançon de la plupart des habitants, qui pour cet effet ont consumé tous leurs biens, fruits et bétails, mesmement quand les ennemis virent qu'ils étaient contraints de quitter le pays après la bataille de Moncontour, emportant tout ce qu'ils purent tant à La Rochelle qu'ailleurs, dévastèrent et ruinèrent le demeurant. Et par la reprise de la ville de Saint-Jean d'Angély, Xaintes et autres, l'armée du roi vint au pays de Saintonge, où elle ne put être sans grands dégâts et dommages, et ayant été lesdites villes sous son obéissance, y furent mises plusieurs compagnies de gens de pied en garnison, à Saint-Jean sept, à Xaintes quatre, lesquelles y vécurent longuement et à discrétion, combien que M. de Pons, commandant audit pays, et depuis le sieur de La Rivière, levassent plus de 39,260 livres par chacun mois.

« Comme est aussi la ville de Saint-Jehan, longuement après la paix y vécurent les compagnies sans aucune discrétion et environ sept mois ; les maisons ruinées, brûlées par les soldats, en montrent aussi la désolation commune ; aussi grande partie du plat pays, qui se trouve en la plupart déshabité en totalité, sans aucune culture ni semences...

« Ceux aussi de Saint-Jehan, pour se garder des surprises, ont pendant quelques mois entretenu une compagnie de gens de pieds.

« ... Pour l'assiègement de La Rochelle fut levé sur le pays six mille boisseaux froment, autant d'avoine, et deux cents tonneaux de vin. Ont aussi fourni plusieurs étapes de vivres, pour gens de guerre allant et venant à La Rochelle,... avec ce que plusieurs, qui sortaient du camp de La Rochelle, venaient prendre tous les meubles, grains et bétail, et l'emportaient au camp, qui est cause avec les malheurs du temps et la stérilité qui a été, que la plupart d'iceux ont péri de famine et contraint les autres vendre leurs biens pour vivre. Outre un subside de plus de sept cents livres par mois pour l'entretien des garnisons de Saint-Jehan, Taillebourg ; huit mille livres pour la compagnie du sieur de Biron ; pour le voyage du roi de Pologne deux mille trois cents livres.

« Ceux de Saint-Jehan réparent les brèches, creusent les fossés...

« Signé : BLANCHARD, ayant charge des habitants. »

La régente fit droit en partie aux réclamations des Angériens ; elle les dispensa du paiement des tailles pour les trois trimestres expirant le 30 septembre 1574, mais à la charge de satisfaire au paiement des garnisons et des gouverneurs des places ordinaires, des six compagnies levées par les frères de Biron et le sieur de la Chapelle-Lauzières, lieutenant de ces derniers.

Le roi de Navarre et le prince de Condé durent marcher avec l'armée royale pour détourner les soupçons de la régente sur la sincérité de leur récente abjuration. Ils se trouvèrent au camp du duc d'Anjou devant La Rochelle, au milieu des mécontents de tous les partis. Ces derniers formèrent bientôt une ligne dite « des politiques », ayant pour chef le duc d'Alençon, et dans laquelle entrèrent le roi de Navarre, le prince de Condé et Henri de la Tour d'Auvergne, vicomte de Turenne. Mais le duc d'Alençon n'avait pas les qualités voulues pour maintenir réunis des hommes aux idées si différentes, et tandis que la ligue échouait, le roi de Navarre et le prince de Condé profitaient de leurs relations avec les réformés qui en faisaient partie, pour fortifier les intelligences qu'ils n'avaient jamais interrompues avec les églises réformées, et organisaient celles-ci en vue de leurs intérêts. C'est du moins ce qui paraît résulter du document ci-après transcrit, trouvé en 1860, caché dans un mur de la maison de M. Ollivier, libraire à Saint-Jean d'Angély, à l'angle des rues des Jacobins et de l'Horloge :

« Mémoire pour faire apporter de Lion à la petite Saint-Jehan.

« A été accordé qu'en chacune église sera faict élection
« de trois hommes notables, ayant la crainte de Dieu et la
« suffisance requise, entre les mains desquels ceux de la
« dite église jureront d'observer ce qui par eux sera fait et

« ordonné, suivant le règlement qu'ils auront reçu des
« assemblées générales.

« Que lesdits députés, ou l'un d'eux, feront rolles de tous
« ceux qui pourront porter armes, avecque les moyens, âge
« et qualité d'iceulx.

« Ensemble sera mis par état les armes qn'ils ont en leur
« puissance, et procéderont en toute diligence, pour être le
« tout fait et parachevé dans le dernier jour du présent
« mois.

« Sera faite très humble supplication et requête au roi
« de Navarre, de commander à M. le vicomte de Turenne
« prendre la charge de faire assembler à certain jour et
« lieu, le plus promptement que faire se pourra, tous les
« députés des églises, pour rendre par un chacun d'eux
« compte de ladite charge qu'il aura prise en cette assem-
« blée, que pour voir à ce qui restera à exécuter et à ce qui
« pourrait subvenir selon l'occurrence des affaires. De quoi
« ledit sieur vicomte sera aussi, sous bon plaisir de S. M.
« prié et requis, au nom de ladite église, de recevoir ledit
« commandement et charge.

« Et au lieu assigné, lesdits députés porteront le rôle des
« dites églises par devers ledit vicomte, pour voir le nombre
« des gens de guerre, de quoi on pourra faire état pour re-
« fondre et arrêter le règlement.

« Et pour éviter aux confusions qui ont été ci-devant, et
« afin d'établir un bon ordre, tel qu'il est requis et néces-
« saire pour le bien, profit et utilité des églises, il y aura
« une bourse commune des deniers qui seront levés par les
« députés, incontinent lesdits rôles faits, à la concurrence de
« 70 sols par tête, le fort portant le faible.

« Dont lesdits sols seront mis pour les menus frais qu'il
« conviendra faire en voyages et autres choses générales,
« selon que l'occasion des affaires se présentera, et selon
« l'ordonnance qui en sera faite.

« Et afin que la correspondance, qui doit être entre les

« églises, soit ferme et établie, et que les avertissements
« soient faits assurément et diligemment, seront envoyés les
« paquets et lettres auxdits députés et ministres, des lieux, ou
« à l'un d'eux ; et ne s'absenteront tous en un même temps,
« ains pour le moins l'un d'eux demourera, pour recevoir les
« dits paquets et en bailleront récépissé signé en témoignage
« de la réception d'iceux, et adresseront lesdites dépêches
« à la plus prochaine église, étant sur le chemin et allant au
« lieu où les paquets s'adresseront, ce qui se fera ordinai-
« rement en toute diligence ; et où il y aura distance de
« plus de quatre lieux, seront adressées à personnes fidèles
« et assurées, qui seront résidents sur le chemin ou près
« d'icelui.

« Sera escrit à MM. de Saint-Genis et de Beynac pour
« Périgord ; à MM. de Lésignac et Madellin pour Agénois ;
« à MM. de Favas et Melon pour le Bordelais, lesquels dits
« députés prieront tenir la main pour pourvoir à ce qui sur-
« viendra et honorer de leur présence l'assemblée qui sera
« faite desdits députés, chacun mois, à jour et lieux que
« par eux et lesdits députés sera avisé. Et en attendant le
« jour de l'assignation, lesdits sieurs conferreront par let-
« tres, ou autrement, de toutes choses qu'ils connaîtront être
« expédientes et nécessaires pour le bien et établissement
« des églises ; et même pour supplier lesdits sieurs vouloir
« prendre la peine de faire état et rôle de tous les gentils-
« hommes de la religion, qu'ils connaissent se vouloir
« joindre auxdites églises, et leur remontrer qu'il est main-
« tenant besoin d'employer tous les moyens pour la dé-
« fense d'icelle.

« Que à la prochaine assemblée, il sera député un per-
« sonnage, suffisant et capable, pour se tenir près du roi de
« Navarre, pour recevoir ses commandements et avertir les
« églises de tout ce qui se passera.

« Seront aussi supplié le roi de Navarre, prince de Condé
« et vicomte de Turenne, de prendre en bonne part les re-

« montrances qui leur seront faites par les députés de cette
« compagnie, afin de ne bailler charge ne mandement et
« autres qu'à ceux de ladite religion, et dont lesdites églises
« auraient suffisant témoignage, afin d'éviter les dangers qui
« en peuvent advenir.

« Sera promptement et en toute diligence, fait provision
« de poudres, salpêtres, piques, armes et autres choses né-
« cessaires pour la conservation et défense des villes et
« places ; et sera baillé instruction à celui qui ira par devers
« ledit sieur roi de Navarre, pour demander une ordonnance
« de S. M., par laquelle il soit permis aux habitants des
« dites villes et places, de prendre les restes qui peuvent
« être dûs en quelques villes, pour iceux restes employer
« et convertir en recouvrements desdites munitions, à la
« charge que lesdits habitants et reliquataires desdits restes
« en rendront compte par devant celui qui sera advisé par
« sa susdite majesté.

« Seront faites les remontrances à ceux qui feront ledit
« serment, et leur sera dit entr'autres choses, que l'occasion
« des entreprises qui se brassent est pour rompre l'édit et
« nous ramener aux troubles dont nous sommes sortis, en
« droissant des ligues et des confréries par toute la France
« pour exterminer la religion ; il est nécessaire de faire une
« association par laquelle sera porté que tous les associés
« feront serment d'observer ce qui par ci-après leur sera
« déclaré ; et que les soldats, qui seront blessés ou pris pour
« la défense de cette cause, ou feront perte de chevaux,
« armes et autres choses, seront secourus ou aidés des de-
« niers de la bourse commune et défendus de toutes injures
« et oppression qu'on leur voudrait faire, tellement que la
« cause de l'un sera la cause de tous. Et partant sera dit,
« vous promettez et jurez à Dieu vivant d'obéir à la discipline
« observée en toutes les églises réformées du royaume,
« d'employer vos vies et biens pour la sûreté, conservation et
« défense de la liberté promise et accordée par la paix,

« d'observer, et entretenir de point en point, ce qui sera fait
« et accordé pour repousser les desseins et entreprises de
« ceux qui voudront rompre et violer la paix, et être prêts,
« toutes fois et quante que l'occasion se présentera, sous
« la conduite de ceux qui vous seront ordonnés, et ne vous
« dessaisir de cheval, ne armes, ne autres moyens servant à
« ces fins, sur peine d'être déclarés réfractaires de cette
« cause et poursuivis comme tels.

« Si aucun des nommés, ayant témoignage des ministres
« des églises et consistoire d'icelle, craignant Dieu et affec-
« tionné à la religion, est poursuivi, en haine d'icelle, en
« ses personne ou biens, par les adversaires, sera secouru
« et aidé aux dépens communs et par toutes les voies les
« plus légitimes qu'on avisera. »

La guerre et la famine amènent presque toujours à leur suite un autre fléau dont les ravages sont aussi terribles : la privation des choses nécessaires à la vie qu'avaient éprouvée les Angériens, la mauvaise qualité des aliments, avaient affaibli leurs organes et les avaient disposés aux atteintes des miasmes contagieux. La peste qui désola plusieurs villes françaises en 1575, vint exercer ses ravages à Saint-Jean d'Angély et réduisit ses habitants à un état déplorable. Pour se soustraire aux atteintes de la contagion et aux vapeurs méphytiques qu'ils respiraient dans la ville, les Angériens établirent des tentes sur la contrescarpe; il ne resta dans la ville que le nombre d'hommes nécessaire à la garde de la tour de l'Horloge.

Un incident qui se produisit en l'année 1576, lors de la nomination de Henri de Condé au gouvernement de Picardie, contribua beaucoup à rejeter Saint-Jean d'Angély dans toutes les difficultés dont cette ville venait à peine de sortir. A l'approche du prince de Condé, les habitants catholiques de Péronne ayant appris que le prince avait l'intention de faire sa résidence dans leur ville, s'étaient levés pour le repousser.

Condé obtint de Henri III, en échange de Péronne, les villes de Cognac et de Saint-Jean d'Angély; mais Louis II de la Trémoïlle, duc de Thouars, comte de Benon et de Taillebourg, avait gagné la majeure partie des habitants de cette ville à la cause catholique, de sorte que le prince, pour en prendre possession, fut obligé d'avoir recours à la ruse. Il se concerta avec Jean de la Rochebeaucourt, seigneur de Sainte-Même, et le capitaine Lucas, qui lui étaient dévoués.

Ce dernier introduisit furtivement des gens déguisés dans la place. Sainte-Même s'y glissa aussi avec quelques nobles. Les bourgeois catholiques, ayant découvert cette ruse, coururent aux armes; mais les habitants huguenots s'armèrent de leur côté, et se joignirent aux gens de Sainte-Même. Les catholiques, n'étant plus en force, furent contraints de poser les armes, et le prince entra le jour même à Saint-Jean d'Angély.

Les trois états, réunis à Blois le 6 décembre 1576, révoquèrent le traité de Chatenay, dont les réformés réclamaient l'exécution pleine et entière, et votèrent la reconnaissance de la seule religion catholique dans tout le royaume, l'abolition du culte réformé, et la déportation de tous les ministres de ce culte.

Le roi de Navarre et le prince de Condé publièrent alors chacun un manifeste appelant leurs coreligionnaires à la résistance; toutes les villes de la haute Saintonge prirent les armes, La Rochelle s'engagea à leur fournir des vaisseaux, de l'artillerie, de l'argent et des munitions. Le prince de Condé assigna Melle à ses partisans comme lieu de réunion.

Pendant que le duc de Mayenne, à la tête des catholiques, faisait le siège de Brouage, les réformés de Saint-Jean d'Angély envoyaient leurs coureurs jusqu'à Orléans pour intercepter les communications de la cour avec l'armée. Henri III fut contraint, pour rétablir les communications, de former une compagnie spéciale de cent vingt gentilshommes et de cinquante arquebusiers, dont il donna le commandement à Jacques de Harville, sieur de Palaiseau. Un grand nombre de marchands profitèrent du départ de cette troupe pour se rendre, sous sa protection, au camp devant Brouage.

A Saint-Cybardeau, Palaiseau rencontra les volontaires de Saint-Jean d'Angély, au nombre de cent quarante, tant gendarmes qu'arquebusiers, commandés par de Pontlevin. Ayant donné sans précaution contre cette troupe aguerrie, il fut repoussé jusqu'au milieu du bourg, où il tomba, percé de coups, dans les bras de ses arquebusiers. Une trentaine de ces derniers, retranchés dans le cimetière, soutinrent pendant quelque temps le choc de vingt-cinq gendarmes huguenots. Ce faible poste étant culbuté, tout le reste rendit les armes. Pontlevin rentra à Saint-Jean d'Angély chargé de butin et suivi d'un grand nombre de prisonniers.

Enfin, une trêve fut conclue à Bergerac, le 17 septembre 1577, entre Henri III et les princes, et la paix générale fut signée le 28 du même mois, à Poitiers. Le prince de Condé garda Saint-Jean d'Angély, où il continua de faire sa résidence. L'édit de Poitiers fut publié à la lueur des flambeaux, la nuit même de sa réception à Saint-Jean d'Angély. Cet édit ne satisfit ni les catholiques ni les réformés, et quelques-uns de ses articles furent modifiés, en faveur de ces derniers, par un traité secret qui fut signé à Nérac par Catherine de Médicis et le roi de Navarre.

La dernière guerre avait été si désastreuse pour les populations de la Saintonge, qu'elles accueillirent avec joie un repos dont elles avaient grand besoin pour réparer leurs pertes.

Le prince de Condé était contraire à ces dispositions pacifiques, il vivait dans une continuelle défiance de la ligue, et, pour se protéger contre les entreprises criminelles qu'elle pouvait exciter contre lui, il avait créé une garde de sa personne, dont il voulut mettre la solde à la charge de la ville. La commune résista à cette prétention et refusa de payer la taxe de quatre-vingt-dix-huit écus, à laquelle elle avait été imposée de ce chef par Duplex, élu en Saintonge, et chargea Christophe Bouchault, son procureur, d'en poursuivre la nullité.

Le prince s'éloignait peu de Saint-Jean d'Angély, où il trouvait, tout à la fois, une retraite pendant la paix et un refuge pendant la guerre. Dans la prévision d'une prochaine rupture, il imagina, pour se procurer de l'argent, d'armer en course quelques navires. Cette conduite souleva, à La Rochelle, une telle animadversion, que le consistoire lui adressa de sévères remontrances et le priva même de la communion pendant quelque temps.

Mais l'inexécution du traité de Nérac remit bientôt les armes aux mains des réformés, et les hostilités recommencèrent. En 1580, une partie de la garnison de Saint-Jean d'Angély, sous le commandement d'Agrippa d'Aubigné, se dirigea sur Blaye pour s'en emparer, à l'aide d'un complot qui devait lui en livrer la citadelle. Mais les bourgeois de Blaye, prévenus, étaient sur leurs gardes, et d'Aubigné fut obligé de se retirer.

De leur côté les catholiques envoyèrent le capitaine Lanscome, avec un régiment de deux mille hommes, tenter de prendre Saint-Jean d'Angély en l'absence du prince de Condé ; mais la ville, ayant conservé une forte garnison, Lanscome se contenta, pendant trois jours, d'engager quelques escarmouches vers la porte Matha, et se retira pour aller au siège de Montaigu.

Un nouveau traité, signé à Fleix, sur la Dordogne, entre le roi, la reine-mère et le duc d'Anjou, vint arrêter la guerre encore une fois et procura quelques années de paix.

Henri III, par lettres du 12 février 1583, datées de Paris, confirma les maire et habitants de Saint-Jean d'Angély dans leurs privilèges d'exemption du taillon, du logement des troupes de passage, des contributions pour les vivres et victuailles destinés aux gendarmes, mais à la charge par eux de contribuer aux autres deniers, principalement à ceux de la subvention.

Ce privilège avait été concédé antérieurement aux Angériens par Antoine de Navarre; puis, pendant les troubles, les prises et redditions de la ville, ce privilège était devenu lettre morte pour les vainqueurs, et les habitants non-seulement avaient été pillés de leurs meubles et marchandises, mais avaient dû fournir encore aux gens de guerre des vivres à discrétion et tout ce qui était nécessaire à leur entretien. Une nouvelle confirmation était donc indispensable pour restituer au privilège tout son effet.

Ruinés de toutes les façons, les habitants de Saint-Jean d'Angély étaient encore tourmentés chaque jour par les agents du fisc, pour le paiement des tailles ordinaires et extraordinaires, d'autant plus élevées, pour les imposés, que les vingt-cinq membres nobles de l'échevinage, constituant la partie la plus riche de la population, en étaient exemptés. Les pairs du corps de ville crurent devoir, dans leur propre intérêt et dans celui des habitants taillables, adresser une supplique au roi, le priant de faire contribuer les vingt-cinq membres nobles de leur corps au paiement des tailles en général, ou tout au moins à celui des tailles extraordinaires, dépassant annuellement quatre fois le total des premières.

« Ce considéré, sire, plaise à V. M. ordonner que les échevins et conseillers du corps et collège, et autres personnes faisant une bonne partie des habitants qui ne sont de noble race, habitant ou résidant en la ville et faubourg d'icelle, contribueront, selon votre intention, aux charges et levées de deniers extraordinaires, tant pour les arrérages du passé qu'à celles qui seront faites, ou se feront ci-après par votre commandement sur lesdits habitants, et que ceux qui exerceront états vils, trafiquant de marchandises, détaillant, vendant ou tenant ferme, contribueront au paiement de toutes les tailles et impositions,... et ils continueront de prier pour l'accroissement de votre grandeur. »

Une ordonnance du conseil royal, du 12 mars 1584, ordonna que les intéressés comparaîtraient devant lui, et, par arrêt rendu quelques jours après, le conseil renvoya les parties à se pourvoir devant la cour des aides, dispensant provisoirement le maire et les échevins du paiement des tailles.

Le 21 avril 1584, Ballonteau, procureur envoyé à Paris par l'échevinage pour défendre les droits du corps de ville, exprimait dans une lettre sa confiance dans l'issue favorable du procès, s'il parvenait à faire nommer rapporteur l'évêque de Vienne.

Henri III, poussé par la ligue, rendit, le 15 juillet 1585, l'édit de Nemours, abolissant dans toute la France l'exercice de toute religion autre que la catholique, et enjoignit aux ministres réformés de sortir du royaume dans le délai d'un mois, à peine d'arrestation et de confiscation de leurs biens; et aux adeptes de la même religion d'en faire abjuration publique, dans le délai de six mois, à peine de bannissement.

Le roi de Navarre et Condé protestèrent contre cet édit et déclarèrent guerre à outrance au catholicisme. Condé partit de Saint-Jean d'Angély avec l'élite de ses soldats, repoussa le duc de Mercœur, gouverneur de Bretagne, entré en bas Poitou, puis revint à Saint-Jean d'Angély avec l'intention d'épouser Charlotte-Catherine de la Trémoïlle, fille de Louis III de la Trémoïlle, duc de Thouars, comte de Benon, qu'il aimait et dont il était payé de retour, bien que Jeanne de Montmorency, mère de Charlotte, catholique fervente, se refusât au mariage de sa fille avec un chef de réformés.

Mme de la Trémoïlle, qui avait de bonnes raisons pour craindre que le prince de Condé n'usât de violence pour forcer son consentement, avait sollicité du maréchal de Matignon l'envoi de quatre compagnies qui, sous les ordres de Beaumont, étaient venues investir le château de Taillebourg, occupé par les soldats de Condé. Mais Charlotte, de son côté, craignant que le château ne tombât au pouvoir de Beaumont, fit informer secrètement Guy-Paul de Coligny, comte de Laval, qui était à Saint-Jean d'Angély, du danger où se trouvait la garnison de Taillebourg. Le comte de Laval partit aussitôt avec cent cuirasses et quatre cents arquebusiers, et, guidé par les émissaires de Charlotte, mit les troupes de Beaumont en déroute. Il s'empara du château de Taillebourg, y mit la garde du prince de Condé, et en confia le commandement à son lieutenant Boursier, sur le désir que lui en témoigna Mlle de la Trémoïlle.

Le mariage du prince n'eut pas lieu de suite cependant; défait par les ligueurs à Angers, il fut obligé de se réfugier à Guernesey.

Le duc de Mayenne vint aussitôt devant Saint-Jean d'Angély, dont la faible garnison ne pouvait lui opposer une bien grande résistance ; mais le comte de Laval, pour cacher la faiblesse de ses forces, eut l'idée de faire tirer à ses hommes des décharges répétées de mousqueterie, qui firent croire au duc de Mayenne que la garnison était plus nombreuse qu'il ne l'avait supposée, ce qui le détermina à se retirer en Gascogne sans entreprendre rien de sérieux contre la place.

En 1586, Condé revint d'Angleterre et se rendit à Taillebourg, où son mariage avec Charlotte fut célébré, le 16 mars, dans la chapelle du château, transformée en temple de la religion réformée. Aussitôt après, le prince, avec ses troupes, parcourut les environs de Saint-Jean d'Angély et de La Rochelle pour en chasser les catholiques, qui venaient constamment rôder autour de ces deux places, et parvint à son but. Jusqu'à la bataille de Coutras il soutint, ainsi que ses lieutenants, de nombreux sièges et combats dans lesquels la fortune leur fut plus ou moins favorable.

Après la bataille de Coutras, où il fut vainqueur, le prince vint passer l'hiver à Saint-Jean d'Angély auprès de son épouse, alors enceinte de son deuxième enfant. Il avait, dit-on, formé le projet de se créer une riche principauté en enlevant au domaine de la couronne plusieurs provinces de l'ouest, entr'autres la Saintonge ; mais la mort vint renverser cet ambitieux projet.

Le jeudi 12 mars 1588, le prince, en bonne santé, avait couru la bague et avait bien soupé. Un vomissement violent le prit à minuit et dura jusqu'au matin ; toute la journée du vendredi il demeura au lit. Le soir il soupa, et, ayant bien dormi, il se leva le samedi matin, dîna debout, puis joua aux échecs, après quoi il se promena dans la chambre, devisant avec l'un et l'autre. Tout à coup, il s'écria : « Baillez-moi ma chaise, je sens une grande faiblesse ». Aussitôt après il perdit la parole et rendit l'âme. Des symptômes d'empoisonnement se produisirent aussitôt.

A la nouvelle de ce crime, le roi de Navarre accourut à Saint-Jean d'Angély ; bien que depuis longtemps il ne vivait pas en bonne intelligence avec son cousin, il fut vivement affecté de sa fin tragique, qui lui faisait craindre pour sa propre vie. Il s'occupa aussitôt de faire rechercher les coupables, et chargea de l'instruction judiciaire René de Cumon, prévôt de la sénéchaussée de Saint-Jean d'Angély.

Il fut constaté par le rapport des médecins et chirurgiens appelés à donner des soins au prince, et chargés après sa mort de l'autopsie, que le 13 mars 1588, une heure et demie après avoir soupé, le prince ressentit dans l'estomac de grandes douleurs, accompagnées d'une soif ardente. Nicolas Payet, son chirurgien, reconnaissant la gravité de ces symptômes, se fit assister de Bonaventure de Médicis, docteur en médecine. Ils facilitèrent les vomissements, mais le mal persista toute la nuit, s'étendant au bas ventre, qui devint dur et tendu ; le prince respirait difficilement, ce qui ne lui permit pas de rester au lit et le contraignit à se tenir assis dans une chaise. Le lendemain, les médecins eurent une consultation avec les docteurs Louis Bontemps et Jean Pallet, et employèrent toutes les ressources de la science à secourir le malade. Le surlendemain, samedi, vers trois heures et demie après-midi, le prince expira suffoqué. Cette mort soudaine ne pouvait être attribuée qu'à une cause extraordinaire et violente. Deux heures après le décès, une écume épaisse et blanche sortit par la bouche et les narines, et s'amassa de la grosseur du poing; à cette écume succéda une humeur compacte et abondante.

L'autopsie qui fut faite par les mêmes médecins, le 6, établit que la partie inférieure du ventre était livide, noire, brûlée; les intestins pleins d'eau roussâtre; l'estomac, au-dessus de l'orifice, percé à travers.

Tout indiquait que le prince avait été empoisonné. Son corps fut inhumé à Saint-Jean d'Angély, où il resta déposé jusqu'en 1613, époque à laquelle son fils le fit transporter, avec l'autorisation de la reine, à Valery, dans l'Yonne, ainsi que l'indique la lettre du corps de ville à Marie de Médicis:

« A la royne régente.

« Madame, les très humbles services qu'avons rendus à M. le prince de Condé, et l'élection qu'il avait faite de notre ville de Saint-Jean d'Angély pour sa demeure, nous faisait espérer que le glorieux dépôt de son corps, tant honoré et honorable à la postérité, nous serait laissé. Mais tout à coup nous en avons été privés par le commandement de V. M., lequel préférant à notre bien et propres désirs, nous l'avons délivré ès mains des sieurs de Chamont et de Lagrange, pour le conduire au château Valery, lieu choisi par Mgr le prince de Condé, en témoignage de la prompte et absolue obéissance que peuvent et doivent, madame, vos très humbles.

« Signé: GRENON, maire et capitaine, ARCENDEAU, greffier.

« De votre ville de Saint-Jean d'Angély, ce 23 novembre 1613. »

La justice poursuivit donc l'instruction de ce crime; elle révéla qu'il avait été préparé par Charlotte de la Trémoïlle, et consommé à son instigation par Permillac de Belcastel, un de ses pages, et par Jean Ancelin Brillaud, procureur au parlement de Bordeaux, intendant de la maison du prince. Charlotte espérait par ce crime, disent les uns, cacher à son mari ses criminelles amours avec son page, dont elle portait le fruit dans son sein ; selon d'autres, elle fut entraînée par les obsessions des agents de la ligue, qui lui représentaient ce crime comme l'expiation de son hérésie et le moyen de se réhabiliter dans l'esprit des catholiques.

Quinze jours avant la mort du prince, Brillaud avait conduit deux chevaux chez un aubergiste du faubourg Taillebourg, et lui avait recommandé, en lui promettant récompense, de les bien soigner et de les tenir prêts à partir d'un moment à l'autre. Ce fut sur ces chevaux que Brillaud et Belcastel prirent la fuite aussitôt que le crime fut consommé. Belcastel parvint à gagner l'Italie, mais Brillaud fut arrêté, ramené à Saint-Jean d'Angély et mis à la question. Dans son interrogatoire, il déclara que la princesse lui avait ordonné de compter mille écus à Belcastel, et d'acheter deux chevaux pour assurer la fuite du page en Italie. Le valet de chambre de Charlotte fut aussi arrêté à Poitiers et transféré à Saint-Jean d'Angély. Pendant le voyage cet homme se répandit en invectives contre sa maîtresse et fit des révélations aux archers qui l'escortaient : « Madame est bien méchante, disait-il ; qu'on saisisse son tailleur, il peut dévoiler la trame qui avait été ourdie contre les jours de M. le prince. Pour moi, je confesserai sans crainte tout ce que je sais ». Il paraît qu'en considération de ses aveux, le roi de Navarre lui fit grâce, car rien ne constate son supplice ni son évasion. Mais, par sentence de la sénéchaussée de Saint-Jean d'Angély, Brillaud fut condamné à être écartelé, et le page Belcastel à être pendu en effigie. Brillaud fit appel, mais la sentence fut confirmée et exécutée selon la coutume de l'époque.

Le 11 juillet 1588, jour fixé pour l'exécution de la sentence, Brillaud fut traîné sur une claie depuis la prison de le sénéchaussée jusqu'au lieu de l'exécution, en passant par les principaux cantons de la ville. Arrivé là, Brillaud fut enlevé de dessus la claie; le bourreau brûla, devant lui, dans le vase même où il avait été préparé, le poison qui avait servi à la perpétration du crime; les membres du condamné furent attachés aux traits de quatre vigoureux chevaux qui tirèrent en sens inverse pour les arracher; Brillaud, rendu fou par la douleur, ne cessait de vociférer contre le bourreau et de blasphémer. Lorsque les membres eurent cédé, ils furent replacés sur la claie avec le tronc, et le tout fut transporté à « *la Justice du Roi* », au sommet de la butte de Niort, qui porte encore aujourd'hui le nom de « *butte des Justices* », où ils furent accrochés et restèrent jusqu'à ce que les intempéries, les oiseaux de proie et les animaux carnassiers, les eussent fait disparaître.

Quant à Charlotte de la Trémoïlle, les commissaires du roi de Navarre ordonnèrent qu'il serait procédé contre elle, et qu'en cas de condamnation à mort, elle ne serait exécutée que quarante jours après son accouchement; qu'en attendant elle serait étroitement gardée et ne pourrait communiquer qu'avec Mme de Brizambourg, femme de Jean de la Rochebeaucourt, sieur de Sainte-Même, désignée pour assister aux couches de la princesse et rendre compte de tout ce qui s'y passerait. Mais le parlement de Paris, par un arrêt antérieur du 6 mai, avait ordonné que toutes les pièces de la procédure concernant la mort du prince de Condé seraient déposées au greffe de la cour, et interdit l'instruction du procès aux commissaires du roi de Navarre ou à tout autre tribunal, la princesse ne pouvant être jugée que par ses pairs. La cour ordonna la signification de cet arrêt aux juges du roi de Navarre; il fut publié à Niort et à Saintes, dont la garnison était composée de troupes royales. Mais on se contenta de l'afficher aux portes de Saint-Jean d'Angély, la publication ne pouvant en être faite sans danger, dans une ville dont la garnison avait fait partie des troupes réformées commandées par le prince.

Le grand prévôt de la sénéchaussée de Saintonge et les autres officiers délégués par le roi de Navarre ayant continué l'instruction, malgré la défense du parlement de Paris, cette dernière cour, par un second arrêt du 9 août, ordonna qu'une copie de la requête, présentée par Charlotte, serait délivrée à François, prince de Conti, et à Charles, comte de Soissons, frères du défunt, et leur fit défendre de poursuivre la princesse ailleurs que devant le parlement. Les commissaires du roi de Navarre furent, par le même arrêt, décrétés de prise de corps, et leurs biens saisis et séquestrés jusqu'à ce qu'il se fussent présentés devant la même cour pour rendre compte de leur conduite. Cet arrêt fut affiché et publié comme le précédent.

Le roi de Navarre se contenta de faire rendre par son conseil un arrêt contraire, qui débouta Charlotte de la Trémoïlle de son déclinatoire, et ordonna qu'il serait passé outre au jugement, selon la forme suivie jusqu'alors. Convaincue d'avoir été tout au moins complice de l'empoisonnement de son époux, elle fut condamnée à mort. L'exécution du jugement ne devant avoir lieu que quarante jours après les couches de la princesse, elle demeura en état d'arrestation à Saint-Jean d'Angély, sous la garde de Jean de La Rochebeaucourt, gouverneur de la ville pour le roi de Navarre.

Le 1er septembre 1588, la princesse accoucha, dans sa prison, d'un fils que le roi de Navarre, devenu Henri IV, tint sur les fonts baptismaux quatre ans après sa naissance, et auquel il conféra à son baptême le titre de premier prince du sang royal et d'héritier présomptif de la couronne. L'opinion publique, ne pouvant croire que le roi put élever si haut le fils d'un simple page, chercha les motifs d'une faveur si extraordinaire et trouva que le vert galant pouvait bien s'attribuer la paternité de son filleul, en raison des relations intimes qu'il avait entretenues avec sa cousine, du vivant du prince de Condé et même après sa mort. C'est du moins ce qui résulte d'une anecdote, extraite du manuscrit de Conrart, publiée par Paul d'Estrée dans la *Chronique de Saint-Jean d'Angély* du 19 octobre 1884.

Le jeune prince fut mis en nourrice au village de Mazeray, où la princesse obtint d'aller le voir chaque jour. Pour s'y rendre elle suivait habituellement le sentier qui se trouve entre le château de Beaufief et la route actuelle de Taillebourg, et qui a pris le nom de « *chemin de la Princesse* », dénomination par laquelle on le désigne encore dans le pays.

La naissance du prince fit surseoir à l'exécution de la sentence rendue contre Charlotte de la Trémoïlle, qui demeura encore six ans prisonnière à Saint-Jean d'Angély. La haute qualité de l'accusée, l'incompétence des juges, Charlotte n'étant justiciable que de la cour des pairs, furent pour beaucoup sans doute dans cet atermoiement.

L'une des conditions imposées par le pape Clément VIII pour donner à Henri IV l'absolution de l'hérésie, était que dans un an le roi retirerait le prince de Condé de Saint-Jean d'Angély, où il était entre les mains des protestants, et le ferait instruire dans la religion catholique. Cette condition fut exécutée; Henri IV donna pour gouverneur au jeune prince, Jean de Vivonne, marquis de Pisany, qui le confia aux moines de Saint-Germain en Laye.

Charlotte de la Trémoïlle n'avait cessé de solliciter la révision de son procès; ses parents se joignirent à elle, et Henri IV renvoya la cause devant le parlement de Paris, où la princesse comparut en liberté sous caution.

La cour des pairs annula la procédure faite à Saint-Jean d'Angély et ordonna la suppression de toutes les pièces auxquelles elle avait donné lieu; puis, par arrêt du 24 juillet 1595, elle déclara Charlotte innocente du crime dont elle avait été accusée.

René de Cumon, qui avait déployé dans l'instruction de ce grand procès autant de fermeté que de droiture, fut appelé à Paris. Il fut fait conseiller d'état, on le combla de présents, et l'on acheta ainsi son silence sur les circonstances cachées du crime; mais l'arrêt du parlement de Paris ne justifia pas complètement la princesse, surtout aux yeux des réformés.

Pour achever de se réhabiliter près des catholiques, Charlotte abjura la religion réformée, à Rouen, entre les mains du cardinal de Médicis, légat du siège apostolique.

Le 1er août 1589, Henri III, assassiné par Jacques Clément, avant de mourir désigna Henri de Navarre comme son successeur; ce dernier, après bien des difficultés pour se mettre en possession de son trône, sentant bien que sa religion était le principal obstacle, fit abjuration publique pour rentrer dans le giron de l'église catholique: Paris vaut bien une messe, disait-il.

En 1593 le nouveau roi donna aux Angériens une preuve de son affection, en ordonnant au parlement de Bordeaux, aux présidents et trésoriers généraux à Limoges, ainsi qu'au sénéchal de Saintonge, de laisser les maire, échevins, conseillers, pairs, bourgeois, manants et autres habitants de Saint-Jean d'Angély, jouir et user pleinement et perpétuellement de leurs anciens privilèges.

Cependant, des tracasseries ayant été suscitées à l'échevinage sur l'étendue de ces mêmes privilèges, le roi désigna Méri de Vicq, conseiller et maître des requêtes, pour procéder à une enquête sur l'interprétation habituelle qui leur était donnée. A la suite de cette enquête Henri IV maintint les maire, échevins et conseillers dans leurs prétentions, par lettres du 15 mars 1594, données à Chartres.

Le procès-verbal dressé par Méri de Vicq, le 17 avril 1593, contient les dépositions de onze habitants nobles de la ville et des environs, et de précieux détails sur l'étendue des privilèges, et leur interprétation consacrée par la coutume. Les comparants étaient :

Jean de La Rochebeaucourt, sieur de Sainte-Même, gouverneur de Saint-Jean d'Angély;

Olivier de Cumon, sieur de Voissay;

Charles de Cumon, sieur de Courjon ;
Pierre Ory, sieur de la Courrade ;
Pierre de Crenne, sieur de la Pallu-Champeau ;
Christophe Robillard, sieur de Champagné ;
Abel de Laurière, sieur du Sableau ;
François Duval, sieur de Laléard ;
Jean Boisseau, sieur de Pouzou ;
Pierre Pontvert, sieur de Montplaisir et de la Maisonneuve ;
François Charron, sieur de Châteaupair.

Le corps de ville n'avait rien négligé, du reste, pour s'attirer les bonnes grâces des personnages chargés de la vérification de ses privilèges ; il avait offert aux graves magistrats de la cour des aides, entre autres, des présents qui pouvaient avoir alors une certaine valeur, mais que personne ne songerait à offrir aujourd'hui à de graves magistrats ; en voici la liste, dressée le 8 juillet 1593 :

« A M. Dulac, avocat général du roi, une boîte de confiture sèche, coins, pommes, poires allemandes et noix de sucre, qui ont coûté cent sols, avec une boîte d'écorce de citron pesant une livre et demie.

« A M. Lebret, aussi avocat général, néant pour avoir refusé.

« A M. de Verdilly, procureur général, un pain de sucre pesant huit livres, à raison de vingt sols chacune ; avec une demi-douzaine de cailles vives, qui ont coûté cinquante sols.

« A M. le premier président Chandon, une boîte de marmelade, qui a coûté sept livres, avec deux beaux levreaux vifs de quatre livres.

« A M. le président Rebours, un paon d'un écu et demi, avec deux levreaux, un vif et un mort, de soixante et dix sols.

« A M. Lormier, plus ancien conseiller, une demi-douzaine

de cailles vives d'un écu, et une boîte d'écorce de citron d'une livre et demie, cinquante-cinq sols.

« A M. Barantin, aussi conseiller, deux beaux levreaux vifs, coûtant quatre livres, et une demi-douzaine de cailles, une livre.

« A M. Dehère, conseiller, deux levreaux vifs, coûtant soixante-dix sols, et une boîte de dragées, trente-cinq sols.

« A M. Dauquechin, conseiller, une demi-douzaine de cailles, une livre, avec deux perdrix vives, quarante sols.

« A M. Dellonneau, conseiller, un pain de sucre de cinq livres.

« A M. Desset, conseiller, une boîte d'écorce de citron, cinquante-six sols, et une boîte de dragées, trente-cinq sols.

« A M. Foucaud, rapporteur, un bas de soie de Milan, couleur gris brun, neuf livres; plus, audit Foucault, un couple de levreaux morts.

« Plus, au clerc de M. de Vicq, un bas d'étame violet d'Angleterre.

« A M. Dumaine, procureur, pour avis, un pain de sucre de cent sols et un bas noir d'Angleterre. »

Le corps de ville de Saint-Jean d'Angély était composé de cent membres : le maire, douze échevins, douze conseillers et soixante-quinze pairs. Chacun des membres, lors de son admission, promettait de « *faire bonne obéissance au maire et à ses successeurs, et de garder les privilèges de la commune au mieux de son pouvoir, aussi de garder les secrets d'icelle sans en rien révéler.*

Le maire était choisi par le roi ou son lieutenant, sur une liste de trois candidats à lui présentée le dimanche de la Passion, par le corps de ville, et pris indistinctement parmi les cent membres; dans le principe il était rééligible indéfiniment, puisque le maire Bernard Tronquière mourut dans l'exercice de sa huitième mairie; mais dans la suite, il fut décidé qu'il ne pourrait être élu plus de deux années consécutives. D'après Maichin *(Commentaires de la coutume de*

Saint-Jean d'Angély, titre 4, chapitre 2), le maire prenait autrefois le titre de premier baron de Saintonge.

Le maire, les échevins et les conseillers étaient anoblis par leurs fonctions et jouissaient des privilèges attachés à la noblesse, tout en continuant leurs opérations commerciales sans déroger ; lorsqu'ils décédaient en charge ils transmettaient la noblesse à leur postérité née et à naître, de même qu'à leurs veuves tant qu'elles demeuraient en viduité ; mais à la condition que ces derniers vivraient noblement. Ils étaient exemptés du paiement des tailles et autres impositions ; ils pouvaient acquérir fiefs et juridictions nobles sans payer de droits, et étaient dispensés de comparaître ou envoyer au ban et à l'arrière-ban.

Plusieurs gentilshommes de la ville et des environs étaient sortis de l'échevinage et n'avaient d'autres titres de noblesse, notamment :

Tesseron, sieur des Vignes;

De la Croix, sieur de la Madeleine;

Ravard, seigneur d'Orioux;

Fradin, seigneur de Bessé;

Méhé, seigneur de la Giraud;

Bidault, seigneur de Courpéteau;

Louis Mallat, seigneur de Cerain;

Les seigneurs de la Jourdinière, de Luret, de la Valière, du Verger, de Montroy.

De plus, ils avaient le privilège de faire vendre au détail, dans les tavernes de la ville et avant tous autres, le vin provenant de leur récolte.

Les pairs n'étaient pas exempts du paiement des tailles et impositions, mais seulement de toutes commissions et charges publiques. C'était parmi eux seuls qu'étaient choisis les échevins et conseillers. Ils étaient dispensés du paiement des droits d'octroi sur les vins destinés à leur consommation personnelle, mais jusqu'à concurrence seulement de quatre tonneaux.

Le maire et les échevins avaient droit de justice criminelle sur tous les habitants de la ville et des faubourgs, et les peines corporelles infligées par *la cour de la mairie*, composée d'un juge et d'officiers désignés chaque année par le corps de ville, et pris parmi ses membres, étaient exécutées sans opposition de la part des officiers de la justice royale. Mlle de la Courade, dame en partie de « *la rue Franche* », fief seigneurial situé dans l'enceinte de la ville, ayant voulu, en 1612, s'attribuer la connaissance d'un crime perpétré sur le territoire de sa seigneurie, souleva l'opposition du corps de ville, qui prétendit avoir seul le droit de connaître des crimes commis dans l'enclos de la ville. La justice civile fut même rendue par eux jusqu'en 1566, époque à laquelle elle leur fut retirée par l'édit de Moulins, sur la réformation de la justice en France. Ils nommaient, chaque année, quatre « *jurats* » ou « *jurés* », appelés aussi « *J'ay miz droict* », chargés de vérifier la qualité des denrées et autres marchandises mises en vente, de saisir celles défectueuses, de les confisquer et d'imposer une amende aux marchands qui enfreignaient les règlements des maîtrises ou les ordonnances de la commune.

Ces jurats marquaient du poinçon communal les poids et mesures, et vérifiaient si les futailles étaient à la jauge de la ville ; ils avaient aussi la police de la banlieue, car ils donnaient le ban des vendanges, et le jour fixé par eux, les propriétaires ne pouvaient commencer la cueillette que lorsque la grosse cloche de l'échevinage leur en donnait le signal.

L'élection des trois candidats à la mairie était faite par le corps de ville, de trois manières : par compromis, par la voix du Saint-Esprit, au scrutin secret.

La première, décrite par Guillonnet-Merville, paraît n'avoir été employée que très rarement, les registres de l'échevinage n'en faisant aucune mention ; voici la description qu'en fait cet historien :

Le maire appelait quatre pairs du corps de ville et leur faisait prêter le serment qu'ils désigneraient, sans passion, les trois candidats à porter sur la liste de présentation. Ces quatre pairs se retiraient dans un appartement séparé, désignaient deux conseillers, qui venaient se joindre à eux, après avoir prêté le même serment aux mains du maire ; ces six délégués choisissaient deux des échevins, qui ne briguaient pas la mairie, et ces huit délégués dressaient la liste des candidats à présenter au choix du roi.

Il était procédé ainsi pour la désignation par la voix du Saint-Esprit : Un membre du corps de ville se levait au début de la séance, et disait à haute voix : « *Au nom du Père, du Fils et du Saint-Esprit, j'élis pour maire l'année présente.....* » Si les trois personnes désignées étaient agréées à l'unanimité par l'assemblée, le maire en faisait la présentation immédiatement. Les archives mentionnent des élections faites de cette façon. Si les personnes proposées n'obtenaient pas l'unanimité, on procédait par scrutin secret, à la majorité des voix.

Les membres du corps de ville, à l'exception du maire en fonctions, de celui de l'année précédente et du sous-maire, qui se retiraient de la salle du vote, inscrivaient le nom de trois candidats sur leur bulletin et le déposaient dans un récipient. Les trois membres qui s'étaient retirés revenaient dans la salle, dépouillaient le scrutin, et en proclamaient ainsi à haute voix le résultat : « *Messieurs, Dieu soit loué, notre élection est faite, ceux qui ont obtenu le plus de voix sont.........* »

Du haut d'une des fenêtres de l'échevinage, le greffier du corps de ville répétait alors le nom des élus à la foule anxieuse, qui attendait dans la rue le résultat du vote.

Aussitôt, le corps de ville tout entier, ayant à sa tête l'ancien maire, entouré des officiers de la commune en robe d'apparat, escorté des sergents et des arbalétriers à la livrée de la ville, rouge et bleue, se transportait au château royal ;

le greffier s'avançait à la porte principale, et demandait si le roi ou son lieutenant était au château ; dans le cas d'affirmative, le corps était reçu, le maire présentait la liste des élus, et le roi ou son lieutenant désignait le maire, et lui faisait prêter serment, la main droite sur le livre rouge contenant le calendrier grégoirien, les évangiles et les statuts de la commune :

« *Je jure et promets au Dieu vivant, par mon baptême et par ma part de paradis, de bien et loyalement garder la ville de Saint-Jean d'Angély, contre toute personne qui peut vivre et mourir à la bonne, vraie et loyale subjection et obéissance du roi, notre sire, d'eschever le mal et deshonneur d'icelui de tout mon pouvoir, et si le savais de le faire savoir à S. M. et à ses gens. La ville de Saint-Jean d'Angély je gouvernerai en bonne justice, au mieux que je pourrai, et ferai droit à tous également, aux pauvres comme aux riches.* »

Le cortège revenait dans le même ordre à l'hôtel de l'échevinage, pour l'installation du nouveau maire.

L'ancien maire faisait répéter au nouveau le même serment que ci-dessus, puis il lui cédait son siège et lui remettait le livre rouge.

Le nouveau maire, ainsi installé dans ses fonctions, recevait le serment de son prédécesseur et celui des échevins et conseillers :

« *Je jure à Dieu que office d'échevin vous ferai cette année ; droit, justice et raison ferai à tous au mieux de mon pouvoir.* »

Enfin, le serment des pairs : « *Je jure à Dieu qu'office de pair vous ferai cette année.* »

Puis le cortège se reformait pour se transporter à chacune des portes de la place, où l'ancien maire faisait remise des clefs au nouveau, en sa qualité de capitaine de la ville et de commandant de la milice bourgeoise, exclusivement chargée de la défense de la ville. Les maires étaient tellement jaloux de leur autorité militaire, que plusieurs fois ils s'opposèrent à la réception de lieutenants des gouverneurs, dans la crainte qu'ils ne portassent atteinte à cette prérogative, notamment en 1601.

Les membres du corps avaient droit de résigner leurs fonctions en faveur d'une personne de leur choix, pourvu qu'elle fût reconnue apte à les bien remplir ; mais à leur décès ils ne pouvaient être remplacés que par le corps de ville, à la majorité des voix. Si le maire n'était que pair lors de son élection, la première place vacante d'échevin ou de conseiller lui était attribuée, après la cessation de ses fonctions, afin de lui conserver la noblesse, qu'il perdait en redevenant simple pair à l'expiration de sa mairie.

Les droits à payer par chaque membre, lors de son admission dans la commune, étaient de dix livres au profit de la communauté, et d'un linceul neuf pour l'aumônerie Notre-Dame des Halles.

Tous les Angériens étaient exempts du ban et de l'arrière-ban ; ils ne pouvaient être appelés à un service de guerre, en dehors de la ville, que pour la garde de la Saintonge. Cependant, ils n'invoquèrent pas ce privilège dans plusieurs circonstances critiques de la guerre de cent ans, et ils répondirent avec ardeur à tous les appels de la France agonisante.

Les cent membres de la commune devaient résider dans la ville, et à portée d'entendre la grosse cloche de l'échevinage, que l'on mettait en branle pour les réunir. Ceux qui, sans motifs sérieux, n'assistaient pas aux réunions, étaient passibles d'une amende de cinquante sols pour les échevins et conseillers, et de vingt-cinq sols pour les pairs. Ils pouvaient être rayés du nombre des membres de la commune après trois absences successives non justifiées, et remplacés par des personnes plus soucieuses de remplir les devoirs de leur charge.

Le maire avait la police des séances ; chaque membre y prenait la parole par ordre d'ancienneté, les échevins les premiers, les conseillers ensuite, puis les pairs. Celui qui opinait avant son tour, ou qui interrompait, était d'abord rappelé à l'ordre; s'il continuait, il était passible d'une amende. Les injures proférées en séance contre le maire entraînaient immédiatement une punition rigoureuse ; le coupable était mis dans la basse fosse de l'échevinage, jugé par ses pairs et condamné à faire une amende honorable au maire et au roi, à genoux, la tête nue, en présence du corps de ville réuni en mésée ; de plus, il était passible d'une amende considérable, mais dont il lui était presque toujours fait remise lorsqu'il se soumettait à l'humiliante réparation qui lui était imposée. S'il refusait de s'y soumettre, il était expulsé de l'hôtel de l'échevinage et rayé du nombre des membres de la commune.

L'échevinage, ou maison commune, paraît avoir été établi tout d'abord dans deux maisons données, en 1313 et 1317, au maire et aux échevins de Saint-Jean d'Angély, par Barthélemy de la Féraudie et Pétronille, veuve de Giraut de la Féraudie, sa belle-sœur. Il occupait une bien plus grande étendue de terrain que celui enclos par les ruines encore debout dans la rue de l'Echevinage, si nous en jugeons par les services auxquels il devait suffire et par le nombre des personnes qui devaient y trouver place. Deux cents personnes se réunissaient quelquefois dans la salle des « *mésées* », ou séances du conseil. En 1412, le corps de ville, n'ayant pas voulu traiter seul de graves questions, s'adjoignit cent notables, auxquels il donna le pouvoir d'assister aux séances du conseil et d'y donner leur avis sur les affaires de la commune. Il y avait aussi une salle des audiences de la cour de la mairie, assez vaste pour avoir servi aux « *grandes assises du roi* », pour lesquelles elle fut louée 4 livres 10 sols en 1406 et 1416 ; enfin, une prison dite de l'échevinage, et des cachots souterrains appelés « *basses fosses* », ainsi que tous les appartements complétant ces divers services. Il y a donc lieu de croire, avec la tradition populaire, que l'échevinage occupait tout le côté couchant de la rue qui porte son nom, et s'étendait jusqu'au jardin de M. de Lestang, rue du Jeu de Paume, occupé, il y a quelques années encore, par une sorte de tour contenant un bel escalier en pierre, à rampe en fer forgé, dont la construction lourde et sans ornements extérieurs paraissait remonter au XIVe siècle.

Le luxe intérieur des édifices publics n'était pas poussé, à cette époque, aussi loin qu'aujourd'hui ; au lieu de planchers cirés et de riches tapis, nos puissants édiles se contentaient, au rez-de-chaussée principalement, d'un carrelage recouvert d'une simple couche de paille ou de jonc ; les comptes du receveur de 1417 font mention d'une somme de 7 sols 6 deniers payée à Perrin Desbordes, pour avoir fourni l'échevivinage « *de paille et jonchure aux mésées.* »

Cette manière toute primitive de remplacer les tapis dans les appartements était dans les usages d'alors, et le roi de France lui-même s'en contentait ; bien plus, il imposait l'obligation de lui fournir la paille et les joncs nécessaires, à titre de redevance, pour les faveurs dont il gratifiait ses sujets ; ainsi, en 1404, Pernelle d'Excideuil, veuve de sire Jehan de Saumur, tenait le poids de la ville de Saint-Jean d'Angély, appelé « *le poids du roi* », à foi et hommage, et au devoir de jonchure, quand le roi ou son lieutenant venait à Saint-Jean d'Angély pour la première fois ; c'est-à-dire qu'elle était tenue de joncher, une fois, la salle et la chambre du roi ou de son lieutenant, en été avec du jonc, en hiver avec de la paille.

Après le siège de 1621, le corps de ville, dépouillé de ses privilèges, sans commerce et sans revenus, négligea forcément l'entretien des propriétés communales ; en 1764 l'échevinage menaçait ruine ; on y fit quelques réparations insuffisantes, qui ne l'empêchèrent pas de s'écrouler en février 1765, ce qui força les notables de se réunir provisoirement, le 7 mars, dans la salle des R. P. jacobins. Les ressources de la ville ne permettant pas de le reconstruire, les murs furent rasés à la hauteur de dix pieds, pour prévenir un nouvel écroulement, et les matériaux en furent vendus, ainsi que l'emplacement. Pendant longtemps, la municipalité chercha à acquérir un nouveau local, dont le prix fût en rapport avec ses ressources ; mais ses revenus étaient alors si faibles et ses charges relativement si élevées (1,200 livres de revenus et 2,440 livres de dépenses), qu'elle dut renoncer à l'acquisition et se contenter, pour ses réunions, d'une des salles du monastère des bénédictins, mise à sa disposition par le prieur ; elle s'y réunit jusque dans les premières années de ce siècle, époque à laquelle l'aumônerie, fondée en 1429 par l'échevin Gallerand, fut transformée en hôtel de ville.

La tour de l'Horloge dépendait de l'échevinage, dont elle renfermait les archives ; elle contenait aussi la cloche qui servait à la convocation de ses membres ; séparée du corps principal, comme il est facile encore d'en juger, elle était à cheval sur la rue, marque distinctive de l'existence de la commune, qui avait seule le privilège de ce genre de construction. Elle fut réparée en 1405, 1406, 1410 et 1764. Elle devait au roi 10 sols de sens payables chaque année, le jour de la Saint-Michel, au receveur de la Saintonge. L'horloge qu'elle renferme remonte à une assez haute antiquité, elle existait avant 1406, année pendant laquelle elle fut réparée.

En 1711, la grosse cloche, qui lui servait et lui sert encore de sonnerie, étant fêlée, fut réparée, puis refondue en 1721 par René et Pierre Barreau, maîtres fondeurs de Saintes; avant sa refonte elle portait l'inscription suivante en caractères gothiques :

Angeriacum super Vulturnum me fecit 18 mense maii, anno Domini MCCLXX septimo.
Laus tibi sit Christo, placidus tibi sit sonus iste.
Mentem sanctam spontaneam, honorem Deo et patriæ liberationem.

Cette inscription fut remplacée par la suivante, qu'on y lit aujourd'hui :

Anno Domini MVCCXXI, regnante Ludovico XV, D° Bignon provinciæ præfecto, facta fui opibus et opera Dⁱ Charrier, Angeriaco præfecti, ad honorem Dei patriæque salutem.
Laus tibi sit Jesu, placidus tibi sit sonus iste.
Dictus dominus Charrier patronus meus fecit et domina Castin de Guérin uxor ejus matrina.
Olim anno 1277 fusa fui, ponde 3184, hodie 15 februarii refusa sumptibus multorum civium, ponde 3227 et XXIV mensis ejusdem benedicta.

MAIRES DE SAINT-JEAN D'ANGÉLY

DONT LES NOMS ONT ÉTÉ CONSERVÉS.

Thomas de Galerne	1292
Guillaume de Lussaut	1313
Ademar de Lussaut	1317
Aimar de Lussaut	1328
Pierre Boisseau	1331
Bernard Barraud	1332
Guillaume de Rion	1346
Patrice de Cumon	1372
Jean Roilhe ou Rouylhe l'aîné	1374
Bernard Tronquière	1375
Jean de Saumur	1379
André Coutelier, lieutenant du sénéchal	1380
Guillaume Roilhe	1381
Jean de Saumur	1383
Guillaume Roilhe	1384
Bernard de Marteaux	1386
André Coutelier	1387-88
Ambroise de Saumur	1389
Berthommé Marquis	1390
Aimeri Seignoret	1392
Bernard Tronquière	1393
Ambroise de Saumur	1395
Bernard Tronquière	1396

— 225 —

Berthommé Marquis	1397
Bernard Tronquière	1399
Bernard Tronquière	1402
Pierre Girart, avocat	1403
Jean Bidaut, sieur de Courpéteau	1404
Ambroise Fradin, sieur de Bessey	1405
Hugues de Cumon	1406
Bernard Tronquière, décédé pendant sa huitième mairie.	1407
Ambroise Fradin, sieur de Bessey	1408
Ambroise de Saumur	1409
Berthommé Marquis	1410
Ambroise Fradin, sieur de Bessey	1411
Jean Bidaut, sieur de Courpeteau	1412
Jean Chauveau, procureur en parlement	1413
Ambroise de Saumur	1414
Jean Bidaut, sieur de Courpeteau	1415
Ambroise Fradin, sieur de Bessey	1416
Bernard Bidaut	1417
Hélie de Saumur	1418
Pierre de Lavau	1419
Hélie Duchaslard, avocat, d'après Guillonnet-Merville, ou Bernard Bidaut, d'après un registre de comptes de 1420	1420
Jean Bidaut, d'après Guillonnet, et Robert Bidaut, d'après un registre de 1421	1421
Jean ou Bernard Bidaut	1422
Hélie de Saumur	1423
Bernard Bidaut	1424
Hélie Duchaslard	1425
Ambroise Fradin	1426
Jean Bidaut	1427
Guillaume Bidaut	1428
Hélie Duchaslard	1429
Gérard Vairon	1430
Jean Bidaut	1431
Jean d'Angiers	1432
Jehan Duchaslard	1433
Pierre Fradin	1434
François Prévost	1435
Pierre Fradin	1436
Hélie Duchaslard	1437

Jean Dorin 1438
André Piron 1439
Jean Dorin 1440
Guillaume Bidaut. 1441
Hélie Grasmorcel. 1442
Hélie Gaignaire 1443
Bernard Vairon 1444
Jean Dabeville. 1445
Guillaume Bidaut 1446
Jean Dabeville, ou Hélie Bertram 1447
Colin Martin, conseiller du roi, receveur des tailles en
   Saintonge et gouverneur de La Rochelle 1448
Mathelin Rousseau 1449
Guillaume Bidaut. 1450
Jehan Piron 1451
Jean de Cumon 1452
Jean de Thouar 1453
Colin Martin 1454
Hélie Bertram 1457
Jean de Cumon 1464
Amauri Julian. 1478
Pierre Patureau 1482
Bernard Tronquière. 1490
Hélie de Cumon 1491
Guillaume de la Croix, avocat, sieur de la Madeleine . 1503
Jean Gandoux. 1507
Marc Brosset 1509
Amauri Bouchard, lieutenant général. 1516
Jean Gandoux. 1517
Olivier Pesneau 1518
Laurent Pitard. 1519
Jean Audet 1520
Jacques Tibault, seigneur du Bellay 1521
Guillaume Hobineau. 1522-23
Pierre Constant 1524
Jean de Cumon 1526
Pierre Chevalier 1527
Pierre Brun, sieur de Saint-Martin. 1528
Maurice Myrault, sieur de Lalou. 1529
Pierre Brun, sieur de Saint-Martin 1530
Hugues Texeron 1531

Maurice Myrault, sieur de Laleu	1532
Antoine Guingant, sieur de Charaux	1533
Denis Hélie, sieur de la Maisonneuve, procureur du roi	1534
François Prévost, sieur des Trois-Rois et de la Pironnière, avocat.	1535
Marquet Hélie	1536
Christophe de Cumon, seigneur de Voissay, lieutenant particulier	1537
Jean Ravard, seigneur d'Orioux	1538
Jean Meneu, sieur de Chantemerle	1539
Maurice Myrault	1540
François Sarraud	1541
Pierre Daguesseau, lieutenant général	1542
Etienne Sarraud, sieur de Laperrière	1543
Antoine Rolland	1544
Jean Payen	1545
René Caniot	1546
Joachim Dabillon, marchand de fer	1547
Mathurin Regiou	1548
Henri Pallet, marchand de drap	1549
Pierre Berland, sieur de Genouillé	1550
Jacques Jousseaume	1551
Pierre Perrichon	1552
Antoine Rasin, sieur du Chapeau-Rouge	1553
Jean Texeron, sieur des Vignes	1554
Jean Blanchard, receveur des tailles	1555
Mathurin Myrault	1556
Jean Boisseau, sieur de la Galernerie	1557
Etienne Sarraud, sieur de Laperrière	1558
Mathurin Regiou	1559
Olivier de Cumon, sieur de Voissay	1560-61
Arnaud Rolland, sieur de Monrolland et de Monmouton, et Pierre Daguesseau, après le départ de Rolland	1562
Pierre Daguesseau, écuyer, sieur du Sableau, lieutenant général	1563
Etienne Sarraud, sieur de Laperrière	1564
Dominique Chouet	1565-66
Nicolas Mangou	1567-68
Pierre Boisseau	1569
Jean Régnier, sieur de Laplante	1570

Pierre de Juif 1571
Jean Pelletier 1572
Philippe Payen 1573
Denis Hillaret, sieur d'Ardenant 1574
Maurice Gadouin, sieur de la Madeleine, avocat . . . 1575
Christophe de Laurière. 1576
Hugues Fouchier, sieur du Vivroux 1577-78
Jean Barthommé, sieur du Château 1579-80
Jean-Baptiste de Juif, sieur de Gourdon 1581
Jean Dabillon, sieur de Beaufief et de La Leigne. . 1582-83
Antoine Prévost, sieur des Trois-Rois. 1584
Jean Dorin, sieur de Gratteloup. 1585
François Mathé, sieur de la Sausaye 1586
Jean Gilbert, sieur de la Chaussée. 1587-88
Jean Bernissan, marchand de drap. 1589
René de Cumon, sieur des Fiefs-Bruns, écuyer, lieutenant
    particulier 1590-91
Jean Legendre, sieur de La Vauguion. 1592-93
Jean Dorin, sieur de Gratteloup, écuyer 1594-95
François Barbade. 1596
Guillaume Vincent, notaire 1597
Charles Cardel, sieur de Launay 1598
Jean Barthommé, sieur de Bignay. 1599
Hélie Festiveau 1600
Jean Dabillon, écuyer, lieutenant général civil et crimi-
    nel 1601
Jean Barthommé, sieur du Château 1602
Simon Pitard, greffier du siège de la sénéchaussée . . 1603
Jean Boisseau, sieur de Pouzou. 1604-5
Antoine Rolland, sieur de Monrolland et de Monmou-
    ton 1606
Hugues Fouchier, sieur du Vivroux 1607
Jean Barthommé, sieur du Château 1608
Jean Dorin, sieur de Gratteloup. 1609-10
Jean Brochard, sieur du Pignaud 1611
Jacob de Queux, sieur de Saint-Hilaire 1612
Daniel Grenoux, sieur des Grands-Sûres. 1613
Jean Barthommé, sieur des Masures 1614
Jean Barbot, président de l'élection 1615
Bonaventure de Lacombe, écuyer, sieur de La Richar-
    dière 1616

Jean Texier, écuyer, avocat, sieur de la Maisonneuve . 1617
Daniel Maichin, écuyer, sieur de La Prade et de Riollet. 1618
Pierre Fromentin, avocat du roi, sieur du Châtanet. . 1619
Jacques Lecocq, sieur des Roches, Jean Audet, d'après
   Maichin. *Coutume*, p. 15 1620
Pierre Eveillard, sieur de La Guillebaudière 1621

Après le siège de 1621, Louis XIII supprima la mairie et confia la police de la ville aux lieutenants généraux:

        Jacques Augeard 1622-1651
        Charles Rasin 1652-1679
        Antoine Lambert . . . 1680-1688
        Joseph de Bonnegens . . 1689-1692

Jean Robert, premier maire perpétuel . . . ¹ . . 1693-1706
Jacques-Jean Robert, maire alternatif avec 1707
Jean Benezet 1708
Jacques-Jean-Baptiste Robert, seigneur des Tartres et
   d'Orioux 1709
Jacques-Christophe Dières, succède à Robert 1716
Jean Benezet 1717
Alexandre Mallet, maire électif annuel 1718-19
Jean Benezet 1720
Jean Mestadier, avocat du roi 1721-22
René Pépin, sieur de La Brunetière 1723-25
Josué Lemaître, sieur du Pouzat, lieutenant criminel. 1726-28
Antoine-Maurice Charrier, procureur du roi . . . 1729-30
Jacques Geoffré, sieur de Longfief 1731-32
Jean-Baptiste Caffin, seigneur de Chantemerle, asses-
   seur au sénéchal 1733-38
Pierre-Michel Suireau, sieur de Sonnac, marchand . . 1739
Charles Marchand, sieur de Fiefjoyeux, avocat . . 1740-41
Jean-Antoine Delarade, lieutenant particulier 1742
Jean-Joseph Lemaître, sieur du Pouzat et de Chan-
   celée, maire ancien et mi-triennal, aux gages de
   225 livres par an. (Prenait la qualité de maire per-
   pétuel en 1745) 1743-64
Anne-Rogier Garnier, commissaire ordinaire des guerres. 1746-54
Pierre-Augustin Perraudeau, écuyer, avocat, conseiller
   secrétaire du roi, maison et couronne de France . 1765-66
Pierre-Daniel Héry, lieutenant criminel 1767-71

Antoine Valentin, conseiller et médecin du roi, avocat
en parlement 1772-90
Cabaud-Desnobles 1791
Elisée Loustalot 1792-93
Paul Paroche-Dufresne. 1794-95
François Tillié, président de l'administration munici-
pale. 1796-98
Paul Paroche-Dufresne, président de l'administration
municipale 1798-99
Jacques-Elie Levallois, ancien procureur, président de
l'administration municipale 1800
Paroche-Dufresne. 1801
Jean-Baptiste Griffon, négociant 1802-09
De Serigny de Luret, ancien lieut. de vaisseau, ✻ . 1809-15
Charles-Joseph de Lalaurencie 1816-30
Joseph de Bonnegens de La Grange 1830-33
Jean-Baptiste-Marie Chopy, avoué 1833-39
Auguste de Gaalon, ✻ 1839-45
Les membres du Conseil municipal dans l'ordre du
tableau. 1845-47
Auguste Fenioux, avoué 1847-48
Abel Mousnier, négociant. 1848-53
Michel Texier, capitaine de corvette en retr., O ✻, ✠ 1853-64
Auguste Roy de Loulay, avocat, ✻, I ✪, député . . 1864-70
Jean-Baptiste Petit 1870-71
Alphonse Jouslain, docteur en médecine, A ✪ . . . 1871
Nicolas Pastureau 1876
Pascal Bourcy, docteur en médecine 1877-78
Joseph Lair, avocat, ✻, I ✪ 1879

La conversion d'Henri IV, son sacre et son entrée solennelle dans Paris, le 22 mars 1574, désarmèrent ses ennemis.
En attendant les nouveaux règlements qu'il méditait sur
l'exercice de la religion réformée, il remit en vigueur l'édit
de Poitiers, l'un des plus favorables à la réforme ; il permit
en outre aux réformés de se réunir en assemblées générales
pour régler provisoirement les affaires de leur religion. La
première de ces assemblées eut lieu dans le mois de mai à
Sainte-Foix. Il y fut arrêté qu'il serait formé un conseil

général des églises, composé de douze membres au plus, dont quatre choisis dans la noblesse, quatre parmi les ministres de la religion et quatre dans le tiers-état ; que la première réunion aurait lieu à Saumur ; qu'enfin il serait créé, dans chacune des dix grandes provinces du royaume, un conseil particulier chargé d'envoyer, chaque année, un député au conseil général.

Les réformés, sur qui l'abjuration d'Henri IV avait produit mauvais effet, murmuraient sur le retard apporté à la promulgation des nouveaux règlements, et ne furent même pas satisfaits tout d'abord par l'édit de Nantes du 13 avril 1598, qu'ils considéraient comme leur étant peu favorable, tandis que les catholiques, au contraire, le trouvaient trop libéral pour les réformés.

Les concessions royales ne produisirent donc pas l'effet que l'on en attendait pour la tranquillité générale et particulièrement pour celle de Saint-Jean d'Angély, et le lecteur va voir, par suite de quels évènements cette ville fut entraînée à la chute terrible dont elle ne commença à se relever que deux siècles après, lorsque la révolution, en abolissant les privilèges, permit à ses habitants de donner libre carrière à leurs aptitudes commerciales.

Les idées de liberté religieuse avaient amené à leur suite le désir d'arriver aussi à la liberté civile et commerciale. Cette disposition des esprits porta chacun à saper les vieilles libertés municipales, qui, rapetissées alors par la loi supérieure du progrès, ne représentaient plus que des privilèges monstrueux au profit des corps communaux et au grand détriment de la masse. Saint-Jean d'Angély, n'étant plus ville frontière, avait perdu toute son importance stratégique, et l'invention de la poudre avait considérablement diminué la force de résistance de ses fortifications. Le pouvoir n'avait donc plus le même intérêt à maintenir ses privilèges intacts ; bien plus, il cherchait souvent à enfreindre ceux qui le gênaient, principalement celui de l'exemption des tailles, que ses agents fiscaux éludaient par tous les moyens possibles. Il est vrai que le corps de ville, laissant la porte ouverte aux abus, avait perdu sa force et son homogénéité d'autrefois; au lieu de choisir ses membres comme jadis, parmi les Angériens les plus considérés, il avait admis le droit de résignation en faveur d'une personne désignée par le cédant. Cette faculté avait dégénéré en abus, et il n'était pas rare de voir un homme riche et influent, désireux d'arriver à la noblesse par l'échevinage, obtenir à prix d'argent la résignation d'un pair en sa faveur, puis celle d'un conseiller ou d'un échevin; de sorte que, sans avoir rendu aucun service à la commune, le nouvel élu était anobli et jouissait des privilèges attachés à sa qualité, sans plus se soucier ensuite des devoirs de sa charge, au point qu'il n'assistait même pas aux méséées. Il en résultait que le corps de ville n'était pas toujours en nombre pour délibérer, et était contraint de différer souvent sa décision au sujet d'affaires importantes.

Le duc d'Epernon, gouverneur de la Saintonge, fut le premier qui profita de cette déchéance morale du corps de ville, pour se dispenser de tenir compte de ses privilèges et lui imposer sa volónté. Voulant envoyer au roi le régiment de Picardie, auquel il manquait huit cents hommes, le duc ordonna de le compléter dans son gouvernement de Saintonge, et fixa à dix hommes le contingent à fournir par Saint-Jean d'Angély et sa banlieue. De plus, il fit contribuer la ville pour une somme de mille écus à l'achat d'avoine destinée à ses troupes et à celles de de Massac et d'Ambleville, ses lieutenants, ainsi que pour quatre-vingts écus aux réparations dont avait besoin les fortifications de Saintes.

Le corps de ville invoqua en vain son exemption du ban et de l'arrière ban, ainsi que celle des fournitures aux gens de guerre; le duc ne voulut rien entendre, et il poussa la rigueur jusqu'à faire arrêter et incarcérer, jusqu'au paiement intégral des mille écus, trois marchands angériens de passage à Saintes:

Antoine Giron, Louis Brodeau et Jacques Poupart, dont les chevaux et les marchandises furent également saisis.

A cette nouvelle, le corps de ville envoya à Saintes son procureur, pour gagner du temps et attendre le retour de Guillaume Razin, sieur de Gratteloup, député en cour, dans l'espoir qu'il en rapporterait des lettres favorables à son exemption; mais le lieutenant général fit arrêter et emprisonner le procureur. Les vingt-cinq membres nobles de l'échevinage durent céder devant la force et se décidèrent à payer deux cents écus de leur poche ; le reste de la somme fut levé sur les autres habitants. Ils furent obligés de payer en plus les frais d'arrestation et des dommages aux marchands emprisonnés.

Guillaume Razin revint de la cour le 20 août 1599, rapportant seulement l'assurance verbale que le roi n'entendait nullement amoindrir le privilège d'exemption des tailles des vingt-cinq membres du corps de ville, de leurs veuves et de leurs enfants, mais qu'il ne pourrait leur en faire délivrer des lettres de reconnaissance qu'après le rapport des commissaires envoyés en Guienne pour la vérification de la noblesse.

Pendant les troubles des dernières années, des lettres de bourgeoisie avaient été accordées avec de très grandes facilités et sans avis préalable du corps de ville ; il en résultait que les titulaires s'en étaient prévalus pour s'établir où bon leur semblait, sans souci des anciens règlements. Plusieurs d'entr'eux avaient transporté leurs magasins à sel dans les faubourgs Saint-Eutrope et Taillebourg, ainsi qu'à Saint-Julien, et vendaient le sel à leur mesure, au détriment des finances royales et des pauvres de la ville, les officiers royaux ne pouvant y exercer leur contrôle aussi facilement qu'au port de Saint-Jean d'Angély, lieu désigné d'ancienneté pour l'entrepôt des sels. Un ancien usage voulait que le boisseau de sel fût mesuré comble par le vendeur et livré à l'acheteur seulement après avoir été rasé : le comble était versé dans ce qu'on appelait « *la boîte du sel* ». Le produit de la boîte du sel était vendu ensuite, à certaines époques, par un marchand désigné par le maire, et le montant de la vente distribué aux pauvres du quartier du Port. Cette ressource faisait d'autant plus défaut, en 1599, que les récoltes en général avaient été mauvaises ; que la disette régnait dans la ville, où s'étaient réfugiés un grand nombre de malheureux fuyant l'épidémie contagieuse qui affectait les villes voisines; que la caisse de la commune était vide, ses revenus saisis, et que le sieur du Marais, créancier de la commune pour une somme assez considérable, menaçait de faire saisir l'hôtel de l'échevinage et la tour de l'Horloge, si les intérêts arriérés, au moins, ne lui étaient payés immédiatement.

Pour amoindrir, autant que possible, les embarras de la situation, le maire avait interdit l'entrée de la ville aux vagabonds et avaient chargé les gardes des portes de leur en barrer le passage; mais les soldats ayant refusé de se prêter à cette besogne, qui leur répugnait, le maire fut contraint de faire rechercher les vagabonds, assez nombreux, qui s'étaient déjà introduits dans la ville, et les fit expulser. Il ne fit ouvrir que deux portes sur quatre, près desquelles quatre membres de la commune se tenaient en permanence, pour distribuer aux malheureux des secours, leur permettant d'aller chercher ailleurs le refuge qui leur était refusé à Saint-Jean d'Angély.

Il défendit aux bouchers de la ville d'occuper plus d'un banc sous la halle de la boucherie, afin qu'un plus grand nombre de bouchers étrangers pussent venir y étaler ; puis il autorisa les boulangers des environs à venir vendre dans la ville pendant tout le temps de la disette, et réglementa la fabrication du pain par un arrêté publié de nouveau en 1617 :

« Règlement sur la police du pain, espèce, poids et prix
« d'icelui, que les maîtres boulangers de la ville de Saint-
« Jean d'Angély doibvent tenir et garder pour le bien et sou-
« lagement du public.

« Doibvent les boulangers, pour chacun boiceau de bled
« froman mesure de ladite ville, quarante-deux livres de pain,
« avec toute sa fleur, bien cuit, et quatorze miches qu'on
« appelle d'Abbaye, pesant chacune d'icelle deux livres.
« Aussi doibvent faire du pain de rebouttet, qui doibt peser
« plus d'un tiers que celui de toute sa fleur, et marquer le
« dit pain. Sont tenus de faire du pain de cinq deniers
« pièce, de dix deniers, de deux sols six deniers, de cinq
« sols pièce, de sept sols six deniers, de dix sols, de douze
« sols six deniers, de quinze sols, de vingt sols, de vingt-
« cinq sols pièce, selon le cours du prix du bled et des es-
« pèces de pain ci-dessus déclaré, et de tenir leur ouvroir
« garni de jour à autre de toutes espèces de pain. Pour
« obvier aux fraudes et pour le bien du peuple, de semaine
« en semaine, ou de jour à autre, les maire et jurats sont
« obligés de faire prendre et porter le pain en la maison et
« eschevinage de ladite ville, pour être pesé en présence
« desdits boullangers, ou appelez pour ce voir faire. Et si le
« pain pesé se trouve léger d'une once, sera confisqué et dis-
« tribué aux pauvres, et le boulanger, pour sa faute, con-
« dampné à deux sols d'amende pour chacune once. Et s'il
« se trouve léger de sept ou huit onces, outre la perte et
« confisquation dudit pain, le boulanger sera tenu en l'a-
« mende arbitraire à l'arbitrage des maire et juratz selon
« l'exigence du délit.

(Suit le tarif du pain d'après le prix du boisseau de froment, depuis quinze sols jusqu'à quatre livres le boisseau).

« En l'an 1617, soubz la mairie de Jean Texier, écuyer,
« sieur de la Maison-Neuve. »

En 1600, la situation s'étant améliorée, le corps de ville s'occupa de réparer les désastres de la guerre, en faisant reconstruire le pont Saint-Jacques, celui de Saint-Julien, et réparer la grande école de la ville, qui avait été transformée en magasin à poudre, et qu'il rendit à sa destination première. Il voulut même rétablir l'ancien collège; il fit des propositions dans ce but aux moines bénédictins, qui le possédaient autrefois, et sollicita du chancelier de France l'autorisation d'imposer dix mille livres sur les paroisses de l'élection, pour les frais que nécessiterait son installation. Enfin, la ville contribua, pour une somme de cent dix-huit écus quarante sols, à la construction de la tour de Cordouan.

Les dépenses de l'Etat augmentaient sans cesse, et on créait constamment de nouveaux impôts pour les couvrir. Un des plus impopulaires était celui auquel on donnait alors le nom de « *pancarte* », sorte de droit d'octroi au profit du trésor royal, en vertu duquel il était perçu un sol par livre sur toutes les denrées entrant dans les villes et bourgs clos de murs. Cet impôt avait été voté par l'assemblée des notables, à Rouen, en 1596, pour trois ans seulement, et fut prorogé ensuite, au grand mécontentement des populations. Le corps de ville de Saintes prit l'initiative de réclamations à faire au conseil du roi contre cette prorogation, et, d'accord avec Saint-Jean d'Angély et les autres villes et bourgs de la Saintonge, en proposa le rachat pour le présent et l'avenir, moyennant le paiement d'une somme fixe de dix mille écus. Cette offre ne fut pas acceptée, mais la pancarte fut supprimée quelques années après, Henri IV ayant cru devoir céder devant le mécontentement qu'elle entretenait.

Une autre cause, bien plus grave encore, augmentait l'inquiétude des Angériens. Henri IV, sans tenir compte des privilèges du maire, avait nommé de Beaulieu lieutenant du gouverneur de Saint-Jean d'Angély, en remplacement de Desajos, vieux capitaine, qui n'avait pas cru devoir prendre possession de ses fonctions, en raison de l'opposition qu'avait soulevée son installation. Le corps de ville refusa de recevoir de Beaulieu et réclama auprès du roi contre sa nomination. Henri IV persista et, dans une lettre qu'il écrivit à ce corps le 6 juillet 1601, il l'informait que, nonobstant son opposition, il donnait l'ordre à Desajos d'installer de Beaulieu dans ses fonctions, espérant que le corps de ville se conformerait à sa volonté sans plus de délai ni de difficultés.

Malgré le ton impératif de la lettre royale, le corps de ville convoqua une assemblée générale des habitants, à laquelle quatre à cinq cents personnes prirent part. Il fut décidé qu'on députerait au roi Jean Gilbert, sieur de la Chaussée, et Bonaventure de Lacombe, pour lui faire comprendre le grand préjudice qui résulterait pour les privilèges de la commune si de Beaulieu prenait possession de sa charge.

L'autorité du maire commençait du reste à être battue en brèche, même par les membres de l'échevinage, qui employaient tous les moyens dilatoires pour résister aux mesures qui les atteignaient. Une ordonnance de police avait mis à la charge des habitants, de quelque qualité qu'ils fussent, le pavage des rues devant leur propriété. Un seul habitant, Jean Prévost, substitut du procureur général et échevin du corps, se prévalut de ses fonctions pour refuser de faire paver la partie de la rue de la Souche qui lui incombait, et menaça le maître paveur de lui rompre le col s'il exécutait les ordres qu'il avait reçus du maire. Puis il se pourvut devant le parlement de Bordeaux, qui retint la cause. La commune en appela devant le conseil royal, auquel elle fit observer que le mépris que l'on faisait de la personne et des ordonnances du maire pourrait amener une sédition entre les habitants de l'une et de l'autre religion, fort excités les uns contre les autres, et finit par obtenir un arrêt, le 3 décembre 1611, lui donnant gain de cause.

La mission de Maximilien de Béthune, baron de Rosni, envoyé en Saintonge pour calmer les esprits, et l'abolition de la pancarte, conseillée par lui pour aider à atteindre ce but, n'avait donc pas réussi, puisqu'à Saint-Jean d'Angély, une simple infraction à une ordonnance de police surexcitait encore assez les esprits pour faire craindre que les catholiques et les réformés n'en vinssent aux mains. La vérité est, que les chefs du parti de la réforme ne trouvaient pas dans l'édit de Nantes toutes les garanties qu'ils désiraient, et qu'ils travaillaient à rétablir l'ancienne confédération calviniste.

Après la mort d'Henri IV, en 1610, les divisions devinrent plus profondes, par suite des intrigues des favoris italiens que la régente Marie de Médicis avait substitués aux anciens serviteurs du roi dans les conseils du gouvernement.

Les délégués des églises réformées se réunirent le 22 mai 1611, à Saumur, pour l'élection des députés généraux que les calvinistes entretenaient à la cour. Le duc de Bouillon, contrairement aux instructions qui lui avaient été données par la régente, laissa voir dans cette réunion les mauvaises dispositions de la cour à l'égard des réformés. Après avoir proclamé le prince de Condé protecteur de toutes les églises de France, les députés se séparèrent pour aller répandre dans les provinces les nouvelles peu favorables qu'ils apportaient de l'assemblée.

Le prince de Condé n'avait cessé d'entretenir de bons rapports avec les Angériens, et, malgré le triste souvenir que Charlotte de la Trémoïlle devait avoir conservé de son séjour dans cette ville, le prince et sa mère y entretenaient constamment un secrétaire pour les tenir au courant de ce qui s'y passait ; ils voulurent même y venir pour stimuler l'ardeur de leurs partisans. Le corps de ville saisit cette occasion de témoigner à ses nobles visiteurs la satisfaction que lui faisait éprouver leur présence, en déployant pour leur réception un luxe extraordinaire.

Le prince de Condé, alors à Louviers, informa le maire de son arrivée à Saint-Jean d'Angély par la lettre ci-après :

« Messieurs, je vous ay ci-devant par une lettre donné
« advis comme, en faisant le voyage de mon gouvernement
« de Guienne, j'avais résolu de passer en votre ville pour, en
« revoyant le lieu où il a pleu à Dieu de me faire prendre
« naissance, vous continuer toujours les assurances de ma

« bonne vollonté. Or, estant maintenant en chemin de mon
« voyage, j'ay commandé à Lagrange, mon secrettaire, de se
« rendre vers vous, affin de vous en tenir pour adverty, et
« du temps que je compte me rendre en votre ville, où je
« me promets d'être reçeu avecq affection et bonne vollonté
« de vous tous, comme je désire vous faire paroistre les
« effets de la mienne en toutes les occasions où vous me
« vouldrez emploïer, ainsi que j'ai commandé audit de La-
« grange de vous faire plus particulièrement entendre de
« ma part, à quoy me remettant je suppliray le créateur
« vous avoir, Messieurs, en sa très saincte protection et
« digne garde.

« A Louviers, ce dernier jour de mai 1611.

« Vostre bien affectionné et plus assuré bon amy.

« *Signé :* Henry de Bourbon. »

Quelques jours après la réception de cette lettre, Jean de Lagrange, échevin de Saint-Jean d'Angély et secrétaire du prince, prévenait le maire de l'arrivée des princesses de Condé pour le 17 ou le 18 juin, sans mentionner le prince, ce qui ferait supposer que ce dernier ne fit pas le voyage qu'il avait projeté. Cette supposition est appuyée par le silence que gardent à son égard les registres de l'échevinage, tandis qu'ils s'étendent sur la brillante réception faite aux princesses.

Le corps de ville s'empressa de nommer des commissaires pour préparer le logement des princesses et des seigneurs de leur suite, ainsi que le banquet que a ville voulait offrir à ses hôtes.

Les sieurs du Château, Razin, de La Barrauderie et de La Grange, échevins, de La Fontaine, Dupont et Jean Giron, pairs, allèrent, à une journée de la ville, offrir aux princesses les très humbles services des habitants. Leurs altesses furent reçues par le maire à la tête du corps de ville, à la porte de Niort, enguirlandée de lierres et surmontée des écussons de France, du prince et de la ville. Après le discours de bienvenue que leur fit le maire au nom de la commune, les princesses prirent place sous un riche poële de damas blanc bordé de crépine d'or, porté par de Ligoure, Payen, Saint-Hilaire et Legendre, et furent conduites ainsi jusqu'à l'hôtel qui leur avait été préparé, entre deux haies formées par la milice bourgeoise, au bruit de décharges d'escopetterie et d'artillerie, et aux acclamations de la population. De nombreux arcs de triomphe avaient été élevés sur leur passage. Le soir, les princesses et leur suite prenaient place à un splendide banquet et recevaient, en outre, un cadeau de confitures sèches, achetées trois cents livres à La Rochelle. Pour ajouter à l'éclat de la fête, le corps de ville avait fait venir les tambours et les fifres des milices de La Rochelle, Niort et Cognac.

Les princesses repassèrent à Saint-Jean d'Angély le 7 octobre de la même année, et y furent reçues avec d'aussi grands honneurs.

Le plus ardent des contradicteurs du maréchal de Bouillon, à l'assemblée de Saumur, avait été le duc Henri de Rohan, gendre de Sully, enveloppé dans la même disgrâce que son beau-père. Henri de Rohan et son frère Benjamin de Rohan, prince de Soubise, étaient les chefs les plus influents du parti de la réforme dans l'ouest de la France. Le maréchal retourna à Paris animé d'un profond sentiment de haine, qu'il essaya de satisfaire en soustrayant au duc de Rohan la ville de Saint-Jean d'Angély, dont ce dernier avait été nommé gouverneur à la mort de Jean de La Rochebeaucourt. Marie de Médicis, à la sollicitation du maréchal, recommanda au comte de Brassac, lieutenant du roi à Saint-Jean d'Angély, de veiller soigneusement à ce que Rohan ne se mît pas en possession de la ville, mais en évitant cependant tout ce qui pourrait occasionner une rupture avec les réformés.

De son côté, le duc de Rohan avait envoyé Hautefontaine

dans la même ville, pour déjouer les menées qui s'y ourdissaient au préjudice de son autorité. Celui-ci ayant mandé au duc que sa présence était nécessaire, Rohan vint immédiatement. L'arrivée imprévue du duc déconcerta ses ennemis. Le corps de ville, dévoué à de Brassac, dépêcha un courrier à ce capitaine, qui était absent, mais qui ne jugea pas prudent de revenir dans sa lieutenance, où les amis de Rohan arrivaient en foule ; il se contenta d'informer la régente de la présence du duc à Saint-Jean d'Angély. Marie de Médicis expédia aussitôt dans cette ville le sieur de Lafontan, sous prétexte de demander raison au duc de quelques paroles malséantes proférées à l'assemblée de Saumur, mais en réalité pour se concerter avec la municipalité sur les moyens d'introduire des troupes dans la ville.

Le duc de Rohan, ayant conçu des soupçons sur la mission de Lafontan, lui fit des prévenances et finit par lui faire avouer, dans l'ivresse qui suivit un festin, le but véritable de sa présence dans Saint-Jean d'Angély. Il dit alors à cet émissaire qu'il attendait les ordres de la régente pour se rendre près d'elle, pourvu que de Brassac fut du voyage, afin de se justifier des accusations portées contre lui. Peu de jours après il fut mandé à la cour avec de Brassac, et se mit aussitôt en route, laissant à Saint-Jean d'Angély Hautefontaine avec l'ordre de veiller à ce qu'il pût y rentrer à son retour.

Reçu froidement à la cour, et ne pouvant faire entendre sa justification, il prit le prétexte d'une maladie de son frère, et partit en poste pendant la nuit.

Forcé de s'arrêter en Poitou, il fut dépassé par Foucault, capitaine de la garnison de Saint-Jean d'Angély, que le maréchal de Bouillon avait dépêché à sa suite. Ce capitaine, ayant rassemblé le maire et les nombreux partisans de Brassac, leur proposa d'occuper tous les postes de la ville avant l'arrivée de Rohan, et offrit pour l'exécution de ce coup de main, un corps de deux mille gendarmes.

Mais le duc, informé de ce complot, se rendit en toute

hâte à Saint-Jean d'Angély, accompagné de Benjamin de Rohan, son frère. Il signifia au capitaine Foucault de ne plus reparaître dans la ville. Il chassa pareillement le sergent-major de la garnison, Grateloup, natif de Saint-Jean d'Angély et dévoué à la régente, le lieutenant de Brassac, ainsi que quelques bourgeois qu'il savait lui être hostiles. Puis il dépêcha de Ténis à Paris pour faire connaître à Marie de Médicis les motifs de pareilles mesures.

La reine, sentant qu'il fallait à tout prix combattre l'influence que le duc allait pouvoir exercer sur le corps de ville, resté fidèle à la cour jusque-là, et sachant que la rumeur publique, entretenue par Rohan, lui attribuait l'intention de ne pas tenir compte des privilèges de la commune, surtout en ce qui concernait le gouvernement de la place, écrivit au maire, le 4 février 1612, l'assurant que ces bruits ne pouvaient avoir été répandus que par des gens mal intentionnés, dans le but de le détourner de la fidélité et de l'obéissance qu'il devait au roi. La reine ajoutait que son intention était, au contraire, de maintenir intacts les privilèges, franchises et libertés du corps de ville, voulant qu'il n'y soit rien changé ni altéré.

Le maire donna connaissance de cette lettre à la mésée du 8 février ; elle y fut acclamée, et les membres du corps de ville, dans la délibération qui suivit, « *déclarèrent vouloir vivre et mourir comme vrais et loyaux sujets de Leurs Majestés* ». Le duc de Rohan lui-même, ayant appris qu'une lettre de la reine était arrivée, se présenta avec plusieurs gentilshommes à l'issue de la séance et, après avoir entendu la lecture de la missive, joignit ses protestations de fidélité à celles du corps de ville. Pour témoigner davantage encore l'affection qu'il portait au roi et aux Angériens, il déclara vouloir se joindre à ces derniers pour rechercher les auteurs des bruits, qui avaient couru, et faire justice des coupables.

Cependant, malgré l'assurance donnée au corps de ville

par sa lettre du 4 février, Marie de Médicis essaya presque aussitôt, à l'occasion de l'élection du maire, de porter atteinte aux privilèges qu'elle avait promis de respecter. Craignant que le duc de Rohan ne parvînt à faire présenter que des candidats dévoués à ses projets, elle écrivit au corps de ville, lui exprimant son désir de lui voir réélire le maire Brochard, en raison de ce qu'il s'était dignement acquitté de ses fonctions, et avait une connaissance particulière des affaires de la ville.

Le duc de Rohan assistait à la mésée du 4 avril 1612, pendant laquelle cette lettre fut remise au maire par le sieur de la Claverie, gentilhomme du roi, chargé de l'apporter à Saint-Jean d'Angély. Après que la lecture en eût été faite, le duc fit observer qu'une pareille lettre n'avait pu qu'être surprise à S. M., qu'on ne pouvait déférer au désir exprimé par la reine sans préjudicier au service du roi, à sa propre autorité comme gouverneur de la ville, et sans pousser les Angériens à la révolte; enfin il déclara s'opposer personnellement au maintien du maire Brochard, et engagea le corps de ville à procéder librement à la nomination d'un nouveau maire, selon l'ancienne coutume, se faisant fort de faire agréer à la reine cette manière de procéder, dont il prenait toute la responsabilité; il proposa même de signer son opposition sur le registre des délibérations de la commune, ce qu'il fit en effet.

Toutes les assurances du duc ne parvinrent pas toutefois à déterminer, sans délai, le corps de ville à suivre ses conseils; il arrêta, qu'avant de procéder à l'élection du maire, il informerait la reine de l'opposition du duc, ainsi que des motifs dont il l'appuyait, et décida qu'en attendant une solution, les clefs de la ville seraient remises au premier échevin.

Le 7 du même mois, le maire reçut une nouvelle lettre de la reine, accompagnée d'une ordonnance du roi maintenant le maire Brochard dans ses fonctions. Cette lettre avait été apportée par de Sainte-Maure, conseiller d'état, venu en poste. La reine engageait le corps de ville à se rendre aux désirs du roi, l'assurant qu'il ne serait procédé ainsi que pour cette fois seulement, et qu'il n'en serait tiré aucune conséquence pour les élections futures. Le corps de ville envoya plusieurs de ses membres au duc de Rohan pour lui communiquer la lettre de la reine et l'ordonnance royale. Le duc répondit qu'on lui avait bien écrit « *que le jeune de Bouillon faisait le maire de Saint-Jean à Paris* », mais qu'il ne le permettrait pas, qu'il persistait à s'y opposer, et il offrit de signer une nouvelle protestation.

Cependant, la reine, mise au courant de ce qui se passait par de Vic et de Saint-Germain de Montroy, envoyés pour faire une enquête sur les faits attribués au duc de Rohan, éclairée d'un autre côté par les explications que Daniel Grenon, député du corps de ville, lui avait données sur l'irrégularité de l'élection de Brochard, ne put s'empêcher de reconnaître que cette nomination ne pouvait être plus longtemps maintenue, et se contenta de blâmer la remise des clefs au premier échevin. Deux jours après l'audience royale, M. Phelippeau fit connaître verbalement à Daniel Grenon, que la reine exigeait avant tout que les clefs fussent restituées à Brochard, et qu'il serait procédé aussitôt à l'élection de son successeur, selon l'ancien usage.

Malgré cela, et pour sauver les apparences d'un échec, la reine écrivit au corps de ville, lui ordonnant de nouveau de se conformer aux ordres du roi. De Thémines remit cette lettre au maire dans la mésée du 18, et informa le corps de ville que le duc de Rohan, qu'il avait eu soin de voir préalablement, renonçait à son opposition. Il demanda ensuite si quelqu'un des membres de l'assemblée avait à se plaindre de l'administration de Brochard, et comme personne ne répondait à cette demande, il déclara que d'après les ordres qu'il avait reçus, il maintenait Brochard dans ses fonctions de maire et capitaine de la ville.

En conséquence de cet accord, de Thémines, sénéchal et

gouverneur du Quercy, assisté de de Vic, conseiller d'état, et de Saint-Germain de Montroy, commissaires du roi, déclara au corps de ville, réuni en mésée le 1er mai 1612, que, conformément aux ordres de la cour, il avait rétabli, dès le 21 du mois précédent, le maire Brochard dans ses fonctions, et que la commune pouvait, dès le même jour, élire les candidats à la mairie. L'élection fut faite séance tenante par la voix « du Saint-Esprit » et Jacob de Queux, écuyer, sieur de Saint-Hilaire, l'un des trois élus, fut choisi par de Thémines et aussitôt installé.

La prétention de la reine d'imposer le maire Brochard n'avait reçu qu'une satisfaction illusoire; son orgueil avait dû fléchir devant la résistance opiniâtre que les Angériens opposaient à ses désirs, pour conserver dans sa plénitude la liberté de choisir leur chef, et la blessure qu'elle en ressentit lui laissa un désir de vengeance qu'elle ne put dissimuler.

D'inquiétantes rumeurs circulèrent bientôt ; une escadre croisait, disait-on, sur les côtes de La Rochelle, et des troupes avec de l'artillerie étaient en marche sur Saint-Jean d'Angély. Ces rumeurs n'étaient pas sans fondement; il avait été question, dans le conseil de la reine, d'envoyer de la cavalerie sur les bords de la Loire et des vaisseaux devant La Rochelle, pour surveiller les réformés du Poitou et de la Saintonge, dont les ministres avaient, à Saint-Jean d'Angély notamment, de fréquentes conférences avec les chefs du parti. La chambre de Nérac s'était émue de ces conférences, et avait même envoyé des commissaires à Saint-Jean d'Angély, pour faire une enquête sur les complots qui se tramaient dans cette ville. Ces commissaires crurent devoir s'arrêter à Saintes, et envoyèrent à Saint-Jean d'Angély un licencié et un recors, pour faire sommation aux factieux de comparaître devant eux. L'huissier s'étant présenté à l'hôtel du duc de Rohan et n'y ayant trouvé que Hautefontaine, lui exposa le but de sa visite. Hautefontaine, pour toute réponse, le chassa, ainsi que le recors, à coups d'épée et de bâton, et le blessa grièvement.

Dans un synode provincial tenu à Saint-Jean d'Angély au mois d'octobre, sous la présidence du duc de Rohan, il fut résolu de convoquer à La Rochelle, le 25 novembre suivant, une assemblée des églises réformées d'Aquitaine, pour aviser aux moyens de préserver la religion des nouveaux périls dont elle était menacée. La cour s'alarma de cette grande réunion, et, pour prévenir les résolutions hostiles qui pourraient y être prises, confirma l'édit de Nantes par des lettres d'état, portant aussi oubli du passé, ces lettres furent remises à de Rouvrai, député général des réformés, avec ordre de partir pour La Rochelle et d'exhorter les députés des églises à se séparer.

La lecture de ces lettres ne calma pas entièrement les députés, qui ne consentirent à se séparer qu'à la condition que l'escadre royale, qui croisait en vue de La Rochelle, aurait ordre de se retirer; que les sieurs de Brassac et Foucault quitteraient Saint-Jean d'Angély; que la compagnie du premier serait donnée au duc de Rohan, et celle du second au lieutenant du roi qu'il conviendrait au duc de Rohan de nommer à la place de Brassac; qu'en cas de vacance de la charge de sergent major ou adjudant de place de Saint-Jean d'Angély, il y serait pourvu par le duc de Rohan; enfin, que le duc ou ses amis ne pourraient être inquiétés pour aucun de leurs actes.

De Rouvrai crut devoir souscrire à de pareilles conditions, bien que ses pouvoirs ne s'étendissent pas aussi loin. Mais les députés ne voulurent pas se séparer sans que la promesse de Rouvrai fût sanctionnée par un arrêt du conseil; ils s'engagèrent seulement à ne pas s'assembler jusquelà. Cependant, le conseil du roi ayant refusé sa sanction, les députés de La Rochelle décidèrent, à une faible majorité, que le duc de Rohan serait prié de renoncer à ses prétentions, relativement au gouvernement de Saint-Jean d'Angély.

Informé de cette résolution, le duc revint à La Rochelle, obtint que l'assemblée se réunirait de nouveau, le 9, pour remettre en délibération si l'on accepterait purement et simplement la déclaration du roi, donnant pour motif qu'à la séance du 4 les députés n'étaient pas en nombre. Mais l'assemblée, malgré la cabale du duc, confirma sa première résolution et, avant de se séparer, convint de se réunir à l'avenir dans toutes les circonstances graves, sous la dénomination de cercles protestants, empruntée aux anciennes circonscriptions territoriales de l'Allemagne.

Les députés, en rapportant dans leur province les discussions auxquelles ils venaient d'assister à La Rochelle, développèrent le mécontentement populaire, qui grandit encore lorsque Marie de Médicis annonça sa résolution d'unir Louis XIII avec l'infante Anne d'Autriche. C'était renier la politique nationale d'Henri IV.

Henri de Condé se mit, en 1615, à la tête des mécontents, comprenant les confréries bourgeoises, les parlements, une grande partie de la noblesse et les réformés. Il envoya Le Marest, lieutenant de ses gardes, au duc de Rohan, pour le décider à faire cause commune avec lui, et l'engager à se saisir des passages de la Dordogne, afin d'empêcher Louis XIII d'aller à Bordeaux, où devait avoir lieu son mariage. Rohan se laissa facilement entraîner; il prit le commandement des insurgés de la Gascogne, et Soubise, son frère, demeura à Saint-Jean d'Angély pour tenir la campagne, avec quatre mille hommes de pied et cinq cents chevaux, levés dans l'Aunis, la Saintonge et le Poitou.

Mais Rohan ne put arriver assez tôt pour barrer le passage au roi, et Condé, vigoureusement poursuivi par le maréchal de Boisdauphin, fut obligé de se jeter dans Saint-Jean d'Angély, avec son armée harassée et ne pouvant aller plus loin. Aucun obstacle n'empêcha donc le mariage de Louis XIII, qui fut célébré à Bordeaux, suivant le programme arrêté.

Cependant, après quelques jours de repos, Condé, ayant obtenu des Rochelais des munitions et de l'argent, porta son armée au nord de la Charente, où elle resta jusqu'à la paix de Loudun (mai 1616). Par cette paix la cour confirma l'édit de Nantes et alloua au prince de Condé de larges gratifications, tandis que le duc de Rohan, à cause de son opposition à l'assemblée de Saumur, ne recevait rien, et se retirait à Saint-Jean d'Angély où, pour se venger du mépris que lui témoignait la cour, il se fortifia en armes et en soldats. Pour cacher ses projets, il engagea le corps de ville à envoyer des députés offrir les services de la ville au duc d'Epernon, alors à Saintes. Ce conseil fut suivi : cinq des membres de la commune, les sieurs des Mazures et Jacques de Meschinet, conseillers ; Jean Giron, Jean Griffon et Claude Bonnet, pairs, furent chargés d'aller près du duc remplir cette mission.

La naissance d'un fils et d'une fille, que lui donna Mlle de Sully, sa femme, en 1614, servit de motif au duc de Rohan, pour afficher ses prétentions démocratiques et s'attirer les sympathies des Angériens. Il voulut que ses enfants fussent présentés au baptême par la commune de Saint-Jean d'Angély, qui accepta cet honneur. Le dimanche 15 octobre, le garçon fut tenu sur les fonts baptismaux, au nom de la ville, par le maire, Jean Barthommé, sieur des Mazures, et Mme du Cluzeau, qui lui donnèrent le nom de *Jean d'Angély ;* la fille eut pour parrain Jean Barthommé, sieur du Château, et pour marraine, Mme des Mazures. De grandes réjouissances eurent lieu à cette occasion, la milice bourgeoise prit les armes, et le canon des remparts se fit entendre pendant toute la cérémonie.

La cour, de son côté, cherchait à combattre l'influence du duc par la nomination de ses fidèles aux premières fonctions de la ville, celles de lieutenant du gouverneur et de maire, malgré l'échec qu'elle avait déjà subi à ce sujet.

Une lettre de cachet, du 25 décembre 1616, informait le corps de ville de la nomination de François de La Rochefoucauld, chevalier, seigneur du Parc d'Archiac et de La Rigaudière, en qualité de lieutenant du gouverneur, en remplacement de du Bois de Cargrois, démissionnaire. L'enregistrement de cette lettre fut aussitôt voté, ainsi que l'envoi de députés au lieutenant, pour prouver l'obéissance du corps aux ordres du roi. Quelques jours après, du Parc d'Archiac faisait son entrée à Saint-Jean d'Angély par la porte Taillebourg, où il fut reçu, par le corps de ville et la milice sous les armes, au bruit des salves d'artillerie. Toutes les boutiques étaient fermées par ordre, et une amende de dix livres menaçait les habitants qui auraient eu la velléité de les tenir ouvertes.

A peine installé, le lieutenant souleva un nouveau conflit, toujours à propos de l'élection du maire, en refusant de choisir celui-ci parmi les trois candidats régulièrement élus qui lui étaient présentés, et voici dans quelles circonstances :

Le 12 mars 1617, le corps de ville procédait à l'élection des candidats à la mairie. Jean Barthommé, sieur du Château, premier échevin, pour enlever l'élection de trois candidats agréables à la cour, s'était levé dès le début de la séance et avait annoncé qu' « inspiré par le Saint-Esprit » il désignait comme candidats : Jacob de Queux, sieur de Saint-Hilaire, Daniel Grenon, conseillers, et Jean Texier, sieur de la Maison-Neuve, pair; d'après l'usage, il fallait l'unanimité pour que ce mode de nomination fût valable, et Pierre Eveillard, sieur de la Guillebaudière, conseiller au siège royal, pair du corps, s'y étant opposé, il fut décidé qu'on procéderait au scrutin secret. Le dépouillement des votes donna la majorité à Jean Pallet, écuyer, sieur de Curay, pair, Jacques Meschinet, écuyer, sieur du Beugnon, conseiller, et Pierre Barthommé, pair, partisans du duc de Rohan. Le corps de ville se rendait à l'ancien château royal pour en faire la présentation, lorsque, chemin faisant, du Parc d'Archiac le fit demander pour lui rappeler ce qu'il lui avait dit la veille, qu'il devait choisir des candidats de mérite; que ceux désignés par la voie du

Saint-Esprit lui paraissant réunir les qualités voulues pour le service du roi, il ne pouvait approuver la seconde élection; il ajouta que cette dernière était due à l'intrigue de quelques particuliers, et qu'il refusait de choisir parmi ces derniers jusqu'à ce qu'il en eût reçu l'ordre, à moins que, pour éviter les difficultés qu'il entrevoyait, le corps de ville ne voulut s'en tenir à la première élection. Ce dernier déclara ne pouvoir se rendre aux désirs du lieutenant et se départir de l'élection, faite *suivant les privilèges et anciennes institutions contenues au livre rouge*. Il députa aussitôt deux de ses membres au roi pour lui expliquer les motifs de sa résistance, et en attendant, le maire remit les clefs de la ville au premier échevin.

La situation se tendait donc chaque jour de plus en plus entre les catholiques et les réformés, et tout annonçait l'explosion prochaine, que les affaires du Béarn déterminèrent.

Louis XIII avait ordonné en 1617 l'incorporation du Béarn et de la Basse Navarre au domaine de la couronne, et la restitution des biens ecclésiastiques anciennement confisqués par Jeanne d'Albret. Cette mesure souleva une vive opposition parmi les Navarrois, et l'assemblée triennale des églises réformées, réunie dans la ville de Loudun, prit chaudement la défense de ces derniers.

Le 10 mai 1620, le lieutenant général baron d'Ambleville prévenait le roi que les religionnaires du Poitou, de la Saintonge, de l'Aunis, du Périgord et de l'Angoumois, s'apprêtaient à mettre sur pied des forces considérables sous les ordres de la Trémoïlle, de Rohan, de Soubise et de Jarnac.

Louis XIII, irrité, résolut d'en finir avec la réforme et projeta un voyage dans les Pyrénées pour contraindre les Béarnais à exécuter ses édits, et ramener dans ses vues les réformés, dont il devait traverser les provinces en se rendant en Béarn.

Le duc de Rohan, en effet, malgré les efforts de ses amis pour l'en détourner, s'était lancé avec ardeur dans le mouvement. Aidé de son frère de Soubise, le duc chargea ses partisans, les sieurs de La Rigaudière, de Romegoux, Lecoq des Roches, de La Vigne, de Belesbat, du Vignault, de La Regnaudie, Vaulx, Chantemerle et autres, de lever des troupes; ils enrôlèrent la plupart des réformés Angériens, malgré la défense faite par l'assemblée politique de l'église de Saintonge tenue à Saint-Jean d'Angély en 1620, de dégarnir la ville de ses défenseurs, alors surtout que le duc d'Epernon, qu'ils regardaient comme leur plus grand ennemi, était à Saintes, dressant des embûches à la religion réformée.

De La Rochefoucauld, tout en agissant d'après les instructions de Rohan, n'était pas adopté des réformés, qui l'accusaient d'exécuter les ordres du duc, de manière à lui porter préjudice; ils l'accusaient aussi de nuire aux intérêts de la ville, à laquelle ils craignaient qu'il ne fît supprimer sa qualité de ville de sûreté; on ajoutait encore que le lieutenant voulait bâtir une citadelle pour opprimer les Angériens et faire perdre à la ville ses privilèges.

Ces bruits, habilement répandus et peut-être fondés, entretenaient une sourde agitation parmi le peuple. Les faits les plus ordinaires prenaient, en de telles circonstances, une importance considérable. Le bruit ayant couru que trois cents hommes étaient près d'entrer dans la ville, et le maire ayant fait ouvrir, pendant la nuit, une des portes pour laisser entrer un gentilhomme des environs, le sieur de Péré, le peuple crut à une trahison. Un coup de pistolet, tiré sur la place du marché, fut pour lui un signal d'alarme; il s'empara des postes des divers quartiers, et l'un des émeutiers, armé d'une pertuisane, alla jusqu'à menacer de frapper le maire, qui cherchait à calmer l'émotion populaire.

Le lendemain, l'agitation paraissait calmée, lorsque la vue de quelques canons sortis d'une tour pour en graisser les rouages, et d'une charrette chargée de munitions que l'on soupçonnait être destinées au duc de Rohan, en Poitou, souleva de nouveau le peuple. Il sonna le tocsin, s'empara une seconde fois des cantons qu'il avait abandonnés le matin, mit des gens de guet au clocher de la paroisse, tendit les barrières, fit des barricades aux carrefours et signifia défense aux capitaines de la garnison de paraître dans les rues. Des visites furent ordonnées chez les marchands et les autres habitants pour s'emparer de la poudre qui pourrait s'y trouver.

Deux jours après, craignant le mauvais effet que cette révolte produirait à la cour, le maire, le pasteur du Moustier, des officiers de justice, des gens du roi et d'autres personnes influentes, ainsi qu'un grand nombre de gens de l'une et de l'autre religion, s'assemblèrent au son de la grosse cloche sous la halle aux marchands, où, après une prière faite pour appeler l'assistance de Dieu, le maire exhorta les habitants à renoncer à toute agitation, et les engagea de jurer publiquement fidélité au roi. Les assistants jurèrent aux cris de « Vive le roi », répudiant ce qui avait pu être fait de contraire jusqu'à ce jour par le duc de Rohan et son lieutenant. Une députation de huit membres, dont faisait partie Daniel Manceau, fut nommée séance tenante, pour aller rendre compte au roi des bonnes dispositions des habitants. Les soldats de la garnison prêtèrent le même serment et, le soir, des feux allumés par la ville témoignèrent de la joie de tous.

Bien en prit aux Angériens de rentrer si promptement et d'eux-mêmes sous l'autorité du roi et de l'en informer par cette députation, car de Beaulieu, fils de Mme de Dampierre, était parti à franc étrier pour être le premier à le prévenir de ce qui s'était passé, tandis que du Parc d'Archiac avait dépêché de Couvrelle, son beau-frère, pour lui raconter l'affaire dans un sens défavorable aux Angériens.

Le lendemain, du Parc d'Archiac demanda au maire, pour sa sûreté personnelle, qu'il croyait menacée, la permission de recevoir dans sa maison quelques domestiques et le sieur de Saint-Sonnière, cousin germain de sa femme, ce qui lui fut refusé. Alors il se retira de la ville, malgré l'assurance que lui donna le maire, qu'il y pouvait rester en toute sécurité.

Les députés trouvèrent le roi à Brissac; ils lui exposèrent en audience solennelle les motifs de leur députation et les demandes qu'ils avaient à lui faire. Ils furent félicités d'être rentrés d'eux-mêmes en l'obéissance, autorisés à s'opposer à la construction d'une citadelle et même à démolir ce qui pouvait en exister, avec promesse que les autres demandes recevraient une solution lorsque le roi serait à Saint-Jean, où il s'acheminait. A leur retour, les députés rendirent compte publiquement de leur mission au peuple, assemblé sous la halle, après quoi les pasteurs rendirent grâces à Dieu de l'issue favorable du conflit.

Les habitants, enhardis par le succès de leur première députation, en envoyèrent une seconde pour solliciter de nouveau la suppression de la charge de lieutenant, mais elle ne fut pas entendue, et elle revint annoncer seulement que le roi était en marche pour Saint-Jean, et qu'il donnerait satisfaction sur le lieu.

Le roi arriva le 12 septembre 1620. Manceau raconte ainsi la réception qui lui fut faite :

« Environ les dix heures du matin, arriva à Saint-Jean
« M. le duc d'Epernon, qui alla loger au logis du Sr Guyton,
« et incontinent fut vu du S^r maire et autres habitants de la
« ville, qu'il accueillit d'une allégresse incroyable, et les
« obligea de prendre l'ordre de lui et le suivre, l'après dîner,
« à cheval, pour aller au-devant de S. M., qui s'approchait.
« Cependant firent conduire les canons en la place des
« Jacobins, dès le matin dudit jour, et les firent charger de
« poudre. Au sortir du logis du sieur d'Epernon, le maire et
« sa compagnie entrèrent au corps de ville pour aviser et
« convenir ensemble ce qu'il serait bon de faire. Auquel
« lieu étant, le sieur d'Epernon leur envoya une lettre
« de S. M., écrite de Chizé, le jour précédent, par laquelle

« il mandait au maire de recevoir le sieur d'Epernon, et de
« prendre les ordres de lui, pour telles choses convenables au
« dit Saint-Jean.

« Et peu de temps après, le maire, avec quatre-vingts ou
« cent chevaux des habitants, sortit par la porte de Niort,
« laquelle avec les trois autres étaient ouvertes, et le furent
« toutes les quatre, de jour et de nuit, sans aucune garde,
« le reste dudit jour, la nuit suivante et le jour et la nuit
« suivante, le lundi même jusque vers les cinq heures du
« soir, que les portes d'Aunis, Niort et Matha furent fermées.
« Le sieur d'Epernon sortit aussi, accompagné d'un moindre
« nombre. Le sieur d'Epernon vit, avec admiration, l'infan-
« terie des habitants en armes au-dessous de la ville sous
« ses quatre drapeaux, laquelle il fit arranger toute d'un
« côté, depuis ladite porte jusqu'au chemin qui est proche
« du fief du Guet, tirant sur Saint-Julien. Il y avait encore
« trois cents ou trois cent cinquante hommes, qui ne pou-
« vaient s'y trouver faute d'armes.

« De là, le sieur d'Epernon, le maire et leur compagnie
« furent au-devant de S. M., qu'ils rencontrèrent à moitié
« chemin de Saint-Julien aux Églises d'Argenteuil; le maire,
« les habitants en sa compagnie, et le sieur d'Epernon
« mirent pied à terre. Le maire et les habitants mirent le
« genou en terre, le maire fit une bonne harangue, et pré-
« senta à S. M. quatre clefs de fer doré, qu'elle prit et leur
« dit : *Servez-moi bien, et je vous saurai bien conserver*. Ce
« fait remontèrent à cheval et avec S. M. retournèrent à
« Saint-Jean environ les cinq heures. On présenta un dais à
« S. M., qui le fit tourner à côté dans le corps de garde du
« dessous de la porte de Niort, et devant lui entrèrent
« sa compagnie de cinquante carabiniers, après eux celle des
« chevau-légers, après eux la compagnie des gens d'armes,
« ayant devant soi quatre trompettes avec un casque de
« velours bleu, et ensuite grande quantité de seigneurs, enfin
« le roi, puis le sieur maire et quantité de noblesse, avec

« une acclamation de « *Vive le roi.* » Après qu'ils furent
« passés, jusqu'au canton du logis de M. de Fiefbrun, on
« tira le canon. Le roi s'en alla à l'église de l'abbaye de
« Saint-Jean et, de là, retourna à son logis, qui était celui
« de M. de Rohan, où il fut encore salué par le maire
« et les conseillers de la ville, auxquels il dit : *Servez-moi*
« *bien, et je vous conserverai mes édits.* »

Louis XIII donna un commencement de satisfaction aux habitants : Le duc de Rohan fut maintenu dans son gouvernement, avec défense d'outre-passer les devoirs de sa charge ; son lieutenant fut interdit dans ses fonctions, avec défense d'habiter dans la ville, jusqu'à ce que le roi en eût décidé autrement, et les soldats de sa compagnie furent versés dans celles de deux autres capitaines. Seulement, et comme correctif à ces concessions, le roi établit à Saint-Jean un des exempts de sa garde du corps, le sieur de Lamont, avec mêmes pouvoirs que du Parc d'Archiac. Enfin S. M. prit les habitants de Saint-Jean d'Angély sous sa protection et les mit sous celle du duc de Rohan et des capitaines de la garnison, les sieurs de Vaulx et des Gallois.

Ces arrangements n'étaient pas faits pour plaire au duc de Rohan qui, revenu dans la ville quelques jours après le départ du roi, commença à s'entendre avec le consistoire pour que le peuple redemandât du Parc d'Archiac comme lieutenant. Le duc reprocha violemment au maire de s'être servi des armes lui appartenant, déposées dans l'arsenal de la ville, pour en armer les habitants lors de l'entrée du roi, et d'avoir logé ce dernier dans son hôtel. Le maire et le sieur de Lamont essayèrent de faire sentir au duc l'inconvenance de pareils reproches.

Enfin, Rohan finit par obtenir du corps de ville l'envoi d'une nouvelle députation au roi pour lui demander de rechef la suppression de la lieutenance, ou tout au moins le maintien dans cette charge de son ancien titulaire du Parc. Les députés obtinrent cette dernière demande, et peu de temps après ce seigneur revint prendre son poste. Aussitôt, les conflits entre lui et le maire recommencèrent, au sujet de la charge de sergent-major. Le maire, qui en remplissait les fonctions, étant allé prendre le mot d'ordre, de Rohan et du Parc lui cherchèrent « *pouilles* » en haine du passé, ce qui, ayant été su du peuple, causa dans la ville une telle agitation, qu'un soulèvement contre ces seigneurs s'en serait suivi, si le maire, par sa patience et sa prudence, n'était parvenu à les apaiser. L'émotion ne disparut cependant tout à fait que lorsque le duc et du Parc eurent déclaré, dans une assemblée publique, qu'ils ne s'opposaient pas à ce que le maire exerçât la charge de sergent-major.

Malgré cet accord, qui n'était qu'apparent, le duc sentant bien qu'il serait entravé dans ses projets par l'opposition du corps de ville, déclara qu'il voulait former un conseil spécial pour pourvoir aux affaires qui pourraient survenir, et engagea les habitants à nommer deux délégués par quartier, qui en feraient partie avec deux membres du consistoire, deux officiers de justice, les quatre capitaines de la milice, de Rohan, du Parc, le maire et quelques membres de la noblesse se trouvant alors dans la ville. Il fut fait comme le désirait le duc, et le conseil se trouva composé :

Pour le peuple :

Quartier de Niort : La Sablière; Faure, sergent royal, enseigne du quartier.

Quartier de Matha : Pineau, hôte des *Sirènes;* Des Ruhes, sergent royal.

Quartier de Taillebourg : Bourdeau, avocat; Guillotière, hôte des *Trois Marchands.*

Quartier d'Aunis : Desert; Chauveau.

Pour le consistoire :

Reignier, élu en la ville; Manceau, avocat.

Capitaines des quartiers :

Des Mazures, pour Niort; Barbot, pour Matha; Fromentin, pour Taillebourg; et Barthommé, pour Aunis.

Pour le corps judiciaire :

Augeard, lieutenant général; Rolland, lieutenant particulier.

Pour la noblesse :

De La Garde-aux-Valets; de Champfleury.

Ce conseil se substitua aussitôt au corps de ville, et prescrivit le recensement des habitants, ainsi que celui des armes et des approvisionnements de bouche se trouvant dans la ville. Il y fut procédé aussitôt par Duysson, procureur; Pommier, sergent royal; Loustalot, chirurgien; Després, Raisin et Houmeau fils, marchands.

Le parti de la réforme faisait ainsi au grand jour ses préparatifs de résistance, aidé et dirigé par l'assemblée générale de La Rochelle. Les ministres du culte réformé se jetaient ardemment dans la lutte. Menuet, ministre du duc de Rohan, exhortait le peuple, du haut de la chaire, à contribuer de ses deniers à la collecte ordonnée par l'assemblée de La Rochelle dans toutes les églises de France. On augmentait les fortifications par la construction d'un éperon neuf, entre les portes de Taillebourg et de Matha, et des députés étaient envoyés aux églises des environs pour s'assurer de leur concours.

Pendant qu'à Saint-Jean d'Angély les uns se préparaient à la guerre, d'autres tentaient à Niort un dernier essai de conciliation. Le 3 mai, le duc de Rohan se trouvait dans cette ville avec les chefs du parti réformé du Poitou, de l'Angoumois, de la Saintonge et de l'Aunis : notamment de Soubise, de la Trémoïlle, de Villarnou, de Parabère (ce dernier sur l'injonction du roi, dit-on, pour y agir en sorte que tout s'y passât selon les désirs de S. M.), de Brassac, de La Rochebeaucourt, de La Laye, de Genouillé, de Vandré, de Champfleury, de Vezac, de Villotte, de La Noue, de Bessé. Il y avait aussi des députés de l'assemblée générale de La Rochelle, trois membres du corps de la même ville, de Châteauneuf, de La Chapellière et Guérin, convoqués dans le but de faire voter la séparation de l'assemblée générale de La Rochelle. Cette assemblée n'avait plus, selon eux, raison d'être, puisque le roi avait promis d'exécuter les engagements pris envers les religionnaires, notamment ceux relatifs à l'entretien des pasteurs et des garnisons des places de sûreté, à la réception des conseillers au parlement de Paris et à la restitution de Lectoure.

La séparation de l'assemblée de La Rochelle y fut votée par les trois quarts des membres, malgré la vive opposition des députés de La Rochelle et le discours du sieur de Bessé, par lequel ce dernier s'efforça d'établir qu'il ne s'agissait pas seulement de la cause particulière de La Rochelle, mais bien de l'intérêt général des églises réformées, et qu'il termina en disant : « *Qu'au surplus l'assemblée de Niort pouvait prendre telle résolution qu'elle voudrait, que maintenant Dieu les assisterait et les ferait subsister sans l'assistance des grands seigneurs et de la noblesse, et que partant l'assemblée générale ne se séparerait point.* » Les décisions prises dans cette assemblée n'eurent aucun effet sur celle de La Rochelle et, les voies d'apaisement étant épuisées, la guerre civile allait recommencer.

Le 13 mai 1621, Rohan reçut avis que le roi était décidé à réduire Saint-Jean d'Angély par la force; il en informa aussitôt l'assemblée de La Rochelle, la priant de tout faire pour le secourir et lui demandant de lui envoyer Fretton pour l'aider dans les préparatifs de défense de la ville.

Le 14, Fromentin, de Saint-Jean d'Angély, portait à La Rochelle des lettres pressantes du duc de Rohan et de son conseil, réclamant avec instance l'envoi de troupes et de munitions.

En réponse à ces demandes réitérées, l'assemblée de La Rochelle dépêcha à Saint-Jean d'Angély le comte de Marennes et plusieurs de ses amis, ainsi que de Loudrière, sénéchal d'Aunis, avec les troupes sous ses ordres, escortant un convoi d'armes, achetées deux mille cinq cent vingt livres à un marchand flamand.

Le 15, Louis XIII était à Saumur avec son armée. Voulant essayer une fois encore la conciliation, il manda près de lui le duc de Rohan et Soubise, son frère, pour avoir leur avis sur les difficultés pendantes; ni l'un ni l'autre ne voulut déférer à l'invitation royale; ils firent répondre que l'assemblée de La Rochelle pouvait seule traiter, avec le roi, des affaires de la réforme religieuse. Le connétable de Luynes essaya de l'influence que lui donnait son alliance avec la maison de Rohan, pour représenter à Soubise qu'il allait se perdre en persistant; mais ce dernier ne voulut rien entendre et se déclara décidé à attendre le sort des armes. Le duc de la Trémoïlle avait cédé plus facilement aux sollicitations de ses amis et avait mis à la disposition du roi, passant à Thouars, sa personne et les ressources en armes et en munitions qu'offrait l'arsenal de son château.

Louis XIII lança de Niort une déclaration qualifiant de criminels de lèse-majesté les députés qui se trouvaient à La Rochelle et à Saint-Jean d'Angély, ainsi que leurs adhérents, et ordonnant la saisie de leurs biens.

Le 16 mai 1621, Gaillard d'Auriac, maréchal de camp dans l'armée royale, arriva vers les dix heures du soir, à Saint-Julien de Lescap, avec trois mille cinq cents hommes, composés en grande partie d'infanterie, et se saisit du pont sur la Boutonne qu'il barricada. Sa cavalerie occupa Varaize, les Eglises d'Argenteuil et Vervant.

Le lendemain, d'Auriac reçut une lettre, signée de quatorze des principaux habitants, lui mandant qu'il pouvait en toute assurance entrer dans la ville, qu'ils lui tiendraient la porte de Matha ouverte. Il voulut profiter de cet avis et, vers deux ou trois heures de l'après-midi, il lança huit cents hommes qui arrivèrent à l'improviste jusqu'à la porte indiquée, par laquelle ils seraient entrés, si une charrette, chargée d'une cuve, ne se fût trouvée juste à ce moment en travers du pont-levis, formant obstacle à leur passage. Les réformés repoussèrent alors les assaillants à coups de canon, et un grand nombre d'assiégeants restèrent en leur pouvoir ainsi qu'une certaine quantité d'armes.

Les assiégés ne perdirent qu'une sentinelle, dont le mousquet avait fait long feu sur un cavalier, et qui fut tuée par ce dernier d'un coup de pistolet; le hasard voulut que le mousquet du mort partît au même moment et tuât le soldat de l'armée royale. Les femmes de la ville, qui, pendant le combat, avaient encouragé les réformés, leur portaient des munitions et des vivres.

Le 19 mai, le duc de Brissac, commandant en chef de l'armée royale, et le duc de Lesdiguières arrivèrent au camp.

Le 20 mai, le roi fit venir les Suisses et douze pièces de canons de Saumur, où il les avait laissés, et donna l'ordre de bloquer la ville.

Le 22 mai, d'Auriac, qui avait fait détourner les eaux du canal de Saint-Eutrope, courant dans les douves des fortifications, voulut aussi détruire l'écluse d'Auvergne, appelée aujourd'hui le *Grand Boucheau*, pour rendre inutiles aux assiégés les moulins de Puychérant et de la grande Rouhe. Mais il ne put réussir dans cette entreprise, qui lui causa de grandes pertes.

Du 23 au 25 mai, l'armée royale reçut des renforts, les approches furent faites, l'établissement du camp achevé, les tranchées tracées.

Le 26, jour de jeûne général pour les réformés, les ministres firent quatre sermons pour les encourager à persévérer dans leur résistance aux troupes royales.

Le 27, le maréchal de Brissac, accompagné de d'Auriac, passa le pont de Saint-Julien, pour examiner la plaine entre Saint-Jean d'Angély et Saint-Julien; il était suivi d'une foule de jeunes volontaires de la noblesse, qui voulurent donner une preuve de leur courage en allant galoper jusque sous les murailles de la ville. Les assiégés firent sortir vingt-cinq mousquetaires, soutenus par trois ou quatre cents hommes d'infanterie et quarante à cinquante maîtres montés et bien armés. Des propositions de combats singuliers furent faites et acceptées, mais elles n'eurent pas de suite, les mousquetades tirées de part et d'autre les ayant empêché d'aboutir. Tout se borna ce jour-là à une légère escarmouche.

Le 28 mai 1621, d'Auriac, dans une reconnaissance de la place, voulut amener les assiégés à combattre, mais ne put y réussir.

La nuit suivante, il se saisit du château de Landes et y mit une garnison.

Le 29 mai, de Brissac alla voir le roi à Chizé et laissa le commandement du camp au duc de Lesdiguières.

Le 30 mai, les comtes de Maurevert et de Frontenoy, maîtres de camp des régiments de Champagne et de Piémont, s'emparèrent de l'extrémité du faubourg Taillebourg où ils dressèrent une barricade à cinquante pas de celle des assiégés. Ces derniers détruisirent, de leur côté, les vis des écluses de Bernouet, après en avoir baissé les vannes, afin qu'en débordant, l'eau de la Boutonne rendît le passage des gués plus difficile aux troupes royales.

Le 31 mai, vers midi, les soldats de Maurevers, barricadés à l'extrémité du faubourg Taillebourg, attaquèrent avec deux pièces de canons la barricade des réformés près du pont Saint-Jacques. Dès le premier coup, le prince de Joinville, le cardinal de Guise et le duc d'Elbeuf se rendirent près du comte de Maurevers, afin d'être des premiers à l'ennemi. Au cinquième coup de canon, les réformés avaient déjà un des leurs tué et deux blessés, et le portail qui donnait entrée et sortie à la barricade volait en éclats. De Pigeolet, lieutenant-colonel du régiment de Champagne, jugeant le moment favorable pour s'emparer de la barricade, fit traverser la Boutonne à ses soldats sur des planches volantes, se précipita sur la barricade et en chassa les défenseurs jusqu'à une deuxième barricade au milieu du faubourg. Un nouveau et sanglant combat eut lieu des deux côtés de cet obstacle, aussi bravement attaqué que vaillamment défendu. Mais le feu ayant été mis au moulin de Puychérant et en plusieurs autres endroits, les réformés durent se retirer dans la ville.

Dans cette affaire, le prince de Joinville et le cardinal de Guise firent preuve d'une grande bravoure; ils sautèrent les premiers dans les barricades, n'ayant d'autre arme que leur épée. Le duc d'Elbeuf, de Maurevers, de Hunières, d'Avennes, de Navailles, deux capitaines et une quinzaine d'hommes y furent blessés.

De Bressieux, Chosdebonne, Chétin, Montagnac, Marignan, Chasennes, fils de du Bourdet, Descris, neveu du cardinal de Retz, eurent la hardiesse de faire une barricade à portée de pistolet de celle des assiégés et s'y maintinrent pendant plus d'une demi-heure, malgré l'ordre de se retirer que Thémines leur donnait; ils ne s'y résignèrent que parce qu'on leur refusa des renforts, et en se retirant ils emportèrent les corps de de Boisverdin, capitaine au régiment de Navarre, et de deux soldats, tués parmi eux.

Deux heures après la prise du faubourg, le roi, avec le connétable, alla reconnaître la place à portée de mousquet, afin de déterminer le plan d'attaque, et ne se retira à son quartier de Vervant que vers dix heures du soir.

Pendant la même journée, l'artillerie royale, pour faire diversion, abattit deux tours portant des couleuvrines, ouvrit une brèche de quatorze pas de large dans la muraille, foudroya la maison du gouverneur et trois corps de garde. De plus, le moulin de la grande Rouhe fut incendié.

Le 1er juin 1621, vers quatre heures du matin, une batterie de trois pièces de trente livres, dressée à côté du chemin qui va de la tour Ronde à Orioux, à main droite, canonna violemment la partie des fortifications comprise de la tour Ronde à la porte de Niort. Elle fit peu de mal comparativement à sa violence, mais elle causa cependant quelques dégâts à la tour Ronde, démonta un des canons de la porte Matha et blessa légèrement deux soldats réformés. L'armée royale perdit François de Brémond, baron des Châteliers, tué d'un coup de mousquet, dans la tranchée.

Le 2 juin, la même batterie recommença son feu, mais le cessa bientôt pour permettre à un héraut accompagné de deux trompettes, que le roi envoyait sommer de Soubise, de se présenter à la porte de Niort, où il s'exprima en ces termes :

« *A toi, Benjamin de Rohan, je fais commandement de par l'invincible monarque ton roi et le mien, que tu sortes de sa ville avec tous les gens de guerre qui y sont, et lui en permettes l'entrée à lui et aux princes, ducs et pairs qui sont avec lui, autrement je te déclare criminel de lèse-majesté.*

De Soubise répondit « *qu'étant membre du corps de ceux de la religion que l'on persécute, il ne le pouvait abandonner; qu'il n'était que particulier qui avait été mis à ladite place, pour la défense d'icelle, par les églises réformées de France, et qu'il fallait s'adresser à elles; qu'en son particulier il était très humble, très obéissant, très fidèle sujet et serviteur du roi.* »

Comme de Soubise était resté la tête couverte, le héraut lui répliqua :

« *Sache que tu ne me dois répondre ni comme capitaine, ni comme soldat, la tête couverte, et quand je te parle de la part du roi, mon souverain seigneur et le tien, tu dois avoir la main au chapeau.* »

De Hautefontaine, qui accompagnait le prince, prit alors la parole :

« *Le roi excusera s'il lui plaît, Mgr de Soubise n'a jamais été sommé.* »

Le héraut demanda alors une réponse écrite, qui lui fut aussitôt donnée, et il se retira.

Aussitôt le refus du duc connu, le roi donna l'ordre de battre la place avec la plus grande vigueur, et indiqua à chaque batterie la partie des fortifications qu'elle devait attaquer.

Celle de Créquy, de six pièces de gros calibre, établie près du chemin d'Orioux, devait tirer sur l'éperon entre la porte de Niort et le faubourg Saint-Eutrope; celle du maréchal de Praslin, placée sur la butte des Justices et composée de quatre pièces, eut pour point de mire le ravelin entre les portes de Niort et d'Aunis; le marquis de La Valette dirigeait le feu de ses pièces sur la porte de Niort; les cinq pièces de Zamet et les six canons du comte de Bassompierre, à droite de la précédente, tiraient sur l'éperon de la porte d'Aunis.

La cavalerie légère du duc de Luxembourg alla occuper les routes par lesquelles les assiégés pouvaient recevoir des renforts, notamment celle de La Rochelle, et elle fit si bien son service, que pendant toute la durée du siège, les réformés ne purent recevoir aucun secours.

Les tranchées du duc de Chaulnes et celles de la garde royale furent poussées jusqu'aux fossés des fortifications, et le roi transporta son quartier général de Vervant à Saint-Julien de Lescap, afin de recevoir plus promptement avis des évènements du siège.

Les dégâts causés dans la ville, par la canonnade, furent considérables; deux cents pas des murailles, entre le faubourg Saint-Eutrope et celui de Matha, furent mis en ruines; la tour Ronde et la tour Carrée furent rasées; les toitures d'un grand nombre de maisons furent endommagées, un pilier de la halle aux marchands, abattu, ainsi que le tombeau de Begeon de Sainte-Même, seigneur de Matha, ancien gouverneur de la ville, érigé dans le cimetière de Notre-Dame des Halles. Cependant, les défenseurs de la ville furent peu ou point atteints; on cite seulement le fils d'un procureur nommé Martin, enfant de douze ans, tué par le ricochet d'un boulet.

Le 3 juin, le feu des batteries royales se ralentit; elles tirèrent à peine quatre-vingts coups, et on cite encore pour victime, un enfant de quatorze ans, Robert Vien, dit le Châsse, qui, s'étant penché par une embrasure pour voir un boulet tombé dans le fossé, eut le ventre ouvert par un autre boulet.

Le 4 juin, les batteries tirèrent plus fréquemment, sans produire cependant grand effet, tandis que, au contraire, la résistance des réformés était surexcitée par la quantité d'officiers distingués de l'armée royale atteints chaque jour par les balles des assiégés.

Le 5 juin, une nouvelle batterie de deux canons, puis de quatre, fut démasquée dans le chemin reliant le faubourg Saint-Eutrope à celui de Matha; elle ouvrit son feu sur la porte de Matha, contre laquelle elle envoya cent cinquante boulets. En même temps, des mousquetaires embusqués dans les maisons du faubourg tiraient de deux côtés sur la courtine de la tour Caniot et les travaux reliant ladite tour au fossé. Cette canonnade eut pour résultat de démonter le canon de la plate-forme de la porte Matha, en blessant trois des canonniers qui le servaient.

Pendant la nuit du samedi au dimanche 6 juin, les batteries royales, contre leur ordinaire, entretinrent un feu très vif, qui redoubla encore d'intensité pendant la journée; elles tirèrent environ quatre cents coups. Deux des canons de la batterie Saint-Eutrope furent démontés par les réformés, de sorte qu'elle ne put faire feu que de deux pièces pendant le reste du jour.

Vers dix heures du soir, deux cents hommes de l'armée royale attaquèrent à l'improviste un poste de huit hommes, établi sur la contrescarpe du fossé, en dehors de la tour Caniot, et l'obligèrent à se retirer dans le fossé, où l'un des soldats réformés tua son sergent, le prenant dans l'obscurité pour un ennemi.

Le 7 juin, à une heure après-midi, les assiégés, au nombre de quarante, dirigés par le baron de Navaille, firent une sortie par la porte de Matha et pénétrèrent jusque dans les tranchées du faubourg Saint-Eutrope, dont ils chassèrent les défenseurs. Ils approchèrent si près de la batterie qu'ils auraient pu en enclouer les canons, mais comme on n'avait pas prévu la possibilité d'un pareil succès, aucune force n'ayant été disposée pour protéger leur retraite, ils durent se replier sous le canon de la ville, tirant dans la masse des renforts considérables envoyés au secours des tranchées. Ils se retirèrent, mais emportant, comme trophées, une certaine quantité d'armes et deux beaux chevaux, dont un, richement harnaché, avait été abandonné par Jacques d'Espinay Saint-Luc, gouverneur de Brouage, au moment où il se jetait dans les tranchées pour les défendre. Les assiégés perdirent trois hommes dans cette sortie, parmi lesquels de la Chesnaie-Vaulouvat, gentilhomme breton. Les troupes royales eurent trente-quatre hommes hors de combat.

Du 8 au 10 juin, la tour Ronde et le ravelin de Matha furent canonnés sans interruption.

Le 11 juin, de La Vergne, écuyer de de Loudrière, et de La Courade, avec quatre ou cinq soldats, furent tués sur la courtine entre le ravelin d'Aunis et celui du château.

Le 12 juin, l'armée royale, à court de munitions, envoya des hommes ramasser les projectiles tombés dans les fossés de la ville. Ils parvinrent sans être vus à se glisser dans le fossé de la tour Ronde, mais leur présence ayant été bientôt signalée, de La Bertramerie Coyaud, de Niort, lieutenant-colonel du sieur de Begeon, fut envoyé contre eux par les réformés, pour empêcher l'exécution de leur entreprise et parvint à les chasser; mais, comme il regagnait la porte de Niort, en suivant le fossé, il fut tué par un éclat de mitraille qui l'atteignit à l'épaule, au défaut de la cuirasse; trois de ses soldats y furent tués et plusieurs autres blessés. Le même jour, Izambart de Thorigné, sieur de Fogeray, fut aussi blessé d'un éclat de mitraille et mourut des suites de sa blessure le 19 du même mois.

Pendant cette affaire, les soldats royaux se défendirent à coups de pierres. Cette pénurie de projectiles dans le camp royal était due à de La Noue et à Laroche-Gallet, de Niort, qui, embusqués dans la forêt de Chizé à la tête d'une troupe d'infanterie et de cavalerie, avaient surpris et détruit un convoi de munitions composé de vingt-deux chariots.

Le roi qui, le 12, était allé à Brizambourg voir la reine, revint le 13 à son quartier de Saint-Julien. La reine-mère était au château de Matha où elle résida jusqu'à la fin du siège.

Le 13 juin, le roi fit placer deux pièces à gauche d'un fortin appelé de « Thémines », qu'il avait fait construire, pour démonter celles qui étaient sur la tenaille de la place, entre la porte Matha et la tour Blanche. Les assiégés, s'en étant aperçus, employèrent, pour s'emparer de ces pièces, un stratagème qui ne leur réussit pas. Trois cents hommes, habillés dans des vêtements de femmes, portant des armes cachées, sortirent, un dimanche soir, comme pour se promener. Le grand nombre d'individus, dont se composait le groupe, ayant éveillé l'attention des troupes royales, celles-ci reconnurent promptement à qui elles avaient affaire, et leur firent repasser la porte de la ville à coups de canons. Le sieur de La Chaisne, qui les commandait, ainsi qu'un certain nombre de blessés, restèrent aux mains des assiégeants.

Le 14 juin, au point du jour, les assiégés firent une nouvelle sortie, par la porte de Matha, pour empêcher le duc de Chaulnes d'achever une barricade de gabions, qu'il faisait élever, afin de mettre à couvert de la mousqueterie des assiégés, les hommes chargés de protéger les terrassiers. Mais les régiments d'Estissac et de Lozières accoururent au secours de ces derniers et une mêlée acharnée, où l'on combattit corps à corps, s'engagea sous les murs de la ville. Cette action fut très meurtrière : le nombre des morts et des blessés fut égal de part et d'autre. Le colonel d'Estissac, atteint de plusieurs blessures, fut transporté mourant dans sa tente, où il expira deux jours après.

Le 16 juin, la tranchée étant arrivée au pied du ravelin,

les pionniers liégeois, attachés à l'armée royale, commencèrent l'établissement d'une mine destinée à le faire sauter, tandis que des soldats pratiquaient sous la contrescarpe un chemin couvert pour descendre dans le fossé à l'abri du feu des réformés. Durant ces travaux, souvent troublés par la mousqueterie des assiégés, un émissaire du duc de Rohan fut arrêté sur la route de Saintes; il fut reconnu pour un soldat de la compagnie de Boisrond (René de Saint-Légier, gouverneur de Pons); il était vêtu en paysan saintongeais et portait, à Saint-Jean d'Angély, des dépêches dans lesquelles le duc exhortait son frère Soubise à tenir encore quinze jours, lui promettant, à l'expiration de ce délai, un secours de quatre mille fantassins et de cinq cents cavaliers.

Le 17 juin, les ouvrages de terrassement entrepris devant la tour Caniot étant achevés, les seigneurs de la cour se préparèrent à faire assaut de courage, et ce fut à qui solliciterait une hallebarde ou une pique pour avoir l'honneur de monter à l'assaut en tête des piquiers. Mais cette journée fut employée, de part et d'autre, à tirer des coups de canons, de mousquets, de fauconneaux et même d'arquebuses de chasse; avec ces dernières, principalement, les réformés faisaient subir les pertes les plus sensibles à l'armée royale.

Le 18 juin, le duc de Chaulnes donna l'ordre de faire jouer la mine, malgré les observations de Rambure, qui doutait qu'elle pût produire de l'effet. De Pontis, chargé par le maréchal de reconnaître le résultat de l'explosion, se plaça dans la barricade avec quarante mousquetaires prêts à s'élancer sur la brèche. Des gardes furent postés à l'entrée de la tranchée avec l'ordre formel du maréchal de n'en laisser sortir personne, afin de prévenir toute confusion; mais les marquis de Saint-Chaumont et de Rouillac, les barons de Laverdin, de Rabat et d'Escry, le chevalier de Valencé et une foule d'autres gentilshommes, forcèrent cette consigne, jaloux de se jeter les premiers sur les ruines du ravelin.

La mine ne produisit pas tout l'effet que le maréchal désirait ; néanmoins, une partie du ravelin ayant été abattue, les assaillants se précipitèrent en foule sur la brèche, balayée préalablement de ses défenseurs par l'artillerie royale.

Deux sergents de mousquetaires, armés de toutes pièces, parvinrent sur la pointe de la tenaille, défendue par quatre habitants, et ils avaient déjà subi plusieurs coups de feu sans broncher, lorsque Samuel Gerny, hôtelier à l'enseigne de l'Ecu de Bretagne, en tua un d'un gros mousquet ressemblant à un fauconneau ; le second, après avoir essuyé aussi plusieurs coups de feu, tomba frappé à mort par un nommé Daniel dit le Mourier. Ceux qui suivaient les sergents n'osèrent monter sur la tenaille ; ils se retirèrent en toute hâte dans la tranchée, poursuivis par trois cents piquiers, sortis d'une barricade élevée par les assiégés derrière la tour Caniot. Les barons d'Escry et de Laverdin, le capitaine de Nieul et un grand nombre de soldats tombèrent percés de coups ; les marquis de Rouillac et de Saint-Chaumont, le baron de Rabat, de Thors et son cadet, et plusieurs autres gentilshommes, qui avaient forcé la consigne pour aller à l'assaut, furent grièvement blessés.

De Pontis et ses quarante mousquetaires furent en grand danger ; voici le récit qu'il en fait lui-même : « Comme on était
« tout près de faire jouer la mine, je fus commandé avec qua-
« rante hommes pour monter à la brèche dans le moment
« qu'elle serait ouverte, et, par ce moyen, ôter le temps aux
« ennemis de la réparer. Il fallait donc nous en approcher de
« fort près et avoir de quoi nous couvrir, en cas qu'il fallût
« nous retrancher. Je demandai pour cela des paniers et des
« mannequins, au lieu de sacs dont on avait accoutumé
« de se servir, témoignant qu'il nous serait plus aisé de les
« remplir que des sacs qui ne se soutiennent point. On nous
« en donna quarante, qui nous servirent en effet beaucoup,
« mais d'une autre manière que nous ne pensions.

« Nous nous avançâmes le plus près que nous pûmes de

« la mine, et il arriva, qu'en jouant, elle fit un effet tout
« contraire à celui que l'on s'était proposé. Au lieu de pousser
« les terres du côté de la ville, elle les rejeta sur nous, le
« terrain s'étant trouvé plus faible de notre côté, et nous
« ensevelit sous ses ruines. Mais, par bonheur, comme j'avais
« fait mettre à tous nos gens, à mon exemple, leur manne-
« quin sur leur tête, afin d'avoir les mains libres pour tenir
« nos armes et nous en servir, ils rompirent une partie du
« coup de la terre et des pierres, et empêchèrent que nous
« n'en eussions la tête écrasée. Ils nous servirent de plus à
« pouvoir un peu respirer, en nous laissant un petit espace
« vide qui empêcha que nous ne fussions étouffés avant que
« d'être secourus.

« De Comminges, qui était à la queue de la tranchée,
« ayant eu des soldats blessés par des pierres que la mine
« fit sauter, et jugeant de l'extrémité où nous devions être,
« accourut pour nous secourir, et nous dégagea de dessous
« les terres, pendant que les ennemis étaient occupés à
« réparer la brèche sans penser à nous. Ce qui, par hasard,
« nous sauva la vie en cette rencontre, fut mis depuis
« en usage dans les sièges. L'ardeur que je ressentais pour
« la guerre m'empêcha de me faire soigner comme on me
« le conseillait; mais je me trouvais si mal d'avoir été ainsi
« froissé et enfermé dans ces terres, que je gardai, pendant
« un mois, une jaunisse qui me rendit presque mécon-
« naissable. »

Bien que l'assaut eût été repoussé, il eut cependant un résultat bien funeste pour la garnison de Saint-Jean d'Angély, en lui enlevant son premier capitaine: de Hautefontaine, lieutenant du prince de Soubise, fut rapporté dans son logis mortellement blessé à la tête par une balle d'arquebuse, tirée de la maison Bonnouvrier, faubourg Saint-Eutrope, de laquelle les troupes royales causèrent plus de mal aux réformés que de n'importe quel autre lieu. Plein de confiance en la bravoure et les talents militaires de ce gentilhomme, le duc de Rohan l'avait laissé auprès de son frère pour l'éclairer de ses conseils et le soutenir de sa résolution ; c'était en réalité de Hautefontaine qui commandait dans la place sous le nom de Soubise.

De leur côté, les assiégeants firent une grande perte en la personne de Louis de Lorraine, cardinal de Guise, tombé subitement malade le lendemain de cet assaut, auquel il avait pris une part très active, et qui mourut le 21 du même mois, à Saintes, où il s'était fait transporter. Ce prélat s'était distingué au siège de Saint-Jean d'Angély sous la cotte du guerrier, qu'il aimait à substituer à sa robe de cardinal.

L'honneur de cette journée fut pour les réformés qui, grandement aidés par de la Roche Genillet, repoussèrent l'assaut des troupes royales. Ce gentilhomme, armé d'un reste de pique qu'un boulet avait rompu dans ses mains, et couvert du sang de ses soldats tués à ses côtés, se portait partout où était le danger, excitant ses hommes, et manœuvrant son tronçon d'arme avec une vigueur fatale à ses ennemis. De La Frocale, enseigne de de Vaulx, se conduisit aussi fort vaillamment et fut blessé. On cite encore un simple soldat, revêtu d'un corselet, arrangeant sur le parapet des sacs de son, qui lui étaient passés de l'intérieur de la ville et qui, plusieurs fois renversé et couvert par la terre que les boulets faisaient écrouler sur lui, se relevait pour continuer sa besogne, qu'il n'abandonna que lorsqu'elle fût terminée.

Le 19 juin, les assiégeants emportèrent, à la pointe de l'épée, le ravelin de la tour Caniot et employèrent le reste du jour à établir un retranchement dans l'emplacement de la mine, sous la direction du capitaine Pigeolet, du régiment de Champagne. Le marquis de Rouilhac et le baron de Rabat, en simple pourpoint, y portèrent les premiers tonneaux, entreprise des plus dangereuses, les réformés faisant tous leurs efforts de ce côté, pour empêcher un travail qu'ils savaient pouvoir causer la ruine de la ville. La nuit suivante se passa en alarmes continuelles ; les assiégés simulèrent plusieurs sorties et en tentèrent réellement une au point du jour, mais avec peu de succès.

Tandis que ces évènements se passaient à la tour Caniot, les maréchaux de Praslin et de Brissac attaquaient l'angle nord de la place, comblaient le fossé de fascines, et couvraient la contrescarpe d'une quantité énorme de gabions, pour dérober les assaillants à la vue des assiégés. Ils faisaient ensuite tirer si vivement contre les remparts les dix pièces de la batterie de Praslin, que, en moins d'une heure, la tour de l'Espingolle et la tour Grise, ainsi que la courtine qui s'étendait de l'une à l'autre de ces tours, étaient en ruines, le parapet du ravelin de la porte de Niort emporté, et ses défenseurs forcés de l'abandonner.

Le 20 juin, une nouvelle mine fut établie si près des réformés et de leurs pièces, que celles-ci leur devinrent inutiles, et qu'ils furent contraints de se battre à coups de pierre; ces projectiles n'étaient point inoffensifs, plusieurs en furent blessés, notamment le marquis de Rouilhac et le sieur Arnaud.

Le 21 juin, la redoute était fort avancée, assez vaste pour contenir deux cents hommes, et assez forte pour défier les efforts faits pour la détruire. Le maréchal de Chaulnes fit établir dans les ruines d'une maison, située à deux cents pas de la redoute, une batterie dont le feu pouvait balayer ceux qui auraient tenté de reprendre le ravelin.

Enfin, le duc d'Epernon, avec de la Valette, son frère, et des gentilshommes en grand nombre, amenèrent au roi un renfort de quatre mille hommes et quatre-vingts voitures de munitions. Dès son arrivée, le duc, en sa qualité de colonel général de l'infanterie, prit le commandement d'une partie des troupes royales, et établit son quartier vers le faubourg d'Aunis.

Tandis que les ressources des assiégeants augmentaient, celles des assiégés étaient presque entièrement épuisées; ces derniers n'avaient pu rien recevoir depuis l'étroit blocus de la place. La garnison souffrait déjà beaucoup du manque de vivres; quant aux habitants catholiques demeurés dans la ville, ne voulant pas subir les horreurs de l'assaut qui se préparait, pour une cause qui n'était pas la leur, ils menaçaient d'ouvrir les portes au roi, si on ne se hâtait de capituler. La division était donc complète dans l'intérieur de la ville. Le bruit y courait que la noblesse voulait capituler à part, et ce bruit prit tant de consistance, que le maire, Eveillard de La Guillebaudière, et vingt-cinq à trente bourgeois notables, mandèrent de Soubise, pour savoir de lui s'il était fondé. Le prince se rendit à l'invitation du maire, jura et protesta, en pleurant, que, quand même la noblesse aurait la lâcheté de faire une chose si préjudiciable aux habitants, lui, personnellement, ne les abandonnerait pas, mais courrait la même fortune qu'eux. D'après Manceau, l'assurance donnée par le prince aurait relevé le courage des habitants, qui se seraient déterminés à une plus longue résistance, si des Mazures et Philippe Cadou, procureurs, présents à la réunion, n'avaient insisté pour une prompte capitulation, représentant qu'ils n'avaient plus qu'à implorer la miséricorde du roi, s'ils ne voulaient être tous pendus.

La détresse des assiégés, la division qui existait entre les habitants, n'étaient pas un secret pour les assiégeants : non-seulement les catholiques avaient des intelligences avec ceux du dehors, mais aussi des réformés, qui n'approuvaient pas la résistance du duc de Rohan, faisaient savoir au roi, pour ainsi dire jour par jour, tout ce qui se passait dans la ville. Manceau cite même, comme ayant rempli ce double rôle, de Vaulx et des Galois, capitaines de la garnison, qui, avant le siège, avaient fait prévenir de La Rochebeaucourt, alors à Châtellerault, que s'il voulait venir à Saint-Jean d'Angély ils l'y feraient entrer et l'en rendraient maître, quand même il y viendrait avec peu de monde.

Enfin, les assiégeants comptaient si bien sur la prochaine soumission de la place, que, le 23 juin au soir, les soldats de garde dans les tranchées disaient, en allumant les feux de joie de la Saint-Jean, qu'ils les allumeraient le lendemain dans la ville.

Le même soir, cédant aux sollicitations et aux menaces des habitants, de Soubise permettait à de Puybernier, commandant un régiment, de se rendre au quartier Zamet, faubourg d'Aunis; là, il eut une entrevue avec du Chastelier Barlot, maître de camp, et le supplia d'intercéder près du connétable pour que le roi voulut bien le recevoir à capituler.

Le 22 juin, de Puybernier eut une nouvelle entrevue à la porte d'Aunis avec du Chastelier. A la suite de cette entrevue, un trompette sortit de la ville pour porter au duc de Luynes une lettre de Soubise, demandant un sauf-conduit pour un gentilhomme qu'il désirait lui envoyer, sauf-conduit qui lui fut donné pour toute la journée du lendemain.

Le 23 juin, tout étant prêt pour un assaut général, les troupes royales s'élancèrent sur la brèche de la porte d'Aunis, ayant au milieu d'elles le vieux connétable de Luynes, la pique à la main, entouré de ses fils et des gardes du roi, ainsi que d'une grande quantité de volontaires, dont beaucoup furent tués ou blessés en s'établissant sur le rempart, après avoir refoulé les assiégés dans leurs retranchements.

Tandis que ces faits se passaient à la porte d'Aunis, d'autres épisodes, non moins importants, avaient lieu entre la porte de Niort et la tour Ronde. Vingt canons, dont les embrasures étaient sur la contrescarpe, achevaient de démolir les ruines chancelantes des fortifications, et permettaient aux troupes royales de descendre dans le fossé par une excavation appelée « trou de Maumusson ». Mais ils ne purent s'y maintenir, et furent obligés de se retirer par le même passage, laissant au fond du fossé une trentaine des leurs.

Ce fait d'armes a donné lieu à une expression angérienne, « *faire passer quelqu'un par le trou de Maumusson* », encore usitée de nos jours, surtout par les enfants, comme riposte à une bravade.

Le maréchal de Praslin, de Bassompierre et de Saint-Luc, se distinguèrent dans cette chaude journée, ainsi que les volontaires royaux, notamment de Charbonnier, le baron de Paluau, et l'écuyer de Saint-Luc, tués. On cite parmi les blessés le marquis de la Valette et le sieur de Biennement.

De Soubise, convaincu qu'il ne pourrait conserver plus longtemps la place, ainsi démantelée, envoya en qualité de parlementaire au connétable, de Montmartin, désigné par son conseil pour remplir cette mission. Dans une courte conférence l'envoyé offrit, de la part de Soubise, de rendre la ville, pourvu que l'assemblée de La Rochelle y consentît. Le roi fit répondre que la ville lui appartenait, que l'assemblée de La Rochelle était illégale et rebelle, et qu'il fallait plutôt implorer sa clémence pour cette assemblée, qu'attendre d'elle des conseils sur le parti qu'on avait à prendre. Le connétable parla ensuite des erreurs des assiégés et des dangers que couraient la ville et ses défenseurs. Montmartin se laissa gagner, et revint le lendemain déclarer au nom de Soubise, que, sans qu'il fût question de l'assemblée de La Rochelle, il traiterait pour lui et pour ceux qui étaient dans la place, si S. M. consentait à accorder un délai permettant au prince d'envoyer un exprès à son frère, afin de lui faire connaître l'état de la ville, s'engageant de rendre la place s'il ne recevait de réponse dans peu de jours. Le roi refusa de souscrire à cette nouvelle demande; il fit répondre que tout ce que de Soubise pouvait espérer, était de rendre la place moyennant la vie sauve, et que, s'il ne se décidait pas, le lendemain au plus tard, à accepter la grâce qu'il voulait bien lui faire, il n'aurait plus ensuite aucune miséricorde pour lui.

De Montmartin revint vers les dix heures du soir, rapportant cette réponse; aussitôt sa rentrée, les assiégeants commencèrent un feu formidable d'artillerie et de mousqueterie qui fit croire aux Angériens à un assaut de nuit, et jeta dans la ville la plus vive alarme. De Soubise rassembla à la hâte son conseil, et y convoqua aussi les principaux habitants, pour délibérer sur les conditions de la capitulation ; quelques-uns de ces derniers se rendirent à l'invitation du prince et désignèrent des Mazures comme leur représentant dans la députation chargée de porter la capitulation au roi.

Le 24 juin, le projet de capitulation, élaboré pendant la nuit, fut soumis à une assemblée plus nombreuse et définitivement arrêté. Vers dix heures, de Montmartin alla la soumettre au roi. En voici le texte :

Article 1er. — Tous les habitants et bourgeois, avec leurs familles, de la ville de Saint-Jean d'Angély, seront maintenus en leurs privilèges, immunités et franchises, sans qu'ils puissent être molestés en leurs personnes, vie et biens.

Art. 2. — Il ne sera rien innové à l'état de la religion, ni au gouvernement politique de ladite place.

Art. 3. — Les temples de ceux de la religion et les maisons les joignant, seront conservés en leur entier.

Art. 4. — Ladite place demeurera place de sûreté et affectée à ceux de la religion comme ci-devant.

Art. 5. — Ceux desdits habitants qui sont pourvus d'offices royaux et autres charges, y seront continués et confirmés.

Art. 6. — Il sera permis auxdits habitants et pasteurs qui sont présents en ladite ville, de s'en retirer et y retourner toutes fois et quand il leur plaira, avec leurs familles, biens, meubles, armes et chevaux, en toute sûreté, dont passeports et saufs-conduits leur seront accordés ; comme aussi la liberté de pouvoir disposer de leurs biens immeubles, et, à ces fins, toutes confiscations, si aucunes sont, seront levées et ôtées, ou de demeurer en ladite ville.

Art. 7. — Tous les gentilshommes, gens de guerre, bourgeois et habitants ou autres, ne pourront par ci-après être inquiétés, ni travaillés, des démolitions et ruines de bâtiments, incendie et brûlement des édifices, dégradation d'arbres, usurpations de terre, qu'ils auraient faits ou fait faire pour les fortifications et défenses de ladite ville, non plus que pour les prises de matériaux, pierres, bois de charpente, à ouvrer, pour futailles ou autres, de quelque nature qu'elles puissent être, ni d'autres meubles, blés, vins, et toutes espèces de fruits, qui auraient été pris et consommés pour la nourriture et l'entretien des gens de guerre.

Art. 8. — Ils ne pourront, ni tous ni pas un d'eux, être recherchés ni travaillés en aucune façon, ni par qui que ce soit, pour avoir occupé les églises et autres lieux publics pour y loger les gens de guerre, préserver leurs magasins et placer autre chose pour leur usage et service, et généralement de tous exploits et exercices faits desdits lieux et des dites choses.

Art. 9. — Et qu'enfin, ce qui s'est fait dans ladite ville demeurera éteint et assoupi, comme non avenu.

Art. 10. — De Soubise, avec tous les gentilshommes, gens de guerre et autres qui l'accompagnent, de quelque qualité et condition qu'ils soient, sortiront vie et bagues sauves, avec leurs armes, chevaux, chariots, et tous leurs équipages et bagages, tambours battants, enseignes déployées et mèches allumées, pour se retirer où bon leur semblera.

Art. 11. — Il leur sera fourni des chariots et des bateaux à suffisance, pour emmener leurs blessés et malades, armes et équipages.

Art. 12. — Pour ce faire et pour tout ce que dessus, il plaise à S. M. leur donner saufs-conduits, qui seront valables jusqu'à ce qu'ils soient en lieux de sûreté, tels qu'ils voudront élire et choisir.

Art. 13. — Les sieurs de La Cressonnière et de Fretton pourront particulièrement jouir du bénéfice de la présente capitulation, nonobstant la criminalité jetée sur eux à raison de l'assemblée générale de La Rochelle, de laquelle criminalité ils demeureront relevés et déchargés, sans qu'ils aient besoin d'édit ou déclaration pour ce faire.

Art. 14. — Il plaise à S. M. continuer à M. le duc de Rohan le gouvernement de la place, comme aussi à Mgr du Parc, les capitaines et officiers de la garnison, les charges qu'ils y possèdent, ensemble l'entretien de ladite garnison.

De Montmartin revint le soir rapportant, d'après Manceau, bonne espérance d'obtenir la plus grande partie des articles de la capitulation, en même temps que des saufs-conduits pour deux gentilshommes et deux bourgeois devant l'accompagner au camp royal, le lendemain, avant dix heures, dernier délai accordé pour conclure. Ces députés, nommés le même jour, étaient de Loudrière et la Chapelle-Bugaudière pour la noblesse, Grenon et des Mazures pour les habitants. Ils avaient mission de conclure la capitulation aux conditions stipulées par le roi, s'ils ne pouvaient en obtenir de meilleures.

Le 25 juin, les cinq députés partirent dès huit heures du matin, et tout d'abord soumirent au connétable la capitulation arrêtée. Ce dernier, après en avoir pris connaissance, leur dit : « *Vous êtes les premiers rebelles du royaume qui, sans aucun titre de justice, d'honneur, ni d'exemple que de trente mutins assemblés à La Rochelle, avez fait courir fortune à la vie du roi par plusieurs fois en ce siège, qui vous a si favorablement traités, que les catholiques en devaient avoir pris jalousie... Souvenez-vous qu'il n'y aura plus de capitulation pour vous autres.* »

De Montmartin ayant insisté pour que la garnison sortît tambour battant, mèches allumées, enseignes déployées, sans pouvoir l'obtenir, quitta le conseil sans rien conclure, et se disposait à rentrer dans la ville, lorsque des Mazures lui reprocha de ne chercher à faire la paix que pour ceux du dehors et non pour les habitants; que, quant à lui, il ne voulait pas se sacrifier ni sacrifier les autres habitants, et qu'il allait conclure la capitulation pour eux.

Les autres députés appuyèrent des Mazures et forcèrent ainsi de Montmartin à s'engager au nom de Soubise et à signer la promesse suivante, écrite au bas des lettres de grâce que le roi voulait bien leur accorder :

« *Le roi ne prétend faire aucun traité, mais sur la supplication très humble, plusieurs fois réitérée, de ceux qui sont dans Saint-Jean d'Angély, S. M. leur pardonne à tous également, de quelque qualité et condition qu'ils soient, tout ce qui s'est fait et commis durant le siège d'icelle, à condition qu'ils demanderont pardon et jureront de demeurer éternellement sous son obéissance, et qu'ils ne porteront jamais les armes contre son service, sous quelque cause ou prétexte que ce soit.*

« *S. M. entend aussi, comme elle l'a fait, qu'ils jouissent de la liberté de conscience suivant les édits.*

« *Sous ces conditions, S. M. leur fait cette grâce, accorde la liberté de leur personne, et les a remis dans la jouissance de leurs biens comme ils étaient auparavant ; et ceux qui voudront se retirer, S. M. leur fera donner sauf-conduit pour leurs personnes, armes et chevaux.*

« *Et pour toutes autres demandes par eux faites elles demeureront au vouloir de S. M., pour en faire ainsi qu'elle avisera bon être.*

Fait et passé au camp devant Saint-Jean d'Angély, le samedi 25 juin 1621. « Signé : Louis. »

« *Nous, soussignés, en vertu des pouvoirs à nous donnés par M. de Soubise, commandant dans la ville de Saint-Jean d'Angély, acceptons la grâce contenue au présent écrit, qu'il plaît au roi nous faire, promettons de l'effectuer et faire accomplir selon sa forme et teneur.*

« *Fait au camp devant Saint-Jean d'Angély, le 25 juin 1621.*

Signé : Montmartin, des Mazures, Barthommé. »

De Loudrière, de La Bugaudière et Grenon, apportèrent avec eux la capitulation signée, ramenant pour otage le sieur Desplans et laissant au quartier du roi de Montmartin et des Mazures en la même qualité.

Aussitôt leur arrivée, des capitaines firent le tour de la ville sur la courtine de l'intérieur et sur la contrescarpe du dehors pour faire cesser le feu de part et d'autre. De Bois-Ragon, sergent-major général de la ville, arbora sur la tour Ronde le drapeau annonçant la cessation des hostilités. Aussitôt les troupes se mirent familièrement en relations. Des chefs de l'armée royale allèrent, sans armes, avec le maréchal de Lesdiguières, se promener sur la tenaille de la tour Caniot, appelée « l'éperon Vert » par les troupes royales.

Le lendemain, 26 juin, dès cinq heures du matin, les troupes de la garnison se rassemblèrent en armes pour sortir, tandis que Soubise allait à la porte d'Aunis, recevoir de Modène, grand prévôt de l'armée royale, à la tête de ses archers, venant prendre les mesures de précaution destinées à sauver la ville du pillage, qu'elle avait à craindre de la soldatesque des deux partis. Après avoir placé un poste à chacune des portes, pour en empêcher l'entrée aux soldats du camp, il reçut, au nom du roi, le serment de Soubise et de ses lieutenants, ainsi que des habitants :

« *Nous, soussignés, promettons et jurons devant Dieu, sous notre foi et serment, de demeurer à jamais très humbles et très fidèles sujets et serviteurs du roi, et de ne porter jamais les armes contre son service, de n'adhérer aux unions, assignations ni assemblées qui se pourront faire et tenir sans la permission de S. M. et contre son autorité et service.* »

Les régiments de Picardie, de Chastelier, de Saint-Vincent et de Brissac, rentrèrent ensuite et formèrent une double haie depuis la porte d'Aunis jusqu'à la porte de Niort, par laquelle la garnison devait effectuer sa sortie, pendant que toute l'armée se rangeait en bataille derrière les mêmes portes.

Cependant, la garnison ne se mit en marche qu'à midi, à cause de la tardive arrivée de quatre-vingts chariots envoyés pour le transport des bagages des gentilshommes et capitaines huguenots.

Le prince de Soubise fut escorté jusqu'à sa destination par le maréchal de Lesdiguières, et des saufs-conduits furent délivrés à ses officiers pour regagner leur demeure.

Malgré les précautions prises par le grand prévôt, des soldats et des aventuriers se glissèrent dans la ville par des brèches et des fausses portes, ouvertes dans la muraille pendant le siège, notamment à la tour Ronde, la porte de Niort l'éperon Vert, l'éperon de Clermont et la porte Jélu, et pillèrent les maisons voisines des fortifications. Les soldats du régiment des gardes du roi, eux-mêmes, prirent part à ce pillage, dont le produit fut vendu par eux à des gens de Saintes, Cognac, Niort et autres lieux qui le revendirent publiquement ensuite sans être inquiétés. Le temple de la religion réformée fut saccagé, sa chaire abattue, ses vitres brisées, ses bancs rompus. La maison du ministre Japhet du Vigier, sieur du Moustier, fut pillée par quelques soldats, qui emportèrent son linge et jusqu'à ses vêtements, après avoir mis les meubles en pièces. L'enquête, sur ces faits, évalue à cent livres les dégâts commis au temple, et à cent cinquante ceux de la maison du Vigier, sommes qui furent remboursées par l'ordre du roi. D'après Manceau, les dommages occasionnés pendant le siège et par le pillage, à la ville et à ses environs, pouvaient être estimés à plus de deux millions de livres.

Ainsi finit le dernier siège de Saint-Jean d'Angély, pendant lequel furent tués plus de quinze cents soldats et quatre cents gentilshommes de l'armée royale, tandis que les assiégés ne perdirent que soixante-dix hommes, dont quinze habitants.

Le 27 juin, le roi assista à la messe, et comme fort peu d'habitants s'y étaient rendus, il en demanda la cause. Ayant appris, qu'ils gardaient leurs maisons du pillage des soldats comme cela était déjà arrivé, il dit à M. d'Epernon : « *Que deviendra ma parole donnée?* » D'Epernon répondit, qu'à la vérité quelques soldats avaient pris un peu trop de licence, mais qu'ils n'avaient pas fait pour plus de trois à quatre cents livres de dégâts ; et, pour corroborer cette assertion du duc, le maire dut produire un certificat, signé de plusieurs habitants, attestant que, depuis leur entrée dans la ville, les troupes royales n'avaient commis aucun outrage contre les personnes, ni aucun dommage aux propriétés.

Les 28, 29 et 30 juin, les divers régiments de l'armée royale vinrent successivement séjourner dans la ville ; il s'y trouva jusqu'à quinze cents hommes à la fois, vivant ainsi que leurs chevaux aux dépens des habitants, si bien que plusieurs de ces derniers, pour éviter l'insolence des soldats et une dépense qu'ils n'étaient pas en état de supporter, quittèrent Saint-Jean d'Angély.

Louis XIII ne fut pas désarmé par la soumission de la ville ; il lui fit payer cher la résistance que lui avaient imposée les réformés. Se rappelant que la clémence de Charles IX, en 1569, ne l'avait pas empêchée de se révolter de nouveau, et qu'elle était la première qui lui avait fermé ses portes, il résolut de lui infliger une punition qui pût servir d'exemple aux autres villes rebelles. A cet effet il lui enleva tous ses privilèges, et ordonna la démolition de ses fortifications par lettres patentes, datées de Cognac, en juillet ; dans ces lettres, il est dit :

« Voulant ôter aux habitants de Saint-Jean d'Angély tous les moyens de prendre à l'avenir les armes contre nous, laisser à la postérité quelques marques du châtiment que nous infligeons à leur désobéissance et à leur rébellion, et donner, à nos autres sujets, la preuve que nous ne voulons pas que le crime reste impuni, nous déclarons et ordonnons que les murailles, remparts, tours, bastions, éperons, ravelins et autres fortifications de la ville de Saint-Jean d'Angély, seront démolis, démantelés et rasés, et que les fossés seront comblés; supprimons et abrogeons les privilèges, exemptions et immunités accordés aux habitants de la même ville par les rois nos prédécesseurs, et confirmés par nous. Ordonnons, en outre, que tous les deniers communs et patrimoniaux, de quelque nature qu'ils soient, qui pourraient appartenir à ladite ville, seront réunis à notre domaine et perçus à l'avenir par nos trésoriers. Mais comme nous sommes instruits que quelques-uns des principaux officiers, tant du siège royal que de l'élection de Saint-Jean d'Angély, n'ont point adhéré ni participé à cette rébellion, qu'au contraire ils sont restés constamment attachés à leur devoir et à la fidélité qu'ils nous doivent, nous voulons, en leur considération et faveur, que le siège de la justice, de l'élection et du bureau des tailles, soit maintenu à Saint-Jean d'Angély, et que les juges des tribunaux continuent à y exercer leurs fonctions. »

Le 28 juin d'Epernon partit de Saint-Jean d'Angély, après avoir donné ses instructions aux habitants catholiques, réunis chez Pallet, où il logeait, laissant d'Ambleville pour faire démanteler les fortifications et désarmer les réformés. Trois cents ouvriers furent employés à ce travail de démolition, qui n'était pas encore terminé au mois de juin de l'année suivante. Mécontent de la lenteur avec laquelle les officiers de l'élection accomplissaient cette pénible tâche, le roi envoya à Saint-Jean d'Angély, en qualité de commissaire extraordinaire, un sieur Antoine Morestier, qui fut obligé de contraindre les élus, par sommation, d'avoir à lui fournir mille hommes, répartis sur les diverses paroisses de l'élection, pour faire disparaître promptement les murailles encore debout. Les pierres, en provenant, furent transportées à Brouage, pour servir aux fortifications que le roi faisait élever dans cette ville.

Louis XIII voulut effacer jusqu'au nom de Saint-Jean d'Angély, qu'il changea en celui de « *Boury-Louis* », mais l'usage n'a pas consacré cette injurieuse dénomination, employée seulement dans les lettres de Louis XIII, datées de Paris, en février 1626, donnant aux cordeliers certaine partie des fortifications démolies.

Le 7 juillet, Pierre Séguier, sieur d'Aultry, maître des requêtes, arriva à Saint-Jean d'Angély. Il déclara tout d'abord au maire et aux échevins, assemblés, que son intention était de lever sur les habitants, exempts et non exempts, de l'une et de l'autre religion, une somme de quatre cents livres, destinés à couvrir les frais de pansement et de médication des blessés de l'armée royale. Ces derniers restés, jusque là, dans les ambulances de Saint-Julien, furent transportés dans la ville pour plus de commodité.

Le 17, le maître des requêtes, prenant le titre d'intendant de la justice au siège et gouvernement de Saint-Jean d'Angély, procéda en grande pompe au rétablissement de la sénéchaussée, et fit prêter serment dans les termes suivants aux officiers de cette juridiction :

Les magistrats, professant la religion réformée, demeurés dans la ville pendant le siège, jurèrent *de bien et fidèlement exercer leur charge, de vivre et mourir serviteurs du roi, et de faire dans quinzaine le désir requis par la déclaration du 27 mai 1621, donnée à Niort.*

Ceux qui avaient laissé la ville : *De bien exercer leur charge et faire ladite déclaration ;*

Les catholiques : *de bien faire leur charge.*

Le 19 du même mois, Séguier procéda, avec les mêmes formalités, à la réinstallation des officiers de l'élection.

Dans les premiers jours d'août, quatre compagnies, restées à Saint-Jean d'Angély pour la démolition des murailles et la garde de l'artillerie, partirent pour Surgères, emmenant avec elle une partie des canons de la ville. « Le Gros-Jean » l'un des plus anciens, du calibre de trente-cinq livres, « *la Crevascière* » de vingt-huit, « *la Françoise* » de vingt-trois, « *Madame de Chizé* » de vingt livres, « *la Galeuse* » de dix-sept ; sept autres de calibre moindre, et sept ou huit fauconneaux, le tout en fonte verte. Quelques jours après, sur l'ordre de d'Ambleville, les autres canons, mis hors de service pendant le siège, furent envoyés à Cognac pour être refondus ; ils furent chargés sur une gabarre, qui coula dans la Boutonne, à sa sortie des portes de Bernouet. Les munitions chargées sur la même gabarre furent perdues ; elles étaient bien peu considérable, et consistaient seulement en un petit paquet de poudre, treize caques et un quart de soufre, quatre caques de salpêtre, une caque et un quart de goudron, trois pots à feu, une boîte de grenades. Tout ce qui existait en plomb et en étain dans la ville, y compris la vaisselle, avait servi pendant le siège à faire des projectiles.

Les Rochelais, ayant eu avis de cet envoi, formèrent le projet de l'enlever dans le trajet, et envoyèrent à cet effet le capitaine Richard avec quatre-vingts soldats, montés sur une barque et suivis, de loin, par deux navires chargés de les soutenir au besoin. Mais les navires ayant manqué la marée entre Rochefort et Tonnay-Charente, le capitaine Richard et ses hommes surpris vers les Nouillers par de Biron et ses cavaliers, envoyés contre eux, se débandèrent. La plus grande partie retourna à La Rochelle ; mais quelques-uns étant arrivés à Saint-Jean d'Angély, y furent reconnus par le gouverneur Crondelle, arrêtés par les catholiques et détenus à *l'Ecu de France*, au grand déplaisir des réformés, qui procurèrent à quelques autres les moyens de fuir. Les prisonniers, au nombre de sept, furent conduits à d'Ambleville, à Cognac. Celui-ci chargea Coudon, prévôt de Saintonge, de les renvoyer à Saint-Jean d'Angély, pour les faire condamner et les y faire pendre. Ils arrivèrent à Saint-Jean d'Angély le dimanche suivant, sous la garde de Guillonnet, sergent royal, et des archers du prévôt, ce qui jeta l'inquiétude parmi les réformés. Cette inquiétude se changea le lendemain en véritable terreur, lorsqu'on vit arriver le prévôt, suivi du bourreau, qui resta dans la ville jusqu'au samedi suivant. Cependant, ils furent quittes pour la peur : les prisonnniers ne passèrent même pas en jugement.

Par suite de l'abolition de ses privilèges, la ville n'avait plus ni gouverneur, ni maire, ni juridiction communale, ni ressources financières ; et cependant il fallait payer les aides et subsides au profit du roi, et pourvoir, en conséquence, à la nomination de collecteurs et d'assoyeurs chargés de l'assiette et de la perception de ces impôts. Sur l'avis de d'Ambleville, une députation de deux habitants catholiques alla trouver le duc d'Epernon à la Jarrie, pour lui exposer la situation, et lui demander comment on devait procéder dans l'occurrence. Le duc donna l'ordre au lieutenant-général de la sénéchaussée d'établir simplement un syndicat, composé des quatre plus anciens échevins catholiques du corps de ville supprimé, et confia la police au procureur du roi. Ce syndicat se trouva composé de Sébastien Griffon, Philippe Cadou, Jean Griffon, sieur de la Chagnée, et Jean Gadouin, sieur de la Bertinière.

Mais les syndics, n'ayant que des attributions peu étendues, ne purent exercer aucune influence sur le relèvement de la ville qui, jusqu'au rétablissement de sa municipalité, au commencement du XVIIIe siècle, descendit progressivement au dernier degré de la misère.

Les lieutenants-généraux se paraient bien du titre de maire, que personne ne leur contestait ; mais comme ce titre ne leur fut jamais confirmé, ils manquèrent toujours de l'autorité nécessaire pour exercer utilement les fonctions municipales. Ils n'avaient pas le droit, pas plus que les syndics, de tenir un registre de leurs délibérations, et ces derniers avaient recours, comme de simples particuliers, au ministère des notaires pour établir les actes qui engageaient la ville. C'est ce qui explique le manque de documents pouvant servir à l'histoire de Saint-Jean d'Angély pendant une grande partie du dix-septième siècle.

Cependant, au mois d'octobre de la même année, les

Angériens furent autorisés à réorganiser la garde bourgeoise pour le maintien de l'ordre intérieur. Elle fut composée exclusivement de catholiques, et elle fit le service d'honneur au logis de la reine, lors de son passage à Saint-Jean d'Angély, au retour du siège de Montauban. Pendant ce voyage la reine était accompagnée de la princesse de Conti et de la comtesse de Luxembourg.

Comme le projet de surprendre la ville était attribué au prince de Soubise, parcourant de nouveau la Saintonge et l'Aunis à la tête d'un corps de réformés, la milice éleva des barricades au minage et au pilori pour tenir lieu de fortifications.

Les réformés avaient donné assez de preuves de leur hardiesse, par les coups de mains qu'ils tentaient chaque jour, pour donner des craintes au sujet de la sécurité de la reine, et cela d'autant plus que quelques Angériens se trouvaient parmi les partisans du prince et pouvaient faciliter l'audacieux projet de ce dernier, par la connaissance qu'ils avaient des lieux. Pour les punir, d'Ambleville ordonna au procureur du roi de poursuivre, non-seulement les rebelles, mais encore leurs proches parents demeurés tranquilles à Saint-Jean d'Angély. Cet ordre reçut un commencement d'exécution. Mais d'Epernon et Séguier, n'ayant pas trouvé que le procureur du roi mettait assez de vigueur dans les poursuites, le menaçèrent de lui retirer son office, s'emparèrent de l'instruction de l'affaire et en saisirent les juges de Saintes, ville où ils séjournèrent eux-mêmes, pendant quelque temps, pour les stimuler. Ils poussèrent la rigueur jusqu'à faire rendre un arrêt ordonnant aux greffiers, notaires, sergents et à tous autres, de dénoncer les sommes qu'ils avaient ou qu'ils savaient appartenir aux rebelles.

Les Angériens restèrent indifférents aux débats qui intervinrent en 1626, entre les bénédictins et les cordeliers, au sujet de la possession de l'emplacement des fortifications démolies ; et, cependant, le dernier espoir qui leur restait de voir leur ville reprendre son rang, disparaissait avec l'aliénation de ces terrains. Louis XIII avait donné aux cordeliers la partie de ces terrains s'étendant de leur couvent à la porte d'Aunis ; les bénédictins réclamèrent contre cette donation, comme propriétaires antérieurs à la construction des fortifications, et ils obtinrent gain de cause, ainsi que le constatent des lettres patentes de 1631. Dans ces lettres, le roi reconnaissait n'avoir eu l'intention de donner aux cordeliers que les terrains dépendants de son ancien château royal, et maintenait les bénédictins dans la possession des douves et des autres fortifications de la ville.

Le soulèvement de la Saintonge du nord et de l'Angoumois contre les fermiers des aides, occasionné par l'impôt de vingt sols par muid sur les vins, n'émotionna pas davantage les habitants de Saint-Jean d'Angély, ou du moins, ils n'y prirent aucune part, bien qu'une assemblée de quatre à cinq mille manifestants, qui eut lieu dans la prairie de Matha, en juillet 1636, leur donna l'occasion de témoigner leur opposition à la perception de cet impôt. Cette assemblée ne prit pas de résolution, mais s'ajourna à Baignes, où, dans une réunion bien plus nombreuse encore, furent formulées, sous le titre d'arrêt, de vives remontrances contre les impôts.

La violente passion inspirée à Louis XIV par Mlle Mancini, nièce du cardinal Mazarin, est bien connue, mais fort peu d'Angériens, peut-être, savent que la dernière entrevue de ce prince avec sa maîtresse eut lieu à Saint-Jean d'Angély en 1659. D'après de Limiers, *Histoire du règne de Louis XIV*, le grand roi se rendant à Bordeaux, pour s'entretenir avec le cardinal des négociations de son mariage, alors pendantes, plus épris des charmes de sa maîtresse que de ceux de l'infante Marie-Thérèse, aurait déclaré vouloir passer à La Rochelle, où Mlle Mancini s'était retirée. La reine-mère, craignant de ne pouvoir l'en empêcher, voulut sauver aux moins les apparences et elle écrivit à Mlle Mancini de venir à Saint-Jean d'Angély, où elle serait bien aise de la voir en passant. Elle se rendit avec empressement à cette invitation. Le roi la vit, l'aima plus que jamais, et ils se séparèrent, résolus de s'aimer toujours. Cet incident, ainsi voilé, n'empêcha pas le mariage du roi d'aboutir, et deux ans après, le cardinal mariait sa nièce au connétable Colonne.

Depuis la chûte de La Rochelle et la paix d'Alais, les réformés s'étaient résignés à la soumission et Louis XIV avait confirmé l'édit de Nantes en mai 1652. Mais à partir de 1660, ils commencèrent à se voir chaque année de plus en plus inquiétés, blessés, dépouillés dans l'exercice de leurs droits. Toutes les professions et toutes les maîtrises furent interdites successivement aux réformés, sauf l'agriculture et le commerce. On essaya tous les moyens pour obtenir des abjurations, et l'on y réussit, à Saint-Jean d'Angély.

Jean Levallois, âgé de dix-sept ans, fils d'un marchand du même nom, après avoir abjuré à Rome devant le général de l'inquisition, en 1679, renouvela son abjuration à Saint-Jean d'Angély, le 22 juin de l'année suivante, et eut un assez grand nombre d'imitateurs. En 1685, Guillaume de La Brunetière, évêque de Saintes, voyant les conversions se ralentir, se rendit à Saint-Jean d'Angély pour leur donner un nouvel élan ; il réunit les réformés dans des conférences, et en décida quarante-six à revenir au catholicisme ; et parmi eux le ministre du château du Douhet, nommé Durand. Durand avait été chargé par l'intendant de faire les baptêmes et les mariages de ses coreligionnaires privés de temples, un mois avant la révocation. Fort de cette nomination, il ne songea pas à quitter la France, fut forcé d'abjurer, devint instituteur, et, suspect encore, mourut dans un état voisin de la misère.

Cependant, les conversions n'allant pas encore assez vite au gré des catholiques exaltés de la cour, Louis XIV, sous l'influence de leurs conseils, vint, par la révocation de l'édit de Nantes, jeter la désolation dans ce qui restait du parti de la réforme. Un grand nombre de réformés suivirent leurs pasteurs en Hollande, en Angleterre et en Amérique : d'autres se soumirent extérieurement, sauf à pratiquer *au désert*, la nuit, leur culte proscrit. Cet acte impolitique avait été précédé de mesures arbitraires qui le faisaient présager : le temple des réformés, bâti avec les débris de l'église abbatiale, détruite par ces derniers en 1569, avait été rasé en vertu d'un arrêt du conseil du 5 janvier 1683, signifié le 3 février suivant, aux ministres de Saint-Jean d'Angély, Jean Yver et Prioleau. Le même arrêt interdisait tout exercice du culte réformé. On leur enleva même le cimetière de Notre-Dame des Halles, qui était spécialement affecté à l'inhumation de leurs morts, et on le rendit aux catholiques le 24 mai 1683. Empêchés de prier publiquement, les réformés s'assemblèrent d'abord à Aulnay, puis en cachette à « *la Grenoblerie* », maison isolée sur la route de Courcelles; mais le secret de leurs réunions ayant transpiré, avis en parvint à M. de Chamilli, gouverneur de la province, qui donna aussitôt l'ordre à Jean de la Fargue, seigneur de Brizambourg, gouverneur de la ville, de faire démolir la Grenoblerie. Cent manœuvres, requis pour ce travail, eurent bientôt fait disparaître toutes traces de cette habitation, remplacée depuis par une grange, dont l'aspect désolé semble rappeler encore ce triste souvenir. A partir de cette époque, le culte réformé fut interdit à Saint-Jean d'Angély et n'y fut rétabli légalement qu'en l'an X. A cette date, l'église de cette ville fut comprise dans la consistoriale de Saintes. Le décret du 26 mars 1852 créa le consistoire de Pons et y rattacha Saint-Jean d'Angély; celui du 29 septembre 1871 la plaça dans la sixième circonscription synodale.

La situation de Saint-Jean d'Angély devait bientôt s'améliorer par l'influence d'un évènement fortuit, qui fut le point de départ d'une nouvelle existence pour cette ville, ce fut le passage, vers la fin de l'année 1700, du duc d'Anjou, petit-fils de Louis XIV, allant prendre possession du trône d'Espagne, auquel il venait d'être appelé. Saint-Jean d'Angély se trouvait compris dans l'itinéraire du monarque ; sur tout le parcours, les villes avaient rivalisé ; c'était à qui ferait au prince la plus brillante réception et lui offrirait les plus belles fêtes ; seule, la pauvre ville de Saint-Jean d'Angély déclara ne pouvoir étaler à ses yeux que sa misère. M. de Bégon, intendant de la généralité de La Rochelle, désireux de cacher, autant qu'il était en son pouvoir, l'état dans lequel l'avaient réduite la suppression de son échevinage et la confiscation de ses revenus, sollicita et obtint un arrêt accordant aux Angériens la nomination de quatre échevins, à leur choix. C'était un premier pas au rétablissement de la municipalité. En 1717, l'échevinage fut encore augmenté de six conseillers et d'un procureur syndic ; leur costume officiel consistait en une robe noire avec épitoge rouge, doublée de bleu sur l'épaule gauche. L'uniforme des archers se composait d'un habit rouge, avec parements bleus, doublé de bleu, boutons de même étoffe, culottes doublées de peau, chapeau à cornes bordé d'argent faux, bas bleus, souliers.

Le corps de ville, ainsi partiellement reconstitué, put faire au duc d'Anjou les honneurs de la cité, et si ses finances ne lui permirent pas de lui offrir le plus petit présent, au moins l'enthousiasme que développa cette faveur, et les acclamations de la foule, lui cachèrent la véritable situation de la ville. Le 21 décembre 1700, le corps de ville, les officiers de la sénéchaussée, ceux de l'élection et la milice bourgeoise, allèrent attendre le duc à la porte de la ville, où il arriva la nuit. Caffin, assesseur et premier échevin, le complimenta et le remercia, au nom des habitants, de la faveur que le roi venait de leur faire, en reconstituant le corps municipal, et le conduisit à l'abbaye des bénédictins, où son logement et celui des princes qui l'accompagnaient avaient été préparés. Le duc repartit le 23.

Pendant son séjour, on avait employé plus de trois cents ouvriers à réparer le chemin d'Ecoyeux, qu'il devait prendre pour se rendre à Saintes ; ayant appris que quelques-uns de ces ouvriers avaient été blessés par la chute d'un mur, il leur fit distribuer un secours de cent livres.

La nouvelle administration fit rechercher les anciens titres et registres de la ville, dont une partie était dispersée chez les divers officiers de la sénéchaussée, et dont l'autre avait été transportée, en 1632, au greffe de la généralité de Poitiers, par les soins de Dulac, trésorier de France, ce qui les sauva d'une entière destruction. Pour vaincre la résistance des détenteurs, elle dut recourir à l'intervention royale, qui en ordonna la restitution à première sommation. Ces titres et registres composent aujourd'hui les précieuses archives de la ville, largement mises à contribution pour la rédaction de cette histoire.

Une fois en possession de ses vieux titres, la municipalité s'occupa tout d'abord des établissements hospitaliers, laissés à l'abandon pendant les guerres de religion ; elle obtint du roi l'autorisation de les réunir en un seul hôpital, auquel furent attribués non-seulement les revenus des anciennes aumôneries de la ville, mais encore ceux de plusieurs établissements hospitaliers de la sénéchaussée, trop pauvres pour pouvoir satisfaire au but de leur création.

L'origine de l'hôpital de Saint-Jean d'Angély remonte à une très haute antiquité, Guillonnet-Merville, dans ses « *Recherches topographiques et historiques sur Saint-Jean d'Angély* », donne l'an 1030 comme la date de la construction de l'aumônerie de l'abbaye ou « *Hôtel-Dieu* », fondée par les bénédictins, mais il ne s'appuie sur aucun titre. Les moines eux-mêmes en ignoraient la date, puisque, dans une supplique adressée par eux à l'intendant de la généralité de La Rochelle, le 12 septembre 1727, ils citent comme le plus ancien titre sauvé de la destruction, le testament de l'abbé Odon, daté de 1090 ; une des dispositions du testateur prescrivait au camérier de l'abbaye de remettre à l'aumônier, chaque samedi, la dîme des deniers que le peuple offrait, par dévotion, au tombeau miraculeux de St Hilarion.

L'Hôtel-Dieu servait à loger les pèlerins, qui venaient en nombre considérable de toutes les contrées, principalement des Flandres et d'Allemagne, se prosterner devant le chef miraculeux de saint Jean-Baptiste et les autres reliques que possédait l'abbaye ; les valides y recevaient l'hospitalité pendant une nuit, un morceau de pain et une modique somme d'argent ; les malades y étaient soignés jusqu'à leur guérison. Plus tard, les aumônes y furent distribuées plus largement, à mesure que de riches donations les dictèrent aux moines.

Les bâtiments, consacrés à l'aumônerie, étaient séparés de ceux de l'abbaye, afin que la solitude du cloître ne fut pas troublée par le va-et-vient des hôtes nombreux qui y étaient reçus chaque jour ; ils étaient situés en face de l'abbaye.

Une maladrerie, dite de « *Saint-Lazare* » ou des « *Ladres* », destinée spécialement aux personnes affectées de la lèpre, maladie regardée alors comme transmissible par le contact et incurable, existait depuis un temps immémorial à Saint-Nazaire, à l'extrémité du faubourg Taillebourg. Aucun document ne renseigne exactement sur sa fondation, qui remonte aux croisades, comme celle de toutes les léproseries, mais les nombreuses redevances, que les bénédictins lui payaient chaque année, peuvent faire considérer ceux-ci comme ayant, au moins, largement contribué à son entretien.

La lèpre avait été importée de Syrie par les croisés ; elle s'était propagée avec une rapidité effrayante, sous l'influence de notre climat et de la malpropreté du peuple, à une époque où le linge était inconnu, même de la classe moyenne.

En 1225, il existait en France environ deux mille léproseries. L'évêché de Saintes, d'après le pouillé publié par Gervais Ailliot en 1648, en contenait seul vingt et une, situées à Saintes, Surgères, La Rochelle, Brouage, Soubise, Saint-Jean d'Angély, Pons, Taillebourg, Cognac, Blaye, Mortagne, Coutras, Royan, île d'Oleron, île de Ré, Jarnac, Arvert, Mirambeau, Marans, Matha, Corme-Royal. Mais cette nomenclature passe pour incomplète.

Peu à peu le virus perdit son activité ; en 1598, le corps de ville qui, jusqu'à cette époque, n'avait permis le mariage des lépreux qu'entre eux, autorisait un lépreux à épouser qui bon lui semblerait. En 1670, la lèpre avait à peu près disparue, et lors de la prise de possession de la maladrerie par l'ordre de Notre-Dame du Mont-Carmel et de Saint-Lazare de Jérusalem, le 20 juin 1676, il fut constaté, par le procès-verbal dressé à cette occasion par Boumard, archer et huissier de la sénéchaussée du Poitou, qu'il ne s'y trouvait aucun malade, mais seulement trois personnes saines, nées de parents lépreux. Les bâtiments de la maladrerie consistaient en deux chambres basses, un hangar et deux appentis servant d'étable, le tout attenant à un petit jardin.

Louis XIV, par ordonnance du 30 septembre 1678, ordonna la réunion dans une seule maladrerie, celle de Saint-Mesmin, près d'Orléans, de tous les lépreux qui existaient alors en France.

Les formalités usitées pour la réclusion des malades dans une léproserie sont assez curieuses pour être rapportées ici :

Lorsque le médecin ou chirurgien déclarait une personne atteinte de la lèpre, son exclusion de la société était prononcée par le juge de la mairie, et sa réclusion dans la léproserie se faisait avec un lugubre cérémonial. Le prieur de Ternant, sur la paroisse duquel Saint-Nazaire était situé alors, allait chercher le lépreux dans sa maison, où il ne devait jamais revenir. Il le conduisait à la chapelle, où, couvert d'un drap mortuaire, il entendait une messe des morts, après laquelle il était conduit à la maladrerie ; là on exhortait le malade à la patience, lui rappelant les souffrances de Jésus et lui promettant le ciel. Le malheureux ôtait ses vêtements, revêtait la casaque de ladre, prenait ses cliquettes, sortes de castagnettes qu'il devait agiter dans les rues pour prévenir de son passage, et le prieur lui faisait l'admonition suivante :

« Je te défends de sortir sans ton habit de ladre, ou pieds nus, de passer par les ruelles étroites, de parler à quelqu'un lorsqu'il sera sous le vent, d'entrer dans aucune église ou dans aucun moutier, d'aller dans les foires ou marchés, dans aucune réunion d'hommes, de boire ou te laver les mains dans une fontaine ou dans une rivière, de toucher aucunement les petits enfants et de leur rien bailler.

« Je t'enjoins d'avoir toujours soin de faire claquer tes cliquettes, afin que chacun soit averti de ton approche et puisse t'éviter.

« Je te défends à l'avenir de manger, boire, ni coucher, avec autre que lépreux. »

Ensuite le prêtre lui donnait son pied à baiser, lui jetait un peu de terre sur la tête, fermait la porte de la maladrerie et le recommandait à la charité des assistants.

Le prieur de Ternant avait droit à la dépouille du lépreux, non comme compensation de ses peines, mais sans doute pour éviter que les vêtements, laissés à l'abandon, ne fussent cause de l'extension de la maladie. Lorsque les meubles des lépreux ne pouvaient être logés dans la léproserie, on les brûlait ; on brûlait quelquefois même la maison du malade tant on craignait de voir se répandre l'horrible maladie.

Les lépreux ne pouvaient se montrer dans la ville que le dimanche, de trois à quatre heures ; tout le monde fuyait à leur approche, et des règlements sévères leur interdisaient de toucher à aucune marchandise, de quelque nature qu'elle fut, sans que préalablement ils en eussent fait l'acquisition. En 1396 et 1406, des défenses semblables furent faites aux femmes Nicaise et Lestot, qu'on croyait atteintes de la lèpre. Comme il n'y avait pas de chirurgien à Saint-Jean d'Angély, le corps de ville leur enjoignit d'aller à La Rochelle se faire visiter par Jehan Noblet, sire de Cannes, et Jehan Lappe, chirurgiens, et d'en rapporter certificat sous scel authentique. Les relations étaient interdites aux lépreux, même avec leurs maris, femmes ou enfants non atteints de la maladie. La femme d'un lépreux, ayant été surprise une nuit dans la maladrerie de Saint-Nazaire, couchée avec son mari, fut livrée au prévôt du roi, conduite devant le maire de Saint-Jean d'Angély, et condamnée à l'expulsion à perpétuité de la sénéchaussée de Saintonge ; l'instruction avait établi, il est vrai, que la conduite irrégulière de cette femme pouvait propager la maladie dans la ville.

La léproserie de Saint-Nazaire était administrée par un syndic, choisi parmi les lépreux ; elle jouissait de revenus ou d'aumônes assez considérables. Ces revenus ne rentraient pas toujours sans difficultés, si on en juge par les procès intentés, en 1635 et 1650, par une veuve Jean Bonnin et un nommé Jean Tizon, prenant le titre de gardien et syndic des autres lépreux.

Le 14 novembre 1339, Adémar de Lussaut, ancien maire de Saint-Jean d'Angély, établit une troisième aumônerie derrière l'emplacement actuel des maisons Gaillard et Florimond, rue Matha. Elle communiquait avec la rue par une allée, dont l'autre extrémité ouvrait sur la partie des douves qui porte aujourd'hui le nom de « *Square des Lussaut* » ; elle portait le nom de la famille de son fondateur : « *aumônerie des Lussaut* » ; son principal revenu consistait en rentes sur divers immeubles situés à Saint-Jean d'Angély ; de plus, le corps de ville lui attribuait le produit des amendes, infligées par les jurats de la commune et la cour de la mairie, pour contravention aux ordonnances de police. Tout membre du corps de ville lui devait un linceul lors de sa réception.

Jehan Gallerand, échevin, par son remarquable testament du 29 octobre 1429, ci-après transcrit, fonda une aumônerie

— 297 —

à laquelle il donna le nom de « *Notre-Dame des Halles* », en raison de sa situation sur l'emplacement de l'ancien hôtel de ville démoli en 1886, près des halles anciennes et de l'église collégiale de Notre-Dame ; il la dota de fonds suffisants pour l'entretien de six lits, pouvant contenir chacun deux pauvres, et d'une chapelle desservie par un chapelain ; il en confia l'administration au corps de ville. Le souvenir de cette charitable fondation a été conservé par le conseil municipal, qui a donné le nom de Gallerand à une des rues de la ville.

Testament de Jehan Gallerand.

« Au nom du Père, du Fils et du Saint-Esprit, *Amen*. Je, Jehan Gallerand, bourgeois et échevin de la ville de Saint-Jehan d'Angély, fais assavoir à tous ceux qui ce présent écrit verront et oiront, que je estant en mon bon sens, mémoire et entendement, pensant qu'il n'est chose plus certaine que la mort, ni si incertaine que l'heure d'icelle, et afin qu'il n'advienne que je aille de vie à trépassement sans faire testament et ordonnance des biens et choses que Dieu m'a donnés, voulant pourvoir au salut de mon âme, j'ai ordonné et avisé mon dernier testament et dernière ordonnance et volonté de mesdits biens et choses par la forme et manière qui s'ensuit : Premièrement. Je recommande mon âme à Dieu, mon père et créateur, à la glorieuse vierge Marie, sa très douce et chère mère, et à toute la célestiale cour du paradis ; et mon corps à sépulture de sainte Eglise, laquelle je élis en la chappelle des « Saumurs », dite à l'Audeberte, à l'entrée de l'église monseigneur saint Jehan, là où ma première femme fut enterrée. *Item :* Veux que mes dettes et amendes soient payées par mes exécuteurs ci-dessous nommés. *Item :* Ordonne mon septième [1], trentenier [2], et un écu pour aumône. Veux

---

1. Service funèbre hebdomadaire.
2. Service funèbre mensuel.

et ordonne que à mon enterrement au septième et à l'annal [1] soient dites cent cinquante messes, c'est assavoir à chacun tour cinquante. *Item :* Donne et laisse au vicaire qui gouverne la cure monseigneur saint Jehan, un écu neuf une fois payé. *Item :* Aux religieux dudit moustier, pour être à mon enterrement, au septième et à l'annal, quatre écus neufs une fois payés. *Item :* A l'œuvre des jacobins, six écus neufs une fois payés, afin que lesdits jacobins soient à mes dits enterrement, septième et annal. *Item :* Aux chapelains et clercs servant en l'église Notre-Dame, deux écus neufs une fois payés, pour même cause. *Item :* Aux cordeliers dix livres de cire, pour même cause. *Item :* Aux ladres, deux écus, pour être en leurs prières et bienfaits. *Item:* Laisse à la confrérie des clercs trente écus neufs, une fois payés, c'est assavoir vingt que je leur devais par promesse, par moi faite, lorsqu'ils m'élurent procureur, et dix écus en quoi je reconnais être tenu à ladite confrérie, tant pour les défauts que j'ai faits de non avoir obéi aux services de ladite confrérie, que autrement en plusieurs manières. *Item :* Veux et ordonne, que dans ma place assise devant le marché, qui fait le coin en venant de l'église des « *Jacobins* » à celle « *Notre-Dame* », à main senestre, tenant d'un côté audit chemin de ladite église des Jacobins à Notre-Dame, d'autre côté à la maison et place Jehan Bouchard, d'un bout à la place où se tient le marché, le chemin entre deux, et d'autre bout à Pierre Martin, soit faite et édifiée une bonne maison, de bon édifice, à chaux et sable, par la main de mesdits exécuteurs, dont un des longiers se fera devers ladite rue venant desdits Jacobins, et l'autre longier devers la maison dudit Bouchard, l'un des pignons devers ledit marché et l'autre pignon devers ledit Martin; et pour icelle faire, l'on prendra un longier de mur, qui fait la cloison du jardin de l'hôtel où je demeure, et un autre mur bas, qui est

---

1. Service de bout de l'an.

au dedans dudit jardin; desquels deux murs sera fait ce longier par dehors dudit hôtel, devers le gros sin [1] et par dedans de mon pignon; lequel hôtel je veux et ordonne, que soit une aumônerie pour héberger les pauvres, et qui soit fait et accompli dedans un an, en manière que lesdits pauvres y soient reçus, et que, au coin dudit hôtel, devers ledit sin de la ville, soit fait un autel et oratoire clos et garni, pour chanter la messe aux pauvres de ladite aumônerie. En laquelle maison aura six lits, garnis de chalits, de tous draps nécessaires; c'est assavoir, chacun desdits lits de coite, coissin, bonne courtepointe, d'un tapis et d'une serge de Dinan bonne et comportant, et sera encourtiné chacun lit pour coucher deux pauvres. Je veux que ledit oratoire soit garni d'un calice de deux marcs et demi d'argent, d'un missel comportant, d'une chasuble, aube, amicqueton, corporaux et trois tonailles. Veux aussi, que audit oratoire soient dites trois messes la semaine, c'est assavoir le lundi des morts, le mercredi de la croix, et le samedi de la vierge Marie. Et sera intitulée et appelée perpétuellement ladite maison et aumônerie, « *Notre-Dame* ». Je veux que tous les biens, suffrages, prières et oraisons qui, dorénavant, seront faits perpétuellement en ladite aumônerie, reviendront au salut des âmes des feus sire Jehan de Saumur, Pernelle Dessideuil, Jehanne de Saumur, ma première femme, mes enfants et de tous ceux de la lignée des Saumur trépassés ou à trépasser, de mon père, ma mère, moi et tous mes parents trépassés et à trépasser, et aussi pour tous ceux à qui j'ai méfait et auxquels je ne saurais satisfaire. Et pour faire tout ce, le service divin, recueillir les pauvres perpétuellement, et autres choses nécessaires à icelle aumônerie, je laisse tous mes biens immeubles et héritages quelquonques que j'ai en cette ville et au ressort, avec ma part et portion de la dîme de Marsay près Mauzé, laquelle est tenue de Mgr de Saintes, excepté dix livres de

---

1. La grosse cloche de la tour de l'Horloge.

rente et douze chapons que j'ai sur les Minguets, demeurant à Beaumont, en la paroisse de Nantilly, que je laisse à messire Hélies de Saumur, chevalier, seigneur de Gourville, pour en jouir perpétuellement pour lui et les siens, en recompensation de la moitié de la tierce partie des biens de feu Jehan Gallerand, mon fils, qu'il m'avait donnée par testament, pour ce que ledit seigneur de Gourville disait que ledit testament n'était pas valable. *Item* : Veux et ordonne expressément que ladite aumônerie soit, à jamais, à la plénière disposition, collation et ordonnance du maire et ceux du collège de la dite ville Saint-Jehan, et, dès maintenant, je me constitue aumônier de ladite aumônerie. Et après ma mort, je institue messire Pierre de Saumur, prêtre, prieur de Saint-Pierre de Surgères et chanoine de Saintes, frère de ma première femme, aumônier et gouverneur d'icelle aumônerie, pour icelle gouverner le cours de sa vie ; et emprès sa mort, je veux et ordonne, que d'illec en amont perpétuellement, soit pourvu à ladite aumônerie par ledit maire et collège, en la main desquels je laisse la plénière collation, disposition et ordonnance de ladite aumônerie, comme dit est, d'un bon prudhomme marié ou à marier, qui soit par exprès tenu de régir et gouverner ladite aumônerie, y faire faire le service divin et autrement la gouverner, en tout et partout, comme il appartient, lequel sera tenu de rendre compte et reliquat de l'administration de ladite aumônerie, chacun an, au susdit maire et collège, à compter du jour de l'institution, un mois après ledit an fini, et tout ce que sera tenu de faire ledit aumônier ou aumôniers, qui seront au temps à venir, à peine de sentence d'excommunication, à laquelle ils se soumettront, ès mains desdits maire et collège et leurs successeurs, au temps de leur institution, et de ladite soumission sera faite expresse mention ès-dites lettres d'institution, fors et excepté mondit frère. Veux et ordonne, que mondit frère allé de vie à trépassement, madite maison où je demeure soit vendue et aliénée, et les deniers, qui en isront, tournés et convertis au profit de ladite aumônerie ; si veux que le dit Mgr de Gourville la veut avoir, qu'il l'aye pour cinquante écus, vieux monnaie que mis autrefois. *Item :* Veux et ordonne, que le dit Mgr de Gourville soit reçu et avoir six livres de rente, que me doit Guillaume Canyot et sa femme, à cause de la maison où ils demeurent, au cas que, dedans trois ans prochains venant, sans intervalle, à commencer du jour d'hui, il ait baillé et payé comptant et non autrement, soixante écus vieux et de poids à l'aumônier de ladite aumônerie. *Item :* Veux et ordonne, que vingt sols de rente que mon cousin sire Ambroise Fradin a sur la grande marchaussier et verger de madite maison, lui soient payés ou assiz ès-bons lieux et convenables, selon la teneur de certaines lettres que passa feu Jehan Préverand. *Item :* Pour ce que je me sens être tenu envers Notre Seigneur des dîmes, lesquelles, par aventure je n'ai payé, ainsi que je dusse, je laisse à Mgr de Saintes six écus neufs, une fois payés. *Item :* A Mgr l'abbé de Saint-Jehan, six écus neufs, une fois payés, pour même cause. *Item :* Donne et laisse à ma cousine Loïse Robinette, femme de Jehan Cochet, la quarte partie que j'ai au Troil, herbement et appartenance du Colombier, près de la porte neuve de La Rochelle, ainsi que les choses se comportent ; lequel hôtel fait le coin de la rue, par où l'on va de ladite porte neuve de La Rochelle au Troil et au moulin de l'aumônerie Saint-Barthommé de La Rochelle et à Nieul; pour icelle quarte partie, tenir et exploiter le cours de sa vie, sans rien en bailler, et la quitte dès maintenant et ledit Jehan Cochet, son seigneur, des froments et deniers qu'ils en ont pris jusqu'à aujourd'hui ; si elle allait de vie à trépassement, je veux et ordonne que ladite quarte partie soit et demeure perpétuellement à Jehan Darcous, son fils, et à ses hoirs prémices, qui sera tenu chacun an, où assigner ès bons lieux convenables, en ladite ville de Saint-Jehan ou environ, dix livres de rente à ladite aumônerie, ou payer audit aumônier, qui par le temps sera, six vingt écus d'or, vieux et de poids, à son choix et élection, pour acquérir dix livres de rente à ladite aumônerie. A quoi ledit Darcous a été présent et consentant ; lequel acquit et autre chose concernant ledit fait, se fera par le conseil desdits maire et collège. *Item* : Donne et laisse à ma sœur Guillemette Gallerande, tous les héritages que j'ai à Saint-Xandre en Aulnis. Et au regard de mes héritages et biens que j'ai à Chevrier, près Bourgneuf, je les laisse à mes héritiers devers ma mère. *Item* : Donne et laisse à mon frère Hugo de Vaulx, et à madite sœur Guillemette Gallerande, sa femme, mon bien de Puigar et ses appartenances, à eux et aux leurs, pourvu qu'ils soient tenus de payer audit sire Ambroise Fradin, trente sols de rente que je lui dois, c'est assavoir, les vingt sols dessus dits, et dix sols que je lui dois, sur une place que j'ai entre la maison Saumureau et le verger Jehan Juliart. *Item :* Pour ce que ja pieça feu frère Aimery de Sigoigne, jadis chambellan de la Fayolle, me bailla dix livres de forte monnaie, pour obtenir un « *relic firement* », daté de cour de Rome, pour certaine appellation qu'il avait faite de feu Mgr l'abbé, lequel relic firement je ne obtins point, pour ce que les parties furent d'accord, et retins ledit argent ; que icelles dix livres soient payées aux héritiers dudit chambellan, là où il appartiendra. *Item* : Veux que Perrotte, chambarrière de mon compère Lebailly, soit payée entièrement de ce que je lui dois de certain service, qu'elle a fait à moi et à ma femme, et qu'elle soit crue de ce qui lui est dû en sa conscience. Veux qu'il soit baillé par mes exécuteurs, aux héritiers de feu Girost Diers, dix écus d'or, pour acheter vingt sols de rente, pour une petite place qui est devant ma maison, que me donna ja pieça ledit Girot Diers. *Item* : Veux que mon frère, ou autre qui sera aumônier de l'aumônerie dessus dite, fasse tenir à l'école mon filleul, Jehan Gallebrun, fils d'Etienne Gallebrun, et lui baille livres jusqu'à ce qu'il soit introduit en grammaire, et après ce, qu'il ait en icelle aumônerie sa vie et substention comme un des autres pauvres; et s'il est chapelain, veux et ordonne, que par ledit aumônier lui soit baillé la charge de dire les trois messes susdites, et soit contenté et payé raisonnablement. *Item* : Veux que, au cas que ledit roi fera forte monnaie, c'est assavoir un écu vieux à vingt-deux sols six deniers, qu'il soit suppléé à Pierre de Sauveterre, dix écus de vieulx, oultre et pardessus un marc et deux onces d'or vieux, que j'ai baillé audit de Sauveterre, pour dix livres de rente que j'ai acquises de lui. *Item* : Veux et ordonne, que le plaid que j'ai avec le procureur de Mgr de Saintes et les héritiers de ma dernière femme, soit poursuit, par mesdits exécuteurs, aux dépens des biens de mon exécution jusqu'en définitive. *Item* : Donne et laisse à ladite église Notre-Dame, deux psautiers neufs que j'ai, lesquels je veux que soient pour servir à ladite église et non ailleurs, et seront enchaînés à mes dépens, afin que jamais n'en soient absents. *Item* : Veux et ordonne que mon exécution faite et mes dettes payées, tous et chacun mes biens meubles soient et demeurent à ladite aumônerie, quelque part qu'ils soient. *Item* : Foi à mes exécuteurs, mondit frère, messire Pierre de Saumur, ledit Cochet, bourgeois de La Rochelle, Guillaume Pastoureau et Jehan Rousseau, bourgeois et échevins de ladite ville Saint-Jehan, auxquels et à chacun d'eulx, je donne plein pouvoir et mandement spécial, de faire et accomplir mondit testament et exécution. Si veux et ordonne, que cestui mien présent testament, par lequel je révoque tous autres par moi faits au temps passé, soit mon dernier testament, dernier devoir et ma dernière volonté et ordonnance et vaille en tout et partout. Et si ce tout ne pouvait valoir, qu'il vaille et tienne par manière de codicile, ou autrement, selon raison, usage et coutume du pays.

« Je supplie MM. les maire et échevins de ladite ville Saint-Jehan, qui a présent sont, que à cestui mien testament et dernière volonté, leur plaît mettre et apposer, à plus grande fermeté des choses susdites, le scel de ladite commune. Et nous les dits maire et échevin, à la requête dudit testateur, et à la seule relation de Vayron, clerc, notaire royal, pour lequel les choses dessus dites ont été faites, dites et ordonnées, ledit scel de ladite commune à ces présentes avons fait mettre et apposer, en témoin de vérité.

« Ce fut fait et passé en ladite ville Saint-Jehan, présents témoins et consentants, lesdits messire de Saumur, prêtre, prieur de Saint-Pierre ; messire Hélies de Saumur, chevalier, seigneur de Gourville ; aussi Me Hélie Duchaslar, licencié en lois, maire de ladite ville de Saint-Jehan ; sire Ambroise Fradin et Pierre Fradin, son fils, bourgeois et échevins d'icelle ville ; Jehan Darcous, bourgeois de La Rochelle ; Jehan Dabeville, Jehan Daillet, Pierre Fortin, Jehan Orry et Guillaume Orry, bourgeois d'icelle ville Saint-Jehan, le neuvième jour d'octobre l'an mil quatre cent vingt-neuf.

« Ainsi signé : G. VAYRON, et icelle scellée du scel de ladite commune en double queue et cire verte. »

En dehors de la ville, à l'extrémité du faubourg Matha, et probablement au lieu dit « *le Point du Jour* », existait une cinquième aumônerie fondée en 1464 par Michel Julian, échevin, et appelée « *Saint-Michel.* » Cette aumônerie n'existait plus depuis longtemps au moment de la réunion en un seul hôpital des diverses aumôneries et maladreries de Saint-Jean d'Angély. Les archives nous apprennent seulement, que Jehan Thoreau et Jehan Mesnard prenaient en 1599 la qualité d'administrateurs des aumôneries de Notre-Dame des Halles, Lussaut et Saint-Michel. Une note manuscrite, datée de 1710, écrite sur l'enveloppe d'un censif de 1599, constate que son origine n'était pas bien connue.

L'aumônerie de l'abbaye était richement dotée : la pancarte des aumônes, qu'elle devait faire, est établie dans le testament de l'abbé Odon, inséré dans un jugement rendu par l'abbé Gérard, en 1385, à l'occasion du refus fait par le chambellan de la Fayolle de délivrer à l'aumônier les redevances auxquelles il était tenu envers les pauvres. La traduction de la pancarte, que nous possédons, est trop peu claire pour être reproduite, nous nous bornerons à donner le jugement de l'abbé Gérard :

« Au nom du Seigneur, ainsi soit-il. Le présent acte, que nous rendons public, fera certainement connaître à tous, qu'en l'an de l'incarnation de N. S. 1385, indiction VIII, la septième année du pontificat de Notre Saint-Père en J.-C. et seigneur Clément, par la Providence divine Pape, septième du nom, le dix du mois d'avril, environ heure de vêpres, en présence de moi, notaire public, et des témoins qui ont signé, le révérend père en J.-C. don Gérard, par la grâce de Dieu et du siège apostolique abbé du monastère de Saint-Jean d'Angély, ordre de Saint-Benoit, au diocèse de Saintes, fit assembler capitulairement ses religieux, pour entendre frère Guillaume Martel, économe, directeur de l'aumônerie fondée par le monastère et sise, près d'icelui, dans le logis qu'il habite. Le seigneur abbé, ayant pris pour siège un tronc d'arbre, sous une galerie ou ballet qui, suivant l'ancienne coutume, lui servait de tribunal, ledit économe ou aumônier pria l'abbé de l'excuser, et lui exposa que déjà, dans le chapitre général tenu dans le monastère, le 12 avril 1384, une discussion et contestation s'était élevée entre lui, en sa qualité d'aumônier, et Aimeric de Sigogne, chambellan de la Fayolle, défendeur, en cette dernière qualité, au sujet de ce qu'il demandait que ledit chambellan fût tenu de fournir et de faire donner, à titre d'aumône, dans le local qui sert d'aumônerie, à l'époque du décès de chaque moine du monastère, la chair d'un bœuf pour cent pauvres de Jésus-Christ, ou bien la valeur du bœuf si l'anniversaire est un jour maigre.

« De plus, tous les lundi, mercredi, et vendredi de chaque semaine de carême, deux cents harengs pour cent pauvres de Jésus-Christ, à raison de deux chacun ; et les mardis, jeudis et samedis, aussi de carême, trente noix pour chacun desdits cent pauvres.

« De fournir le jeudi saint, le linge pour essuyer les pieds des pauvres réunis dans le monastère pour le mandé (lavement des pieds).

« Le jeudi que l'on célèbre la cène du Seigneur, quatre cents harengs et deux cents aunes de toile.

« La chair d'un bœuf pour cent pauvres aux fêtes ci-après : Epiphanie, Purification de la Sainte-Vierge, saint Mathias apôtre, Annonciation, Pâques, saint Jacques et saint Philippe, apôtres, Pentecôte, Nativité de saint Jean-Baptiste, saint Pierre et saint Paul, saint Jacques, Assomption de la Vierge, saint Barthélemy, Décollation de saint Jean-Baptiste, Nativité de la Vierge, saint Mathieu apôtre, saint Michel, saint Luc, saint Simon et saint Jude apôtres, la Toussaint, saint André, la Conception de la Vierge, saint Thomas apôtre, Noël, saint Jean l'évangéliste.

« Que ledit chambellan conserve ou continue de conserver, comme l'ont toujours eue ses prédécesseurs, la juste, tranquille et bonne jouissance de son office, que nous ne savons pas lui avoir été contestée depuis un temps immémorial, ou du moins depuis assez de temps pour que la possession lui soit acquise irrévocablement; mais ledit aumônier ou son fondé de pouvoirs veut aussi avoir, comme ses prédécesseurs, ou leurs chargés d'affaires, l'ont eue et conservée invariablement, la juste et légitime jouissance, dans laquelle il est et ses prédécesseurs l'ont été, d'avoir et de recevoir, pour les distribuer aux pauvres, toutes et chacune des choses dessus dites et déjà fournies par le chambellan et ses prédécesseurs.

« Et ledit aumônier requiert le prononcé d'un jugement par l'abbé, qui décidera et ordonnera, que ledit chambellan sera tenu et obligé de payer et donner audit aumônier toutes et chacune des choses susdites; et que l'aumônier a et aura la jouissance incontestable d'avoir et de percevoir du chambellan, les redevances dont ce dernier l'a, depuis six années, privé et dépouillé injustement et déraisonnablement.

« Or, telle est la teneur de la pancarte où les revenus et

les redevances de ladite aumônerie sont décrits. « (*Cette liste n'a pas été insérée par les motifs indiqués plus haut.*)

« Après avoir entendu et examiné avec soin les raisons respectives produites, développées et démontrées devant lui par les parties, l'abbé se conforma à la charte écrite en forme de règlement, qui servait à l'aumônier, et sur le fondement de cette pièce, il rendit sa sentence et son ordonnance de la manière et dans la forme qui suit :

« Le nom du Christ invoqué, en disant au nom du Père, du Fils et du Saint-Esprit, ainsi soit-il; par la présente ordonnance et sentence, nous, abbé du monastère de Saint-Jean d'Angély, ordre de saint Benoit, assis sur notre tribunal, ayant Dieu devant les yeux, après avoir pris conseil de gens habiles et reçu leurs avis au sujet de cette charte, nous avons, de notre bouche, prononcé, déterminé et déclaré que le camérier ou chambellan actuel de la Fayolle, dépendant de notre monastère, est tenu de donner et fournir dans la maison de l'aumônerie, pour laquelle l'aumônier demande en ce moment, et ce à la mort de chaque moine de notre monastère, le jour de son décès, pour cent pauvres de Jésus-Christ, la chair d'un bœuf ou sa valeur si le jour de sa mort est un de ceux où il est défendu de manger de la viande.

« De plus, nous prononçons de la même manière, déterminons et déclarons que le même chambellan ou camérier est tenu de donner et fournir dans l'aumônerie, chaque année, à la quadragésime, et les lundi, mardi et mercredi de chaque semaine, pour cent pauvres de Jésus-Christ, et pour chacun d'eux, deux harengs; et, pendant le même temps de carême, il donnera annuellement les mardi, jeudi et samedi de chaque semaine, trente noix à chacun de ces cent pauvres.

« De plus, nous prononçons comme dessus, déterminons et déclarons que ledit chambellan ou camérier est tenu de donner et de fournir, dans ladite aumônerie ou dans notre monastère, chaque année, le jour du Jeudi-Saint, quatre cents harengs et deux cents aunes de toile pour les pauvres de Jésus-Christ.

« Et encore nous prononçons comme dessus, déterminons et déclarons que ledit chambellan ou camérier est tenu de donner et fournir, le même jour du Jeudi-Saint, lorsqu'on fait le mandé aux pauvres dans notre monastère, les serviettes pour essuyer les pieds d'iceux ; et par notre même sentence et ordonnance, nous prononçons, déterminons et déclarons que le frère Aimeric de Sigogne, chambellan actuel de la Fayolle, et ses prédécesseurs, être et avoir été dans la juste et réelle obligation de donner et fournir toutes et chacune des choses susdites, aux temps, jours et fêtes, ainsi que de la manière et dans la forme ci-dessus exprimées.

« Et par la même sentence et ordonnance, nous prononçons, déclarons et décidons que frère Guillaume Martel, aumônier actuel de notre monastère, ainsi que ses prédécesseurs, être et avoir été dans l'habitude de percevoir et d'avoir du chambellan, ou camérier susdit, et de ses prédécesseurs, toutes et chaque choses susdites, pour les administrer et les distribuer aux pauvres de Jésus-Christ, dans la manière et la forme déjà dites ; que ledit aumônier est dans le droit de demander restitution, aussi nous restituons audit aumônier toutes et chacune des choses qu'il doit avoir et posséder, comme ci-dessus est dit, et dont le chambellan l'avait dépouillé et privé depuis six années ; et nous condamnons le chambellan ou camérier à restituer ; confirmons l'aumônier dans la jouissance d'avoir et de percevoir les choses ci-dessus, jouissance qui ne sera pas interrompue, et de les donner et distribuer toutes, de la manière comme dessus est dit et établi. »

La multiplicité des redevances que l'abbaye devait à son aumônerie, pour le service des aumônes, força l'abbé à les transformer en une seule ; car, en 1547, d'après une déclaration faite, le 3 mars, par Pierre de la Faye au sénéchal de Saintonge, le revenu de certains fiefs et arrière-fiefs avait été affecté à l'entretien de l'aumônerie ; ces fiefs et arrière-fiefs rapportaient en moyenne :

20 pipes et un quart de vin ;
240 boisseaux de froment ;
210 boisseaux de méture ;
342 boisseaux d'orge, baillarge et avoine ;
16 boisseaux de fèves, pois ou garobe ;
En volailles, prés, bois et juridiction, 196 livres ;
De plus, l'abbé des bénédictins lui devait annuellement :
46 boisseaux de froment pour la miche des pauvres ;
26 boisseaux de froment pour les miches de miserere ;
3 boisseaux de froment pour le gâteau des rois ;
7 boisseaux de froment pour le mandé de carême et les fouasses du Jeudi-Saint ;
100 boisseaux de méture.

Des contestations s'étant élevées entre Denis Audet, administrateur des pauvres de Notre-Dame des Halles, et frère Jacques Duplessis, bénédictin, aumônier de l'abbaye, au sujet de l'admission des malades de la ville et des enfants abandonnés dans les aumôneries qu'ils administraient, un arrêt du parlement de Bordeaux, de 1523, répartit les charges entre leurs deux aumôneries, en proportion de leurs revenus. Sur quatre enfants exposés dans la ville, l'aumônier de l'abbaye devait en recevoir trois, celui de Notre-Dame des Halles le quatrième, les nourrir et entretenir jusqu'à ce qu'ils fussent en état de gagner leur vie. L'aumônier de l'abbaye devait, en outre, recevoir tous les pauvres, pèlerins ou autres, qui ne pouvaient gagner leur vie, de quelque état ou condition qu'ils fussent, et leur donner vin et aliments, tant que le revenu de l'aumônerie le permettait. Il devait entretenir à cet effet vingt bons lits, un prudhomme gardien et plusieurs serviteurs pour le service des malades, fournir bois et chandelle, et avoir un prêtre stipendié pour la confession et l'administration des sacrements. Il devait encore distribuer des aumônes générales, vingt-trois des principales fêtes de l'année ; plus, tous les lundis, mercredis et vendredis de carême, donner trois deniers à trois pauvres pour faire le mandé des religieux, fournir deux serviettes pour ledit mandé (lavement des pieds), et faire une aumône générale de fèves, harengs et deniers.

L'anné 1538 fut des plus stériles, et les aumônes du « *grand hôpital* » ainsi qu'on appelait alors l'aumônerie de l'abbaye, en raison de ce qu'elle était la plus considérable de la ville, durent être plus abondantes, pour satisfaire le grand nombre des malheureux affamés, qui venaient les jours d'aumône générale, tendre la main à la porte de l'aumônerie ; leurs exigences furent si menaçantes, que les administrateurs craignirent de les voir se porter à des violences contre eux, ainsi que le constate l'extrait du compte des recettes et dépenses du grand hôpital pour ladite année :

« La somme de six livres quinze sols employée en aumônes des festes, pour la grande abondance des pauvres qui affluèrent ès-dites festes et aumônes, pour la cherté des bleds et stérilité du temps, et pour obvier à scandalle et de peur d'estre battu et lappidé, aussy la plus grande partie pour l'honneur de Dieu : sçavoir pour chascune des festes saint Philippe, saint Jean, l'Assomption Nostre Seigneur, la Pentecoste ; à chascune desdites festes fut donné oultre le pain, en liards, doubles et deniers, vingt-deux sols six deniers ; et pour chascune feste saint Barnabé, saint Pierre et saint Paul, quinze sols tournois. »

Par l'arrêt du parlement de Bordeaux, de 1523, déjà cité, l'aumônerie de Notre-Dame des Halles devait recevoir, de même que l'aumônerie de l'abbaye, tous les pèlerins pauvres et les infirmes qui s'y présentaient, et leur donner vivres, lit, feu, chandelle, linge, couverture, serviette et autres choses nécessaires, jusqu'à épuisement de ses revenus.

Les aumônes faites aux lépreux étaient considérables ; l'abbé des bénédictins leur devait, d'après le règlement ou jugement de l'abbé Gérard, cité plus haut, pour le mandé de carême, cent pains et autant de rations de vin du couvent, pour le baisement, une grande écuelle de vin ; vingt-six pains de froment à chacune des fêtes de Noël, Epiphanie, Purification, Jeudi-Saint, Pâques, Ascension, Pentecôte, saint Jean-Baptiste, Annonciation, Décollation de saint Jean et la Toussaint. Le chambarrier de l'abbaye devait leur compter 13 sols à chacune des mêmes fêtes, et leur donner, en outre, six agneaux et demi provenant de la Fayolle ; le premier dimanche de carême, treize saucières de fouasse blanche, six poulardes et treize miches ; de plus un quartier de tous les bœufs qui étaient distribués en aumônes, et dont le nombre dépassait trente chaque année. Tous les jours de l'année, treize pains de chènevis ; le jour du service de saint Thomas, treize pains ; à chaque frère ou sœur malade dix sols chaque année à la Saint-Luc ; enfin, le Jeudi-Saint, deux cents aunes de toile pour faire des chemises.

Louis XI, par ses lettres du 29 mars 1469, confirma aux lépreux la rente de huit livres qui leur avait été donnée par ses prédécesseurs sur la recette ordinaire de la Saintonge, et ordonna que les arriérés de deux années, qui leur étaient dus, seraient payés par les héritiers du receveur Chaillou, qui les avait portés dans ses comptes sans les avoir versés.

Les lépreux recevaient aussi des bénédictins, neuf livres seize sols d'une part et cinquante-six sols de l'autre, pour droit de fêtage ; le ventre d'une barrique de vin et huit boisseaux de froment, mesure rase de chapitre ; deux pintes de vin et une miche d'abbaye (la miche était du poids de deux livres) chaque dimanche de l'année et les jours de fête de saint Paul, saint Mathieu et saint Benoît, suivant deux condamnations rendues au siège royal de Saint-Jean d'Angély, en faveur des lépreux, contre le fermier de l'abbaye, les 13 juillet 1574 et 25 juillet 1594 ; un quartier de mouton chaque fête annuelle de Notre-Dame et des Apôtres, ou bien un merlu et demi, lorsque ces fêtes tombaient un jour maigre, suivant une sentence du même siège rendue, en 1571, contre le pitancier de l'abbaye.

Les troubles religieux et les guerres civiles, qui désolèrent la ville pendant la dernière moitié du seizième siècle, avaient arrêté le fonctionnement régulier des diverses administrations, et principalement de celles des aumôneries. En 1562, les bénédictins avaient été contraints d'abandonner leur monastère, livré au pillage et à la dévastation, et de fuir la ville pour éviter le sort de plusieurs d'entre eux, qui avaient été massacrés. L'aumônerie de l'abbaye, privée tout à la fois de ses administrateurs et de ses revenus, fut laissée à l'abandon; le Palais-Royal, où siégeait la justice, ayant été rasé par les réformés, les officiers du roi demandèrent au corps de ville, pour y tenir leurs audiences, les bâtiments de l'aumônerie Notre-Dame des Halles, dont la cession leur fut faite moyennant une rente annuelle de trente livres. Les pauvres qui s'y trouvaient furent transférés dans l'aumônerie des Lussaut, à laquelle les revenus de Notre-Dame des Halles furent attribués.

Les troubles ayant continué, les aumôneries finirent aussi par être pillées et démolies en partie; les pauvres durent les abandonner; les débiteurs de rentes, d'aumônes ou d'amendes, en profitèrent pour négliger ou refuser de les payer; les administrateurs, dans l'impossibilité de les y contraindre, durent se borner à distribuer le peu qu'ils purent en recouvrer.

Les bénédictins, à leur retour d'exil, en 1608, furent remis en possession de leurs biens et des bâtiments de leur aumônerie, mais l'hospitalité ne fut pas pratiquée aussi largement et avec autant de régularité qu'autrefois.

Telle était la situation des hôpitaux de Saint-Jean d'Angély, lorsque Louis XIV, informé de l'état déplorable dans lequel se trouvaient les différentes aumôneries de France, les réunit, par sa déclaration de décembre 1672, à l'ordre du Mont-Carmel, auquel il en attribua les revenus.

Le syndic dudit ordre fit des recherches pour rentrer en possession des bâtiments et des revenus des diverses aumôneries, et notamment de celles des Lépreux, de Lussaut et de Notre-Dame des Halles; il forma plusieurs actions contre les bénédictins pour les contraindre à lui payer les redevances dont ils étaient tenus envers les lépreux, et les traduisit devant le délégué de la chambre royale, à Saintes.

Charles Davilliers, sieur de Cléville et de Dasbourg, avocat au parlement, fondé de pouvoir de l'ordre du Mont-Carmel, prit possession de la maladrerie de Saint-Jean d'Angély, le 20 juin 1676. Elle consistait alors en deux chambres basses, un ballet à deux appentis servant d'étable, et un petit jardin derrière, plus environ trois journaux de terre.

Par brevet en date du 20 août 1685, daté de Versailles, le roi fit don au sieur François Broë de Tangis, ingénieur et ci-devant capitaine d'infanterie, de la commanderie de Saint-Jean d'Angély, dépendant du grand prieuré de Languedoc, de l'ordre de Notre-Dame du Mont-Carmel et de Saint-Lazare de Jérusalem, pour administrer les revenus de ladite commanderie aux charges de droit. Le sieur de Tangis engagea plusieurs procès pour recouvrer des revenus dont il désirait jouir, plutôt qu'en faire profiter les pauvres. Ces procès n'étaient pas encore terminés lorsque Louis XIV, reconnaissant que la mesure qu'il avait prise, n'avait pour résultat que d'enlever aux pauvres une bonne partie de leurs revenus légitimes, sépara les hôpitaux de l'ordre du Mont-Carmel, par une autre déclaration de 1696, et en remit l'administration aux évêques, archevêques et intendants.

Sur l'avis de l'évêque de Saintes et de l'intendant de la généralité de Limoges, dont Saint-Jean d'Angély dépendait avant la formation de celle de La Rochelle, intervint un arrêt du conseil privé, du 2 septembre 1695, ordonnant l'établissement à Saint-Jean d'Angély d'un hôpital général. Les biens et les revenus des aumôneries de Lussaut, Notre-Dame des Halles et Saint-Lazare, plus les aumôneries de

Saint-Hilaire, Loulay, Matha, la Tour-Blanche, Frontenay-Labatu, lui furent attribués. Le même arrêt ordonnait, en outre, la restitution des titres et papiers appartenant à ces divers établissements, déposés aux archives de l'ordre du Mont-Carmel. Plus tard, et par une large interprétation des lettres royales, on lui donna les revenus des aumôneries de Saint-Blaise, en la paroisse de Saint-Cyr d'Arsay, de Bresdon, de Saint-Jacques, de Montbron, Taillebourg, des Chanoines ou Compagnons servant Dieu en l'église séculaire et collégiale de Notre-Dame des Halles de Saint-Jean d'Angély ; enfin, à la suppression des ordres religieux, en 1793, il profita des revenus des communautés de capucins, cordeliers, jacobins ou dominicains, établies à Saint-Jean d'Angély.

Si l'on juge de l'état de conservation des diverses aumôneries annexées, par le procès-verbal dressé lors de la prise de possession de la maladrerie de Matha, le 4 décembre 1697, par Charles-François Griffon, élu en l'élection, et administrateur de l'aumônerie des Lussaut, leur annexion n'a pas dû augmenter de beaucoup les revenus de l'hôpital.

« Nous étant transporté en ladite maison et maladrerie, ai mis ledit sieur Griffon, audit nom, en possession d'icelle, appartenances et dépendances quelconques, et ce par l'entrée qu'il a faite en ladite maladrerie et l'église d'icelle, remué des pierres, arraché des herbes dans la terre où était ci-devant un petit jardin contenant environ un quart de journal, et fait tous autres actes d'un vrai et légitime propriétaire, sans que personne s'y soit opposé après l'avoir proclamé à trois diverses fois. Laquelle chapelle est entièrement ruinée, n'y ayant que quelques murailles de la hauteur de cinq pieds ou environ, n'y ayant aucune sorte de bâtiment. »

Les constructions des anciennes aumôneries étaient, comme nous l'avons dit, presqu'en ruines; celles des Lussaut furent vendues, le 29 juin 1714, la somme de 600 livres, plus 20 sols de rente noble; du reste, elles n'avaient pas l'étendue suffisante pour réunir les malades de toutes les aumôneries : il fallut chercher un local convenable, et les habitants notables, consultés, donnèrent la préférence à de vastes bâtiments, sis rue du Port et appartenant à la famille Charrier, d'Angoulême ; c'est l'emplacement de notre hôpital qui, depuis lors, porte le nom de « *Saint-Louis* », qui lui fut donné par les habitants.

Quelques années plus tard, les filles hospitalières furent appelées à y soigner les malades, et leur établissement fut confirmé, en 1752, à la demande des administrateurs et du corps de ville.

M. Mallet, maire de Saint-Jean d'Angély en 1761, allait reprendre le procès commencé, par l'ordre du Mont-Carmel, contre les bénédictins, pour obtenir le paiement de ce qu'ils devaient à la maladrerie de Saint-Lazare, lorsque Mgr Dreuillet, évêque de Bayonne, abbé titulaire du monastère de Saint-Jean d'Angély, s'étant fait rendre compte des causes du procès, fut indigné des mauvaises contestations soulevées, et promit de faire acquitter les redevances dues par lui, personnellement, ou par les moines ; il tint parole en ce qui le concernait, mais les moines furent plus difficiles à ramener à la raison, ils firent en sorte d'éluder, de 1715 à 1770, le paiement de partie de leur dette.

Les bénédictins avaient réussi à conserver, jusqu'alors, l'administration de leur aumônerie ; mais ils se contentaient de distribuer leurs aumônes générales à la porte et n'y recevaient plus les malades. Il est vrai qu'ils y eussent été fort mal ; d'après un état des lieux, dressé le 12 février 1725, l'aumônerie ne contenait que deux salles, l'une pour les hommes, l'autre pour les femmes ; au lieu de vingt lits, que les bénédictins devaient y entretenir, la première contenait seulement six bois de couchette, dont quatre avaient des rideaux de serge, cinq matelas en laine, trois autres en bourre, dix mauvaises couvertures en laine, et une seule bonne ; les châssis des fenêtres étaient garnis de toile pourrie. Dans la seconde salle se trouvaient six bois de couchette sans aucune espèce de garniture. Les latrines n'avaient ni siège ni charpente. Il n'y avait aucun domestique et pas d'infirmier.

Le roi ayant appris, par un rapport, l'abandon dans lequel les bénédictins laissaient leur aumônerie, leur en enleva l'administration, par un arrêt du 2 octobre 1725, et en chargea des administrateurs laïques.

Le 17 mars 1749, les quelques malades, qui étaient soignés dans l'aumônerie, furent transférés dans l'hôpital Saint-Louis, en vertu d'une transaction, intervenue entre les bénédictins et les administrateurs de l'hôpital, par laquelle les premiers s'engagèrent à payer, annuellement, à ces derniers la somme de deux mille livres, et, en outre, celle de quatre mille livres, une fois donnée, pour réparer les bâtiments de l'hôpital général et les mettre en état de recevoir un plus grand nombre de malades.

A partir de 1702 les filles hospitalières, dites de Sainte-Marthe, gouvernèrent l'hôpital, dont les revenus montaient seulement à six ou sept mille livres. Après leur expulsion, en 1793, l'administration en fut remise à des laïques. Ces dernières ont été remplacées au commencement de ce siècle par les filles de la Sagesse de Saint-Laurent (Vendée).

Pendant la période révolutionnaire, les malades eurent beaucoup à souffrir de la disette ; les revenus ne pouvant suffire, l'hôpital se trouva un jour manquer de pain, sans farine ni blé d'aucune sorte, et les pauvres seraient morts de faim si deux boulangers de la ville ne s'étaient empressés de convertir en pain quatre sacs de farine, constituant tout leur approvisionnement.

En 1796, les directrices laïques de l'hôpital, dans une pétition adressée à la municipalité, déclaraient que l'établissement manquait de tout, que les pauvres y périssaient de misère, et demandaient qu'il fût pourvu à leur remplacement, leur zèle ne pouvant tenir lieu de provisions de bouche, d'objets de literie, de linge et même de médicaments, qui faisaient complètement défaut.

L'administration avait sans doute manqué de prévoyance, et les abus signalés en 1790 par Joly d'Aussy n'avaient pas complètement disparu sous l'influence du règlement proposé par lui et adopté par les autorités compétentes.

En 1790, sur les démarches faites par le même d'Aussy, commissaire des guerres, avec l'assentiment de la municipalité, le ministre décida la transformation du couvent des cordeliers en hôpital militaire auxiliaire. En 1793, les bâtiments des écoles de charité, légués à la ville par Mlle Bourgeois Coybo, furent annexés à ceux des cordeliers, devenus insuffisants. Quatre ans après son établissement, il était déjà question d'enlever l'hôpital militaire à la ville ; et tous les efforts faits pour le conserver ne purent empêcher sa suppression, peu de temps après. Les militaires de la garnison furent soignés dans l'hôpital Saint-Louis, qui prit alors le titre d'hôpital civil et militaire.

Les anciens bâtiments de l'hôpital Saint-Louis, devenus insuffisants et insalubres, furent rasés en 1847 et remplacés par ceux actuels ; ils contiennent 31 lits pour les hommes, 20 pour les militaires et 75 pour les femmes. L'hôpital reçoit aussi des pensionnaires, soignés dans des chambres séparées. Il possède une pharmacie, des bains chauds, un établissement hydrothérapique, une boulangerie et une chapelle desservie par un aumônier y faisant sa résidence.

De même que les établissements hospitaliers, les édifices communaux tombaient en ruines, notamment la maison de l'ancien échevinage et la tour de l'Horloge ; en 1701, le corps de ville sollicita les ressources nécessaires pour y faire les réparations les plus urgentes. La plus grande partie des maisons de la ville n'étaient pas en meilleur état de conservation : les propriétaires, ne trouvant pas à les louer par suite de la désertion d'une partie de la population, les laissaient s'écrouler ou les vendaient à vil prix à des spéculateurs qui trouvaient leur profit à les faire démolir et à en vendre les matériaux à Rochefort. Cette spéculation prit même une si grande extension que la destruction totale de la ville s'en serait suivie, si le maire n'en avait empêché la continuation par un arrêté défendant la démolition des constructions, autrement que pour les reconstruire, et menaçant les contrevenants d'une amende de cent livres et de la prison.

Ce fut dans ces circonstances inopportunes que l'abbé de Saint-Jean d'Angély, Mathieu-Isoré Dervaud, archevêque de Tours, voulut, en 1703, mettre à exécution un arrêt du parlement de Bordeaux, obtenu dès 1676, contraignant les Angériens à lui payer l'ancien droit seigneurial de « *la maille d'or* ». Ce droit dû sur les maisons de la ville, situées dans la mouvance de l'abbaye, avait cessé d'être perçu depuis longtemps à cause des troubles religieux, et les Angériens refusaient de le payer, soutenus par le corps de ville, sous le prétexte que cette redevance n'était due qu'autant que l'abbé faisait la chevauchée. Cependant, l'abbé ayant fait signifier ses titres, le corps de ville ne chercha plus qu'à tirer le meilleur parti de sa défaite, et il proposa à l'abbé une transaction, d'après laquelle les habitants s'engageraient à payer, à l'avenir, la maille d'or, si l'abbé voulait consentir à en réduire la valeur à la moitié de son évaluation antérieure, c'est-à-dire à trois sols neuf deniers, au lieu de sept sols six deniers qu'il réclamait.

Trois compagnies de dragons du régiment de Belâbre vinrent, en 1706, prendre leurs quartiers d'hiver à Saint-Jean d'Angély; la nourriture de chaque cavalier, taxée à trois sols par jour, fut mise à la charge de la ville, et vint encore augmenter la gêne des habitants pendant cette année et les années suivantes, gêne qui fut transformée en la plus profonde misère par le manque de récolte, qui signala l'année 1709. Une hausse continue ayant porté le boisseau de blé au prix excessif de quatre livres quinze sols, et celui de méture ou de baillarge à trois livres six sols, occasionna une émeute à laquelle les femmes seules prirent part. Le bruit l'étant répandu que quelques marchands avaient accaparé les grains exposés en vente au minage, pour les exporter, les Angériennes, au nombre de trois à quatre cents, allèrent décrocher du gibet un squelette qui y était resté depuis plus de deux ans, et vinrent le déposer, comme menace, devant la porte d'un marchand de grains nommé Meaume, demeurant près du minage ; de là, elles se rendirent au port pour s'opposer au départ d'une gabarre qu'un autre commerçant, Gourdin, chargeait, disait-on, pour l'expédier. Le maire Benezet s'étant transporté sur le lieu du rassemblement, écouta les doléances des émeutières, et les trouva raisonnables, sans doute, puisqu'il fit aussitôt le recensement des grains se trouvant dans les magasins des commerçants de la ville, en fixa le prix, d'accord avec ces derniers et les émeutières, avec faculté pour celles-ci d'en acheter par petite quantité, et fit publier aussitôt une ordonnance défendant s'exportation des grains, en même temps que les attroupements. Ces sages mesures calmèrent les émeutières, et l'ordre ne fut plus troublé.

La création toute récente des inspecteurs des boissons et de la formalité des congés de remuage, auquel le commerce des vins et des eaux-de-vie venait d'être assujetti, vint encore ajouter aux difficultés du moment ; mais la prétention du fermier des aides, de soumettre les bouilleurs de crû au droit de huit livres, imposé aux bouilleurs de profession, par une ordonnance de 1680, mit le comble au mécontement de la bourgeoisie. Tous les propriétaires de vignobles se trouvaient lésés par ces mesures fiscales ; ils réclamèrent près du régent, lui représentant que le maintien de ces droits et formalités les forcerait à abandonner la culture de la vigne ; mais tout ce qu'ils purent obtenir fut la suppression des inspecteurs : ils durent se résigner à remplir la formalité des congés de remuage, et à payer la taxe des bouilleurs de crû.

La famille Daguesseau avait habité pendant longtemps Saint-Jean d'Angély, où plusieurs de ses membres avaient occupé des fonctions dans la magistrature ; l'un d'eux, Pierre Daguesseau, avait été maire de Saint-Jean d'Angély, en 1542, et probablement anobli par sa charge. Les bons souvenirs laissés dans la ville par les différents membres de cette famille, les relations que leurs descendants y avaient toujours conservées, les faisaient considérer comme des concitoyens; aussi, les Angériens furent sensibles à l'élévation de Henri-François Daguesseau à la dignité de grand chancelier de France, et ils s'empressèrent de saisir cette occasion pour lui adresser leurs félicitations, dans le style ampoulé de l'époque, et réclamer en même temps sa protection.

« Monseigneur, toujours pénétrés du souvenir des gran-
« des obligations que nous avons à votre illustre famille de-
« puis deux siècles entiers, nous prenons la liberté d'assurer
« votre grandeur que nous avons, il y a quelques mois, versé
« des larmes sur les mânes de Mgr votre père, dont les
« vertus ont rendu la mémoire éternelle ; la même sensibilité
« remplit, aujourd'hui, nos cœurs à votre égard, Monseigneur,
« et chacun de nous se congratule, à l'envi, du digne choix que
« le roi vient de faire de votre auguste personne pour rem-
« plir la première place du premier royaume du monde.
« Heureux, Monseigneur, s'il ne se trouve rien en nous qui
« nous rende indignes de la paternelle protection, dont vos
« illustres ancêtres nous ont honorés, et si nous pouvons nous
« flatter, qu'en les imitant, comme vous le faites si glorieuse-
« ment, en vertus, vous les imiterez en bonté à notre égard.
« Nous sommes avec un très profond respect, etc.
» *Les maire, échevins et habitants de la ville de*
« *Saint-Jean d'Angély.* »

Le chancelier répondit :

« Messieurs, c'est avec bien du plaisir que je reçois les
« compliments, que vous me faites, sur une dignité dont je
« ne suis redevable qu'à la bonté du roi et de son altesse
« royale. Vous me trouverez toujours prêt à concourir au

« bonheur de vos concitoyens, et à vous donner les secours
« dont vous pourrez avoir besoin pour la conservation et le
« bon usage de leurs droits et de leurs privilèges.

» Je suis, messieurs, votre affectionné à vous servir.

Signé : « Daguesseau. »

On ne saurait trop louer les efforts de toutes sortes faits, par la municipalité, pour sortir la ville du marasme où elle était plongée, en présence de ce fait qu'en 1718 les professions les plus utiles n'étaient pas exercées à Saint-Jean d'Angély ; la ville ne possédait pas de coutelier, et il fallut dispenser du paiement des tailles et du logement militaire un maître coutelier de Châtellerault pour le décider à venir s'y établir.

La municipalité avait à lutter énergiquement aussi pour la suppression des abus qui s'étaient enracinés pendant l'absence d'autorité, et surtout contre l'exagération des anciens statuts que les maîtrises essayaient de remettre en vigueur.

Un usage appelé « *la bûche des portes* », remontant à une époque immémoriale, consistait dans le prélèvement, au profit des pauvres, d'une bûche ou d'un fagot sur chaque charrette chargée de bois entrant dans la ville, et d'une trique sur chaque charge de bât. Depuis l'abolition des privilèges, la ville ne faisant plus percevoir ce droit, les soldats de la garnison s'en emparèrent à leur profit et le firent bientôt dégénérer en abus : il arrivait qu'un même chargement, après avoir payé le prétendu droit à une première caserne, était encore obligé de le payer à une seconde, puis à une troisième, ce qui faisait naître journellement des rixes entre les habitants et les soldats. Le corps de ville supplia le contrôleur général de faire cesser cet abus en le remplaçant par un impôt sur les habitants de l'Election.

Il s'opposa aux prétentions exorbitantes des maîtres boulangers qui, sous prétexte de faire homologuer simplement les anciens statuts de leur profession, y avaient introduit des changements, ne tendant qu'à en interdire l'exercice à tout étranger, en portant à cinq cents livres le droit de maîtrise à payer par ces derniers, tandis que les fils de maîtres n'étaient taxés qu'à dix livres.

Le 17 septembre 1739, Madame de France passa à Saint-Jean d'Angély. Rien d'extraordinaire ne marqua son passage; elle fut reçue à la porte de Matha par le corps de ville; le maire Michel Suireau lui fit le compliment de bienvenue d'usage, et, le lendemain, il alla à la porte de Taillebourg la saluer à son départ.

Louis XV cherchait alors à faire argent de tout pour refaire ses finances épuisées; il avait établi la vénalité de nombreux offices municipaux, créés uniquement dans ce but par un édit de 1733. Quelques-uns seulement de ceux établis à Saint-Jean d'Angély avaient trouvé acquéreurs, mais la plus grande partie restait encore invendue en 1744, malgré la réduction des trois cinquièmes des prix primitivement fixés, et les nombreux privilèges qui y étaient attachés. Le corps de ville, pressé de trouver des candidats, ou d'en faire l'acquisition des deniers de la ville, sollicita l'autorisation de contracter un emprunt et d'augmenter les droits d'octroi perçus à son profit sur le vin, pour faire face au remboursement. Cette autorisation lui fut donnée, et un droit de quarante sols par barrique de la contenance de vingt-sept veltes fut perçu, à partir de cette époque, sur les vins vendus au détail. Les offices, ainsi acquis, étaient encore à la charge de la ville en 1764, année pendant laquelle ils furent supprimés par un nouvel édit, et la mairie alternative remplacée par la mairie élective, selon l'ancien usage. Pierre-Augustin Perraudeau, avocat, fut élu maire en 1765 et 1766 et eut pour successeur, en 1767, Pierre-Daniel Hery, lieutenant général criminel. La durée des fonctions de maire fut ensuite portée à trois ans, le titulaire ne pouvant être réélu qu'après trois années d'intervalle.

Depuis plusieurs années déjà, Mlle Marie-Anne Coybo-

Bourgeois avait fondé, de ses propres deniers, une école élémentaire gratuite, qu'elle dirigeait elle-même, et dans laquelle les jeunes filles pauvres de la ville recevaient, en même temps qu'une instruction élémentaire, des habitudes d'ordre et de travail, qui avaient une heureuse influence sur leur avenir. La fondatrice, se sentant vieillir, et craignant, qu'après sa mort, l'œuvre utile à laquelle elle avait consacré sa vie, usé sa santé et sacrifié la plus grande partie de son patrimoine, ne vint à être délaissée, fit don à la ville de l'immeuble servant d'école, à la condition expresse qu'il ne pourrait jamais être affectée à une autre destination; elle y ajouta deux cents livres de rentes que lui devaient les bénédictins de Saint-Jean d'Angély, destinées à l'entretien de deux maîtresses, qui se consacreraient à la continuation de son œuvre; cette donation fut ratifiée par acte de Durouzeau, notaire, du 31 juillet 1751.

En 1757, des craintes de guerre avec l'Angleterre soulevèrent en Saintonge un élan patriotique, auquel les Angériens prirent une grande part; à la nouvelle de l'apparition dans le pertuis d'une flotte anglaise portant des troupes de débarquement, la milice de Saint-Jean d'Angély répondit à l'appel du maréchal de Senecterre, en envoyant sur les côtes une compagnie formée de volontaires commandée par Paroche-Dufresne. Les Anglais, voyant, par les préparatifs faits pour les recevoir, que leur tentative ne pourrait avoir de succès, se retirèrent, et revinrent l'année suivante faire une nouvelle démonstration, qui n'eut pas plus de réussite. Non-seulement la milice de Saint-Jean d'Angély s'apprêta de nouveau à les combattre, mais la noblesse de la Saintonge et du Poitou fut aussi convoquée, les préparatifs des Anglais semblant indiquer que, cette fois-ci, ils feraient de grands efforts pour réaliser leur projet. Il n'en fut rien, cependant, et, quelques années après, la paix, signée avec nos ennemis, fit cesser des craintes, qui, pendant longtemps, avaient troublé le calme de la province.

Aussitôt la signature de la paix, Louis XV s'occupa de réparer les pertes que la guerre avaient occasionnées, et porta plus particulièrement son attention sur les colonies. Il résolut de transporter à Cayenne une population d'émigrants qui pourrait tirer le meilleur parti de la fertilité du sol de cette colonie. Les provinces du nord et de l'est fournirent, de 1763 à 1767, plus de neuf cents familles, successivement cantonnées, en attendant leur embarquement, dans soixante-trois maisons aménagées à Saint-Jean d'Angély, ainsi qu'à Saint-Savinien, Taillebourg, Saintes et Cognac. De nombreux mariages furent contractés à Saint-Jean d'Angély entre les émigrants, et on créa dans le faubourg Matha, un cimetière spécialement affecté à l'inhumation de leurs morts. Un détachement d'infanterie maintenait l'ordre parmi cette quantité d'individus et la population n'eut pas trop à souffrir de leur contact. Les « Cayens », comme on les appelait, ont laissé dans la Saintonge des souvenirs de leur passage : la coiffure d'enfant portée aujourd'hui dans les campagnes, à laquelle son origine a fait donner le nom de « cayenne », est une imitation du bonnet en indienne, avec ruche de même étoffe, dont étaient coiffés les enfants des émigrants. La qualification méprisante de « cayen » que l'on croyait avoir la même origine, paraît remonter à une plus haute antiquité et dériver de *Caya*, d'après Du Cange.

Des armements considérables furent faits, en 1778, au port de Rochefort, pour soutenir une nouvelle guerre avec les Anglais ; ceux-ci furent bientôt en vue de nos côtes, et on leur prêta l'intention de tenter un coup de main sur Rochefort ; comme dans ce cas, la poudrière de Saint-Jean d'Angély pouvait être menacée, de Voyer, gouverneur de la Saintonge, en confia la garde à la milice bourgeoise, en attendant les troupes qu'il avait convoquées. Quelques jours après, quatre mille hommes étaient réunis à Saint-Jean d'Angély. En 1781, un petit corps d'armée, sous le commandement de de Broglie, de Voyer et de la Tour du Pin, campa plusieurs mois dans la plaine du Graveau; le souvenir des fêtes offertes par ces officiers aux habitants s'est perpétué jusqu'à nos jours; elles furent interrompues par la mort du maréchal de Broglie, qui changea en tristesse la gaieté ordinaire du camp. Le maréchal fut inhumé au centre de l'église neuve, où son corps reposa dans un cercueil de plomb jusqu'en 1794, année pendant laquelle le comité de surveillance viola le tombeau et s'empara du plomb dont il fit faire des balles pour l'armée de la Vendée. Quelques jours après, les Anglais s'étant éloignés, le camp fut levé et les troupes qui le composaient furent renvoyées dans leurs garnisons.

Le commerce de Saint-Jean d'Angély cherchait à se débarrasser des entraves qui ralentissaient son essor; celui des vins et des eaux-de-vie avait pris, dès 1753, une importance qui avait excité la jalousie de l'Aunis, dont les réclamations, appuyées par les fermiers intéressés des cinq grosses fermes, avaient fait qualifier le territoire de la Saintonge « *pays étranger* », et, comme tel, assujetti au droit appelé « *Traite de Charente* », dont l'Aunis se trouvait affranchi comme faisant partie du pays dit « *des cinq grosses fermes* ».

Pour bien faire comprendre le préjudice que cette mesure injuste causait à Saint-Jean d'Angély et à sa banlieue, il est nécessaire d'entrer dans quelques détails sur l'état de commerce des vins et des eaux-de-vie de la Saintonge et de l'Aunis à cette époque et sur la situation topographique faite à Saint-Jean d'Angély et à sa banlieue, par son classement comme « *pays étranger.* »

De 1743 à 1753, les abus et les fraudes commis à La Rochelle avaient jeté un tel discrédit à l'étranger sur les eaux-de-vie de l'Aunis, que la chambre du commerce de La Rochelle, pour rétablir la confiance, avait demandé et obtenu la réglementation de la fabrication des futailles, celle de la distillation et de la vente des eaux-de-vie, et la création de dix courtiers et de cinq *agréeurs* pour en garantir l'exécution. L'intendant de Blair de Boisemont avait eu l'intention de soumettre la Saintonge à la même réglementation, et avait même élaboré un projet d'arrêt qui fut vivement combattu par le corps de ville et les négociants de Saint-Jean d'Angély, auxquels il fut soumis, et qui réussirent à éviter une assimilation préjudiciable, en démontrant que de semblables précautions n'étaient pas applicables au commerce de Saint-Jean d'Angély, qui ne s'était jamais départi de son antique loyauté.

Mais les Angériens ne furent pas aussi heureux en ce qui concernait la « *traite de Charente* », très ancien droit perçu jusqu'alors seulement sur les vins et eaux-de-vie expédiés à l'étranger par la rivière « *la Charente* », et que l'on étendit en 1753, à ceux expédiés par terre, en faisant passer le territoire de Saint-Jean d'Angély, dans le pays dit « *étranger* ».

Jusqu'à cette dernière époque, la Saintonge se servait de deux voies pour l'exportation de ses eaux-de-vie; elle les expédiait par la voie de terre pour Orléans, Paris et les autres villes de l'intérieur, et par mer pour l'étranger, en les chargeant sur les rivières « la Boutonne » et « la Charente ». Les eaux-de-vie qui, pour se rendre à la mer, passaient à Tonnay-Charente, étaient assujetties à payer au bureau de cette ville un droit de 15 livres 14 sols par barrique de 27 veltes, droit connu sous la dénomination de « traite de Charente ». Il était perçu, sur celles expédiées par terre, un droit de trente sols seulement, imposé par un tarif de 1664 aux eaux-de-vie qui sortaient du pays étranger, pour entrer en Poitou ou en Angoumois, faisant partie du territoire des cinq grosses fermes; le prix de vente déterminait souvent le mode d'expédition pour l'intérieur.

Avant 1753, les expéditions par terre étaient fréquentes. L'Aunis ne toléra, qu'avec peine, la concurrence que cette différence de droit permettait, au commerce de la Saintonge de faire à celui de l'Aunis, et fit tous ses efforts pour faire assujettir les eaux-de-vie de Saintonge aux mêmes droits de 15 livres 14 sols, quelle que fût la voie employée pour leur expédition. La ferme générale accueillit favorablement une demande dont elle croyait devoir tirer profit; elle l'appuya et réussit à la faire adopter.

Depuis longtemps, il était fait une différence fiscale entre le Poitou, l'Aunis, l'Angoumois et la Saintonge, relativement au droit des fermes. La dernière de ces provinces était réputée étrangère, on ne sait pourquoi; les trois premières étaient réputées d'ancien droit, quoiqu'elles eussent été séparées de la France par la même cause, le mariage d'Eléonore d'Aquitaine avec Henri II d'Angleterre, après la répudiation si peu politique de Louis VII, qui fit passer la Saintonge sous la domination étrangère. L'Angoumois, le Poitou et l'Aunis étaient appelés « *le pays des cinq grosses fermes* », et n'étaient assujettis qu'aux droits d'aides pour l'exportation de leurs eaux-de-vie par terre. La Saintonge était classée « *pays étranger* » et était assujettie à « la traite de Charente », de 15 livres 14 sols par barrique, expédiée soit par terre soit par mer, depuis un arrêt du 18 décembre 1753. Antérieurement à cette époque, elle n'était assujettie qu'au droit des « *traites foraines* », de 30 sols, fixé par le tarif de 1664, lorsqu'elle expédiait par terre.

La ferme avait toujours cherché à agrandir le territoire du pays réputé étranger et, dès 1723, elle avait obtenu un arrêt qui supprimait le bureau des traites foraines établi à Rochechouart, et déclarait que cette ville et les autres lieux dépendants du Poitou seraient, à l'avenir, réputés étrangers à l'égard des cinq grosses fermes.

Le succès de cette première tentative l'enhardit, et elle saisit avec empresssment les plaintes du maire et des échevins de La Rochelle, ainsi que des propriétaires de l'Aunis, sur le tort que faisaient à leur commerce les eaux-de-vie de la Saintonge, pour obtenir, le 10 février 1750, un nouvel arrêt classant comme pays étranger, assujetti au paiement de la traite de Charente la contrée à gauche d'une ligne de démarcation partant du hameau de *la Grande Motte, paroisse de Brigueil-le-Chantre* », en Poitou, jusqu'à Aulnay, et de cette dernière localité au lieu dit « *le Chenal de Pont-de-l'Oye* », sur le bord de la Charente. Six paroisses seulement en furent exceptées : les Eglises d'Argenteuil, Saint-Pierre de Juillers, Saint-Martin de Juillers, Paillé, Vervant et Cherbonnières, qui continuèrent d'être assujetties seulement au tarif de 1664 ; on appelait ce canton, jouissant de ses anciens droits, « *Petite Saintonge* ».

Le seul résultat obtenu par cette délimitation, fut de rendre le commerce de Saint-Jean d'Angély dépendant de celui des autres villes ; il ne produisit pas l'augmentation désirée quant au produit des revenus de la ferme.

Les villes de Cognac, Jarnac, Châteauneuf et autres, situées sur la Charente, faisaient partie de l'Angoumois, mais étaient rejetées, par la ligne, dans le pays réputé étranger ou de la traite de Charente, bien qu'il touchât à la partie de l'Angoumois restée dans les cinq grosses fermes ; les négociants de ces villes étaient, par leur position, à même de faire les deux commerces d'Angoumois et de Saintonge ; ils achetaient les eaux-de-vie du Poitou, de l'Aunis, et de l'Angoumois, qui étaient à leurs portes, et faisaient venir, par la Charente, les eaux-de-vie de Saintonge, par l'intermédiaire des négociants de Saint-Jean d'Angély, devenus de simples commissionnaires ; ces eaux-de-vie arrivaient chez eux sans payer la traite de Charente, parce que, au lieu de descendre cette rivière et de passer au point de la ligne, elles la remontaient et se trouvaient à sa gauche. Elles étaient réexpédiées comme provenance de l'Angoumois, au moyen de congés pris toujours pour une quantité supérieure à celle achetée réellement en Angoumois, et on n'avait ainsi à payer que les droits d'aides. Ou bien encore les négociants distillaient ces eaux-de-vie en esprit de vin, pour en réduire la quantité à celle exprimée sur les congés qu'ils possédaient, les eaux-de-vie n'étant pas taxées selon leur degré alcoolique, comme aujourd'hui, mais selon la quantité, à raison de 15 livres 14 sols par barrique de la contenance de vingt-sept veltes.

Les habitants de Saint-Jean d'Angély étaient donc fondés à demander la suppression de la ligne de démarcation et le retour aux anciens droits; mais ils ne réussirent pas dans leur juste demande, et la démarcation fut maintenue jusqu'à la révolution, qui s'avançait à grands pas.

QUATRIÈME PARTIE

SAINT-JEAN D'ANGÉLY

1789-1886

Les Français étaient alors divisés en trois classes : la première, dite des privilégiés, comprenait la noblesse et le haut clergé, en possession des pouvoirs et des hautes charges de l'état; la deuxième, composée des gens de robe et de finances, du clergé subalterne et des écrivains, popularisait, par la voie de la presse, les principes d'émancipation sociale que l'assemblée constituante allait bientôt monumenter dans ses lois; la troisième réunissait la masse des industriels, manufacturiers, négociants, banquiers, artistes, artisans et cultivateurs, chez qui les idées de liberté s'étaient développées.

Pendant le règne de Louis XV, ces trois nuances sociales s'étaient assez nettement dessinées, mais, à l'approche de la tourmente politique, les deux dernières se séparèrent de la première et formèrent un seul ordre sous la dénomination de tiers-état.

Alors la nation se trouva partagée en deux camps : d'un côté, les privilégiés de la noblesse et du clergé, le passé avec ses vieux souvenirs; de l'autre, les hommes de progrès avec leurs espérances.

Ce fut entre ces deux partis que Louis XVI monta sur le trône; mais il avait à remplir une tâche au-dessus de ses forces : tiraillé entre l'aristocratie et le tiers-état, il ne sut ni résister ni céder à l'esprit du siècle.

Pendant cette indécision, les embarras de la situation allaient en se compliquant de jour en jour. Le mouvement démocratique menaçait de plus en plus d'envahir le pouvoir, et le roi dut se résigner à convoquer les états-généraux, dont la réunion était réclamée impérieusement comme pouvant seule mener à bien la régénération de la France.

La période électorale s'ouvrit en Saintonge pendant le rude hiver de 1789. Tous les travaux étant interrompus, les esprits se concentrèrent, sans que rien pût les en détourner, sur les graves questions qui s'agitaient dans les assemblées.

Le 12 janvier, les trois États de la sénéchaussée de la partie sud de la Saintonge, réunis à Saintes en assemblée préparatoire, invitaient la municipalité de Saint-Jean d'Angély à convoquer les trois Ordres de la partie nord à Saint-Jean d'Angély, à l'effet de nommer des commissaires auxquels serait donnée la mission de s'entendre avec ceux de Saintes sur les avantages qui résulteraient pour la Saintonge de sa mise en États provinciaux. Mais les trois Ordres de Saint-Jean d'Angély refusèrent de se réunir à Saintes, et décidèrent que, sans séparer les intérêts de la sénéchaussée de Saint-Jean d'Angély des intérêts de celle de Saintes, ils entendaient délibérer séparément; et ils s'ajournèrent après avoir nommé une commission de douze membres, chargée de faire de cette décision un rapport à M. de La Tour du Pin, gouverneur de la province. Ces commissaires étaient :

Pour le Clergé : Dom Lemaire, bénédictin, et Drouhet, ancien curé de Prissé.

Pour la Noblesse : De Saint-Mandé fils, le vicomte de Brie, Perraudeau.

Pour le Tiers-Etat : de Bonnegens d'Aumont, conseiller; Normand d'Authon, avocat du roi; Duret, avocat; Regnaud, Michel, avocat; Parent, négociant, et Fabre, négociant.

Le 25, dans une réunion des trois Ordres, les commissaires lisaient un placet au roi, demandant la réunion à Saint-Jean d'Angély des trois États de la sénéchaussée, dont cette ville était le chef-lieu, et ils accompagnaient ce placet d'un mémoire établissant l'antériorité de leur sénéchaussée, en citant un jugement rendu à Saint-Jean d'Angély en 1150 par Simon Roquier, grand sénéchal de Saintonge, tandis que celle de Saintes ne datait que de 1458. Ils rappelaient aussi que, lorsque Saintes était sous la domination anglaise, la juridiction de cette ville relevait de la sénéchaussée de Saint-Jean d'Angély, restée française; que, lors de la rédaction des coutumes, en 1530, sous François Ier, la sénéchaussée de Saint-Jean d'Angély avait été portée au coutumier général sous le titre de « *Coutumes de la sénéchaussée de Saintonge aux siège et ressort de Saint-Jean d'Angély* », tandis que la sénéchaussée de Saintes, n'ayant qu'une simple usance, avait dû envoyer des commissaires pour la rédaction de celle de Saint-Jean d'Angély. Enfin, pour dernier argument, les commissaires rappelaient que la sénéchaussée de Saint-Jean d'Angély avait député directement aux États de Tours, en 1467, et que, si elle n'avait pas envoyé de députés aux états de 1614, c'est qu'elle tenait alors pour le prince de Condé. Ils concluaient en demandant que la sénéchaussée de Saint-Jean d'Angély fût admise à envoyer des députés directs à l'assemblée des Etats-Généraux, conformément à ses anciens droits.

Maurice Binet, avocat, élu plus tard le premier juge de paix du canton de Saint-Jean d'Angély, proposa d'ajouter que le vote aux Etats-Généraux aurait lieu par tête et non par ordre, et que les députés du tiers ne pourraient être pris, à l'avenir, que dans cet ordre, et non plus dans celui des Nobles ou Privilégiés, ainsi qu'il était coutume de le faire. Mais cette proposition n'ayant pas été adoptée par le Clergé et la Noblesse, et l'accord n'ayant pu s'établir sur ce point, les deux premiers Ordres se retirèrent dans une salle séparée, pour signer le placet tel qu'il avait été rédigé par la commission. Le Tiers-Etat, craignant alors que son abstention ne portât préjudice aux intérêts de la province, se décida à signer, se réservant d'adresser séparément au ministre la demande formulée par Binet.

Le 4 février 1789, les trois Ordres se réunirent dans l'église des pères jacobins, et arrêtèrent, par acclamation, qu'ils solliciteraient du roi l'établissement d'Etats provinciaux, conformément à ce qui s'exécutait en Dauphiné, en vertu d'un arrêt du conseil d'état du 22 octobre 1788, mais avec les modifications que le local et les circonstances pourraient exiger. Ils arrêtèrent, en outre, que le Clergé aurait un nombre de députés égal à celui de la Noblesse, sauf les droits respectifs de ces deux Ordres jusqu'à règlement définitif aux Etats-Généraux. Les trois Ordres signèrent cette délibération.

Mais, comme la signature d'un si grand nombre de membres demandait un temps assez long, le Clergé et la Noblesse, qui avaient signé les premiers, se retirèrent dans leur salle particulière pour nommer les commissaires.

La Noblesse désigna, avec pouvoir de faire ce qu'ils jugeraient nécessaire pour le bien de la chose commune :

Le marquis de Charras ; Charles-Grégoire, marquis de Beauchamps, seigneur de Champfleury et de Grand-Fief ; René-François-Melchior Begeon, marquis de Sainte-Même ; Guillaume-Alexandre du Bois, marquis de Saint-Mandé ; René-Joseph-Benoît Perraudeau de Beaufief ; le vicomte de Brie.

Le Clergé nomma : Dom Deforis, curé de Saint-Jean d'Angély ; Saint-Médard, curé de Nantillé ; Olivau, curé de

Massac; Marie, curé de Saint-Pierre de Juillers; Mestadier, curé de Breuilles; Boutinet, curé de Villepouge.

Le Tiers-Etat ne put parvenir à nommer ses commissaires. A minuit, tous ses membres n'avaient pas encore signé, et plusieurs, fatigués de la longueur de la séance, s'étaient retirés.

Après ces nominations, les commissaires du Clergé déléguèrent dom Deforis et Saint-Médard, à l'assemblée qui devait avoir lieu le lendemain, à Saintes, pour y faire connaître les résolutions de l'assemblée générale de Saint-Jean d'Angély.

Les marquis de Charras et de Beauchamps reçurent même commission des commissaires de la Noblesse. Ces derniers arrêtèrent qu'ils s'assembleraient le lendemain matin pour délibérer avant le départ de leurs députés. Dans cette réunion, ils décidèrent que de Beauchamps et de Charras, aussitôt leur arrivée à Saintes, feraient part à de La Tour du Pin des sentiments de leur Ordre; qu'ils se rendraient ensuite à l'assemblée de la Noblesse; qu'ils y donneraient lecture et demanderaient l'enregistrement de la déclaration suivante :

« Messieurs,

« Les sentiments patriotiques et fraternels que les com-
« missaires de notre Ordre, pour le territoire de Saint-Jean
« d'Angély, ont déjà exprimé aux vôtres, nous amènent au-
« jourd'hui dans cette assemblée.

« Puisse notre union avec vous, messieurs, consacrer
« l'heureuse régénération qui se prépare, et assurer le bien
« de toute la province!

« Les trois Ordres du territoire de Saint-Jean d'Angély
« votèrent hier unanimement pour demander au roi l'éta-
« blissement d'Etats provinciaux pour la Saintonge, confor-
« mément à l'organisation de ceux du Dauphiné, sauf les
« modifications que les circonstances ou le local rendraient
« nécessaires.

« C'est ce vœu patriotique que l'ordre de la Noblesse
« nous a chargés, messieurs, de vous apporter, heureux si,
« confondu avec celui que vous allez former, nous n'avons
« plus qu'à nous occuper de le faire parvenir aux pieds du
« meilleur des rois !

« Son succès couronnera, messieurs, une entreprise for-
« mée sous l'heureux auspice d'une union intime et frater-
« nelle. La conservation des droits respectifs de nos deux
« territoires et sénéchaussées la rendra inaltérable entre
« nous. Le vœu de notre Ordre est que vous veuillez bien
« insérer, dans vos registres, la présente déclaration que
« nous vous remettons de nous signée.

« A Saintes, le 5 février 1789. »

Le même jour, à trois heures de l'après-midi, de Charras et de Beauchamps firent à l'assemblée de la Noblesse de Saintes la déclaration qui précède. Les gentilshommes de Saintes leur firent observer que la demande des Etats provinciaux s'accordait certainement avec leurs propres vœux; qu'ils voyaient avec peine, cependant, que les trois Ordres de Saint-Jean d'Angély se fussent, nommément, soumis au régime des Etats du Dauphiné; que, malgré cela, il y avait moyen de se concilier, puisque de Charras et de Beauchamps ayant des pouvoirs illimités, pouvaient changer dans leur arrêté ce qui différait de celui de Saintes. Les députés de Saint-Jean d'Angély répondirent que la seule chose qu'ils pouvaient se permettre était d'en conférer de nouveau avec les commissaires de Saint-Jean d'Angély. Cette offre fut acceptée. Le marquis de Charras retourna immédiatement à Saint-Jean d'Angély, où il fit part aux commissaires de son Ordre des propositions de la Noblesse de Saintes. Les commissaires arrêtèrent que les Ordres étant séparés, il n'était plus possible de les rassembler pour les consulter; que les commissaires ne pouvaient rien changer à une délibération prise par les trois Ordres réunis; qu'en conséquence, les députés devaient persister dans le vœu des trois Ordres, sans se permettre d'y rien changer.

Le 6, de Charras et de Beauchamps firent connaître à la Noblesse de Saintes, qu'ils persistaient dans l'arrêté qu'ils lui avaient communiqué la veille, puis ils donnèrent lecture de la délibération prise dans l'assemblée de Saint-Jean d'Angély du 4 du même mois. Ils invitèrent de nouveau les gentilshommes de Saintes à s'unir au même vœu et se retirèrent avec la promesse d'une réponse pour le même jour.

Le 7 février, les députés attendaient encore la réponse qui leur avait été promise, et cependant il était urgent de remettre à de La Tour du Pin la délibération du 4 qu'il devait adresser à la cour. D'un autre côté, quelques gentilshommes et beaucoup de membres du Clergé de Saint-Jean d'Angély paraissaient vouloir se réunir à ceux de Saintes. Ce concours de circonstances décida de Charras et de Beauchamps à rédiger une protestation dans l'intérêt de leur sénéchaussée. Ils la communiquèrent aux députés du Clergé de Saint-Jean d'Angély, et convinrent ensemble d'aller, en corps, la présenter aux trois Ordres de Saintes ; ce qu'ils firent, et ils en laissèrent copie :

PROTESTATION DES DÉPUTÉS DE SAINT-JEAN D'ANGÉLY

« Nous, les représentants du Clergé, de la Noblesse et du
« Tiers-État, de la sénéchaussée de Saint-Jean d'Angély,
« sommes chargés d'avoir l'honneur de vous faire connaître
« notre vœu.

« Quoique d'accord avec le vôtre pour la demande au roi
« d'États provinciaux, il en diffère par l'organisation que
« nous avons arrêtée.

« Comme nous sommes, messieurs, les représentans des
« cent quinze mille âmes qui font partie de la Saintonge
« sous le nom de sénéchaussée de Saint-Jean d'Angély,

« nous vous demandons, dans la rédaction de votre vœu,
« de ne pas nous y comprendre, en parlant seuls pour la
« province de Saintonge, et de faire toujours distinction,
« dans vos arrêtés, du territoire de la sénéchaussée de
« Saint-Jean d'Angély. Nous vous demandons également,
« messieurs, que le Clergé et les possesseurs de fonds dans
« notre territoire ne puissent pas délibérer avec vous sur ce
« qui regarde ce même territoire. Nous protestons contre
« tout ce qui serait fait de contraire parmi vous au présent
« arrêté, dont nous vous demandons acte et consignation
« sur le registre de votre assemblée.

« Signé : Le marquis de BEAUCHAMPS, député de la no-
« blesse; marquis de CHARRAS, député de la
« noblesse et chargé des intérêts du tiers-état;
« F.-J.-B DEFORIS, député du clergé; SAINT-
« MÉDARD, député du clergé et curé de Nan-
« tillé. »

Cette protestation amena immédiatement la réponse si longtemps différée de la Noblesse de Saintes; elle était ainsi conçue :

« Sur la demande faite par MM. les députés de la portion
« de la Noblesse de Saintonge qui s'est assemblée à Saint-
« Jean d'Angély, de leur donner acte de la présentation
« qu'ils nous ont faite, de l'arrêté pris entre eux, nous, com-
« missaires nommés à cet effet par la Noblesse qui s'est as-
« semblée dans la ville de Saintes, leur en avons donné
« acte, ainsi qu'ils l'ont demandé, et en même temps leur
« avons déclaré que la Noblesse, assemblée à Saintes, per-
« siste dans la délibération dont elle leur a fait part, en
« date du 4 de ce mois; la noblesse, ici assemblée, croit
« devoir témoigner à MM. le marquis de Charras et de Beau-
« champs son regret que les circonstances aient déterminé
« la Noblesse de la province à s'assembler dans deux villes
« différentes; elle conserve toujours l'espérance d'une réu-

« nion à laquelle elle attache beaucoup de prix, persuadée
« qu'alors il n'y aura plus qu'unanimité de sentiments. »
« Délibéré à Saintes, le 7 février 1789.

« Signé : Marquis d'Aiguières, président ; le vicomte de
« Turpin, commissaire ; le comte de Bre-
« mond d'Ars, commissaire. »

Les quatre députés se rendirent ensuite à l'assemblée du Tiers-Etat ; ils furent introduits à la chambre des commissaires de l'Ordre, en ce moment réunis. Le marquis de Charras leur dit qu'il était chargé de représenter le Tiers-Etat de la sénéchaussée de Saint-Jean d'Angély, qui n'avait pu parvenir à nommer ses députés, et, en cette qualité, il leur donna lecture de la délibération du 4, ainsi que de la protestation faite aux deux autres Ordres. Puis, ils allèrent chez M. de la Tour du Pin, déposer les mêmes pièces qui devaient être adressées à la cour.

Leur mission étant terminée, les députés laissèrent aussitôt Saintes pour venir rendre compte de leur mission à leurs mandants.

Dès le lendemain, de la Tour du Pin arrivait à Saint-Jean d'Angély pour se rendre compte, par lui-même, des causes qui avaient empêché le Tiers-Etat de nommer ses commissaires ; il jugea qu'il n'était pas nécessaire de convoquer une nouvelle assemblée pour les nommer, et autorisa de Beauchamps et Charras à continuer le mandat provisoire dont ils avaient été investis jusqu'à la première assemblée générale du territoire, dans laquelle il serait procédé aux nominations.

Le 16 mars, les trois Ordres de la sénéchaussée de Saint-Jean d'Angély se réunissaient séparément, selon le désir qu'ils en avaient exprimés au roi, dans l'église des jacobins (dominicains) de Saint-Jean d'Angély, sous la présidence du lieutenant général de Bonnegens.

Les séances du 17 au 22 furent consacrées aux réunions

particulières de chaque Ordre, et employées à la rédaction des cahiers. Le Clergé fit choix, pour son président particulier, de Jacques Mallat, curé de Puy-du-Lac ; la Noblesse, du marquis de Saint-Mandé ; et le Tiers-État, de de Bonnegens.

Les rédacteurs des cahiers de doléances furent :

Pour le Clergé.

L'abbé Montillet, curé de Taillant ; Poutard, curé de Mazeray ; Allaire de la Sablière, prieur du Breuil-Magné ; Flamanchat, prieur de...

Pour la Noblesse.

Le vicomte de la Baume-Pluvinel, seigneur de la Galernerie ; le chevalier de Brillac, seigneur de Grandjean ; le marquis de Beauchamps, seigneur de Champfleury.

Pour le Tiers-État.

Larade ; Regnaud ; Pelluchon du Breuil.

Aucun dépôt public ne possède le cahier de la Noblesse, probablement perdu ; celui du Clergé a été publié par M. Antonin Proust, et les archives de la Charente-Inférieure ont celui du Tiers-État.

CAHIER DES DOLÉANCES DE L'ORDRE DU CLERGÉ — INSTRUCTIONS ET POUVOIRS DE SON DÉPUTÉ AUX ÉTATS-GÉNÉRAUX

L'an mil sept cent quatre-vingt-neuf, et le vingt-troisième jour du mois de mars, en vertu des lettres du roi, portant convocation des États-Généraux du royaume, en date du 24 janvier de la même année, l'Ordre du Clergé de la sénéchaussée de Saint-Jean d'Angély assemblé en la salle de l'abbaye de ladite ville, en présence de Me Jacques Mallat, président, assisté de Me François-Gillebert Flamanchat, secrétaire, a procédé par voie de scrutin à l'élection de son député pour paraître et assister en son nom à ladite assemblée des Etats-Généraux, et auquel député l'Ordre du Clergé donne les instructions et les pouvoirs qui suivent :

Vu que S. M. a formé le projet de donner des États provinciaux au sein des États-Généraux et de former un lien durable entre l'administration particulière de chaque province et la législation générale, et attendu qu'il est indispensable pour la sûreté de chaque individu qui forme la nation que ses droits soient en ce moment établis sur des bases inébranlables, ladite assemblée du Clergé de la sénéchaussée de Saint-Jean d'Angély, charge spécialement son député de déclarer aux États-Généraux, que la volonté dudit Ordre est que lesdits États-Généraux statuent dans la forme la plus anthentique.

Article 1er. — Qu'aucun impôt ne sera à l'avenir mis ou prorogé sans le consentement des États-Généraux du royaume, en conséquence que toutes impositions mises ou prorogées par le gouvernement sans cette condition ou accordées hors des États-Généraux par une ou plusieurs provinces, une ou plusieurs villes, une ou plusieurs communautés, seront nulles, illégales, et qu'il sera défendu sous peine de concussion de les répartir, asseoir ou lever.

Art. 2. — Que lesdits États statuent qu'ils s'assembleront régulièrement tous les..... au mois de..... dans la ville de..... sans qu'il soit besoin d'autre convocation, ni sans qu'il puisse y être apporté aucun obstacle.

Art. 3. — Que les ministres seront responsables de leur gestion aux États-Généraux, qui pourront les faire juger sur le fait de l'exercice de leurs fonctions par les tribunaux compétents.

Art. 4. — Que les dépenses de chaque département, y compris celle de la maison du roi, seront invariablement fixées, et que les ministres de chacun d'eux seront responsables à la nation entière de l'emploi des fonds.

Art. 5. — Qu'ils prendront les moyens les plus sûrs pour qu'en aucun cas aucun citoyen ne puisse être détenu par un ordre ministériel au delà du temps indispensablement nécessaire pour qu'il soit remis dans une prison légale entre les mains du juge que lui donne la loi.

Art. 6. — La volonté de l'Ordre du Clergé de la sénéchaussée de Saint-Jean d'Angély est que son député propose aux Etats-Généraux de s'occuper de la rédaction d'une loi qui établisse la liberté légitime de la presse.

Art. 7. — Ils prendront acte de la déclaration qu'a faite S. M. du droit imprescriptible appartenant à la nation d'être gouvernée par ses délibérations durables, et non par les conseils passagers des ministres; et attendu que le vœu des Etats-Généraux est l'expression de l'intérêt et de la volonté générale, auxquels l'expérience n'a que trop prouvé que l'intérêt des ministres est souvent contraire, ledit député déclarera que la volonté de ses commettants est qu'à l'avenir aucun acte public ne sera réputé loi s'il n'a été consenti ou demandé par les Etats-Généraux avant que d'être revêtu du sceau de l'autorité royale.

Art. 8. — Il fera statuer que la répartition, assiette et perception des impôts se feront, soit par les Etats actuellement établis dans chaque province, ou par ceux qui seront constitués par les Etats-Généraux dans celles qui n'en possèdent point encore, où qui se plaignent de la constitution irrégulière des corps qui les administrent.

Art. 9. — Qu'aucun citoyen ne pourra être enlevé à ses juges naturels.

Art. 10. — Que les parlements et autres tribunaux souverains, ainsi que les juges surbordonnés à ces corps, continueront à maintenir le bon ordre et à faire exécuter les lois, soit en renouvelant leurs dispositions lorsque les circonstances l'exigent, sans qu'ils puissent toutefois y rien retrancher, ajouter ou modifier, soit en infligeant les punitions qu'elles prononcent contre ceux qui les transgressent.

Art. 11. — Il déclarera que les magistrats ne pourront à l'avenir être troublés dans l'exercice de leurs fonctions.

Art. 12. — Enfin qu'ils seront responsables du fait de leurs charges à la nation assemblée.

Et pour que l'établissement de la constitution ne puisse être éludé ni différé, ledit député ne statuera sur aucuns secours pécuniaires à titre d'emprunt, d'impôt ou autrement, avant que les droits ci-dessus, qui appartiennent autant à chaque citoyen individuellement qu'à la nation entière, aient été invariablement établis et solennellement proclamés, et après cette proclamation solennelle, et non autrement.

Le député dudit Ordre ecclésiastique de Saint-Jean d'Angély usera du pouvoir que ladite assemblée lui donne, de consentir aux subsides qu'il jugera nécessaires, d'après la connaissance détaillée qu'il prendra de l'état des finances et des besoins de l'état, rigoureusement démontrés, et après avoir opéré les réductions dont la dépense sera susceptible.

Elle lui donne également pouvoir et le charge spécialement de substituer aux impôts qui distinguent les Ordres et tendent à les séparer, des subsides qui soient également répartis entre les citoyens de tous les Ordres, sans distinction ni privilège.

Ne pouvant cependant lesdits subsides être accordés que jusqu'à la première assemblée des États-Généraux, les parlements et autres cours, et tous juges demeurent chargés de poursuivre et de punir comme concussionnaire, quiconque aurait la témérité d'asseoir, répartir ou lever aucuns subsides non accordés par les États-Généraux, ou dont le terme par eux fixé serait expiré.

Lu et approuvé par toute l'assemblée qui a signé :

Humiger, curé d'Archingeay ; ..... de Nantillé ; Allaire de La Sablière, prieur du Breuil-de-Magné ; Duc, prieur d'Usseure ; Drouhet, ancien curé de Prissé ; Pelluchon, doyen-curé de Sainte-Hérie ; Marie, curé de Saint-Pierre de Juillers ; Mouliérac, curé de Courcelles ; Olliveau curé de Massac ; Hospital de L'Homendie, curé de Brisambourg ; Augier, curé de Vandré ; Marteau, curé de Ternant et de Saint-Nazaire, son annexe; Hubert, curé de Grandsay; Joubert, curé des Touches de Périgny; Bouvier, curé de Saint-Etienne; Guillonnet, curé de Brédon; de La Rue, curé de Prissé; Poutard, curé de Mazeray; Rengade, curé de Fenioux; Barbeau, curé de la Revêtison-Chabot ; Tardy, curé de Chantemerle; Dufresne, chanoine, député du chapitre de Saintes; J.-B. Deforis, curé de Saint-Jean d'Angély; Maugrand, prieur-curé de Genouillé; Luchet de La Mothe, chanoine, député; Boutinet, curé de Villepouge; Duclos, curé de Courcome; Mauret, curé de La Benâte; F.-R. Pin, de l'ordre des prêcheurs, curé d'Antezant; Métadier, curé de Breuille; Spens de Ribeaucourt, curé d'Asnières; Maréchal, chanoine de Taillebourg; Duvergier, curé de Thors; Joubert, curé de Migron; Vrigneaud, curé de l'Houmée; Marillet, curé-doyen de Taillebourg; Jouanneau, curé de Saint-Félix ; Saint-Blancart, prieur de Péré; Bellin, curé de Paillé; Viollaud, curé de Saint-Martin-de-Juillers; Delezay, curé de Muron; Piquerey, curé de Sainte-Mesme; Billé, curé de Garnaud; Le Bon, curé de Bernay; de La Richardière, curé de Rohan-Rohan; Mingu, prieur de Bignay.

CAHIER DES DOLÉANCES DU TIERS-ÉTAT.

Aujourd'hui vingt et un mars mil sept cent quatre-vingt-neuf, par devant nous Jean-Joseph de Bonnegens, seigneur des Hermitants, le Château, la Grange, Ribemont et autres lieux, conseiller du roi, lieutenant général de la sénéchaussée de Saintonge établie en cette ville de Saint-Jean d'Angély et président de l'assemblée des trois Ordres de ce ressort, et, dans ce moment, celui du Tiers, réuni en l'église des révérends pères jacobins de cette ville, seroient comparu les sieurs députés des villes et paroisses de ce ressort, comparants et ayant eu acte de leur comparution par notre procès-verbal du seize de ce mois, lesquels déclarent donner pour pouvoirs généraux et définitif de porter à l'assemblée de la nation leur vœu, dont suit la teneur.

La nation, privée depuis longtemps de l'exercice de ses droits, doit en recouvrer sa plénitude, et, pour y parvenir, nos députés ne s'occuperont d'aucune délibération ultérieure qu'après avoir fait établir en lois fondamentales et immuables ou obtenu les articles suivants :

Art. 1er. — Les lois nationales, ecclésiastiques, civiles et fiscales ne peuvent être établies que par le commun consentement du roi et de la nation, réunis dans l'assemblée des Etats Généraux.

Art. 2. — Demanderont, en conséquence, nos députés, la périodicité des Etats-Généraux et leur fixation à une époque déterminée.

Art. 3. — Il y sera délibéré, sur toutes les matières, par tête et non par ordre.

Art. 4. — Il ne pourra être établi d'impôt que du consentement de la nation et pour le temps qu'elle déterminera lors de la tenue de ses Etats-Généraux.

Il ne sera également payé aucun emprunt qu'il n'ait été par elle autorisé.

Art. 5. — Seront tenus les cours souveraines et autres tribunaux ordinaires, de s'opposer à la perception d'aucun impôt, et à la publication d'aucun emprunt, qu'ils n'aient été consentis et autorisés par lesdits Etats, et de poursuivre tous receveurs de deniers publics qui procéderaient à la levée d'aucun impôt ou à la recette d'aucun emprunt établis dans toute autre forme que celle fixée ci-dessus, même toutes personnes qui continueraient quelques perceptions au delà du terme déterminé par la nation.

Art. 6. — Si quelques circonstances donnaient lieu à des règlements provisoires, dans l'intervalle d'une tenue d'Etats à l'autre, ils ne pourront avoir leur exécution qu'après l'enregistrement aux cours souveraines, et celles-ci ne pourront y procéder qu'après en avoir communiqué aux Etats provinciaux de leur ressort, en la présence des procureurs syndics, qui pourront y former opposition, et seront, lesdites cours souveraines et autres tribunaux ordinaires, tenus pour corps constitutionnels dans l'état.

Art. 7. — Il sera demandé l'établissements d'Etats provinciaux dans les provinces qui n'en ont pas, et leur régime sera déterminé dans la meilleure forme possible par les Etats Généraux, qui auront égard à ce qu'exige l'intérêt ou le local de chaque province, ainsi que nous l'avions voté par notre délibération du quatre février dernier, qui a été envoyée à la cour.

Art. 8. — La liberté individuelle de tout Français sera déclarée inviolable, et nul ne pourra être privé de la sienne par aucune lettre de cachet ou ordre ministériel, les évocations et lettres de *committimus* seront supprimées, et nul ne pourra, sous aucun prétexte, être enlevé à ses juges naturels.

Art. 9. — Les magistrats ne pourront être enlevés à leurs fonctions qu'après la forfaiture jugée.

Art. 10. — Les impôts seront répartis également sur tous les citoyens des trois ordres et par un rôle commun.

Art. 11. — Les ministres seront déclarés comptables de leur administration aux Etats-Généraux.

Art. 12. — L'orateur du Tiers-Etat parlera dans la même posture que les orateurs des deux autres Ordres, et l'Ordre du Tiers sera, pendant son discours, placé comme les deux autres.

Art. 13. — Les membres des Etats-Généraux seront déclarés *personnellement inviolables*, et en cas d'inculpation sur la manière de faire valoir leurs droits et ceux de la nation, ou sur tout autre point, ils ne seront tenus de répondre et ne pourront être jugés que dans les Etats-Généraux et par eux.

Art. 14. — Qu'il soit mis sous les yeux de la nation un état de l'actif et du passif de la France, suivant la situation présente des finances.

Art. 15. — Avant de voter sur l'impôt, nos députés s'assureront qu'on travaillera à toutes celles des réformes proposées dans nos doléances, qui seront adoptées par la nation. En conséquence, s'il y a des articles sur lesquels on juge qu'il ne peut être statué sur le champ et dont l'examen et le règlement dureraient trop longtemps, on demande qu'il soit établi, par les Etats-Généraux, une commission prise dans leur sein ; que cette commission soit chargée de rédiger toutes les lois relatives aux réformes et suppressions que les Etats auront jugées convenables en correspondant, pour les localités, avec les Etats provinciaux ou leurs commissions intermédiaires; cette commission, dont le traitement sera fixé et qui ne devra compte de son travail qu'à la nation, sera obligée de lui faire le rapport à une tenue extraordinaire d'Etats-Généraux, qui aura lieu sans préjudice de la tenue ordinaire, au premier janvier mil sept cent quatre-vingt-onze, ou en tel autre temps que les états aviseront, dans le cas où la tenue ordinaire paraîtrait trop éloignée. Alors on examinera, approuvera, sanctionnera les lois ou réformes par elle proposées, en y faisant les changements nécessaires, s'il y a lieu, et, pour être certains de cette tenue d'Etats-Généraux pour l'objet ci-dessus, nos députés n'accorderont l'impôt que pour trois mois après la date fixée pour leur ouverture.

Après avoir obtenu sur les quatorze premiers articles une charte, lorsqu'elle aura été publiée et adressée dans les provinces, nos députés présenteront aux Etats-Généraux notre cahier de plaintes, remontrances, avis et doléances, et se conformeront, pour qu'il y soit statué, à l'article 15 ci-dessus.

Nos députés entretiendront une correspondance exacte et suivie avec les commissaires de notre Ordre par nous nommés. Ils leur feront part des propositions qui pourront être faites aux Etats-Généraux, et de ce qui pourra intéresser la nation en général ou la province en particulier. Ils pourront même demander leur avis sur ce qui pourrait les embarrasser et être indécis dans leurs pouvoirs.

Au surplus, sur les réformes à faire qui n'auraient pas été prévues, sur les autres changements à apporter dans l'administration des divers départements de la guerre, de la marine, des colonies, des affaires étrangères et des parties casuelles; sur l'établissement des conseils pour les diverses parties, sur les moyens d'augmenter, d'étendre, de favoriser le commerce, d'en rendre la balance favorable à l'état; sur l'examen du dernier traité de commerce avec l'Angleterre, et la comparaison de ses avantages et de ses inconvénients, nos députés demeurent autorisés à adopter les plans qui leur paraîtront les mieux conçus, et les plus propres à assurer la gloire du prince et la prospérité de la nation.

Fait, clos et arrêté en ladite église, lesdit jour et an susdits, et ont lesdits comparants avec nous et notre greffier, signé :

Lemaistre, commissaire; Guillonnet-Merville, député et commissaire; Normand d'Authon, avocat du roi, commissaire ; de Bonnegens d'Aumont, député, commissaire; Duret, *député de Saint-Jean d'Angély;* Robinet, *député de Saint-Jean d'Angély;* Richard; Fabvre; Philippot, *syndic d'Agonnay;* Bastard; L. Dugas, avocat, *député de Bercloux;* Mousnier; Tillé; Rocquet, *député d'Antezant ;* A. Abelin, *député d'Antezant;* Charrier, *député de Trizay;* Louis Jau; Février; Cardinaud; Serton; Allenet; Raffejeaud; Chaperon; Léonard; Chagnaud; Bellet, *greffier en chef du sénéchal;* Bellet, avocat en parlement; Girard; Poitevin, *député d'Authon;* Pontezière; Longueteau; F. Chaigneaud; A Bequet; J. Bugaud; Bastard; Durivaud; Masson; Bourdeau, *député de Loubillé;* Audouin, *député de Beauvais;* Dugast, *avocat, député de Bercloux;* Maichin; Pommier; Favereau; Dautriche, *député de Taillant;* Broutin; Mellier, *député de Blanzac;* Bigeon, Guillonnet; Bolleaud; Guichard, *député d'Arrangon;* Alexis Saizis; Louis Toreau; Jean Périer, *député de Bouin;* François Périer; J. Brunet, *syndic de la Brousse;* J. Charpentier, *syndic de Sonnac;* Huteau, *député de Brisambourg;* Gautret, *député de Taille-*

bourg; Guérin; Tournat; Baussay de Châteaupert; de Lépinay; Cuq aîné; Abelin; Louis Desruisseaux, député de la paroisse de Courcelles; Deloume, *député de Courcôme, commissaire;* Réjal, député de Courcôme; Massé; Bizet, *député de Courcerac;* Constant; Deloume, commissaire; Pierre Mainguet, *député de Massac;* Jean Babou, *député de Crespé;* Pierre Martain; Corbineau, *député de Fontaiue-Chalandray;* Merveilleux, *député des Touches de Périgny;* Fraigneau, *député de Day-Rançon;* Michaud, *syndic d'Haimps et Fraisneau;* J. Charrier; Jacques Jaulet; F. Métayer; Godet, député de......; J. Micheau; Duvigneau, député d'Ebéon; J. Buisson de la Poterie; Chéret; Vinet; Tullier; Poitevin; Jean Texier l'aîné; B. Texier; Raboteau; Gratiot, *député de Fenioux;* J. Raboteau; Jean Gardré; P. Fleuret; Moizant; Jacques Vigneaud; Pierre Ocqueteau, *député de Geay;* Fournier du Péré; L. Hardy, *négociant;* Gouraud; Courtin, *député de Gibourne;* Merveilleux du Vignaux, commissaire ; F. Arramy; J. Fallelour; Pelluchon des Touches, *député de Grandjean;* Hémerit; Mallevault, *député de Mazeray;* Joussomme; de Bussac; Lescouvois; Larade; Lemaistre du Pouzat, avocat du roi honoraire; Drouhet; P. Lécullier; Michel Jullien; Regnaud, *avocat, commissaire du tiers;* Ballon; Jean Garnaud, *député;* Louis Quairé, *député de Saint-Denis-du-Pin;* Larade; Louis Bacqueron; François Vinet ; J. Chollet, *député du Gicq*; Sicard; Panier, *député de Meung;* Gionnet; Pineau, *syndic de Cherbonnières;* Touchard; Brunet, *syndic de la Brousse;* Guillon; Delaitand; Calliaud; Bertet; Merveilleux de Gibourne; P. Arramy; J. Cruchon; Hervé, tant pour moi que pour Luset; Bonnarme, *député de Loiré;* Bonnarme; Debourdeau, *député de Loubillé;* Susane; Giron; Cazaux; Meaugeais, *procureur,* tant pour moy que pour Charles Martinaud, qui ne sçait point écrire; Paranteau, *syndic de Lésignac,* tant pour moy que pour Beryeu; Berton; Louis Morin, *syndic de Villepouge;* R. Hardy; Renard; L. Gaborit; Lemoyne, *député de Saint-Pierre de Juilliers;* Lieu; F. Minguet, *député de*

— 349 —

Massac; Gautier; Jagueneau, *député de Mazeray;* Genty; Viaud; Delaut; Bonnet, *député de Migré*; Texier; Cristin; Giraud, *député de Migron*; Rulland; Giraud; Soutras; Estachon; P. Sebilleau; Magné; J. Baril, *député de Moragne*; Dufresne fils, *lieutenant de maire*; Grelaud; Paquet; B. Arnault, *député de Lousignac*; J. Bonnet, *député de Migré*; Mervault; Chotard, huissier; Geay, *député de Nantillé*; Cristin; Merveilleux-Mortafon, *député de Néré et commissaire*; Cristin des Egaux; Boisnier; M. Calluaud; Charrier; Etourneau, *député de Prignac*; Gratiot; David, *syndic et député de Marin*; Boisnier; Drillaud; E. Favreau; Paillié, *syndic de Puyrolland*; Jousselin, député de Rohan-Rohan, et commissaire; Loyseau; Junin; Groux; Rocquet; Gay, *député de Nantillé*; P. Charrier, *député de Trizay*; Régnier; Desmoulins; Cuppé, *du bourg de Saint-Crespin*; J. Garnaud, député; L. Guion; F. Daubigné, *syndic de la Benâte*; R. Coudré; Jean Benoist, *député de Thorigny*; Roger, Vincent; Pierre Garnier, député; Jean Resteau; Jousseaume; J. Baussay; Loizeau, député de Saint-Hérie; Lauvard, député de Saint-Hérie; Chotard; M. Chartier; Tillier, député de Saint-Julien de l'Escap; L. Hardy jeune, négociant; Pineau, syndic de Cherbonnières; L. Combaud, *syndic de Saint-Martial*; Paillé, *député de Saint-Luc*; Martin; Gobineau-Desvillers; Roche; Giraud, *député de Migron*; Jacques Lapierre; Drahounet, *député de Saint-Martin-de-Juillers*; Querehon; J. Chaillot; J. Michaud; Chaine; Bignon; Boucherie, *syndic de Saint-Ouen*; Birot; Combret jeune; Groussean; Marchand, *président de l'Élection*; Alexis Ponvert; Prieur de Grandville, *député de Saint-Pierre-de-Juicq*; J. Chaigneau la Guiberderie, commissaire; Bergier; Chaigneau, *député de Cressé*; Dexmier; Caillaud; de Gennes, *procureur du roi de l'Election*; Connoué; J. Branger; P.-L. Creuzé, *député de Saint-Symphorien*; Pierre Mazé; L. Briaut; Devers; Guillebaud; Bouchereaud; Ollivier; J. Favre; J. Creuzé; J. Sébilleau; M. Billiard; Hard; Billon; G. Lozeau, commissaire, député;

Gourbeil aîné, député; Garnier; Dautriche, faisant tant pour moi que pour Pierre Guindet, député de Taillant; Fouchier, *député de Ternant*; Martelet; H. Carville, *député de Tonnay-Boutonne et commissaire*; Billon; Cayant; Cloquemain, *député de Saint-Vivien-de-Bords*; Duvergier des Consoudes; Amy; Benoist; Pierre Péroche; Meneau l'aîné; Rigaud, *député de Torxé*; J. Massé; L. Paquier, *député de Vandré*; Boulétreaud; Duvergier de Tartre, avocat, *député de Varaize*; Latierce, *député de Varaize*; J. Bénéteau; Pinsonneau; Geay; Jouanneau, *député de Macqueville*; Martial Fourestier, *député de Voissay*; Grollaud Gersaud; R. Versenne, directeur du marais de Saint-Louis; de Bonnegens, lieutenant général, président des trois Ordres; Pelluchon du Breuil, procureur du roi; Basset, greffier.

(Les qualifications imprimées en italiques ne figurent pas au bas des cahiers; ce sont celles prises par les signataires lors de l'assemblée préparatoire du 4 février 1789, ajoutées ici pour désigner plus particulièrement les députés.)

La nomination des députés aux États-Généraux eut lieu le 23, et ils prêtèrent serment le 24.

Simon Landreau, curé de Moragne, fut élu par le Clergé.

Charles Grégoire de Beauchamps, marquis de Beauchamps, maître de camp de cavalerie, chevalier de Saint-Louis, seigneur de Grand-Fief et de Champfleury, demeurant à Saint-Jean d'Angély, le fut par la Noblesse.

Le Tiers-État fit choix de Jean-Joseph de Bonnegens, conseiller du roi, lieutenant général de la sénéchaussée de Saintonge au siège de Saint-Jean d'Angély, et de Michel-Louis-Etienne Regnaud, avocat au parlement et en la même sénéchaussée.

L'ouverture des États-Généraux eut lieu à Versailles, le 5 mai 1789, avec une très grande magnificence, et de cette réunion d'hommes éminents, qui prit bientôt le titre d'assemblée nationale, que lui imposa le Tiers-État, comme plus conforme à la représentation de la nation, allait sortir le régime nouveau. Ce ne fut pas sans une profonde perturbation que s'accomplit cette transformation radicale, une violente agitation bouleversa la France, et se fit sentir dans toutes les parties de son territoire; la ville de Saint-Jean d'Angély n'en fut pas exempte.

Le décret de l'assemblée nationale des 4, 6, 7, 8, et 11 août 1789, qui détruisait le régime féodal, fut la principale cause qui, pendant près d'un an, troubla profondément le calme habituel des Angériens.

En présence de la révolution qui venait de s'accomplir, une partie de la municipalité de Saint-Jean d'Angély ne crut pas devoir conserver des fonctions qui lui avaient été conférées par l'autorité royale. Jacques-François Guillonnet-Merville échevin, Paul Dufresne, lieutenant du maire, et Normand d'Authon, receveur particulier des tailles et membre du comité de correspondance de l'assemblée nationale, tous les trois attachés au parti de la cour, donnèrent leur démission avec l'espoir que les autres membres les imiteraient; mais leur exemple ne fut pas suivi, et Normand déçu dans son désir de remplacer le maire Valentin, céda facilement aux sollicitations de ses amis qui l'engageaient à revenir sur sa décision; il consentit donc à reprendre des fonctions qui lui permettaient de faire au maire Valentin, et aux idées nouvelles que ce dernier représentait, l'ardente opposition qu'il avait déjà commencée.

Son premier acte fut de faire repousser la proposition, faite par Valentin, de nommer un comité d'adjonction à la municipalité, et de décider que le bureau de correspondance dont lui-même faisait partie, en tiendrait lieu. Ce comité était présidé par le vicomte de Brie, Joseph de Bonnegens d'Aumont en était secrétaire, et de Lalaurancie de Chadury, membre. Puis, quelques jours après, le 11 octobre 1789, dans une réunion du même bureau, présidée par Boutinet, curé de Villepouge, à laquelle quelques électeurs choisis avaient seuls été convoqués, il se fit élire maire par acclamation, et fit également nommer aux autres fonctions municipales, ceux de ses amis qu'il désigna : Duret, premier échevin, Begeon de Sainte-Même, deuxième échevin, Bouisseren, pair.

Dès le lendemain, les officiers et sous-officiers de la milice bourgeoise, électeurs qui n'avaient pas été convoqués par Normand, protestèrent vivement contre cette élection et déclarèrent qu'ils ne reconnaîtraient que le maire Valentin pour colonel, qu'ils ne continueraient la garde des moulins à poudre que sous ses ordres, et ils prirent la résolution de chasser de leur régiment tout homme qui ne se conformerait pas à cette décision. Enfin, ils s'opposèrent à ce que Valentin rendît leur drapeau, ainsi que les registres de la municipalité, et l'assurèrent qu'il pouvait compter sur leur concours, pour empêcher la prétendue nouvelle municipalité de s'immiscer dans les affaires de la commune. Quelques jours après, les miliciens renouvelèrent leurs protestations et décidèrent la nomination du comité d'adjonction, réclamé par Valentin, pour l'aider dans son administration.

Malgré cette opposition et l'avis du duc de Maillé, commandant de la province, l'élection de Normand fut confirmée par le roi, et la nouvelle municipalité élective autorisée à administrer la ville, jusqu'à ce que l'assemblée nationale eût promulgué le règlement qu'elle préparait sur les municipalités. En faisant connaître cette décision à Valentin, le duc de Maillé lui exprimait le désir qu'il ne mît aucun obstacle à l'exercice de la nouvelle municipalité, le prévenant que la moindre ingérence de sa part, dans des fonctions qu'il n'avait plus, pourrait être considérée comme attentatoire à la liberté publique.

Mais l'ancienne municipalité maintint énergiquement ses prétentions à l'administration de la commune, jusqu'à la promulgation du règlement en préparation pour l'élection des nouvelles municipalités, et elle députa l'un de ses membres, Marchand de Fief-Joyeux, pour faire valoir ses droits près du ministre et de l'assemblée nationale. En attendant, elle essaya de se maintenir par la force; ayant appris que Normand s'était fait remettre, par le directeur de la poste aux lettres, Dézile, les paquets adressés à la municipalité, elle décida que ses officiers se transporteraient, accompagnés de fusiliers, au bureau de poste, à l'arrivée de chaque courrier, pour se faire délivrer les paquets à son adresse. Enfin, le corps municipal au complet, accompagné de plus de trois cents de ses partisans, se présenta chez Normand, réclamant en vain les registres de la mairie, dont ce dernier s'était emparé.

Marchand de Fief-Joyeux, bien qu'ayant contre lui les députés de la sénéchaussée, qui plaidaient en faveur de Normand, avait cependant réussi à faire reconnaître à Paris le droit de l'ancienne municipalité. Le duc de Maillé, dans une letre du 6 décembre 1789 adressée à Normand, rappelait à ce dernier qu'il n'avait approuvé son élection que pour se conformer aux ordres formels du comte de Saint-Priest, près de qui des démarches dans ce sens avaient été faites à Paris; que rien ne justifiait l'indignité prétendue de Valentin aux fonctions de maire; que la persistance de ce dernier à se maintenir dans ses fonctions était secondée par une force, qui prouvait le très grand nombre de ses partisans; que, de plus, Valentin avait en sa faveur les décrets des 4, 6, 7 et 8 août, 3 septembre 1789; enfin que les dispositions prises en vue d'une nouvelle organisation des municipalités détruisaient toutes prétentions réciproques.

Normand, pas plus que Valentin, ne voulut céder. Ce dernier se fit même confirmer le commandement des milices de la ville, et prêta serment devant les troupes assemblées, le 13 décembre 1789.

De son côté, le parti Normand, se sentant écrasé par la popularité de Valentin, chercha à se soutenir en faisant circuler une pétition demandant, comme moyen de conciliation, la réunion des deux municipalités en une seule. Valentin fit arrêter et emprisonner les colporteurs de la pétition; cependant elle parvint à l'assemblée nationale, qui la prit en considération et chargea son comité des rapports d'en faire adopter la solution par les deux partis; mais ce dernier ne put y parvenir, tant Valentin fut absolu dans ses prétentions. Il alla même jusqu'à menacer de proclamer la loi martiale et de déployer le drapeau rouge contre les soldats du régiment national, qui se rendraient au couvent des capucins, à une convocation de *la société des amis de la Constitution*, assemblée qui avait pour but la réunion des deux municipalités, et ce, malgré l'intervention toute bienveillante de M. de Caumont, commandant des troupes de la garnison, qui prit le rôle de médiateur.

Le décret du 18 décembre 1789, supprimant les anciennes municipalités et ordonnant leur remplacement par l'élection, en vertu duquel il fut procédé le 29 janvier 1790, à la constitution de la municipalité angérienne, semblait devoir mettre un terme aux divisions de la ville. Mais, pendant toute la durée des élections, les deux partis adverses ne reculèrent devant aucun moyen pour assurer le triomphe de leur candidat. Pendant le scrutin, les partisans de Normand, au nombre d'environ deux cents, armés de sabres, de bâtons et de perches, ayant à leur tête les sieurs de Jauvelle, de Sainte-Même et de Courpéteau, se présentèrent à la section des Jacobins, où se tenait l'assemblée d'un des districts de la ville, criant sur leur chemin qu'ils enfonceraient les portes et entreraient malgré la garde, devraient-ils employer la hache. La première sentinelle, effrayée de ces propos, rentra dans la salle du vote, dont elle ferma la porte; la cohue se présenta alors à la porte principale, et, l'entrée lui ayant été refusée par ce motif que ceux qui se présentaient étaient électeurs d'une autre circonscription, votant au couvent des capucins, l'un d'eux frappa la sentinelle d'un coup de sabre, tandis qu'un autre criait que, s'il y en avait vingt comme lui, ils emporteraient quelques têtes.

Le scrutin ayant été favorable à Valentin, le parti Normand protesta contre l'élection, se fondant sur des illégalités et des irrégularités commises, pendant cette opération, par Valentin et ses amis. De son côté, ce dernier répondit à ses accusateurs, en relevant contre eux des faits aussi graves que ceux qui lui étaient imputés, et commença même des poursuites judiciaires contre les sieurs de Jauvelle, Brillouin, Perraudeau, de Saint-Martin et de La Sauzaie, principaux instigateurs des troubles pendant les opérations électorales.

Ces divers rapports, renvoyés au comité de constitution par l'assemblée nationale, renfermaient des faits si graves que l'assemblée, sur la proposition de sa commission, crut devoir charger le maire de La Rochelle de se transporter à Sain-Jean d'Angély pour faire une enquête.

Goguet, maire de La Rochelle, se rendit à Saint-Jean d'Angély avec deux des officiers municipaux de la même ville, Collet et de Baussay, pour remplir la mission qui lui était confiée; l'information dura deux mois, tant il fut difficile aux commissaires de démêler la vérité au milieu des intrigues qui s'agitaient dans la ville, et ce ne fut que le 27 mai suivant que Rabaud Saint-Etienne, rapporteur du comité de constitution, fit connaître le résultat de l'enquête aux représentants du pays.

Suivant le procès-verbal du maire de La Rochelle, les sections électorales n'avaient pas été formées par quartier, en sorte que les électeurs d'un même quartier se trouvaient dans des sections différentes. Plusieurs citoyens actifs avaient été omis sur le tableau des électeurs, plusieurs autres n'avaient pas reçu de convocation. Beaucoup de citoyens, non électeurs ou étrangers à la commune, avaient été admis à prendre part au vote. Des citoyens actifs s'étaient présentés à l'assemblée et en avaient été repoussés avec violence par le fils et le neveu de l'ancien maire, placés en sentinelle à la porte. Un officier envoyé par de Reboul, maréchal de camp pour protéger la liberté des votes, avait été maltraité par les partisans de Valentin. Enfin ce dernier, malgré les décrets, commandait encore la garde nationale, dans laquelle plusieurs officiers municipaux avaient des grades.

Le comité de constitution proposa donc à l'assemblée nationale d'annuler l'élection des officiers municipaux de Saint-Jean d'Angély, d'ordonner qu'il serait procédé à de nouvelles élections, et que les officiers élus renonceraient expressément à toutes fonctions militaires.

Dès le 26 mai, les députés de la sénéchaussée faisaient connaître à la municipalité le décret annulant les élections du 30 janvier, et ordonnant qu'il serait procédé à de nouvelles élections, sous la surveillance des commissaires. Valentin et Marchand furent aussitôt députés par la municipalité pour exposer à Goguet et à ses collègues la nécessité de leur présence à Saint-Jean d'Angély pendant les élections. Malgré les démarches de Valentin, Goguet éprouva une violente opposition, lorsqu'il voulut faire exécuter le décret ordonnant la réunion des différents corps de la milice bourgeoise en un seul; les volontaires nationaux, commandés par Valentin, se signalèrent surtout par leur résistance; ils refusèrent d'être incorporés et, sans égard pour les commissaires, ils élirent députés pour aller à Paris le 14 juillet prêter le serment fédératif :

Valentin fils, volontaire;

Lair, volontaire;

Desvignes, sergent-major des volontaires ;

Palâtre, capitaine au régiment national;

De Brémond, officier de canonniers;

Ruland-Gravouil, brigadier de cavalerie;

Broutet, capitaine de la compagnie de Ternant;

Latierce, capitaine de la compagnie de Varaize;

Isambart, capitaine de la compagnie de Fontenet;

Berthommé fils, capitaine de la compagnie de la Chapelle.

Ces préliminaires parurent aux commissaires être l'indice de difficultés plus grandes encore au moment des élections; aussi, craignant que, pendant cette opération, l'animosité des partis ne dégénérât en luttes sanglantes, Goguet en référa à l'assemblée nationale et demanda l'autorisation de ne faire procéder à l'élection des officiers municipaux de Saint-Jean d'Angély, qu'après la formation du district de cette ville, espérant trouver dans ses membres un appui contre l'opposition persistante de Valentin et de ses partisans.

L'assemblée déféra au vœu de Goguet, par un décret du 8 juillet, elle improuvait la résistance de Valentin, blâmait la conduite des volontaires ou canonniers de Saint-Jean d'Angély envers les commissaires du roi, et les rappelait aux obligations que leur imposaient leur qualité de citoyen et le serment qu'ils avaient prêté.

Le 24 juin, le représentant Chapelier exposa à l'assemblée, au nom du comité de constitution, que la municipalité de Saint-Jean d'Angély et le directoire du district de cette ville n'étaient pas encore formés; que la convocation des gardes nationales, pour le 14 juillet, ne pourrait pas être faite si l'on ne donnait à cet égard des pouvoirs aux commissaires nommés pour procéder à la réélection des membres de la municipalité; enfin que, contrairement aux décrets de l'assemblée, les anciens corps de la milice bourgeoise de Saint-Jean d'Angély n'avaient pas été fondus dans la garde nationale de cette ville.

Après cet exposé, l'assemblée rendit un décret autorisant les commissaires du roi à convoquer les troupes qui devaient assister à la fédération du royaume, et suppliait le roi de veiller à l'exécution du décret qui ordonnait la réunion en un seul corps sous la dénomination de garde nationale, et sous le même uniforme, des anciennes milices bourgeoises, des compagnies de volontaires et autres.

En exécution de ce décret, Guiton, Turpin et Goguet, commissaires nommés par le roi à la date du 29 juin, convoquèrent l'assemblée électorale du district de Saint-Jean d'Angély pour le 4 juillet, dans l'église des pères jacobins, afin de procéder à la nomination des membres du directoire du district.

Le corps électoral était alors composé de 117 électeurs du deuxième degré, pris dans toutes les paroisses, et dont voici la liste par canton :

Canton de Saint-Jean d'Angély.

Audouin de la Prade, Binet, avocat, Valentin, Marchand de Fief-Joyeux père, Marchand, président, de la Perrière de Roiffé, Mousnier, avocat, Fabvre Marchand, Latierce (de Varaize), Cristin (de Varaize), Jagueneau, Pertuis, Allenet, Jean Isambard, Jean Roux, Benjamin Rulland, Pierre Bollon, Alexis Abelin, Louis Guyon, Daniel Augier.

Canton de Taillebourg.

Pelluchon des Touches, Prieur-Grandville, Alexis Ponvert, Michel Chartier, Joseph Rousseau, Jean Bergier, Pierre Cailleau.

Canton de Loulay.

Jean Jousselin, Pierre Combret, Gabriel Duvert, Jean Isambard, Jean Verdeau, André Marchand.

Canton de Matha.

Pierre Bastard, Jean-Baptiste Lauvart, Jacques Roquet, Josué-Jean-Baptiste Sorin, André Béquet, François Chaigneaud, Louis Feniou, Jean Chasseriaud, René Bourdeau, Jacques Epagnou-Dezile, René Audouin, Jean Cruchon, Jean-Baptiste Merveilleux-Duvigneaud, François Audouin, Jean Chaigneaud, Jean Baron, Louis Gaborit, Pierre-Grégoire Brunet, François Minguet, Jacques Debard, François Charrier, Jean-Jacques Gautier, Jacques Guichard, Jean Sebilleau aîné.

Canton de Brisambourg.

Jacques dit Planton, Micheau-Duvignaud, Julien Huteau, Jean-Baptiste Bellet, Joseph-Auguste Chastelier, Simon-Elie Léger, Etienne-Arnaud Dargenteuil, François Estachon, Charles-Joseph Charreron, Pierre Chotard, Jacques Poitevin, Jean Hard.

Canton de Lozay.

Mestadier, curé de Breuil, P. Charrier, Ch. Doignon, Antoine Roche, Jean Méchain, Jean Charrier, Ch. Martineau aîné, Martineau jeune.

Canton de Saint-Savinien.

L. Boffinet, Jacques Caillaud, J. Chaigneau la Guiberderie, Pierre Guillebaud, André Cloquemain, J.-P. de Gennes, J.-Th. Sossiendo, Claude-Marc Dautriche, P. Guillot, P. Lasserre, J. Berlet.

Canton d'Aulnay.

J. Lemoyne, Joseph Pineau, Pierre Drahonnet, J.-Moïse Chasseriaud, P. Brunet, P. Boucard, P. Blanchard, P. Hérissé, Denis Le Roux de la Jonkaire, Epaignou-Dezille (de Dampierre), Paul-Armand des Ruhes, Ch. Noé-Gallard, Guérin de Moissais, Henry-Paul Guérin, P.-Jean-Aimé Gautreau, Pierre Sebilleau, Henry Cristin, L.-J.-M. Videlin, Merveilleux-Mortafon, Corbineau, L. Rigondeau, F. Bouhier.

Canton de Tonnay-Boutonne.

Dominique Leriget, Michel Abelin, François Millet, J. Paillé, André Paillé, L.-H. Carville, P. Cloquemain.

Présidés par leur doyen d'âge Henry-Charles de la Perrière de Roiffé, ayant pour scrutateurs Charles-Joseph Marchand de Fief-Joyeux, Jean-Isambart (de Fontenet), Daniel Augier (du Rousseau), et pour secrétaire, Corbineau (d'Aulnay), les électeurs procédèrent de suite à la constitution du bureau définitif, qui se trouva composé de :

Merveilleux-Mortafon, membre du corps administratif du département, président;

Pelluchon des Touches, scrutateur;

Dominique Lériget;

Augier (du Rousseau);

Corbineau, secrétaire;

Les opérations électorales durèrent jusqu'au 8 juillet 1790. Jacques-François Guillonnet-Merville, l'échevin démissionnaire, sortit le premier de l'urne et fut proclamé président de l'administration du district; les noms suivants obtinrent ensuite la majorité :

2º Jean Bergier, notaire royal, à Taillebourg;

3º Pierre Combret, de Saint-Pardoult;

4º Merveilleux-Duvigneaud, de Gourvillette;

5º Jean-Jacques dit Planton, de Sainte-Même;

6º François Charrier, de Dœil;

7º Jacques Chaigneau la Guiberderie, de Saint-Savinien;

8º Jean Lemoyne, notaire royal, de Saint-Pierre de Juillers;

9º Michel Abelin, cultivateur, à Chantemerle;

10º Daniel Augier, du Rousseau;

11º Pierre Cristin, de Varaize;

12º Bouisseren, marchand, à Saint-Jean d'Angély;

13º Lemaître père, ancien avocat du roi, procureur syndic.

Les électeurs recevaient alors une indemnité pour leur déplacement; les taxes allouées pour cette élection montèrent à la somme de 1,973 livres 10 sols.

La fête de la fédération fut célébrée dans la ville avec un grand apparat; et l'influence de cette fête, en assoupissant pour un instant les dissensions politiques, semblait devoir faciliter la nomination des membres de la municipalité, si longtemps différée. Les commissaires s'empressèrent donc de profiter du calme des esprits pour convoquer les électeurs.

Les opérations électorales commencèrent le 6 août 1790,

et Valentin fut de nouveau élu malgré l'opposition de ses adversaires.

Toutefois, ceux-ci, après avoir lutté jusqu'au dernier moment, semblèrent se résigner de bonne grâce à leur défaite et s'associer spontanément au triomphe du vainqueur. Toutes les cloches de la ville furent mises en branle, le rappel battit dans toutes les rues, et la garde nationale prit les armes. Le maire et les commissaires royaux furent conduits en triomphe jusqu'à leur hôtel, aux acclamations de la multitude.

Le lendemain et les jours suivants, tous les officiers municipaux nommés au mois de janvier furent réélus, Susanne, Lair, Larade, Binet, Marchant, Ouzanneau, Levallois et Guillonnet, ce dernier en qualité de procureur syndic. On célébra par un *Te Deum* et des réjouissances un évènement que l'on supposait devoir mettre fin aux divisions qui troublaient les citoyens depuis si longtemps.

Il n'en fut malheureusement pas ainsi; l'agitation bruyante de la surface avait bien cessé, mais l'opposition était restée au fond des esprits à l'état latent et produisait, chaque fois que les rapports entre les deux administrations rivales de la cité et de l'arrondissement en donnaient l'occasion, des conflits d'attributions encore mal définies ou mal comprises; il en résulta un défaut d'entente qui amena bientôt un évènement sinistre, dont l'écho lugubre retentit dans toute la France.

En effet, si le parti Valentin avait triomphé dans les élections municipales, le parti conservateur ou de la cour avait eu le dessus dans celles du district, dont tous les membres lui appartenaient.

Un commencement d'insurrection dans la paroisse de Migron, au sujet de la circulation des grains, s'était propagé dans le district de Saint-Jean d'Angély. Dans la paroisse d'Aujac, le commandant de la garde nationale, nommé Arnault, souleva le peuple en lui persuadant qu'il ne fallait plus laisser sortir aucune charge de blé de la paroisse, et ne plus payer la dîme, affirmant avoir vu un décret qui la supprimait à partir du 1er octobre.

Arnault fut mandé au directoire de Saint-Jean d'Angély; mais comme il passait devant la salle des séances de la municipalité de cette ville, se rendant au district, il fut appelé par le maire, qui lui conseilla de ne pas se présenter, mais d'envoyer sa réponse écrite, réponse qu'il lui dicta. Arnault refusa de se présenter à une deuxième invitation qui lui fut faite, et, fort de l'appui que lui donnait la municipalité de Saint-Jean d'Angély, il se rendit à la tête de la garde nationale en armes, chez le curé d'Aujac, assisté du maire, visita les greniers et mit des gardes aux portes pour empêcher la sortie du blé qui s'y trouvait.

Sur la plainte portée par le curé, le directoire du département chargea le district de Saint-Jean d'Angély de faire une enquête sur les faits dénoncés, mais les délégués du district durent se retirer devant les propos séditieux et les menaces d'Arnault. Bientôt dix paroisses suivirent l'exemple de celle d'Aujac; elles décidèrent de ne plus payer ni la dîme, ni les autres droits seigneuriaux non supprimés et envoyèrent dans les foires et marchés des délégués pour pousser à la résistance. Un notaire de Migron, nommé Giraud, était un des plus exaltés, et gagnait chaque jour à la révolte de nombreux partisans; il fit signer une requête par laquelle on s'engageait à ne payer aucun droit jusqu'à ce que les ci-devant seigneurs eussent présenté leurs titres primitifs, menaçant de pendre ceux qui refuseraient leur adhésion. Le procureur de la commune requit l'exécution des demandes portées dans la requête et les officiers municipaux l'ordonnèrent.

Le directoire du département cassa la décision de la municipalité de Migron, comme contraire aux décrets de l'assemblée nationale, dénonça Girault et la municipalité, suspendit cette dernière et chargea deux de ses membres de l'exécution de sa décision.

Les commissaires se transportèrent, le 10 octobre 1790, à Migron, escortés de cavaliers de la maréchaussée ; ils furent reçus par Girault, à la tête des habitants armés, et durent se retirer, sans avoir pu remplir leur mission.

Un sieur Laplanche, ancien avocat au parlement de Bordeaux, remplissait à Varaize le même rôle que Girault à Migron. Le maire de Varaize, Latierce, qui était en même temps régisseur de la seigneurie de Varaize, et les officiers municipaux, tentèrent en vain dans une réunion de dissiper l'erreur dans laquelle on cherchait à entraîner les habitants ; ils ne purent se faire écouter et durent se retirer devant les menaces de la foule. Laplanche prit la place de Latierce, s'éleva violemment contre les droits seigneuriaux en général, et en particulier contre ceux de M. Amelot, seigneur de Varaize, excitant les esprits contre ce dernier. Sur le réquisitoire du procureur-syndic du district, le procureur du roi ordonna une enquête sur les agissements de Laplanche. Pendant ce temps-là, sept paroisses s'engagèrent à secourir, si besoin était, la paroisse de Migron, dont les officiers municipaux avaient été suspendus.

L'huissier Bouyer, chargé d'un décret de prise de corps contre Laplanche et deux de ses acolytes, partit dans la nuit du 20 au 21 octobre, pour exécuter son mandat, assisté de vingt-cinq chasseurs bretons et de deux brigades de maréchaussée. Laplanche fut arrêté dans sans maison, de très grand matin ; mais, la porte de l'église ayant été forcée par le peuple, on sonna le tocsin, ce qui força Bouyer à reprendre la route de Saint-Jean d'Angély sans avoir pu effectuer les deux autres arrestations. A la sortie du bourg, il se vit assailli par une quantité considérable d'habitants, hommes et femmes, armés de fusils, de faux et de divers instruments aratoires, demandant à grands cris la liberté de Laplanche, et jurant qu'ils couperaient la troupe en morceaux, si on ne leur rendait pas l'homme qui leur donnait de si bons conseils. N'obtenant pas satisfaction, ils firent feu sur la troupe, dont plusieurs chasseurs furent blessés, et se précipitèrent sur elle pour reprendre le prisonnier. La troupe répondit par une décharge qui blessa sept émeutiers, dont cinq mortellement: Michel Boutinet ; Marie Jonchère, épouse de Jacques Morillon ; Louis Morin et Marie Berton, sa femme ; Madeleine Salmon; et, profitant de la panique, elle parvint à se dégager et à conserver son prisonnier, qu'elle conduisit à Saint-Jean d'Angély.

Les insurgés revinrent à Varaize, apportant sur des litières improvisées les morts et les blessés, et criant vengeance.

Latierce, prévenu que la colère populaire le rendait responsable de ce qui venait de se passer, et s'exhalait en menaces de mort contre lui, cherchait à gagner Saint-Jean d'Angély pour mettre sa vie en sûreté, lorsqu'il fut rencontré par des habitants de Fontenet, se rendant à l'appel du tocsin sonné à Varaize. Ils lui reprochèrent sa fuite dans un moment si grave, et le forcèrent de retourner avec eux. Arrivé à Varaize, il fut accusé de trahison, arrêté aussitôt et conduit au pied d'un moulin à vent, où l'on se préparait à le pendre à l'une des ailes. Mais ses bourreaux suspendirent l'exécution dans l'intention d'en faire un otage, qu'ils espéraient échanger contre Laplanche, et l'enfermèrent dans un lieu infect, lui offrant pour tout aliment, de l'ail cru, condiment pour lequel il avait toujours eu une répugnance invincible.

Pendant ces scènes de désordre, le tocsin sonnait à toutes les églises des paroisses environnantes, et des missives, envoyées par des officiers municipaux de Varaize, invitaient les gens des campagnes à venir venger avec eux le meurtre de leurs frères.

La municipalité de Saint-Jean d'Angély, requise par le district de prendre des mesures pour défendre la ville contre l'insurrection, se borna à envoyer quelques soldats, sans uniformes, pour examiner si des attroupements se formaient dans les environs de la ville, et prévint l'état-major de tenir la troupe prête à marcher.

A onze heures du matin, trois officiers municipaux de Varaize, délégués par la municipalité, Mathieu Deschamps, Jean Abelin et Jacques Lafaye, vinrent à l'hôtel de ville de Saint-Jean d'Angély se plaindre de la capture de Laplanche, et prévenir que cent paroisses s'assemblaient pour marcher sur Saint-Jean d'Angély ; cependant, la municipalité ne prit pas d'autre mesure de sûreté.

A quatre heures du soir, Michel Latierce fils et Hippolyte Latierce, frère du maire de Varaize, arrivèrent à leur tour et prièrent les officiers municipaux de prendre en considération le danger que courait ce dernier à la discrétion des séditieux. Sur leur prière, la municipalité députa trois de ses membres à Varaize, Binet, Suzanne et Marchand de Fief-Joyeux fils, pour calmer les esprits et demander la mise en liberté de Latierce; mais, étant sans armes ni escorte, ils faillirent rester détenus, et furent laissés libres seulement pour faire savoir que si, le lendemain, à six heures du matin, Laplanche n'était pas élargi, dix mille hommes iraient assiéger Saint-Jean d'Angély.

Le même soir, la commune et l'état-major assemblés décidèrent que, dans le cas où les émeutiers voudraient mettre à exécution leurs menaces, on essaierait de les en dissuader par la persuasion, la garnison n'étant pas assez forte pour défendre une ville ouverte de tous les côtés ; ils arrêtèrent, en outre, que les chasseurs bretons resteraient en armes dans leur quartier, et la garde nationale à la mairie, prêts à prêter main forte si la persuasion échouait.

Le 22, à neuf heures du matin, le bruit du tambour se faisait entendre du côté de Saint-Julien de Lescap, annonçant l'approche des insurgés; ils étaient au nombre de quinze cents environ, ayant à leur tête les commandants, les officiers municipaux et les curés des paroisses, forcés de marcher avec l'insurrection, dont ils cherchaient à arrêter les excès.

Arrivés sur la place Matha, les insurgés députèrent trois officiers municipaux et un détachement de toutes les paroisses révoltées auprès de Saint-Blancard, juge criminel, qui, la veille, avait refusé l'élargissemeut de Laplanche. On lui imposa des assesseurs, et l'assistance ayant prononcé l'élargissement, Laplanche fut mis en liberté vers midi et emmené triomphalement par ses libérateurs jusqu'au gros des révoltés, place Matha, où, en échange, Latierce devait être rendu. Mais les forcenés ne tinrent pas la parole qu'ils avaient donnée. En vain, les officiers municipaux de Saint-Jean d'Angély employèrent la persuasion, rien ne put sauver ce malheureux, qui, affaissé par quarante-huit heures de tortures morales et physiques, n'opposait plus aucune résistance à l'acharnement de ses bourreaux.

Isambard, curé de Ternant, aidé du maire Valentin et des officiers municipaux de Saint-Jean d'Angély, essaya par un coup de force et d'audace, d'arracher Latierce au sort qui l'attendait ; il se jeta au milieu des plus acharnés, fit un rempart de son corps à ce malheureux, recevant les coups qu'on lui portait, et, le chargeant sur son dos, il parvint à le transporter dans une maison voisine, dont il ferma la porte derrière lui. Malheureusement, la maison n'avait pas d'autre issue pour fuir : la porte céda bientôt sous les efforts des assiégeants, et Latierce, traîné sur la place, y fut achevé presque sous les yeux des autorités du district et de la municipalité, par un insurgé qui lui donna sur la nuque un coup de couteau de sabotier.

Laplanche, couronné de lauriers, fut ensuite promené en triomphe, aux acclamations de ses amis, dont l'exaltation, surexcitée par un premier meurtre, réclamaient encore les têtes de l'huissier Bouyer, du procureur du roi Pelluchon, des membres du district et des chasseurs bretons. Cependant, sur les exhortations de la municipalité, les émeutiers se retirèrent sans avoir commis d'autres crimes. Le corps de Latierce resta tout le jour sur la place, exposé à la curiosité publique, et ne fut relevé qu'à la nuit par quelques citoyens qui lui donnèrent la sépulture.

Le lendemain la municipalité apprenait que Bouyer, en fuite pour sauver sa vie, avait été arrêté à Lozay et reconduit à Saint-Jean d'Angély par la garde nationale de cette paroisse, et, d'accord avec le district, lui faisait subir un interrogatoire et le constituait prisonnier.

Cependant, à la nouvelle du crime commis sur Latierce, les administrateurs du département firent partir pour Saint-Jean d'Angély de l'infanterie, de la cavalerie et de l'artillerie, et déléguèrent deux de leurs membres, Bréard et Jouneau, avec les pouvoirs ci-après :

« Nous, directeurs du département de la Charente-Inférieure,

« Considérant les troubles existant dans la ville de Saint-Jean d'Angély, l'effet alarmant de l'insurrection du plus grand nombre des paroisses qui avoisinent cette ville, les suites affligeantes de cette insurrection et des attroupements qui ont déjà assailli la ville et y ont commis des excès contre l'ordre public, la sûreté et la vie de quelques citoyens; l'insuffisance des moyens existant dans cette ville, ou la négligence que l'on a pu avoir de les employer pour prévenir les attroupements ou empêcher les maux qui en sont résultés;

« Nous avons, par ces présentes, nommé et délégué pour commissaires MM. Jouneau et Bréard, membres du directoire du département, auxquels nous donnons commission et mandement exprès d'accompagner et précéder, s'il en est besoin, la force armée que le directoire s'est déterminé à requérir et à envoyer à Saint-Jean d'Angély ; de donner tant aux troupes nationales du département qu'aux troupes de ligne tels ordres ou de leur faire telles réquisitions qu'ils aviseront convenables, en se conseillant à cet égard, s'ils le jugent à propos, avec la municipalité de Saint-Jean d'Angély, ou, en cas de refus de sa part, négligence ou retard pouvant nuire à l'ordre public, agir de leur propre mouvement ; ou, d'accord avec le corps administratif du district, d'employer, autant que la sagesse et la prudence pourront le permettre, les voies de représentations et d'une autorité paternelle vis-à-vis des troupes : en cas d'insuffisance de ces moyens, employer ou faire employer la force armée, en proclamant la loi martiale ; d'employer ou prêter cette même force armée, s'il en est besoin, pour désarmer les révoltés et attroupés, et faire saisir et arrêter, s'il convient, ceux qui sont ou pourraient être dans le cas d'arrestation, soit pour cause d'excès ou de violences déjà commis ou qui pourraient l'être, soit en vertu de décret de prise de corps ; et de donner les réquisitions ou ordres nécessaires pour les faire transférer dans le lieu de détention qu'ils jugeront le plus sûr du département; de réunir au surplus, autant qu'il sera en leur pouvoir, les membres du directoire du district et ceux du tribunal judiciaire, divisés ou séparés par le fait de l'insurrection et des menaces effrayantes des attroupés, et leur procurer toutes précautions et sûretés convenables ; et d'inspirer au peuple, par tous les moyens que la loi peut indiquer, le respect qui leur est dû en leur qualité.

« Fait à Saintes, le 28 octobre 1790.

« Signé: RONDEAU, vice-président; RIQUET, ESCHASSERIAUX, CHESNIER-DUCHESNE, P. RABOTEAU, JEAN-JOSEPH JOUNEAU, ESMOND, secrétaire, GARNIER, procureur-syndic. »

Le premier acte des commissaires fut l'arrestation de Laplanche, d'un nommé Labroue, et de plusieurs des complices de l'assassinat de Latierce. Cette arrestation agita de nouveau le bourg de Varaize, et ses habitants sonnaient déjà le tocsin pour appeler les campagnes voisines, lorsque les troupes s'emparèrent de l'église et descendirent la cloche. De là, les commissaires se rendirent dans les autres paroisses ameutées, où ils firent donner lecture des décrets de l'assemblée nationale sur la circulation des grains, l'extinction des droits féodaux et les attroupements.

Partout la multitude, honteuse de ses excès, dénonça les

meurtriers de Latierce et les principaux moteurs de l'insurrection.

Deux jours suffirent à la pacification du pays, et, le 27, la colonne expéditionnaire rentra à Saint-Jean d'Angély, ramenant quatre-vingts insurgés. Comme, à raison des discordes intestines, qui divisaient le directoire et la municipalité de cette ville, il était à craindre que les coupables fussent favorisés par l'un de ces pouvoirs en haine de l'autre, les prévenus furent transférés, partie à Saintes, partie à La Rochelle, en attendant que l'assemblée nationale eût désigné le tribunal chargé de les juger.

Un service funèbre fut célébré en l'honneur du malheureux Latierce, le 28 octobre, en présence de toutes les autorités civiles et des troupes de l'expédition, et le 29, ces dernières regagnaient leurs garnisons.

Sur le rapport qui lui fut fait de ce douloureux évènement, l'assemblée nationale rendit un décret ordonnant de pousser rapidement l'instruction commencée contre Laplanche et les assassins de Latierce, et en confia la poursuite au tribunal de La Rochelle ; elle chargea également le même tribunal d'instruire sur la conduite des officiers municipaux en exercice au moment des troubles, les suspendit provisoirement de leurs fonctions, et chargea de l'administration de la ville ceux des membres qui n'exerçaient pas à ce moment.

Enfin l'assemblée décréta qu'elle prenait sous sa protection immédiate la femme et les enfants de Latierce, et qu'il serait pourvu, si c'était nécessaire, à la subsistance et aux besoins de la famille de ce généreux citoyen.

Ce fut en vain que la municipalité de Saint-Jean d'Angély essaya de se justifier près de l'assemblée nationale et délégua trois de ses membres, le maire Valentin, Susanne et Marchand fils, qui demandèrent la faveur d'être admis à sa barre pour faire connaître, disaient-ils, l'exacte vérité, et faire rapporter le décret qui les flétrissait : ils ne furent pas écoutés, et le directoire du département désigna, de nouveau,

Bréard et Jouneau, pour notifier et faire exécuter la loi du 10 décembre 1790 à Saint-Jean d'Angély et dans les communes voisines. Dès le 29 du même mois, les commissaires réunissaient les membres de la municipalité, et remettaient l'administration de la ville, à Elisée Loustalot, premier officier municipal, remplissant les fonctions de maire, Cabaud-Desnobles, Tourneur aîné, Pierre Pougaudin, Jacques Pipi, Jean-Baptiste Maillard et Simon Corbières, notables.

Il ne fut point donné suite aux bonnes dispositions de l'assemblée nationale à l'égard de la famille Latierce; les complications politiques qui survinrent firent oublier les victimes, et bientôt, l'amnistie générale décrétée vint soustraire les meurtriers au châtiment qui les attendait.

Sous le coup de la vive déception que l'assemblée leur causa par son refus de les entendre, les officiers municipaux suspendus publièrent un mémoire justificatif de leur conduite, renfermant des imputations injurieuses contre Bréard et Jouneau, au rapport desquels ils attribuaient le refus de l'assemblée. Cet écrit fut la cause d'un incident remarquable lors de l'élection, à Saintes, des nouveaux députés.

A la séance du 28 avril 1791, Jouneau dénonça cet écrit. L'assemblée exprima, par d'unanimes applaudissements, que tous les membres du directoire avaient une part égale à son estime, et qu'elle n'attachait aucune importance à l'écrit signalé. Jouneau et Bréard se contentèrent de cette satisfaction publique : mais Gilbert ayant pris la parole après lui, demanda que les auteurs du pamphlet fussent privés de toute participation aux travaux de l'assemblée, parce qu'ils étaient encore sous le coup du décret du 30 novembre 1790, qui les suspendait de leurs fonctions municipales à l'occasion des troubles de Varaize.

La proposition de Gilbert fut adoptée, et les officiers municipaux de Saint-Jean d'Angély, tout en continuant d'assister aux séances, cessèrent de prendre part aux délibérations jusqu'au 4 septembre. Ce jour-là, Robinet évêque du département, après avoir dit la messe dans l'église où siégeait le corps électoral, prononça des paroles si touchantes sur le pardon des injures, qu'elles entraînèrent les signataires du mémoire incriminé, Marchand, Valentin et Binet, à désavouer ce qu'il pouvait contenir d'injurieux pour Bréard et Jouneau et à se jeter dans les bras de ces derniers, qu'ils embrassèrent avec transport au milieu des acclamations et des trépignements de l'assemblée.

Une députation fut aussitôt chargée d'aller à Saint-Jean d'Angély, accompagnée de Marchand, Valentin et Binet, porter la nouvelle de cette réconciliation ; elle y fut reçue par les habitants, réunis en assemblée générale dans l'église des jacobins, aux cris de vive la paix ! vive le corps électoral ! vive la députation ! et fêtée le soir par une illumination générale. A leur retour à Saintes, les députés assurèrent qu'il n'y avait plus à Saint-Jean d'Angély qu'une seule société, qu'un seul parti, celui de l'ordre et de la paix.

Les haines et les divisions avaient enfin fait place à des sentiments plus doux ; ces derniers se manifestèrent encore le 3 janvier 1792, dans un banquet où se trouvèrent confondus les officiers du directoire et les membres des autres corps administratifs de la ville.

Au second service, une députation de canonniers vint annoncer que la compagnie désirait faire hommage aux convives de deux canons montés et garnis à ses frais. Elle fut reçue avec transport, et, sur l'invitation qui lui en fut faite, elle prononça le serment de vivre libre ou mourir. Les officiers furent invités au banquet. Ils y étaient à peine placés, qu'un détachement, précédé de tambours, et ayant en tête quatre sapeurs qui portaient des branches de chêne ornées de rubans tricolores, entra en marche, fit le tour de la salle et s'arrêta. Alors, un petit canonnier, âgé de douze ans, s'avança vers le vice-président du district et lui présenta un bouquet comme prix de la victoire que les convives avaient remportée sur eux-mêmes. A partir de ce moment, ce qui n'avait été d'abord qu'un banquet particulier, devint une véritable fête civique dans laquelle, au milieu des salves d'artillerie, la nation, la constitution, l'assemblée nationale furent successivement l'objet des vœux les plus ardents et des hommages les plus purs.

Malgré les incidents malheureux de sa carrière administrative, Valentin avait conservé une popularité telle que ses concitoyens l'investirent, à nouveau, des fonctions de maire aux élections du 10 novembre 1794, qui avaient pour but de lui donner un successeur. Il refusa cependant le mandat que les électeurs s'obstinaient à lui donner, et il fut procédé à de nouvelles élections.

Cabaud-Desnobles fut appelé à le remplacer; mais à peine en fonctions, il donna sa démission pour ne pas mettre à exécution une décision de la municipalité demandant à Valentin la reddition de ses comptes, décision à laquelle Cabaud-Desnobles s'était opposé, la regardant comme une injure à l'égard de son ami.

Le 26 février 1792, les électeurs portèrent leurs suffrages sur Elisée Loustalot, avocat et officier municipal, qui refusa d'accepter. Elu de nouveau à la presqu'unanimité à un nouveau tour de scrutin, il persista dans son refus, et, comme il présentait sa démission écrite, elle lui fut arrachée des mains par plusieurs électeurs qui lui déclarèrent qu'ils ne procéderaient pas à une autre nomination, voulant le contraindre à prendre, malgré lui, la direction des affaires de la ville, qui lui incombait en sa qualité d'officier municipal. Ce ne fut que quelques mois après, le 3 décembre, que Loustalot se rendit aux instances de ses concitoyens, en prêtant le serment de maire.

Les faits les plus violents de la période révolutionnaire à Saint-Jean d'Angély s'accomplirent pendant l'administration de Loustalot. Cependant, il paraît avoir cherché à en atténuer les effets, et on ne peut s'empêcher de lui rendre justice pour les efforts qu'il fit, de concert avec les officiers municipaux, afin de conjurer l'affreuse disette qui vint bientôt ajouter ses horreurs aux difficultés politiques.

En exécution du décret du 13 février 1790, prohibant les vœux monastiques, la municipalité prit un arrêté transformant l'église conventuelle et paroissiale des bénédictins en église paroissiale seulement, et disposant que le service paroissial, célébré jusqu'alors à une chapelle des bas-côtés, serait fait à l'avenir au maître-autel par le curé et les vicaires bénédictins en surplis, et non plus dans l'habit de chœur de leur ordre, qui leur était interdit à l'avenir. La constitution cicile du clergé (12 juillet 1791), forma une scission qui put se mesurer au degré de confiance que chacun avait dans l'avenir de la révolution.

L'église subit dans la suite bien d'autres transformations.

Dom Deforis, curé de Saint-Jean d'Angély, ayant refusé de lire en chaire l'exhortation pastorale de l'évêque constitutionnel Robinet, fut peu après remplacé dans sa cure par le citoyen Jupin, professeur à Saintes (10 septembre 1793). Ce dernier n'exerça pas longtemps son ministère ; l'église fut transformée en temple de la vérité ; ensuite pendant la reconstruction du minage (vendémiaire an III), elle servit de marché aux grains, et, en l'an VI, on y installa une fabrique de salpêtre.

Le curé Jupin, privé de son emploi, épousa une ex-religieuse et reprit, à Saint-Jean d'Angély, son ancienne profession d'instituteur.

Les cérémonies dominicales furent remplacées par la célébration du décadi, faite avec un certain apparat, dans la salle d'audience du tribunal disposée à cet effet. Dans le fond, s'élevait l'autel de la patrie, décoré d'emblèmes civiques, ainsi que la salle ; sur le premier rang, des sièges d'honneur étaient réservés aux magistrats du peuple ;

les vieillards et les défenseurs de la patrie prenaient place au second rang; derrière se pressait la foule. Une invocation à l'Être suprême ouvrait la cérémonie, puis la lecture du bulletin décadaire et d'écrits patriotiques était faite du haut d'une tribune. Pour les grandes fêtes civiques, l'autel de la patrie était dressé soit au pied de l'arbre de la liberté, soit sur la montagne élevée place Matha, et des hymnes patriotiques tenaient lieu du *Te Deum* d'actions de grâces des Pères de l'église.

INVOCATION A L'ÊTRE SUPRÊME
pour la prospérité de la République.

« O Dieu bienfaisant et juste, qui donnas à l'homme un
« rayon de ton intelligence pour discerner les moyens du
« vrai bonheur, jette les yeux sur un peuple qui, pour y
« parvenir, a secoué, avec l'aide de ton bras, le joug de ses
« tyrans et vengé tout à la fois ta gloire et sa dignité en
« recouvrant les droits qui lui appartenaient par la na-
« ture !

« Achève aujourd'hui ton ouvrage, en accoutumant les
« Français à chérir le gouvernement libre qu'ils se sont
« choisi ! Qu'ils apprennent, par tes lumières, que leur li-
« berté ne peut subsister sans la soumission aux lois et le
« respect pour les magistrats ! Que ceux-ci, pénétrés à leur
« tour de l'importance de leurs fonctions et de l'étendue de
« leurs devoirs, ne t'aient pas en vain promis dans ce jour
« solennel de conserver, dans toute son intégrité, le dépôt
« sacré d'une constitution qu'ils ont juré de maintenir ;
« entretiens dans leur cœur le sentiment toujours plus vif
« de l'obligation qu'ils viennent de contracter en ta pré-
« sence, et qu'aucun d'eux ne tente jamais de l'éluder par
« force ou par adresse ! Qu'ils se gardent, surtout, de mar-
« cher, par une insigne déloyauté, sur les pas d'un tyran
« dont le despotisme et la trahison ont rendu la mémoire
« exécrable à tous les siècles ! Qu'ils craignent à jamais de
« voir leurs noms flétris avec le sien !

« Mais que plutôt, pénétrés d'un saint dévouement, ils
« affectionnent avec ardeur l'établissement des lois, des
« institutions et des mœurs républicaines !

« Que l'exemple de leur conduite privée soit l'image de
« leur vie publique et l'encouragement journalier des timi-
« des et des faibles ! Qu'ils soient constamment les défen-
« seurs des principes, le soutien des opprimés et l'espérance
« de tous les bons citoyens ! Qu'ils puisent, dans leur patrio-
« tisme et leur désintéressement, l'amour des lois bienfai-
« santes et le courage pour l'exécution des lois sévères sans
« acception de personne ! Qu'ils se livrent, sans partage,
« aux intérêts du peuple dont ils doivent être l'appui ; que
« leur énergie soit soutenue, leur bienveillance éclairée,
« leur zèle infatigable ! Que tous leurs désirs et leurs efforts
« concourent à rendre heureuse, par une sage administra-
« tion, la patrie que nos invincibles soldats rendent glorieuse
« par nos armes ! Dieu tout puissant, donne aux magistrats
« le civisme et les lumières, aux guerriers l'intrépidité dans
« les combats et la modération dans la victoire ! Qu'une
« paix solide et durable soit l'unique but de nos succès !
« Qu'entraînés par la splendeur de nos triomphes et l'éclat
« de nos vertus, dont tu es la source, tous les peuples que tu
« créas pour être frères, vivent unis sous un gouvernement
« soigneux de leur félicité, et que l'immortel honneur de la
« nation française soit d'avoir, sous tes auspices, proclamé
« la première pour le bonheur de tous, les principes éter-
« nels de la liberté et de l'égalité !

« Vive la République ! »

IMPRÉCATIONS CONTRE LES PARJURES

Rédigées en conformité de l'arrêté du directoire exécutif du 3 frimaire an VII, sur la célébration de l'anniversaire de la juste punition du dernier roi des Français :

STANCES

O Dieu ! venge ton injure,
Contre l'infâme parjure,

Arme toute la nature,
Remplis la de tes fureurs!
Dans ton courroux implacable,
Que sur sa tête exécrable
Verse un torrent de malheurs!

Que le remords le harcelle!
Que ta justice éternelle,
Dans son âme criminelle,
Porte le trouble et l'effroi!
Et que, sans cesse présente,
Une image menaçante,
A sa paupière tremblante,
N'offre que son crime et toi!

Que la foudre dévorante,
Sur sa vigne florissante,
Sur sa moisson jaunissante,
Tombe, et roule en mugissant!...
Que ses étables périssent!
Que ses enfants le trahissent!
Que ses voisins le maudissent!
Qu'il vive seul et souffrant!

Que sur ses lèvres perfides,
Soient gravés en traits livides,
Son nom ses vœux parricides,
Pour effrayer les pervers!
Qu'il soit sans feu, sans asile,
Se traînant de ville en ville,
N'ayant amis ni famille,
En horreur à l'univers!

Mais, que loin de sa patrie,
Portant une âme flétrie,
Il aille à la tyrannie,
Offrir un front dégradé!
Là, qu'au sein de l'esclavage,
Il se dessèche de rage,
En contemplant le rivage,
Où règne la liberté!

(A Saintes, chez Corinthe, Josserand et Hus, imprimeurs du département, maison du ci-devant doyenné).

Les moines bénédictins, fondateurs de Saint-Jean d'Angély, avaient été expulsés de leur abbaye et de leurs biens, dès 1792 ; menacés, pour refus du serment constitutionnel, d'être renfermés et traités militairement dans le couvent des capucins, ils se décidèrent à aller se réfugier à l'étranger. Leur nombre était alors réduit à quatre : dom Deforis, dom Messé, dom Desbarres, et l'économe. Ils firent donc leurs préparatifs de départ pour l'Espagne, et convertirent en louis doubles une somme de cent mille francs, composant le trésor monétaire de l'abbaye. La difficulté était de voyager en sûreté avec une somme de cette importance. Voici, d'après d'Aussy, le moyen qu'ils employèrent pour la dissimuler. Ils firent forer, par un serrurier de confiance, nommé Gamin, l'essieu de la voiture qui devait servir à leur voyage et y placèrent leur or ; d'après Brillouin, ce furent les raies des roues, faites par un charron du nom de Sureau, qui servirent de cachette au trésor. L'emploi de l'un ou de l'autre de ces moyens paraît douteux. Etait-il possible, en effet, de cacher un aussi grand nombre de pièces d'or dans un essieu ou dans des roues forées, sans enlever à l'essieu ou aux roues la force nécessaire pour supporter, pendant un aussi long voyage, le poids de la caisse et de quatre personnes, plus les bagages ?

Quoi qu'il en soit, les quatre bénédictins se mirent en route et arrivèrent sans encombre à Bayonne ; mais, en entrant dans cette ville, ils se trouvèrent au milieu d'une farandole dansée par des patriotes. Entourés et reconnus, ils furent contraints de descendre de voiture pour prendre part à la danse populaire, et, sur leur refus, ils furent conduits à la mairie, accompagnés des cris et des menaces de la foule. Le maire se fit remettre les prisonniers et les fit escorter jusqu'à la frontière, où ils durent se rendre à pied, la prudence leur ayant conseillé de ne pas réclamer leur voiture, qui avait été saisie. Quelques jours après, le prieur des bénédictins de Fontarabie, chez qui ils s'étaient arrêtés, envoya chercher la voiture. Il ne put l'obtenir d'un voiturier, à qui déjà elle avait été vendue, qu'en lui remboursant, avec usure, le prix qu'elle lui avait coûtée. Les bénédictins purent donc s'en servir pour continuer leur voyage jusqu'à Ségovie, où, dit-on, ils retirèrent l'or de sa cachette.

La liberté des cultes, proclamée le 27 octobre 1791, reçut la plus grave des atteintes lorsque *la Raison* déifiée s'éleva à la place des religions proscrites. (Novembre 1793).

Les monarchies de l'Europe, effrayées des progrès de la révolution française, qui mettait en danger leur existence, résolurent de l'étouffer dans son germe et signèrent le traité de Pilnitz, le 29 août 1791. Le général en chef des armées coalisées déclarait, dans un manifeste, qu'il rétablirait Louis XVI sur le trône de France, dût-il, pour atteindre son but, ne pas laisser pierre sur pierre à Paris.

L'assemblée nationale répondait à cette bravade en condamnant à mort Louis XVI; mais, loin d'en imposer aux ennemis, l'exécution de la sentence les exaspéra; aussi, peu de temps après, devant les armées nombreuses qui menaçaient toutes nos frontières, la convention, qui venait de succéder à l'assemblée nationale, fit un appel suprême au patriotisme en déclarant la patrie en danger.

Diverses sociétés s'organisèrent à Saint-Jean d'Angély, les unes cherchant à grouper tous ceux qui voulaient le développement des aspirations nouvelles, tout en respectant scrupuleusement les principes constitutionnels, comme « *la société des amis de la constitution.* », présidée d'abord par Duret avocat, et ensuite par Jacques-Sébastien Dautriche, président du tribunal du district, qui, nommé député à l'assemblée nationale, vota pour la détention de Louis XVI jusqu'à la paix; l'autre, dite « *société des amis de la liberté et de l'égalité* », et aussi « *société populaire ou de la république* », avait des tendances révolutionnaires entretenues par Lequinio, l'un des représentants du peuple dans la Charente-Inférieure, qui la présida quelquefois. Aussi, cette dernière devint-elle bientôt prépondérante, tandis que la « *société des amis de la constitution* », annihilée par sa rivale, cessait d'exister.

L'un des premiers actes de la société populaire fut de nommer à l'élection un comité de sûreté publique ou de surveillance, sorte de pouvoir exécutif chargé de l'exécution de ses décisions. Ce comité comptait onze membres. Il fut composé en principe de Lair aîné, Roquet aîné, Desvignes aîné, Poitevin, Plaisance, Picard, Murat, Bouyer, Sorin aîné, Monnier juge, Paul Roché.

Jacques-Joseph-Robert Lair, Elie-Jean Monnier, Jean-Mathias Roquet et Desvignes, ayant donné leur démission, pour cause d'incompatibilités avec leurs fonctions de juge du district, de juge au tribunal de commerce, ou de greffier de ce dernier tribunal, furent remplacés, le 28 brumaire an II, par Chapiot père, Moullain fils, Pipi (Déramé), et Texier, avoué.

Les citoyens Binet, Jouslain, Poitou-Duplessis et Bartaré, qui composaient le bureau de cette élection, prêtèrent, ainsi que les électeurs, le serment dont voici la formule :

« *Je jure de vivre libre ou mourir, de soutenir de tout* » *mon pouvoir la liberté, l'égalité, et de ne nommer, en mon* » *âme et conscience, que de vrais sans culottes* ».

A peine constitué, le comité de surveillance domina tous les pouvoirs administratifs et municipaux. Il commença par surveiller, de concert avec la municipalité, les enrôlements volontaires.

Le 24 février 1793, la publication, à son de trompe, de la proclamation des commissaires de la convention nationale pour l'enrôlement volontaire sur les vaisseaux de la république, était faite à Saint-Jean d'Angély, et la foule se portait à la mairie. Au moment où le président du bureau déclarait le registre des inscriptions ouvert, le citoyen Hardy, négociant, annonça qu'il donnerait 25 livres au premier inscrit ;

Parant, négociant, 25 livres au second ; Binet, juge de paix, pareille somme au troisième.

Nicolas Clément, couvreur, Charles Vergniol, Jacques Moges, Antoine Chauvet, formant le contingent fixé pour Saint-Jean d'Angély, firent aussitôt inscrire leurs noms.

Quelques jours après, les 10, 11 et 12 mars, les registres étaient ouverts de nouveau pour la levée de 300,000 hommes destinés à l'armée de terre ; le contingent à fournir par la commune était de trente-quatre : les trente-six engagés ci-après dénommés se présentèrent et furent tous inscrits :

1. Gabriel Rouhier, apprenti épicier.
2. Jacques Bernard, apprenti boulanger.
3. Ambroise Quantin.
4. Joseph Lassimonne, cordonnier.
5. Jacques-Baptiste Morin.
6. François Cloché.
7. Noël Dallemagne.
8. Marc-Antoine Grollaud.
9. Jean Morillon.
10. Jacques Robion.
11. Jean Dumas.
12. Jacques Frémont.
13. René Pion.
14. Jean Robion.
15. Jean Doigneau.
16. Pierre Deribère.
17. Pierre Lachet.
18. Jean Pontignac.
19. Pierre Coutanceau.
20. Pierre Charron.
21. Jean Bourcelot.
22. Jean Giraud.
23. Etienne Libaud.
24. Jean-Baptiste Guimpard.
25. Jean Grousset.
26. Michel Sureau.
27. Jacques Bonneau.
28. Pierre Péron.
29. François Fradin, jeune.
30. Jean Aubouin.
31. Jean Jonchère.
32. Jean Labarre.
33. Pierre Guillé.
34. Michel Texier.
35. Pierre Josiaud.
36. Jean Jaguenaud.

Tandis que les jeunes gens s'empressaient d'offrir leur vie à la patrie, leurs aînés, à qui l'âge ou les infirmités ne permettaient pas de la sacrifier utilement, voulurent au moins concourir au bien-être de ceux qui partaient à leur place, et proposèrent de former une masse. Dufresne, maire de Saint-Jean d'Angély quelques jours plus tard, donna l'exemple en versant le premier une somme de deux cents livres : « J'ai payé, dit-il, de ma personne comme volontaire en 1757 ; aujourd'hui je veux servir de ma bourse ». Son exemple fut bien vite imité, et à son offrande vinrent aussitôt s'ajouter celles de :

Jacob Rulland, tanneur, 25 livres ;
Sarlat, 6 livres ;
Bruin, chirurgien, 25 livres ;
Charrier de la Moreau, 25 livres ;
Parant, 100 livres ;
Marchant, juge de paix, 100 livres ;
Ladmiral, apothicaire, 10 livres ;
Benjamin Allenet, 50 livres.

Les jeunes gens aptes au service, mais qui n'avaient pu se faire inscrire, le contingent étant au complet, contribuèrent aussi à la masse, mais à condition seulement que si une nouvelle levée les appelait sous les drapeaux, chacun d'eux pourrait retirer son versement :

Pallet, jeune, souscrivit 50 livres ;
Decrès, 50 livres ;
Bonnegens, 50 livres ;
Polignier, 50 livres ;
Giron, 50 livres ;
Pierre-Joseph Saint-Blancard, 50 livres ;
Saint-André, 50 livres ;
Desnobles, 25 livres ;
Faure, 50 livres ;
Pongaudin, 50 livres ;
Fouqueteau, 50 livres ;
Grelat, 50 livres ;
Mesnard, 100 livres ;
Guérineau, 50 livres ;
Moges, boulanger, un habit complet ;
Roquet, notaire, id.

Le même jour la souscription atteignit 3,630 livres, qui furent partagées entre les enrôlés volontaires ou leurs familles nécessiteuses.

Un autre décret de la convention, du 16 avril, vint demander un nouvel impôt du sang : il s'agissait de lever trente mille cavaliers; les registres furent ouverts à Saint-Jean d'Angély, le 19 avril 1793, mais le résultat des enrôlements n'existe plus.

Lors de la levée de dix-huit à vingt-cinq ans, ordonnée en l'an II (1794), quinze jeunes gens faisant partie de la compagnie de cavalerie d'Angély-Boutonne, compris dans la réquisition, furent considérés comme étant en activité de service et exemptés par Lequinio, à condition qu'ils iraient de suite se mettre à la disposition des représentants en mission dans la Vendée. Ces jeunes gens revinrent bientôt à Angély avec un congé limité de leur général, les renvoyant pour le service de la place. En cette circonstance, comme en plusieurs autres, le farouche Lequinio paraît s'être départi de son rigorisme ordinaire en faveur des habitants de Saint-Jean d'Angély.

Ces levées considérables et très rapprochées paraissent cependant avoir refroidi, pour quelques-uns du moins, l'enthousiasme des premiers jours; car, sur la réquisition de l'agent national Maugeais, le conseil de la commune fut obligé de publier, le 25 février, une proclamation contre les réfractaires, dans laquelle on relève les passages ci-après:

« Considérant qu'il pourrait exister dans notre enceinte
« (ville) une criminelle contravention à la loi; que des
« hommes qui se disent républicains auraient lâchement
« abandonné leur drapeau, qu'ils auraient fui au lieu d'écra-
« ser les viles satellites des tyrans;

« Considérant qu'ils ont pu ignorer la loi, nos magis-
« trats, avant de l'appliquer, les invitent à venir, dans le
« sein de la commune, jurer qu'ils consacreront le reste de
« leur vie à la destruction des trônes et au maintien de la
« république une et indivisible.

« Après le délai de vingt-quatre heures, des recherches
« seront faites et ils n'échapperont pas au fer vengeur de
« la loi ».

Quoi qu'il en soit, le premier bataillon de la Charente-Inférieure s'était distingué en prenant, à Virton, dans le Luxembourg, un drapeau autrichien qui, envoyé à Saint-Jean d'Angély, fut promené triomphalement par la ville, escorté de la milice nationale et de toutes les autorités. Les pères des jeunes soldats du bataillon portaient des branches de laurier et chantaient sur l'air de la *Marseillaise*, des couplets en l'honneur des héros de Virton.

Cependant, le comité de surveillance n'était pas satisfait de la municipalité et du conseil général de la commune, qui lui paraissaient manquer d'énergie, et il leur signifiait, dans les termes suivants, d'avoir à se retirer :

« Citoyens, frères et amis,

« Le comité vous informe que des membres de la municipalité et du conseil général sont prévenus, les uns de tiédeur et d'insoumission, et quelques autres d'impéritie. Le comité, qui est tenu à une surveillance générale sur tout ce qui a trait à l'intérêt public, ne peut être indifférent sur les rapports qui sont parvenus à sa connaissance. D'après une délibération, le comité vient d'arrêter que l'administration de la commune a besoin d'être renouvelée. Il vous invite en conséquence, citoyens, frères et amis, et vous requiert de prendre les mesures que vous croirez propres à opérer avec résolution.

« Salut et fraternité.

Signé : « Picard, Desvignes ainé, P. Moullin, Marot, Roché, Pipi, Poitevin, D. Sorin fils ainé, Moullain fils, Texier, Chapiot, et Plaisance, secrétaire ».

La municipalité s'inclina devant cette injonction, et poussa même l'obéissance jusqu'à reconnaître que son remplacement était dans l'intérêt de la ville et pour le plus grand avantage de la république ; aussi elle s'empressa de convoquer aussitôt la commune pour procéder à l'élection des membres devant la remplacer,

Paroche-Dufresne fut élu maire ;

Jouslain, Larade, Joly d'Aussy, Boutinet, Mestadier, Bertonnière et Cantin furent élus officiers municipaux ;

Maugeais, procureur ;

Faure, Péroche, Alexandre Lambert, Vinet, orfèvre, Chopy, greffier, Chavé, Mauzé, Josserand, Allenet-Marais, Roquet aîné, Gouliard, huissier, Béraud, aubergiste, Fromageau Pierre, Coureau père, Poirier, Désiré dit Notaire, notables.

Cette élection, qui maintenait dans leurs fonctions plusieurs des anciens membres de la municipalité, ne satisfit pas la société populaire, plusieurs des membres qu'elle avait voulu écarter ayant été réélus ; aussi elle déclara ces derniers suspects et les rejeta de son sein. C'était une espèce de mise en accusation, qui pouvait les envoyer à l'échafaud.

Parmis les membres mis ainsi à l'index, se trouvait César-Jean Joly d'Aussy, ancien commissaire des guerres, qui, bien que ne partageant pas les idées nouvelles, était depuis quelque temps déjà officier municipal et avait contribué, par ses talents administratifs, à la bonne gestion des affaires de le commune.

D'Aussy donna sa démission, malgré l'insistance de ses collègues qui, dans une délibération, rendaient justice à ses lumières, l'assurant que le vote de la société ne pouvait avoir été qu'une surprise sur laquelle elle reviendrait, lorsqu'il se serait expliqué sur les griefs encore inconnus qui lui étaient reprochés. Mais il tint bon ; et, quelques jours après, il recevait l'ordre de se rendre devant le comité de salut public, à Orléans, pour se justifier de ce dont il était suspecté.

Déjà d'Aussy était en route pour se rendre à l'intimation du comité. — Lorsque passant à Niort, le hasard mit sur son chemin un ancien sergent au régiment d'Agénois, promu trois ans auparavant, sur sa recommandation, commandant du premier bataillon de la Charente-Inférieure, et qui, devenu général se rappela les bons offices de son ancien protecteur. Mis au courant des motifs du voyage, il intercéda auprès du représentant du peuple Ingrand, alors en mission dans les départements de l'ouest, et obtint de ce dernier, pour d'Aussy et sa famille, un permis de résidence à Saint-Jean d'Angély, où il devait attendre la décision que prendrait à son égard le comité de salut public.

« Le représentant du peuple dans les départements de l'ouest et près l'armée,

« Vu les pièces ci-jointes,

« Autorise le citoyen Joly d'Aussy, ainsi que sa femme et « ses enfants, à rester provisoirement dans la commune « d'Angély-Boutonne, jusqu'à la décision du comité de salut « public à son sujet.

« Signé : Ingrand ».

Le comité ne laissa pas longtemps d'Aussy dans l'incertitude : par arrêté du 2 fructidor, rendu sur la demande conforme de la municipalité, du comité révolutionnaire et de la société populaire, revenus sur leur première décision, il le requérait de continuer ses fonctions d'officier municipal à Saint-Jean d'Angély.

On rendait ainsi justice à un administrateur à qui la ville devait beaucoup. Il avait obtenu, par son insistance et ses hautes relations, la création à Saint-Jean d'Angély d'un hôpital militaire ; il avait rédigé le règlement de l'hôpital civil. Enfin, il rendit, plus tard de très grands services, pendant la disette, en obtenant plusieurs fois, des représentants en mission dans les Deux-Sèvres et la Vendée, la cession, au profit de la ville, de blés ou de farines saisis pour l'approvisionnement de l'armée. Il avait aussi étudié un projet de canalisation de la Boutonne jusqu'à sa source, pour amener à Rochefort les bois des forêts de Chizé et d'Aulnay propres à la construction des vaisseaux.

A peu près à la même époque, presque tous les gentilshommes du district de Saint-Jean d'Angély, restés dans leurs foyers, mais qui avaient des parents parmis les émigrés, avaient été arrêtés, entr'autres d'Anglars, Palet père et fils, Perraudeau père et fils, Valentin, ancien maire, Griffon de la Richardière, de Chièvres, Griffon du Bellay père. Conduits d'abord à Saintes, ils furent transférés à Rochefort, puis dans la prison de Pons, où ils restèrent dix-huit mois, après lesquels ils furent mis en liberté. Pendant leur transport ils faillirent être massacrés, et ils ne durent la vie qu'à l'énergie dont fit preuve le commandant de leur escorte, Moges, boulanger à Saint-Jean d'Angély. Un charpentier, nommé Lamouroux, ne fut pas aussi heureux; dénoncé comme suspect, il fut transféré à Rochefort, où il paya de sa tête le crime imaginaire dont il était accusé.

Ce fut en vain que Marie-Louise-Françoise de la Laurancie, épouse de Pierre-Germain-Benoît Perraudeau, appuyée par la municipalité, demanda que son mari, enlevé à son affection quinze jours après son mariage, lui fut rendu; elle ne put obtenir que l'autorisation pour elle-même de rentrer dans ses foyers, d'où elle avait été chassée par arrêté du directoire du district du 8 prairial an II. Mmes de Lescours, Rosalie de Turpin, Teiller, Filbert, de Laperrière, divorcée de d'Orfeuille, Perraudeau, divorcée d'Haussens, Anne Palet Labrosse et Anne Palet sa fille, obtinrent la même autorisation.

En rentrant dans leurs demeures, les expulsées purent constater l'affreux état dans lequel les avaient mises les réfugiés vendéens, employés au travaux du port et des faubourgs, qu'on y avait logés avec leurs bestiaux pendant l'absence des propriétaires.

Cent vingt suspects, arrêtés dans le département des Deux-Sèvres, furent emprisonnés, pendant quelques jours, dans le couvent des capucins transformé en prison. Mme de Liniers de Châteaubardon, alors nourrice, et Viault de Parsay, se trouvaient malades parmi les détenus et obtinrent de tenir les arrêts dans la maison de Fabvre, marchand, où ils reçurent les soins réclamés par leur mauvaise santé.

La récolte des grains, presque nulle dans la Charente-Inférieure de 1792 à 1796, ajouta la famine aux difficultés de la situation politique, et Saint-Jean d'Angély eut particulièrement à souffrir de ce terrible fléau. Ce département ne produisait pas alors le grain nécessaire à la nourriture de ses habitants, et il était obligé d'emprunter aux départements voisins, notamment aux Deux-Sèvres et à la Vendée, le complément nécessaire à leur consommation.

La disette se fit sentir en France dès 1791, et, pour en atténuer les effets, le gouvernement avait mis à la disposition des municipalités des sommes importantes, destinées à l'acquisition de grains. Cent mille livres furent offertes à la municipalité de Saint-Jean d'Angély, qui déclina l'offre, assurant que le district était assez bien approvisionné pour être à l'abri de la disette. Cependant, reconnaissant bientôt son erreur, la municipalité accepta deux mille boisseaux de blé étranger, que le ministre avait fait débarquer à La Rochelle, et le fit vendre au minage de Saint-Jean d'Angély en concurrence avec le blé du commerce. L'effet de cette mesure cessa bientôt avec l'épuisement de la marchandise, et dans le mois de juillet la cherté des grains occasionna une émeute; la foule se porta au minage, insulta les magistrats qui essayaient de la rappeler au respect de la propriété, et, s'emparant des grains mis en vente, les livra à un prix de rabais à certains habitants, assez peu scrupuleux pour profiter du désordre qu'ils avaient excité. Il en résulta que les grainetiers cessèrent, pendant un certain temps, d'apporter leur marchandise au minage, dans la crainte d'être pillés de nouveau.

L'interdiction faite aux boulangers de s'approvisionner

ailleurs qu'au marché de Saint-Jean d'Angély fut levée, et il leur fut permis d'aller à Ecoyeux chercher les grains qui ne venaient plus dans la ville; mais, là, il se trouvèrent en concurrence avec les boulangers étrangers et ne purent acheter que treize pochées, qu'ils payèrent 37 livres 10 sols chacune. Force fut donc de les laisser acheter n'importe où, au moyen de fonds mis à leur disposition, leurs propres ressources étant épuisées depuis longtemps.

Le prix des comestibles de toutes sortes avait suivi celui des grains, et les prétentions des campagnards dégénérèrent bientôt en abus; pour les faire cesser, la municipalité eut recours à la loi du 2 septembre 1793, l'autorisant à fixer le maximum des prix de vente, et, en conséquence, elle fit la taxe ci-après. Les habitants de la campagne cherchèrent à l'éluder, en échangeant leurs denrées contre les objets qui leur faisaient défaut, mais la municipalité leur imposa la vente au marché et contre argent, pour que tous les habitants fussent à même d'acheter de première main leurs provisions qui, sans cela, auraient été accaparées par quelques-uns seulement.

Arrêté du 11 Pluviose an II

VOLAILLE ET GIBIER

Dindes en plume	15 sols la livre.
Chapons —	20 —
Poules —	20 —
Canards —	15 —
Poulets —	40 sols le couple.
Pigeons francs —	40 —
Lièvre	3 livres la pièce.
Lapin	30 sols la pièce.
Perdrix rouge en plume	30 —
Perdrix grise —	25 —
Bécasse —	30 —
Bécassine —	8 —

Canard sauvage en plume........	30 sols la pièce.
Sarcelle —	10 —
Moraton —	20 —
Alouettes —	24 sols la douzaine.
Grive ou Merle —	6 sols la pièce.

POISSON

La sole d'une livre..........	30 sols
— au-dessous d'une livre.....	16
Raie..................	12
Posteau...............	10
Chien de mer.............	10
Carpe au-dessus de 5 livres......	20 sols la livre.
— de 5 livres à 1 livre......	15 —
— au-dessous d'une livre.....	10 —
Anguille belle.............	15 —
— moyenne...........	12 —
— petite.............	10 —
Poisson blanc de toute espèce....	8 —

OEUFS, BEURRE ET FROMAGE

Œufs................	12 sols la douzaine.
Beurre...............	20 sols la livre.
Fromage ébeurré...........	2 sols 6 deniers

POTAGES

Les plus forts choux de la saison..	5 sols.
Les moyens, deux pour.........	5 —
Beau pied de céleri..........	3 —
Le moyen...............	2 —
Les autres proportionnellement...	
Botte de beaux salsifis........	10 —
Moyens................	8 —
La douzaine de chicorées.......	10 —
— de laitues........	12 —

Artichaud rouge. . . . . 2 sols la pièce.
— blanc et beau . . . . 5 —
Botte d'asperges ordinaire . . . . . . 15 —

Les carottes, navets, poireaux, proportionnellement aux autres potages.

Les officiers municipaux font défense à toute personne de contrevenir au présent arrêté, sous peine d'être déclarée réfractaire à la loi et punie comme suspecte.

Mais le salaire des ouvriers ne se trouva plus en rapport avec le prix des objets de consommation ainsi élevé, et la municipalité pour l'égaliser dut, par arrêté du 3 fructidor an II, augmenter le prix de la journée des charpentiers, maçons, tailleurs de pierre et menuisiers, jusqu'alors de trente sols ou vingt-cinq sols et le vin, en l'élevant à deux livres cinq sols, ou moitié de cette somme avec la nourriture.

Le recensement des grains, opéré le 17 du même mois de pluviôse, par les soins de la municipalité, fit connaître qu'il n'existait, dans la ville et sa banlieue, que 6,519 quintaux de blé pour nourrir les 8,103 habitants que la commune comptait, c'est-à dire un approvisionnement d'environ trois mois ; aussi, le 22 prairial suivant, cette réserve paraissant devoir être bientôt épuisée, sans grand espoir de pouvoir la renouveler, la municipalité crut prudent, devant cette menaçante éventualité, de rationner la population, et décida qu'à l'avenir il ne serait délivré, par les boulangers, qu'une livre de pain d'égalité par personne et par jour ; ou bien, par les préposés au grenier d'abondance, dénomination ironique dans les circonstances, qu'une livre de blé méture contenant trois quarts de froment. La municipalité fit rentrer dans le même grenier les grains et farines excédant cette quantité, laissés jusque-là à leurs propriétaires. Le pain d'égalité, rendu obligatoire dans toute la république, par la loi du 25 brumaire, devait être pétri avec trois quarts de farine de froment et un quart de farine d'orge ; mais Saint-Jean d'Angély, pour ménager son faible approvisionnement, dut faire le mélange par moitié, encore la farine de froment n'était-elle blutée qu'à raison de douze livres et demie de son par quintal.

La récolte de l'an III, si impatiemment attendue, ne fut guère supérieure à celle de l'année précédente, et la ville fut obligée d'envoyer d'Aussy et Jouslain dans le département des Deux-Sèvres, avec mission d'acheter vingt mille quintaux de blé. Ces délégués échouèrent d'abord dans leur mission, non pas faute d'avoir trouvé à acheter, mais parce que les autorités locales s'opposaient à la sortie des grains, sans une autorisation expresse des représentants du peuple en mission dans l'ouest. Les mêmes délégués furent chargés d'aller solliciter cette autorisation et, en outre, celle de prendre, dans les forges, cent milliers de fer de toute espèce pour que les forgerons, complètement dépourvus de ce métal, fussent à même de ferrer les attelages des bouviers et charretiers de la commune, qui ne pouvaient plus faire ni les labours, ni les transports de vivres et de munitions requis journellement pour les besoins de l'armée de la Vendée.

La loi malencontreuse du maximum produisit donc un effet contraire à celui que visait la convention ; les denrées et les comestibles de toutes natures atteignirent aussitôt le prix maximum, et les commerçants, ne pouvant plus augmenter le prix d'achat du coût du transport et des bénéfices légitimes, que tout trafiquant doit faire sur les objets de son commerce, cessèrent forcément leurs opérations. D'autre part, l'argent se cachait, et le discrédit dans lequel étaient tombés les assignats, faisait le plus souvent refuser cette monnaie fiduciaire dans les transactions, ou tout au moins elle perdait considérablement de sa valeur ; ainsi, des bouviers au nombre de six, requis pour transporter, de Saint-Jean d'Angély à Beauvoir, des munitions destinées à l'armée de la Vendée, n'ayant pu s'entendre avec l'étapier pour leur salaire, soumirent leur différend au maire, qui jugea qu'il leur était dû à chacun cinq mille livres en assignats, somme qui leur fut payée aussitôt.

La loi du maximum fut enfin rapportée, ce qui n'empêcha nullement la hausse de progresser. La cupidité des détenteurs, excitée par des offres d'enchères réitérées, fit monter le prix du quintal de froment à mille livres ; du 29 nivôse an III au 13 fructidor de la même année, le prix de la livre de pain d'égalité s'éleva de huit sols six deniers jusqu'à dix livres. Les eaux-de-vie valaient officiellement treize cent livres les vingt-sept veltes, à quatre degrés Tessac.

La population, affamée, ne se soutenait plus et assiégeait du matin au soir la municipalité, en permanence à la mairie, demandant du pain ou du blé, et n'obtenant le plus souvent qu'un bon inutile, puisque les boulangers ne pouvaient donner en échange le pain qu'ils n'avaient pas.

L'hôpital civil lui-même manqua de pain pendant plusieurs jours ; les malades et les pauvres qu'il renfermait seraient morts de faim si deux boulangers de la ville, Coutanseau et Moges, informés de cette triste situation, ne s'étaient empressés de faire cuire trois sacs de farine, formant tout leur approvisionnement, et d'en envoyer le produit aux administrateurs de l'établissement charitable. On vit, enfin, les nourrices des enfants trouvés, appelés alors les enfants de la patrie, apporter leurs nourrissons à la mairie, disant qu'elles préféraient les abandonner que de les voir mourir de faim sur leurs seins taris !

La récolte de 1795-1796 mit enfin un terme à cette horrible calamité, en permettant de faire des approvisionnements à un prix normal. Le 22 floréal an IV le prix du boisseau de froment était descendu à six livres seize sols six deniers, et le pain taxé en conséquence.

Pendant les années de souffrance qui viennent d'être décrites, l'enthousiasme populaire pour les institutions nouvelles ne faiblit pas ; le 18 brumaire an II, la Société Populaire, sans tenir aucun compte de la famine, décida qu'une fête civique aurait lieu sur la place de la Liberté, et requit le maire d'ordonner qu'elle consisterait en un banquet populaire, auquel chaque convive devrait apporter ses provisions. Certes, c'était choisir ce qui pouvait le plus réjouir des gens affamés ; seulement, il était difficile, sinon impossible, de se procurer des provisions de bouche ; on pouvait bien avoir du pain d'égalité, mais la viande manquait depuis longtemps déjà, les bouchers ayant cessé de tuer, faute de trouver le débit de leur viande. Par ordre du maire, ils furent contraints ce jour-là de garnir leur étal dans la mesure du possible.

Un incident remarquable se produisit pendant cette fête: un sieur Meyer-Coblentz, qualifié de « ci-devant sectaire juif, » originaire du département de la Moselle, voulant répudier publiquement son nom de Coblentz, avait demandé à le changer pour celui de Meyer-Moselle. Au dessert, il se présenta dans le cercle formé par les tables, et, s'adressant au maire, il lui exposa sa demande. Le maire, aux applaudissements enthousiastes des convives, lui donna acte de sa déclaration et proclama le changement de nom demandé.

Après 1796, la terreur fit sentir ses effets, pendant quelques années encore, à Saint-Jean d'Angély ; les prêtres qui célébraient en secret, dans des lieux privés, les cérémonies du culte catholique, étaient pourchassés, de même que les parents d'émigrés soupçonnés de cacher quelque membre proscrit de leur famille.

Cependant, à partir de cette époque, on s'aperçoit que les fonctionnaires, chargés de concourir à l'exécution des lois de proscription, mettaient moins d'ardeur dans les recherches qui leur étaient ordonnées, et faisaient en sorte de tenir en garde les intéressés, en désignant, longtemps à l'avance, les jours, et même l'heure, auxquels ils projetaient des visites domiciliaires chez des suspects nominativement désignés. C'est du moins ce qui paraît résulter d'une délibération de la municipalité, du 16 fructidor an VII, par laquelle deux de ses membres étaient chargés de se transporter, assistés de gendarmes, le 23 du même mois, à huit heures du matin, chez les citoyens et citoyennes :

Oliveau, médecin,	Laperrière, divorcée d'Or-
Veuve Bonnegens,	feuile,
Veuve Milon,	Desnobles,
Veuve Villeneuve-Lalau-	Hardy, négociant,
rencie,	Perraudeau, père,
Veuve Friou,	Veuve Dubois Saint-Mandé.
De Tesson,	Poisson,
Meaume-Turpin,	

pour y faire la recherche des « embaucheurs, émigrés rentrés et brigands qui pourraient y être cachés. »

Tout alors était sujet à suspicion ; les noms des saints, déjà biffés du calendrier, durent disparaître de partout où ils figuraient. Saint-Jean d'Angély supprima donc la première partie de son nom et prit la dénomination d'Angély-Boutonne. La fête patronale de la saint Jean fut interdite, comme un reste de l'ancien régime sacerdotal, et le commissaire du pouvoir exécutif requit le maire d'en empêcher la tenue, le 24 juin, même par l'emploi de la force armée, si les ennemis des nouvelles institutions se réunissaient, ce jour-là, pour la célébrer.

Le 18 brumaire an VIII, Bonaparte usurpa le pouvoir.

La France, étourdie depuis dix ans par l'ivresse de la victoire, commençait à se fatiguer d'une série de triomphes sans précédents dans l'histoire, et accueillait, avec le plus grand enthousiasme, la paix continentale signée à Lunéville, le 19 pluviôse an IX, proclamée à Saint-Jean d'Angély, avec une solennité rarement surpassée, le troisième décadi de germinal.

Le sous-préfet, accompagné des autorités constituées, se rendit, dès le matin, au temple décadaire, où la nouvelle fut accueillie aux cris répétés de « Vive la république ! » Gloire à nos armées triomphantes ! Gloire à Bonaparte pacificateur ! » tandis que des salves d'artillerie transmettaient au loin, et d'écho en écho, l'allégresse publique.

Un amateur chanta ensuite un hymne à la paix composé pour la circonstance, sur l'air : *Vole au secours de la patrie:*

    Des champs de l'Autriche vaincue,
    Français, reviens en tes foyers ;
Aux douceurs du repos, que ton âme rendue,
Jouisse entre nos bras du fruit de tes lauriers.

    D'un long et terrible carnage
    Arrête, il est temps, les horreurs :
C'est le cri du vaincu, dont le noble courage
Captive en succombant l'estime des vainqueurs.

    Trois fois, de tes mains triomphantes,
    Il peut recevoir l'olivier :
Dédaignant tes bienfaits, ces défaites sanglantes,
D'une gloire nouvelle ont ceint ton front guerrier,

    Enfin, d'une paix éternelle
    Il vient de signer le traité ;
Deux sages l'ont réglé : leur loyauté, leur zèle,
Y transmettent leurs noms à la postérité.

    Et toi qui veille sur la France,
    Jeune, infatigable héros.
Que le ciel bienfaisant protège ta constance ;
Et bientôt l'univers te devra son repos.

    George, ambitieux insulaire,
    Pourquoi sur lui lancer tes traits ?
Trop grand pour redouter de te faire la guerre,
Plus généreux encor, son cœur t'offrit la paix.

    En vain, sur l'élément perfide,
    Tu crois toujours dicter des lois ;
Du matelot français la valeur intrépide
Peut briser ton trident et reprendre ses droits.

    De tant de rois ligués contre elle,
    La France a fait autant d'amis.
Toi seul retarderais la paix universelle,
Que tes propres sujets appellent à grands cris ?

Des nœuds de la douce concorde,
Français, enchaînons tous nos cœurs,
A quoi bon ces lauriers, si l'affreuse discorde
Nous déchire toujours de ses noires fureurs.

O paix, couronne notre gloire !
Tel est le vœu de tout Français.
Assez longtemps nos voix ont chanté la victoire ;
Ouvrons enfin nos cœurs aux bienfaits de la paix !

Une invocation à la divinité termina cette première partie de la fête :

O Dieu, vérité par essence,
Eteins de naissantes erreurs !
Que tes prêtres, unis d'étroite intelligence,
T'offrent, au même autel, l'hommage de nos cœurs !
O Dieu, vérité par essence,
Eteins de naissantes erreurs !

Le sous-préfet, le maire et ses adjoints montèrent ensuite à cheval et, escortés par les troupes de la garnison, la gendarmerie, la garde nationale, les instituteurs et leurs élèves, se rendirent sur les principales places de la ville, où ils annoncèrent la signature de la paix au bruit des acclamations populaires et des décharges d'artillerie et de mousqueterie. Partout, sur le passage du cortège, les maisons étaient pavoisées et ornées de guirlandes de fleurs.

A quatre heures du soir, les autorités allaient avec le même cérémonial à l'église paroissiale, assister à un *Te Deum* auquel les avaient conviées les ministres du culte catholique, tout récemment reconnu par le concordat (1802).

Le lendemain, des comédiens improvisés jouèrent, au profit de l'hospice, *les Fausses infidélités* et *la Fausse Agnès*.

L'Angleterre seule avait refusé de signer le traité de Lunéville, et par sa marine restait encore un ennemi redoutable pour la France ; mais, privée d'alliés, elle reconnut bientôt son impuissance sur terre, et dut se résoudre à signer la paix d'Amiens, le 25 mars 1802.

Cette paix fut fêtée, à Saint-Jean d'Angély, avec encore plus de joie et de mise en scène que la paix continentale ; de nombreuses allégories figuraient au milieu du cortège, entr'autres une pyramide de cinq mètres de hauteur, sur l'une des faces de laquelle était peint le temple de Janus, soi-disant fermé pour toujours ; sur les autres côtés figuraient les emblêmes de la prospérité, de l'agriculture, du commerce et des arts.

Enfin, un juge au tribunal de première instance, Josué Lemaître, déposait pour la circonstance la gravité traditionnelle du magistrat, pour risquer, dans des vers latins, un jeu de mots à la gloire du premier consul :

> Plaudite nunc cives, sedato namque tumultu
> Hosteque devicto, pax bona-parta fuit.

Peu à peu, cependant, les attributions des municipalités furent limitées à l'administration; la proscription cessa, et les administrateurs de Saint-Jean d'Angély purent s'occuper des améliorations réclamées par la voirie et la salubrité de la ville, encore encombrée des ruines amoncelées par le siège de 1621, ruines restées telles que les avaient abandonnées les démolisseurs du roi Louis XIII, deux siècles auparavant.

Le président de la municipalité, Paroche-Dufresne, régularisa, par des échanges avec les propriétaires voisins, le périmètre du Petit-Bois des Capucins, aujourd'hui jardin public; fit combler les anciennes douves qui l'entouraient, et les transforma en promenade plantée de tilleuls. Il y fit aussi placer des bancs pour l'agrément des citoyens, qui venaient discuter, au pied de l'arbre de la liberté, les questions politiques à l'ordre du jour.

Les intempéries de l'an VII et de l'an VIII furent funestes aux récoltes de la commune. La première emblavaison des grains avait été détruite, en majeure partie, par la gelée, lorsque, le 27 germinal, un ouragan, d'une violence telle que la mémoire des hommes ne se rappelait pas son pareil, vint fondre sur la commune et détruisit les nouvelles semences; la pluie, la grêle, d'une grosseur extraordinaire, dévastèrent la campagne et la ville, hachant les blés, brisant les vignes, inondant les maisons et enlevant les toitures. Pour combler le désastre, la gelée détruisit encore une grande partie de la récolte de l'an VIII, de sorte que les cultivateurs durent semer quatre fois pour faire une seule récolte.

La municipalité, voulant amoindrir les effets de ce désastre, prit des mesures pour suppléer au manque de blé, et envoya d'Aussy à Paris pour solliciter un dégrèvement d'impôts. D'Aussy avait mission, en outre, de faire ressortir les avantages que présentait la ville de Saint-Jean d'Angély comme point de centralisation, dans la nouvelle division territoriale et administrative de la république.

Les qualités administratives de Paroche-Dufresne le firent choisir pour maire, en l'an VIII, mais il n'exerça ses fonctions que jusqu'au 15 prairial de la même année; il eut pour successeur Griffon, Jean-Baptiste, à qui la ville doit d'importantes améliorations.

En 1804 le premier consul était devenu empereur.

Aidé des conseils et de l'influence considérable de son ami Regnaud, ancien député de Saint-Jean d'Angély aux états-généraux, Griffon créa une école secondaire, destinée à remplacer le collège des bénédictins, et obtint pour la loger la cession d'une partie du monastère des bénédictins. Les autres parties de cette vaste construction furent successivement données à la ville par décrets du 28 fructidor an XI, 17 prairial an XIII, et 14 novembre 1807. Aussi la ville, reconnaissante des bons services de Regnaud, plaça son buste dans la salle de l'hôtel de ville, où il est encore. Regnaud n'oublia jamais la petite ville qui l'avait aidé à sortir de son obscurité et qu'il aimait à appeler sa patrie adoptive; aussi, lorsqu'il reçut le titre de comte de l'empire, il préféra à tout autre le surnom de « *Saint-Jean d'Angély* »; il informa le maire de la haute faveur qui venait de lui être accordée, par la lettre suivante, qui honore celui qui l'a écrite plus encore que ceux à qui elle était destinée :

« Paris, 6 juin 1808.

« Monsieur le maire,

« S. M. m'a accordé, comme vous le savez, le titre de comte de l'empire; il m'aurait été permis de joindre à ce titre celui d'une propriété comme surnom, mais la règle générale défendait de prendre un surnom de ville et même de commune.

« J'ai exposé au conseil du sceau des titres mon vœu de conserver le surnom de Saint-Jean d'Angély, de ma patrie adoptive, où j'ai l'orgueil de compter des amis anciens, précieux et sûrs, et à laquelle je suis affectionné de cœur.

« Le conseil a exposé à S. M. selon son rapport dont j'ai la copie, « que le surnom de Saint-Jean d'Angély a été donné
« par les circonstances à M. Regnaud, qu'il l'a porté avec
« honneur dans des temps orageux, et dans les décrets de
« nomination ou de commission dans lesquels S. M. lui a
« donné des preuves de sa bienveillante confiance, sont
« autant de titres qui l'autorisent à conserver ce nom, qui
« d'ailleurs ne peut emporter aucune prétention de féodalité
« ni de domaine, et qui n'est propre qu'à rappeler les ser-
« vices que M. Regnaud a rendus, les talents qu'il a mon-
« trés, les dangers auxquels il a été exposé. »

« Le conseil a conclu à ce que le surnom pris par moi précédemment, fît à l'avenir partie de mon nom propre, sous la désignation de comte de l'empire.

« Je ne ferai pas, monsieur, l'apologie du désir que j'ai montré, ni de la citation que je fais ici du rapport du conseil; j'ai tâché d'honorer et de servir ma patrie adoptive; elle m'a porté la première sur ce grand théâtre, j'ai à cœur de lui prouver que je n'ai pas manqué de reconnaissance et que j'ai cherché à mériter les suffrages dont je fus honoré dans son sein.

« J'aime à vous rendre, monsieur le maire, dépositaire de ces sentiments, et je vous prie de les transmettre au conseil municipal à sa première session; je charge mon collègue, M. de Bonnegens, témoin et guide de mes premiers pas dans la carrière politique, de vous remettre cette lettre lui-même, je lui dois de lui faire connaître et presque de le rendre garant des intentions et de l'affection qui l'a dictée.

« Je suis avec un sincère attachement, monsieur le maire, votre affectionné serviteur et concitoyen.

« Le comte REGNAUD DE St-JEAN D'ANGÉLY. »

Des dons volontaires, montant à un chiffre assez considérable, et le produit d'un octroi municipal nouvellement établi, permirent à Griffon d'élever un marché aux comestibles sur les ruines du couvent des ursulines, données à la ville par l'état. Il fit construire l'abattoir, assaini par un courant d'eau pris dans le canal Saint-Eutrope; transforma l'ancienne aumônerie, fondée, en 1429, par l'échevin Gallerant, en une superbe salle de fêtes, devenue ensuite la mairie; des ruines du cloître des bénédictins, il fit une élégante halle pour les marchands; acheva la promenade dite « *les Allées d'Aussy* », et fit dresser par l'ingénieur Villecrose un plan d'alignement des rues de la ville, pour imposer aux constructions une régularité qu'elles n'avaient pas eue jusque-là. Il sollicita et obtint de l'état assez de métal pour fondre les trois cloches de la paroisse, sur lesquelles sont inscrits les noms de Bonaparte, premier consul; Guillemardet, préfet; Duret, sous-préfet; Griffon, maire. Il sollicita l'établissement de nos douze foires mensuelles, qu'un décret impérial, du 12 juillet 1808, fixa au troisième samedi de chaque mois et les 22, 23 et 24 juin.

Quelques années auparavant, les habitants du quartier d'Aunis avaient fait relever à leurs frais le minage, tombé de vétusté; et un spéculateur avait doté la ville d'une boucherie attenante au marché, ce qui complétait la série des établissements d'utilité publique.

En 1809, de Sérigny de Luret remplaça Griffon comme maire, et chercha à conserver à la ville les bonnes grâces du comte Regnaud, en sollicitant son portrait pour en orner la salle du conseil. Cette gracieuseté facilita avec le comte un échange d'immeubles, qui permit d'ouvrir une rue, allant du palais de justice ancien à la chaussée de l'Eperon, avec laquelle elle communique par un pont en pierre établi sur le canal de Saint-Eutrope.

Ce fut pendant l'administration de M. de Sérigny, en 1813, que le séminaire fut établi à côté de l'école secondaire, dans le monastère des bénédictins; cette école tomba bientôt; quant au séminaire, à peine installé il fut dévoré par un terrible incendie.

Le feu se déclara la nuit du 3 au 4 mars, dans la partie voisine de l'église. Surpris au milieu du sommeil, frappés de terreur, les séminaristes se sauvaient presque nus; quelques-uns même furent précipités par les fenêtres, roulés dans des matelas. La lumière de l'incendie fit bientôt accourir les voisins; le tocsin et la générale réveillèrent le reste des habitants et la garnison; mais ce ne fut qu'à quatre heures du soir, le lendemain, que les efforts continus des travailleurs purent circonscrire le feu dans la partie occupée par le séminaire. Les autres parties de l'édifice restèrent intactes.

Les femmes de toutes les conditions formaient la chaîne, ou distribuaient des cordiaux aux travailleurs épuisés. Les pompiers, dirigés par Violet, sous-ingénieur des ponts et chaussées se distinguèrent particulièrement. Le sieur Lafaye, couvreur, et deux soldats du 27e chasseurs, furent blessés; un nommé Boutreux mourut le lendemain d'un accès de fièvre, dont il fut atteint pour être resté constamment dans la rivière, où il avait empli les seaux depuis le commencement de l'incendie jusqu'à dix heures du matin.

Elie Levallois, receveur particulier des finances, a transmis dans un poëme le souvenir de ce désastreux évènement. Voici le début de cette pièce, à titre de curiosité:

> Les citoyens, plongés dans les bras du sommeil,
> Etaient loin de prévoir un funeste réveil,
> Quand les coups redoublés de la cloche fatale,
> Quand le bruit du tambour battant la générale,
> Quand mille cris confus, joints au son du beffroi,
> Remplirent tous les cœurs d'épouvante et d'effroi.
> . . . .

Les habitants s'empressèrent de donner l'hospitalité aux élèves et à leurs professeurs, et les gardèrent jusqu'à ce que la partie du monastère, occupée par les administrations et les tribunaux, fût évacuée et appropriée à leur usage. Les secours donnés par l'état et des souscriptions privées permirent bientôt de relever les ruines faites par l'incendie, mais non de rétablir le bâtiment dans sa splendeur primitive.

Survinrent la restauration, les cent jours, et de nouveau Louis XVIII.

A peine ce désastre était-il réparé qu'un autre, plus terrible encore, vint frapper la ville et jeter les habitants dans le deuil et la consternation. Le blutoir et le grenoir de la manufacture des poudres sautèrent, le 25 mai 1818, à cinq heures un quart du matin, sans cause connue. Quinze personnes furent tuées, et vingt-huit blessées grièvement. On évalua à 18,900 kilog. la quantité de poudre qui fit explosion. Les désastres de cette journée néfaste furent immenses. La partie du faubourg Taillebourg voisine de la poudrerie ne présentait plus qu'un amas de décombres, et un grand nombre de familles furent réduites à l'indigence.

Il est impossible de décrire l'épouvante des habitants; les femmes se sauvaient, emportant leurs enfants dans la campagne, car on craignait que le grand magasin, dont la toiture était couverte de débris enflammés, ne vînt, en sautant, ensevelir tous les habitants sous les décombres de la ville.

Des citoyens courageux se dévouèrent pour éviter un malheur plus grand. Les rapports officiels citent, comme s'étant particulièrement distingués, en enlevant des débris enflammés tombés sur la toiture du grand magasin, et en couvrant de linges mouillés, les barils de poudre qu'il renfermait : Boisrenaud, Dargendax, entrepreneur; Thomas, brigadier au dépôt d'étalons, qui entrèrent les premiers dans le magasin, au moment où des jets de flammes menaçaient de produire une nouvelle explosion; puis Paqueron, capitaine d'artillerie; Levoirier, commissaire des poudres; Violet, ingénieur des ponts et chaussées; de Tesson, conducteur principal, et Gayet, chef du service de la pompe, qui dirigèrent les travaux. A ces noms il faut ajouter ceux de François Fromy, négociant, Godet, officier retraité, Bonnin et Desmoulins, dont une lithographie fort rare de ce triste évènement a conservé la mémoire.

M. Paqueron fut décoré de la légion d'honneur pour sa belle conduite. Boisrenaud, Gayet, de Tesson, Dargendax et Thomas, reçurent des médailles d'argent destinées à perpétuer le souvenir de leur courageuse action.

Une souscription, immédiatement ouverte au profit des victimes de l'explosion, produisit 112,121 fr. 09 c. En tête de la liste figuraient :

Le département pour	30,000 fr.
Le roi	30,000 fr.
Le duc d'Angoulême	2,000 fr.
Le duc de Berry	4,000 fr.
S. A. R. Monsieur	4,000 fr.
Le ministre de l'intérieur	8,000 fr.

Six maisons étaient entièrement écroulées: celles de Moisset, cordonnier, Millet, Desrogis, Bouchet, Guilloteau, charron, et de la veuve Charron.

Douze fortement endommagées appartenant à Bonnin, Guindet, Lafond aîné, poudrier, Lafond jeune, menuisier, Tricard, jardinier, Guenigaud jeune.

Soixante autres éprouvèrent des avaries plus ou moins considérables.

L'état avait l'intention de reconstruire la manufacture et en avait fait dresser les plans par le comte de Resty, directeur des poudres, mais il y renonça en présence de l'opposition obstinée de la municipalité, appuyée par une pétition des habitants, dont la vie et les propriétés étaient menacées à chaque instant par les nombreuses explosions qui se produisaient dans la poudrerie. Le moulin « *Le Sans-Culotte* » avait sauté le 4 frimaire an III; le 6 frimaire an IV, et le 22 mai 1814 c'était celui de *Sainte-Barbe*; enfin le 27 mai 1807 et le 19 janvier 1813 le *Saint-Jean* sautait à son tour. La perte de cet établissement entraîna celle de la garnison nécessitée pour sa garde. On enleva même à la ville les deux canons que l'empereur lui avait donnés, et on lui proposa comme compensation le même poids de métal.

La municipalité de cette époque ne prit, du reste, que des résolutions plus ou moins réfléchies. Elle voulut revenir à ses armoiries anciennes et en demanda la modification par la suppression du collier qui rappelait l'origine de la ville, due aux nombreux pèlerins attirés par les reliques célèbres du monastère, et se trompant sur la forme du reliquaire contenant le chef de saint Jean, elle fit une coupe de la *conque* figurant sur les anciens écussons, et rappelant le reliquaire donné à l'abbaye, en l'an 1010, par le roi Robert.

Enfin, pour éviter de contribuer aux dépenses nécessaires à la rectification de l'alignement des routes royales, qui traversaient la ville, elle prit le prétexte des difficultés qu'offriraient à la rectification proposée les nombreux souterrains existant sur leur parcours, et fut d'avis qu'il était préférable de leur faire contourner la ville, avis qui fut adopté, enlevant ainsi à cette dernière le mouvement et la vie que lui avaient procurés, jusque-là, les grandes voies de communications, qui la traversaient du levant au couchant et du nord au sud.

De La Laurencie donna sa démission en 1830, à la révolution de juillet. Ce fut sous le règne de Louis-Philippe qu'eut lieu le transfert à Pons du séminaire, qui céda la place au collège communal. Plus tard, cet établissement fut confié à la direction des maristes, qui furent à leur tour remplacés par des professeurs de l'université en 1882.

Jean-Baptiste-Marie Chopy fut nommé maire, en 1833, en remplacement de Joseph de Bonnegens de La Grange. Il obtint la transformation, en dépôt de remonte, de la succursale de Saint-Maixent établie à Saint-Jean d'Angély depuis quelques années. Son administration fut troublée, en 1838, par une émeute dont la violence contrasta avec le calme ordinaire des Angériens. L'irritation produite par la cherté du blé, s'exhalait en menaces depuis quelques jours, lorsque, le 4 janvier, une légère hausse poussa quelques têtes exaltées à passer des menaces à l'exécution. La foule entoura le minage, malgré la présence des autorités et de la gendarmerie de l'arrondissement, appelée par prudence; elle s'empara des voitures contenant du blé, et le mit en vente au prix de 18 fr., alors que le cours officiel était de 25 fr. l'hectolitre.

Le maire donna l'ordre à la force armée de faire évacuer le minage. Comme la gendarmerie pénétrait sous la halle, les émeutiers l'accueillirent par une grêle de pierres; plusieurs gendarmes furent blessés: l'un d'eux eut le crâne fracassé et fut longtemps en danger de mort. Pour éviter un conflit sanglant, la gendarmerie reçut l'ordre de se retirer sans faire usage de ses armes.

Cette émeute n'eut pas de suite plus graves. Le soir du même jour, la ville avait repris son calme ordinaire, et lorsque les troupes, envoyées en toute hâte, arrivèrent à Saint-Jean d'Angély, elles trouvèrent le meilleur accueil de la population qu'elles croyaient avoir à combattre.

De nombreuses arrestations furent faites, et les coupables subirent la peine de leur égarement momentané.

L'année suivante, Auguste de Gaalon fonda la salle d'asile, ainsi que la société pour l'extinction de la mendicité, et aida des deniers de la ville à la reconstruction de l'hôpital civil. C'est à son administration que la ville est redevable du pont du port.

La création d'un comptoir national d'escompte, créé sur l'initiative d'Auguste Fenioux, maire en 1847, facilita les opérations commerciales ; les bouchers lui doivent le libre exercice de leur profession par la suppression de la taxe sur la viande.

Abel Mousnier, son successeur, vendit aux ursulines de Chavagnes les bâtiments affectés aux écoles de charité, fondées par Mlle Bourgeois-Coybo, à la charge par la congrégation de remplir les volontés de la fondatrice en faveur des enfants pauvres.

La république remplaça la monarchie constitutionnelle.

L'impôt des quarante-cinq centimes, voté par l'assemblée nationale de 1848, causa une vive émotion dans l'arrondissement de Saint-Jean d'Angély où, fort mal accueilli, il faillit amener le renouvellement des scènes sanglantes de l'assassinat de Latierce en 1789. L'arrestation d'un greffier de la justice de paix du canton de Saint-Hilaire, révoqué de ses fonctions, et son incarcération à Saint-Jean d'Angély, attribuée à tort à des motifs politiques et à son opposition au paiement du nouvel impôt, soulevèrent les habitants des communes d'Aumagne, Aujac, Authon, Sainte-Même, Fontenet et la Brousse; au nombre de plus de mille, ils marchèrent en armes sur Saint-Jean d'Angély, avec l'intention bruyamment manifestée de délivrer le prisonnier. L'administration municipale, prévenue à temps, avait posté au pont Saint-Jacques la garde nationale et un détachement de cavaliers du dépôt de remonte, pour barrer la route aux assaillants. Après avoir parlementé quelque temps, ces derniers finirent par entendre la voix de la raison et retournèrent sur leurs pas, après avoir opéré, eux-mêmes, leur désarmement en jetant dans la *Boutonne* les bâtons dont la majeure partie était armée.

Quelques jours après, des magistrats de l'ordre judiciaire,

escortés d'une colonne d'infanterie et de cavalerie, parcouraient les communes insurgées et en ramenaient dix-neuf inculpés, tous acquittés dans la suite par la cour d'assises de la Charente-Inférieure, devant laquelle ils avaient été renvoyés.

Les contribuables ne montrèrent pas plus d'empressement à verser l'impôt dans les caisses de l'état, et pour les y décider, des détachements d'infanterie durent être cantonnés, dans les communes en retard, jusqu'à son paiement intégral.

Un second empire remplaça la république, à la suite d'un coup d'état suivi d'un plébiscite.

La plupart des édifices publics construits par le maire Griffon au commencement du siècle, étaient devenus insuffisants et tombaient de vétusté; Michel Texier entreprit la grande tâche de les réédifier, en les appropriant aux nouveaux besoins de la population. Par des acquisitions à l'amiable ou des expropriations forcées, il rendit viables plusieurs rues où la circulation était dangereuse. Il fit construire le marché aux comestibles par l'agent-voyer d'arrondissement Viaud, le minage par M. Bonnet architecte, une école communale; dégagea la place de l'hôtel de ville des vieilles constructions qui en rendaient le périmètre irrégulier; agrandit ou changea de place les divers champs de foire; éleva une statue au comte Regnaud, inaugurée le 23 août 1863, et fit percer une rue reliant le port à la ville.

Il avait formé bien d'autres projets; mais, épuisé par les fatigues d'une longue carrière maritime et quinze années d'administration, il ne put les mettre à exécution. Une noble récompense lui fut décernée par ses concitoyens, aussitôt sa retraite; sur la proposition de Auguste Roy de Loulay, son successeur à la mairie, le conseil municipal, d'accord avec le sentiment public, donnait le nom de Michel Texier à la rue même qu'il avait fait percer. Ses successeurs M. Roy de Loulay, et sous la troisième république, MM. Jean-Baptiste Petit, Alphonse Jouslain, Nicolas Pastureau, Pascal

Bourcy et Joseph Lair, ont eu à cœur de continuer son œuvre.

Le palais de justice, la prison, construits sur les plans de M. Bonnet, architecte de la ville et de l'arrondissement, le jardin public, furent inaugurés pendant l'administration de M. Roy de Loulay.

Lors de l'invasion de notre territoire par les Prussiens, notre armée improvisée de mobiles et de mobilisés a fait noblement son devoir.

M. Bourcy a distribué dans la ville l'eau et la lumière par la création d'un château d'eau et d'une usine à gaz. Il a inauguré la ligne de fer de Saint-Jean d'Angély à Taillebourg, le 3 février 1878. Dans une magnifique allocution prononcée par Mgr Thomas, qui présidait à la cérémonie religieuse, l'évêque de La Rochelle, rappelant le souvenir patriotique de la bataille de Taillebourg, s'exprimait ainsi : « Parmi les héros et les saints, rappelez-vous saint Louis, « dont il convient dans les joies de cette fête d'évoquer le « glorieux souvenir ; il a foulé ce sol, il a fait une halte dans « vos murs, et c'est par le même chemin que sillonnent « maintenant ces lignes de fer, que parcourent ces wagons, « qu'il est allé à Taillebourg écrire, avec son épée, une des « plus belles pages de notre histoire. »

L'ancienne aumônerie de Notre-Dame des Halles, transformée successivement en palais de justice, puis en mairie au commencement de ce siècle, et dont rien de remarquable dans la construction ne rappelait le passé, a disparu devant le superbe hôtel de ville bâti par les architectes Bunel et Bonnet, et inauguré le 25 avril 1886, pendant la mairie de M. Joseph Lair, par M. le ministre de la marine, l'amiral Aube.

Imprimerie de Pons (Charente-Inférieure). — Noël Texier.

Imprimerie de Noel Texier
a Pons (Charente-Inférieure).

www.ingramcontent.com/pod-product-compliance
Lightning Source LLC
Chambersburg PA
CBHW052118230426
43671CB00009B/1024